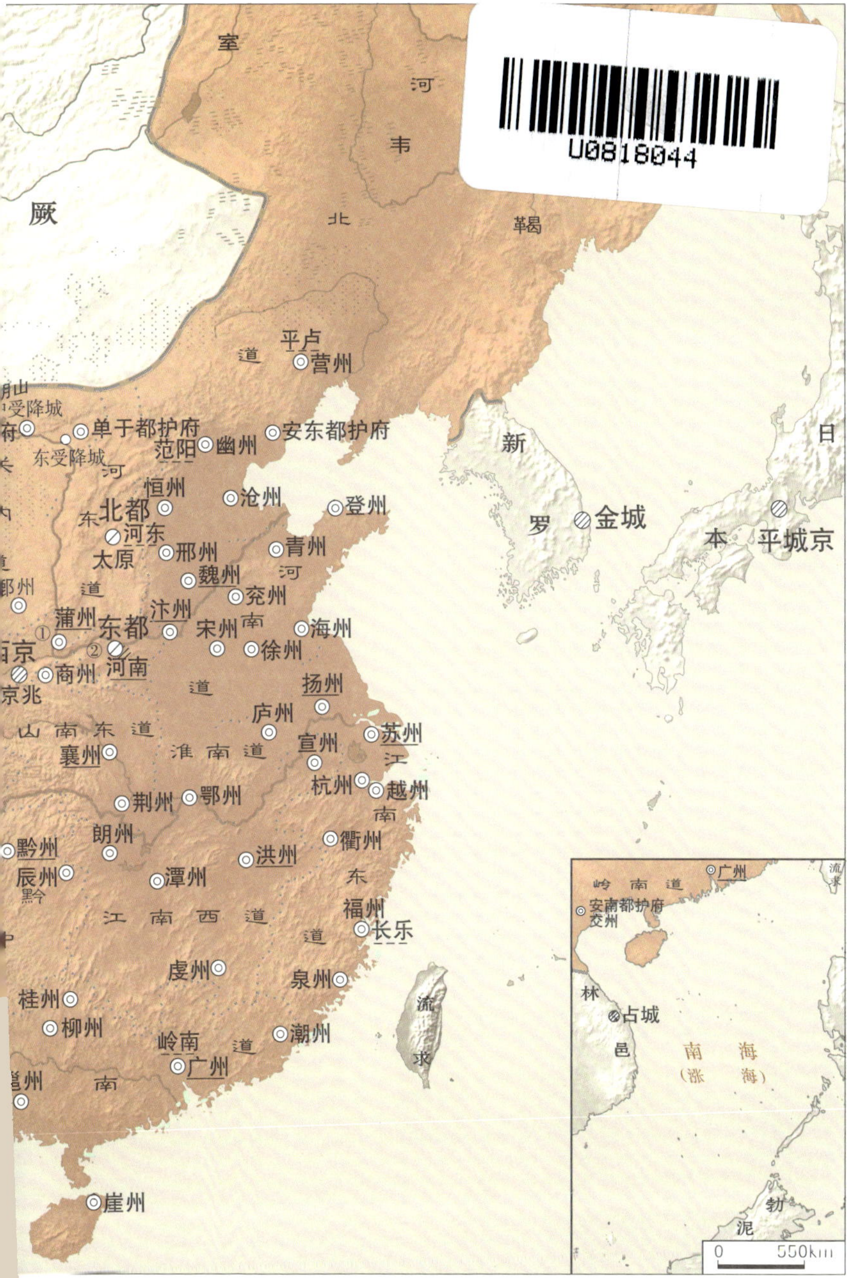

室
河
韦
北
靺鞨
厥
平卢
道
营州
单于都护府
安东都护府
东受降城
范阳
幽州
河
恒州
沧州
登州
北都
东
河东
太原
邢州
青州
魏州
河
道
兖州
蒲州
东都
汴州
宋州
南
海州
①
②
徐州
京兆
商州
河南
道
扬州
庐州
山南东道
苏州
襄州
淮南道
宣州
江
杭州
越州
荆州
鄂州
南
朗州
衢州
黔州
洪州
辰州
潭州
东
黔
福州
江南西道
长乐
道
虔州
泉州
桂州
流
柳州
潮州
岭南
道
广州
求
南
崖州
新
罗
金城
日
本
平城京
岭南道
广州
安南都护府
交州
林
占城
邑
南海
（涨海）
勃
泥
0
550km

想象另一种可能

理
想
国

imaginist

A History of China

06

讲谈社·中国的历史

绚烂的世界帝国：隋唐时代

图一

图一　阙楼图 懿德太子墓壁画——懿德太子是唐中宗李显的嫡长子。墓道东西两壁的两座精雕细刻、装饰华丽的《阙楼图》巍峨屹立。这个阙楼可非同一般，它是三出阙，是等级最高的一种礼制性建筑，是帝王居所的标示性建筑。目前只有这幅《阙楼图》为我们保存了唐代三出阙的形象。

推荐序

翻译介绍国外的中国通史类书籍，以《剑桥中国史》最为著名。那是比较专业的通史，比较通俗些的有台北稻香出版社1990年翻译出版的日本学者撰写的《中国通史》。该书是从日本讲谈社出版的十一册《新书东洋史》中抽出前四册（即先秦至清代的中国历史）编辑而成，作者伊藤道治、谷川道雄、竺沙雅章、岩见宏、谷口规矩雄，是日本著名的中国史专家。这套书被当做台湾地区大学中国通史课的教材，到2004年印刷了7版。现在广西师范大学出版社，推出的这套《中国通史》，也是日本讲谈社出版的《中国的历史》，摆在读者面前的这本，作者就是曾任日本“唐史研究会”会长的气贺泽保规教授。

他山之石可以攻玉。由于文化传统和学术传统不同，西洋人、东洋人观察中国历史的角度和兴趣、重点也不同，气贺泽教授的这本隋唐史，在许多方面给人以耳目一新之感。

比如，一般教科书对隋代的历史总是匆匆带过。气贺泽先生对于隋朝的历史，则颇为重视，有些看法颇为新颖。作者特别肯定隋朝初年在制度建设上的成就，认为高颎、苏威几个人合作，短短几年时间大刀阔斧地进行了一系列制度变革，从而奠定了隋朝开皇之治的基础。作者特别强调佛教对于巩固隋朝统治的意义。认为隋文帝即位之后反周武帝废佛政策而采取的一些崇佛举措，对于争取人心至关重要。作者甚至认为开皇二十年隋文帝废黜太子杨勇、罢免宰相高颎之事，简直就是一场“政变”——政治路线的改变，其背景就是以杨勇为代表的关陇集团实力与以杨广为代表江南地域集团之间的斗争。

为了论证这种看法，作者还进一步分析说；其一，杨勇作为太子，未来是皇帝的接班人，势必将继承高颎大力推进的关中中心主义的政治路线。其二，在末世思想盛行的河北出现了一种新佛教教派即三阶教，高颎是其忠实信徒。位于首都大兴城内的三阶教的真寂寺（唐代改称化度寺），就是在高颎捐赠的宅基地上建造的。由于这一教派筹集信徒因为布施的缘故，积聚了雄厚的财力，十分团结，往往成为权力阶层的眼中钉，屡屡受到打压，终于八世纪中叶灭亡。而三阶教遭受的第一次镇压，就发生在前述开皇二十年。自不待言，高颎的下台与此有密切的关联。

其三，杨素有过人的才能、有显赫家世的影响（弘农杨氏），却未能融入政界主流、处在高颎的阴影之下，总是心有不甘做老二。杨素在隋平定江南以后征讨南朝残余势力，开始在中央政界崭露头角，他与杨广两个不愿意做“老二”的人一拍即合，于是策划了这场政变。

一般认为隋朝由关中本位路线向非关中本位路线的改变是在炀帝即位以后才明确起来，即是隋炀帝改变了隋文帝时期推行的关中本位政策。但是，本书认为，实际上正是隋文帝本人在选择杨广为皇太子时，已经决定了转换路线的大政方针。作者特别强调佛教在其中的重要作用。

作者甚至推测，隋大业三年（607），即倭国的推古十五年，倭国遣隋使小野妹子向隋朝递交了以“日出处天子致书日没处天子无恙”云云开头的著名国书，明确地表明过访问隋朝的目的是“闻海西菩萨天子重兴佛法，故遣朝拜，兼沙门（僧侣）数十人来学佛法”。为什么倭国使者会这样说呢？这里提到的菩萨天子，虽然指当时的隋朝皇帝炀帝，然而炀帝实际上并非如使者所说的那样虔诚地信奉佛教。那么，为什么遣隋使团里会有这么多的僧侣呢？

作者分析道，隋文帝开皇二十年（600），圣德太子或推古天皇就派出过一次遣隋使。在当时的倭国使者看来，隋朝五光十色的先进文化和文物之中，唯有佛教最为引人注目也最重要，而且他们切身感受到了佛教笼罩于隋朝政界的气氛。倭国使者带回日本列岛的这些情报信息，在促使古代日本一系列的政治体制整备的同时，也一定直接促成了七年之后的大业三年派遣大规模的以佛教使节团为重点的赴隋活动。

就全书的侧重点而言，作者对于贞观之治评价不高，论述简略；对于武则天的掌权，则与同时期日本等东亚其他地域的女主政权做出联想。与一般中国教科书或者断代史不同，作者对于唐代花街柳巷世界、长安和洛阳的城市景观、五台山及房山云居寺等地的佛教文化都有专门的叙述。对于唐代制度史（日本学者称律令制）、东亚国际关系史都有不同的分析视角。作者以日僧圆仁的《入唐求法巡礼行记》为基本史料，详细讨论了圆仁在九世纪中国各地所遇到的风物人情、乡村社会，特别的在山东新罗侨民社区等有比较详细的叙述。以上这些社会生活史的内容，丰富了本书的血肉，使本书具有很强的可读性。

序章“急剧动荡的东亚”和末章“如何理解‘唐宋之变革’”，有助于读者高屋建瓴地认识唐代在整个中古史以及东亚世界的历史地位。对于文化部分，作者重点介绍唐代的诗歌艺术与历史学成就，其他一概从略，避免了国内教科书面面俱到、蜻蜓点水的毛病。总之，全书的章节布局重点突出，但是又照顾到一般断代史应有的系统性；作者的文字严谨而晓畅，娓娓道来，不像一般教科书的刻板。书后的几个附录“人物小传”、“历史术语解说”对于一般读者也有辅助之功。

在国际中国史研究中，日本学者有独特的优势，形成了自己学术风格和学术传统。本书在一定程度上，反映了作者本人和当代日本隋唐历史研究综合性成果，体现了日本学者观察隋唐历史的独特视角，谨向读者朋友郑重推荐。

张国刚

清华大学历史系

2012 年 5 月 2 日

中文版自序

2011年3月11日下午近3点钟的时候，一场前所未有的大地震及大海啸袭击了日本的东北以及关东地区。连日以来，电视、收音机、报纸等媒体每天连篇累牍地报道着灾区的惨状以及核电站事故的状况，估计这场灾难的死者及失踪者将超过两万人以上。置身于这种紧迫的气氛之中，使我再次痛切地意识到，在大自然的淫威面前，人类显得多么渺小和无助，我们人类社会真的太脆弱了。与此同时，我也再次深切地感受到了连接人与人的纽带之强以及信任与爱的重要。那么，如何从这些巨大的伤痛所显现出来的危机、危局之中，找出一种行之有效的解决办法及指针呢？此外，历史学究竟应该起到什么样的作用呢？我一边自问自答地思索着这些问题，一边开始着手执笔来写这篇致中国读者的序言。

本书所要论述的隋唐时代不仅是中国历史上的一个高峰时期，同时，从当时的整个世界上来看，隋唐时代也拥有着极为突出的势力和影响力，堪称东亚世界的中心。这一点也正是本书定名为《绚烂的世界帝国》之缘由。

为何隋唐王朝会具有如此之大的影响力呢？究其原因，正如内藤湖南和陈寅恪以来人们所指出的那样，其最大的原因正在于胡族与汉族的问题，即隋唐王朝乃是胡汉两族融合而建立起来的一个政权。不同的民族之间一旦结成了平等的关系，就会焕发出无穷无尽的活力，国力就会增强，文化就会提高，进而才会影响至东亚诸国。就像水自高处往低处流一样，隋唐建立起来的国家制度以及律令法体系、佛教、儒学、文学等文化、进而包括节假日岁时文化等各个方面也广泛地传播到了隋唐的周边区域。日本（倭国）正是因为吸收了隋唐的先进文化，从而才成功地实现了当时的“现代化”，即建立起了古代的国家。

胡汉两族的融合所带来的另一个重要的影响，就是隋唐国家的开放性这一特色。在自秦汉以来的超过两千年的王朝史之中，隋唐给人的突出印象正在于其乃是中国历史上对外门户最为开放的一个时代。除隋唐以外，还有北魏以及蒙元时代都是有名的对外开放时期。这些时代有一个共性，即都不是纯粹的汉族王朝。根据桑原骘藏以及向达等学者的研究，有关大量来自于西域的外国人生活于隋唐时代的长安的相关情况已经基本清楚。此外，在近年来的研究中，关于来自中亚的粟特人很早就已经移居中国本土的情况，尤其是这些粟特人不仅从事商业活动，而且还作为农民以及士兵活跃于各个领域等情况受到了广泛的注目。此外，众所周知当时在东方的山东地区还居住着大量来自于新罗的农民；在西南的沿海地带，则有不少波斯以及大食的商人们聚居于被称之为“蕃坊”的区域之中。

正是由于隋唐的这种开放性和包容性，周边诸国向隋唐派遣了不少外交使节，并送去了大量的留学生以及学问僧，致力于隋唐文化的汲取。最近在日本，人们很关注近年在西安近郊发现的一块墓志，即“井真成墓志”。井真成是一位于开元二十二年（734）在长安去世并被葬于此地的“日本”人。尽管有人牵强地把井真成看作日本遣唐使团的一位官员，然而却缺乏说服力。根据各种情况来分析，我以为井真成与阿倍仲麻吕（晁衡）等人一样，也是一位从日本赴唐朝的留学生。总之，通过这一新发现的实物资料，我们才确切知道了这位为了学习唐文化而漂洋过海的年轻人的存在。

又经过了一个世纪，另一位日本僧侣也曾在华北各地辗转求法，他就是天台宗僧人圆仁（慈觉大师）。圆仁于山东半岛尖端的赤山浦登陆以后，得到了当地居住的新罗人聚落的帮助，经过青州到了五台山，他在五台山巡礼求法之后又进入了长安，在长安期间圆仁遇上了“会昌毁佛”（845 年）。尽管圆仁的求法之旅充满了各种困难，然而他在所到之处，受到了贫苦的农民以及官吏的各种善意的支援，从而成功地将新的中国佛教传入了日本。通过上述圆仁的事例，我们也可以看出当时中国的开放程度。

与隋唐王朝的这一特点相关，我的关注点还有另外一个方面。就是在这一时期，皇帝的绝对权威尚未确立起来，门阀贵族的影响力以及门阀观念依然根深蒂固地存在，甚至包括科举也需要考核有关贵族教养的内容。此外，以三省六部为代表的律令官制，也可以看成是为了阻止皇帝拥有绝对权力而形成的一种形态。而且，上述这些又引出了另一个特色，即隋唐的统治体制相对比较宽松，而这种体制的宽松则显然与前述开放性及包容性密切关联。以武后为代表的女性们的活跃乃是唐代历史的重要特色之一，而女性的活跃则当与该时期体制的舒缓宽松有很大的关系。

可是，统治体制的宽松却并不意味着权力的削弱。毋宁说，这种统治体制的宽松以及束缚力较弱恰好正与权力的强韧有着紧密的关联。安史之乱从根本上动摇了唐朝的统治根基，使得唐朝处于濒临灭亡的危机境地，然而在不知不觉中，唐王朝却又稳住了阵脚，竟然又延续了一个半世纪的命脉。究其原因，应该说与蕴含在唐朝内部的柔性结构所具有的强韧性有关。

隋朝的情况姑且不论，至少唐朝君临东亚世界，所依靠和凭借的并非是因为其军事力量占压倒的优势。提起当时的军事力量来，首先我们就会想起府兵制下的府兵。然而，府兵对于巩固唐朝国内的统治或许有效，但其在对外战争方面的表现却并不出色，几乎没有发挥出什么作用。这一方面最好的例子，就是从隋到唐多达十次的远征高句丽之役。隋唐两朝每次都出动大军征讨，然而每次都失败受挫，直到最后，还是因为与高句丽之南的新罗联手，才终于制服了高句丽。在这一期间，只有刚开始的时候以府兵兵士作为主力，后来府兵则完全被其他的募兵所取代了。尽管唐太宗曾使突厥臣服，并接受了来自西域诸国的“天可汗”称号，但有唐一代，唐王朝实际一直为与周边诸国的攻防战事而大伤脑筋，唐朝始终未能在军事方面树立起绝对的优势地位。

尽管如此，唐朝作为东亚中心的地位却一直延续了下来，唐朝成为周边许多国家向往的目标。我以为，唐朝之所以能够保持这种优势地位，除了唐朝的经济以及军事力量之外，唐朝拥有高度的文化力量当是重要的原因。我在这里所说的文化力量，是就包括佛教以及唐诗等方面在内的、人们所有的文化以及社会行为的总体而言，指的是从上述各方面之中形成的一种可称之为气度或气象的东西。我恳请本书的读者仔细地品味唐朝所拥有的这种文化性。倘若通过阅读本书，能够使得各位多少触及隋唐史所蕴含的巨大魅力，对思考东亚问题时有所启发的话，作为作者来说将不胜荣幸。

气贺泽保规
2011 年

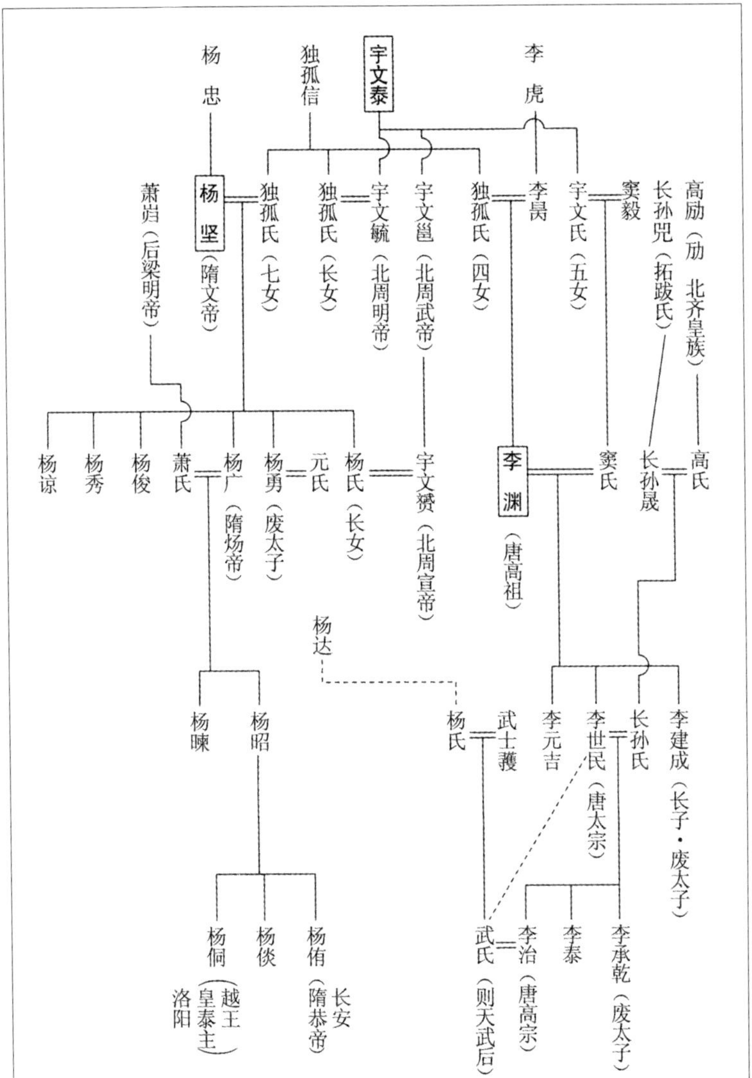

杨忠
独孤信
宇文泰
李虎
杨坚（隋文帝）
独孤氏（七女）
独孤氏（长女）
宇文毓（北周明帝）
宇文邕（北周武帝）
独孤氏（四女）
李昺
宇文氏（五女）
窦毅
长孙兕（拓跋氏）
高励（励 北齐皇族）
萧岿（后梁明帝）
杨谅
杨秀
杨俊
萧氏
杨广（隋炀帝）
杨勇（废太子）
元氏
杨氏（长女）
宇文赟（北周宣帝）
李渊（唐高祖）
窦氏
长孙晟
高氏
杨达
杨暕
杨昭
杨氏
武士彟
李元吉
李世民（唐太宗）
长孙氏
李建成（长子·废太子）
杨侗（越王 皇泰主）
洛阳
杨倓
杨侑（隋恭帝）
长安
武氏（则天武后）
李治（唐高宗）
李泰
李承乾（废太子）

1 北周、隋、唐皇室关系图

目 录

序章

急剧动荡的东亚

八世纪初期，在今天中国东北部辽宁省朝阳市附近的一座游牧民的帐篷里，一个男孩呱呱坠地。这是一个混血儿，父亲是粟特人，母亲是突厥人。几十年以后，这个男孩发迹成为一位镇守边关的大将，并且最终于755年末率领大军举起了叛旗。他就是历史上著名的安史之乱的发动者安禄山。这场叛乱发生的时期，若以日本而言，则相当于奈良时代的中期。

安史之乱这一事件揭开了一个大变化时代的帷幕。安禄山的对手是大唐帝国。以安史之乱为导火线，唐朝失去了昔日的繁华，开始步入衰亡之途，并终于在一个半世纪以后的十世纪初寿终正寝。以安史之乱为中心，前后延续三百余年的隋唐时代——严格地说，是从581年隋朝建立到907年唐朝灭亡为止的327年间，正是本书将要论述的时代。

2 唐长安城街道模型图（采自《大唐长安展》图录） 八世纪中叶的长安是人口超过百万的世界上最大的城市。东西长 9721 米，南北长 8651.7 米。中央的朱雀门街的东侧叫做万年县，西侧是长安县

九世纪四十年代东亚的动向与“会昌毁佛”

提起唐代后半期的情况，倘若稍微聚焦一下视线，在长达一个半世纪的唐代后半期里，有一个时期一直吸引着我的注意力，这就是位于唐代后半期中段的九世纪四十年代，具体而言是截至九世纪四十年代中期为止的时段。首先是在 840 年，武宗继其兄文宗之后，成为唐朝第十五位皇帝。其后武宗旋即发动了在历史上恶名远扬、被称之为“会昌毁佛”的镇压佛教运动。这场毁佛运动于 845 年达到登峰造极的地步。寺塔被大量拆毁，佛经被烧，无数僧尼被迫还俗。

这一时期在毁佛运动的中心地长安，有一个外国人不显山不露水地每天执笔疾书，把当时那种人心浮动、天天笼罩在异样的气氛之中的情况一一记录了下来。此人是谁呢？他就是日本僧人

圆仁，即其后成为比睿山[1]第三代天台座主的慈觉大师。圆仁所留下的记录《入唐求法巡礼行记》，用今天的话来说，也就是相当于新闻记者们从动乱的中心地区发回的现场采访报告。

唐朝国内的情况姑且按下不表，这一时期围绕唐朝的外部环境也发生了很大的变化。位于北方蒙古高原的回鹘[2]，自从安史之乱时被唐政府借来平叛而引入唐朝以后，一直让唐人们感到非常头疼。此时回鹘却因天灾及内讧，加之黠戛斯的乘虚攻击，终于840年土崩瓦解。此外，自初唐以来持续给予唐朝西部以很大压力的吐蕃，也由于国王达玛[3]镇压佛教而引发内乱，到841年（一说842年）达玛死后即告分裂，从历史舞台上消失。由此，唐朝一举从长期以来困扰自己的两大压力之下解放了出来。

让我们将目光再转向东方。这一时期的朝鲜半岛正值统一后的新罗时代[4]。作为东中国海交易的一个中心人物，活跃于唐、新罗、日本的弓福（唐名曰张保皋，日本名字叫张宝高）于841年发动了叛乱。他曾被新罗王朝任命为清海镇大使，并参与过拥立神武王。这场叛乱尽管随着弓福被暗杀而很快就结束了，但对于新罗来说，却无疑是暴露王权衰微、地方势力抬头的一个大事件[5]。

再看看日本的情况，842年日本发生了承和之变[6]。这次变故一般被认为是一个阴谋，或曰一次政变。即嵯峨上皇[7]死后，伴健岑[8]和橘逸势[9]企图拥戴皇太子恒贞亲王[10]，废掉当时在位的仁明天皇[11]。但最新的解释却认为，其真相当是藤原良房[12]与仁明天皇联手，有计划地图谋排除反对派而捏造出来的一个事件。不管怎么说，以此为分界线，之前一直持续的两统迭立（即两个系统的天皇轮流登基）这一不稳定的状态宣告终结，而与而后的摄关政治[13]有密切关联的藤原氏一族的政治根基则得到了根本性的强化。

上述这些集中发生于九世纪四十年代、看上去似乎都是分别发生的事情，彼此之间似乎很难说有什么关联。可是当你稍微深入其中，就会发现其中包含着某种共同的倾向。即以唐朝为中心的文化以及政治结合（东亚文化圈）的崩溃，以及代之而起的各个地区以及国家独自摸索新发展道路的动向。而这些都成为十世纪以后日益明朗化的、东亚各地民族意识的先驱以及直接出发点。

武宗的会昌毁佛，其实也与上述这一整体动向有关。提到毁佛的背景，一般都会指出因为武宗热衷于道教、加之佛教教团的扩张及日益腐败等原因。但实际上，同时期景教（基督教的聂斯脱利派）、祆教（琐罗亚斯德教）、摩尼教等外来宗教也均遭到了镇压。佛教属于外来宗教，当然也不能例外。所以，会昌毁佛其实还具有另一面，即显示了唐朝排除外来宗教、振兴本土宗教的一种民族意识。

谈到这里，还有一点不能忘记，即佛教是从文化及精神方面链接东亚世界的重要连接点。如果从这一方面来考虑的话，对于武宗强制推行的毁佛运动也可以解释为：强行毁佛意味着武宗亲自强行切断了东亚的这种连带关系，以此向内外宣示唐朝将退出东亚文化圈的中心、表达了想从长期背负的这一重压之下解脱出

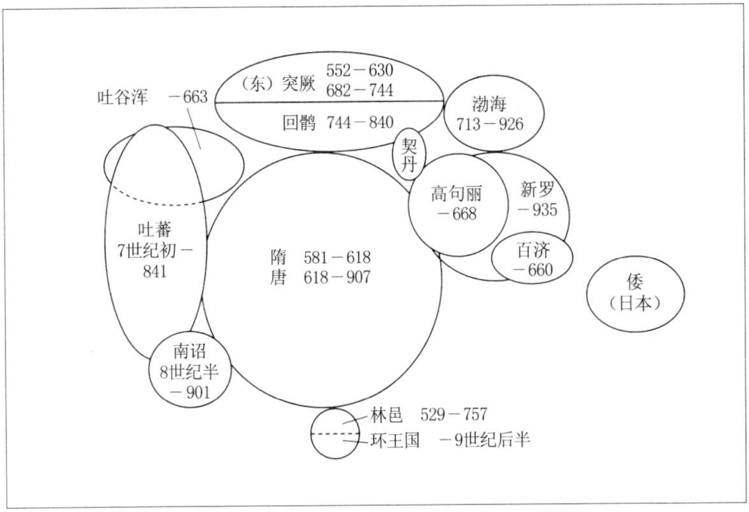

3 隋唐时代东亚关系示意图

来的决心。所以，这一行为乍看起来似乎是源自武宗个人的想法，但实际上其与整个东亚的时代浪潮也绝非毫无关系。

“绚烂的世界帝国隋唐时代”之意义

如上所见，因安史之乱而产生巨大变化的唐朝在进入九世纪四十年代以后，进一步大刀阔斧地改变了内外的关系及结构。而且到了907年唐朝像朽木一样轰然倒塌之时，在飞扬四溅的尘埃之中依稀所能见到的，仅仅剩下苟延残喘勉强维持命脉的渤海国和新罗，原先那些和唐朝激烈竞争的国家都早已荡然无存。其后不久，渤海和新罗也都先后灭亡。日本则脱离了模仿唐朝的律令制国家阶段，大踏步地进入了贵族制社会。

在东亚的历史上，纵观在此之前或以后的时代，因中国王朝的蜕变及崩溃而引发周边诸国面貌一新的情况仅此一次。这种现象恐怕在世界历史上也十分罕见。隋唐拥有高度发达的文化、先进的政治体制和丰富的物质生活，相形之下周边诸国诸地区的生活文化程度则很低下、政治体制也比较落后。这种反差不断地吸引周边，促使周边诸国或模仿唐朝，或反过来攻城略地、骚扰唐朝。隋唐王朝也正是在这种力量对比关系中，强烈地意识到了自己君临于东亚中心的地位。同样，以丝绸之路为媒介，隋唐与西方的交往，也可以用这一观点来加以解释。

本书之所以使用《绚烂的世界帝国：隋唐时代》的书名，也正是源自于上述时代的特征。写作本书所追求的一大目标，就是基于对隋唐帝国的上述认识，通过尽可能地贴近当时人们的活生生的生活，去努力描绘出这一时代的深邃内涵。

与这一点相关联，可以提到近年来受到人们关注的女性问题。谈到隋唐时代，历来人们无一例外都会提起武后、杨贵妃，或者是武韦之祸，殊不知在其背后所反映出的实为一个激动人心的女性世界。她们面对支撑男性社会的理论以及旧习，勇敢地谈论爱情、公开发表自己的主张、追求有个性的生活。如果与宋代以后女子被强制缠脚，被束缚于儒教伦理道德之中的境遇相比，隋唐时代在这一方面的反差则十分明显。隋唐时期的女性们何以能够如此活跃呢？考察当时的相关时代背景及特征也将成为本书的一个课题。

隋唐帝国与律令制、贵族制[14]

那么，若从时代特征这一角度出发，应该如何理解隋唐时期的权力构造呢？正如经常提到的那样，一般的理解是：隋唐时代的前半期是律令官制，中途出现了被称之为“使职”的令外官，而到唐代后半期，则是以全国普遍设置藩镇（节度使）为特色，换言之即“使职”占优势。而在实际上，即使进入唐代后半段，左右官场的基本轴心仍然是律令官制。

谈起贯穿整个隋唐时代的律令支配体制，在涉及能否将其简单地概括为是一种以皇帝为中心的牢固的层状等级制度这一问题时，需要特别慎重。之所以这样说，是因为无论是在三省（中书、门下、尚书）六部（吏、户、礼、兵、刑、工）这一中枢形态之中，还是在职掌相互重叠的诸中央机关以及由数人组成的宰相班子之中，同时还存在着一些并非单纯上传下达的横向关系。而在这种横向关系之中，则可以明显看到魏晋以来的贵族制的影响。此外，无论通过当时看重门第（出身）的社会观念、还是通过当时人们的高度的文化教养素质，抑或是从当时社会体制中重视仪礼的情况来看，都可以说隋唐时代无疑是一个弥漫着浓郁的贵族制气息的时期。

从律令官制和贵族制的关系，可以使我们想象到当时的统治权力松弛的状况。换言之，即这一时期存在着制度涣散以及对于制度的随意性解释等问题。倘若立足于这一前提，我们对于在进入玄宗时代后期以后“恩宠”这种私人关系何以能够流行，家世门第不清不白的安禄山为何能够出现在政治大舞台上等问题，则可以做出相应的解释。同样，唐代女性的活跃恐怕也并非与这种权力或制度的状况无关。权力的松弛反映了整个社会环境的宽松。由这样一个王朝形成的这种气氛，或许正是促使东亚世界得以凝聚的一个重要原因。

与如何解释上述律令制的问题相关联，人们往往容易按照律令条文字面的意思，来接受并且描述当时的时代及国家。但是，正如均田制实际上并没有按照规定分配土地（甚至有人认为其法规只是一纸空文）一样，我们有必要弄清楚规定（制度）和现实之间的差异。古代日本的律令制国家曾非常认真地努力使现实尽量去贴近法规，而在律令制度的老家中国，呈现出的却是完全不同的另一种状况。

在本书中，我还以一章的篇幅专门论述了历来较少涉及的“军事与兵制”问题。要弄清楚如何保卫隋唐王朝及其广袤的疆土的情况是一件十分复杂的事情，我在探讨隋唐前半段律令制的柱石府兵制度时，注意到了府兵兵士的立场及其实际的状况。若从律令的条文来看，在一户三丁的情况下，就会有一人当兵，即给人一种类似于征兵制的印象。但在现实中，这种平均承担兵役的状况并没有出现。因而人们认为府兵兵士的地位似乎更接近于跟农民截然不同的武士身份。那么，实际情况到底怎样呢？

此外，在这一时期里，宗教显示了极大的存在感，尤其是佛教的影响力超乎寻常。唐朝以“道先佛后（道教第一，佛教第二）”

作为国家的大政方针，但实际上却是佛教一边倒，民众也都虔诚地笃信佛教。我在本书里，从当时多姿多彩的佛教之中，选取近年有大量珍贵文物出土的法门寺、以佛教石经而闻名的云居寺以及唐代的新佛教——密教为例，考察了佛教的时代特点及其与民众的关联。此外再加上有关圆仁入唐的内容，本书实际上在论述佛教方面，用去了相当大的篇幅。

在今天的世界上，围绕宗教问题，以血还血、以牙还牙的暴力冲突此起彼伏。在这种情况下唯有佛教，而且是东亚的佛教一直远离争斗，成为和平的象征。每当我想到我们正享受着佛教带来的莫大的恩惠之时，都觉得应该重新审视隋唐佛教所具有的意义，正是隋唐的佛教给东亚地区带来了共同的精神基础。倘若各位读者在阅读本书时能对此有所体察，则不胜荣幸。

第一章

新兴的统一国家：隋王朝

隋朝的建立与文帝的开皇之治

隋朝及其时代

从开皇元年（581）二月隋文帝取代北周建国开始，到大业十四年（618）三月隋炀帝被部下刺杀为止，隋朝实际上是一个仅延续两代共计三十八年的短命王朝。然而在这一时期之内，公元589年，隋朝终于结束了自东汉末年黄巾之乱以来长达四百余年的分裂局面，开创了一个新的统一国家的雏形。隋朝通过开凿连接南北的大运河等多方面的事业，不仅奠定了其后唐朝三百年的基业，也给后世带来了不可估量的影响。隋王朝所完成的工作量，实际上相当于其他王朝的数倍。

从历史上来看，隋代呈现出两个面孔：其一，与南北朝时代相联系，并且结束了南北朝；其二，正如通常人们习惯将隋唐两朝连起来称呼一样，隋代又是唐代的先驱。作为一个过渡性的时代，隋朝可谓承前启后，由此出发可比较中立地观察前后的历史，既能全面地总结之前的魏晋南北朝，又可以为理解其后唐朝的出现做出铺垫。除此之外，我感到，在考虑隋王朝所具有的独特个性，以及思考隋王朝在历史上所具有的意义时，还有必要在此基础之上更进一步。

当我们把目光聚焦到隋室杨氏的谱系和其周围的文武官员们的背景以及制约并影响其行为方式和思考方式的因素时，我们强烈地感到，这一时代的确与南北朝紧密相连，尤其是受到了来自北朝的巨大影响。但另一方面，隋王朝建立以后，却也正是把这一点，即如何摆脱南北朝的影响当作自己最大的政治课题，并为此倾注了全部精力。因此，倘若把与南北朝相联系的前者看成是社会性侧面的问题，那么则可以说后者是政治性的问题。隋朝及其整个时代，可以说就是建立在由上述两个方面交织扭曲而成的状态之上的。隋朝正是在力图化解这种扭曲的过程中，大踏步地迈向了建设新国家的道路。在这个意义上来说，我以为，还是应该从"隋唐"并列的角度，来理解和把握隋代这一时代。

正如本套丛书的前一卷《中华的崩溃与扩大：魏晋南北朝》的作者所论述的那样，在谈论魏晋南北朝这一时代的特色时，有两个基本点。其一是贵族制。贵族制既反映了当时从国家到社会

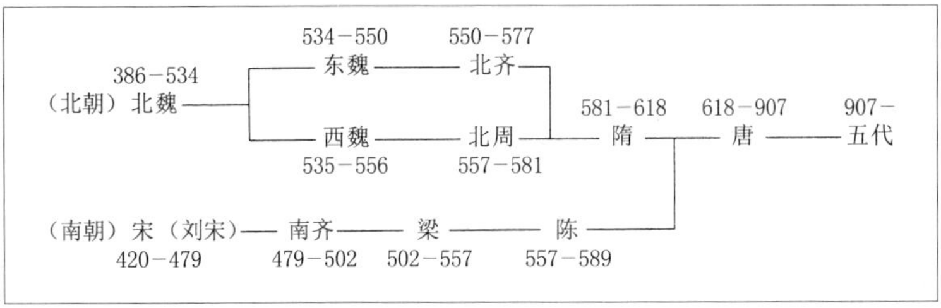

4 王朝交替图（南北朝、隋唐时代）

的秩序原理，也代表了当时的文化；其二是非汉族（胡族、北族）的存在。即被称之为“五胡”的汉族以外的民族，开始进入了汉族的世界之中。到了北朝的后半期，汉族原住民与北方来的胡族（非汉族）之间的融合、协作关系越来越密切，并从中产生出了新势力即下一个时代的领导者。隋、唐统治阶层的中心人物正是从这一新的势力中脱颖而出，登上了历史舞台。

然而，在另一方面，支撑贵族制的门阀（家世门第）观念无孔不入渗透的结果，反过来引起贵族制受门阀的制约，导致其丧失活力、地位发生逆转，带来了整个社会的停滞和行政资源的浪费。在经历了长期的分裂以后，当时代的钟摆开始走向统合之时，传统的贵族制则成为巨大的绊脚石和枷锁。也就是说，魏晋南北朝时代的两大支柱——贵族制与从北族发展而来的新势力发生了冲撞。两大支柱撞击的结果，使其各自失去政治影响力。而这一冲撞发生的时代正是隋代。

基于上述认识，我在本章中将重点从政治史的角度出发，去接近并描述隋朝这一时代。隋朝这一迥然有异于其他王朝、时间短暂而内容丰富的三十八年究竟是一个什么样的时代呢?下面就让我们来揭开其帷幕吧。

隋室杨氏的出身

隋文帝(庙号高祖)名字叫杨坚。自称其出身于关中(今天的陕西省中部。参见附图83《隋唐关中地区图》)汉族名门望族之一的弘农郡华阴杨氏。看起来这一出身似乎十分高贵,但其中却存在着不少疑点。实际上,在北魏时代,杨坚的祖先居住于长城沿线的武川镇(今属内蒙古),负责镇守北方边境。如果要说杨氏与弘农华阴的杨氏家族有什么关系,那也应该是很早以前的事情。确切地来说,应当把杨氏看作在很早以前就与北方民族通婚,且已完全融入塞北荒野世界之中的一族。

关于杨氏与北方民族的瓜葛,一般的意见都是从杨氏与鲜卑系统(其后的蒙古系统?)的关系来加以解释。然而从史书记载来看,杨坚之父杨忠身材魁伟,乃身高七尺八寸(超过两米)的大汉,且相貌出众,仪表轮廓分明。他的武艺也十分高强,据说杨忠与猛兽格斗时,用左臂夹住兽腰,以右手拔掉兽舌,一举将猛兽制服。这一形象令人联想到,杨忠恐怕不仅仅与鲜卑系各族有关,在他的身上,很可能还有匈奴等民族的混血因素。

隋室杨氏开始登上历史舞台,可以说就是在杨忠的时期(参见附图1《北周、隋、唐皇室关系图》)。因为534年北魏分裂成高欢率领的东魏和宇文泰为首的西魏时,杨忠投奔宇文泰麾下,成为支撑西魏政权的重臣。宇文泰也来自于武川镇，同样是鲜卑族出身。此外，聚集在其帐下的唐室祖先李虎以及与杨氏及李氏结成婚姻关系的独孤信等人也都是武川镇出身。其后，当西魏设置了执掌军政中枢大权的八柱国十二大将军职位以后，上述这些武川镇出身者分别被委以重任，成为担当西魏（北周）宇文泰政权的中坚力量。

在这一基础上形成的以武川镇军阀为中心的政治势力，其后占据了隋唐两朝统治阶层的中枢位置。中国著名历史学家陈寅恪先生[15]将这一政治势力称之为“关陇集团”（即集结于长安周围的关中平原至其西的陇山一带的政治集团），时至今日，可以说这一称呼已几乎成为学术界的共识。

杨坚与周隋革命

北周天和二年（568），62岁的杨忠去世。杨忠的一生可谓是戎马倥偬的一生，杨坚出生的西魏文帝大统七年（541）六月，正是其父杨忠横刀立马于战阵之时，当时也可以说是西魏前景未卜，无论西魏何时被东魏吞并，都不会令人感到惊讶的时期。在此后直至隋朝建国的四十年间，杨坚在其父打下的基础之上，一步一个脚印地在政界扩大自己的影响力，并将长女嫁给皇太子（后来的宣帝）为妃，赢得了北周武帝的信赖。

正因为如此，杨坚遭到了宇文氏一部分人的警惕和嫉恨，其中最主要的人物就是继承武帝大位的北周宣帝。宣帝的疑心非常重，他经常在考虑要如何除掉自己的岳父杨坚。曾将杨坚召进宫中问话，嘱咐侍卫只要看到杨坚的表情稍有不自然之处，立即当场将其杀掉。但杨坚始终神色自若，从容应对，没有露出丝毫破绽。

北周宣帝的大象二年（580）五月，整天提心吊胆、不知何时有杀身之祸的杨坚，终于迎来了通向权力宝座的转机。当时杨坚主动请缨，提出到距离陈朝最近的扬州（位于今天的江苏省）担任总管（总管乃地方军事行政的最高负责人），就在他马上就要出发之时，宣帝病倒，并且在半个月以后去世。宣帝病死时很年轻，只有 22 岁，他病倒以后处于失语状态，很可能是患脑溢血或者中风之类的疾病。宣帝留下的孩子（静帝）虽然并不是杨皇后的亲生儿子，但杨坚还是拥立其为皇帝，自己则以受宣帝托孤的顾命大臣的身份，向内外发号施令。

最早向杨坚密报宣帝病倒消息的，是宣帝最为信赖的郑译、刘昉二人。这两个人审时度势，估计在年幼的皇帝之下，很难度过当前的局面，因此秘密与重臣杨坚取得了联系，以图自保。该二人虽然都是汉族贵族，但却缺乏全力以赴投身于改朝换代的勇气。其后，取代二人立誓襄助杨坚者，主要是李德林和高颎，以及原来关系比较疏远、在这一期间投靠杨坚的杨惠（后来改名为杨雄）。

李德林在接受杨坚邀请时当即对天起誓，说尽管能力有限，但愿意以死相随杨坚；高颎也同样慷慨激昂地表示，即便夺取

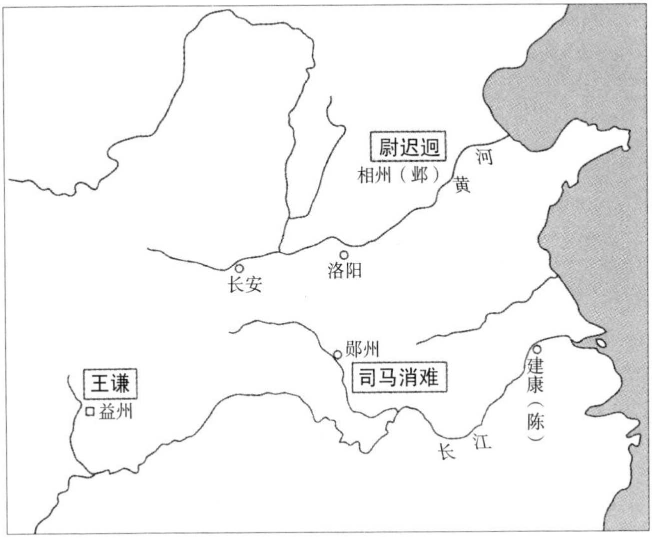

5 北周末期形势图

天下失败，被诛灭九族也在所不惜。李德林遂首先成立了丞相府这一幕府机构，以掌握全权、强化凝聚力，进而又为新王朝的建立指明了明确的方向。当时，杨坚政权能否如愿建立起来，还有一个关键性的因素在于相州总管尉迟迥。高颎则在与尉迟迥作战时，成功地指挥部下突入敌阵，取得了胜利。

当得知杨坚掌握实权的消息以后，上面提到的尉迟迥首先于同年六月在北齐的旧都相州（位于今天的河北省）起兵；继而七月份郧州（位于今天的湖北省）总管司马消难、八月益州（位于今天的四川省）总管王谦先后起兵反杨。然而，由于几位起事者事前准备不足以及双方兵力悬殊，加之各自内部不团结，所以到了八月以后，尉迟迥被追得走投无路而自杀，司马消难则逃往南方的陈朝；进入十月份以后，王谦也被杀，整个局势得到了有效的控制。

于是，北周宣帝死后仅仅五个月，事先所预计的激烈抵抗并没有出现，杨坚顺利地将大权揽入了怀中。谈到这里，还有一个背景不能忘记，即当时笼罩北周的沉闷气氛导致人心疲惫涣散，在当时的整个社会上，到处都弥漫着一种盼望改朝换代、渴望新的统治者出现的气氛。

隋朝的建立与新体制

公元581年二月，杨坚接受北周静帝的禅让登上皇帝宝座，定国号为隋，隋朝第一代皇帝文帝由此宣告诞生。文帝改年号为开皇，并发布了新政权的最初的大政方针曰：

“易周氏（北周）官仪，依汉魏之旧。”

从北周的国号可以看出，北周是以上古时代周朝的制度，即《周礼》的“六官之制”作为国家的根本。所谓六官，就是指在皇帝之下，由六个平行的行政机构即天官、地官、春官、夏官、秋官、冬官各司其职，分别执掌各方面的事务。宇文氏政权的建立源自于北方少数民族，因而对于他们来说，有必要积极地将广大的汉族吸收到其政权之中。于是，作为汉族理想国家的周代的制度，尤其是可以保障北族与汉族之间的对等性的六官之制遂成为最好的选择。弱小的西魏（北周）之所以能够吞并强大的东魏（北齐），并在南梁被推翻之前迅速成长起来，主要原因正是由于六官之制这一政治体制的存在，同时加之在与六官之制互为表里的军事制度——府兵制之下所凝聚的北族与汉族的能量所致。

然而，这种政治体制并不具备长期存在下去的基础。因为人们普遍认为，要想统合这样一个庞大的国家，需要建立一个以皇帝为首的金字塔式的统治体系。于是，杨坚即隋文帝明确地表示，要与北周的制度告别，走一条新的路线，即恢复原有的且普遍为人们所接受的国家体制。所谓“汉魏之旧”，并非指回到汉代或三国魏晋的制度，而是指中国传统的皇帝制度。在这一方面，人们首先想到的制度则是距离隋朝最近的国家体制——从北魏到北齐的制度。隋朝重建国家政治体制，竟然大量吸取并采用了以前的失败者北齐的制度，实可谓是一种历史的讽刺。

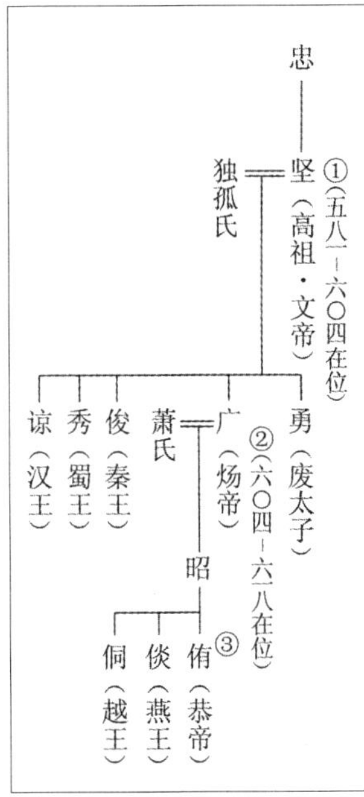

6 隋朝皇室系统图

不用说，站在推行新政的中枢地位的人，正是前述周隋革命的发动者们。其中，高颎任尚书左仆射兼纳言，位居行政权力的中心；李德林担当负责起草制定政策的内史令一职；杨惠则出任左卫大将军，乃中央禁军的最高负责人。其他属于关陇集团的人，诸如虞庆则、韦世康、元晖、元严、长孙毗、杨尚希等人也都分别担任了各个行政部门的负责人。其后，苏威出任纳言兼吏部尚书，也成为政权中枢的一员。纳言是门下省的最高长官，负责全面审核各项政策。这一职务最初由高颎兼任，后改由苏威担任。

在本书第四章中，我们会详细谈及隋朝取代六官之制实行三省六部制的情况。三省六部制的中心是三省，其分别由高颎负责尚书省，李德林把持内史省，门下省则由苏威担任长官，此外再加之负责军事的杨惠，构成新政权的四大支柱，推动着新体制的运作。这一体制一直持续到开皇九年（589）全国统一。

大刀阔斧的行政改革与贵族制

新政权建立以后，率先着手解决的问题，就是关乎国家体制根基的新律令的制定。所谓“律”，是指刑罚法规，“令”则是指有关行政、官僚组织、税制等与刑罚无关的法令；律令制就是基于“律”和“令”两大支柱的国家体制。经过种种曲折，由一百二十五卷共计五百条条文构成的新律诞生，并最终于开皇三年公布生效；在此之前的开皇二年七月，新令也已经发布，这部法典就是在成文法体系中具有划时代意义的开皇律令。开皇律令被唐代原封不动地加以继承，并成为在整个东亚广为流行的律令制的源头。

开皇新律的最大的特色，乃是清算了在以前的刑罚中存在的自古以来残害身体的肉刑（黥=刺青，即在脸上刺上记号或文字；劓＝割掉鼻子；剕＝砍掉脚；宫＝阉割生殖器；大辟＝死刑），而将构成刑罚最基本要素的五刑确定为笞（鞭打10—50）、杖（杖击60—100）、徒（剥夺自由，强迫劳动）、流（流放）、死（死刑）几种非肉刑形式。同时，针对各种具体罪行，在相应的条文中明确规定了处罚的形式。在这里，可以看到开皇律具有与近代法律中的罪刑法定主义（即条文主义）相衔接的一面，可以说，开皇新律是当时世界上最先进的刑法体系。

在开皇新令方面，除了包括前文提到的以三省六部制度为首的中央官制以及地方行政组织在内的整个统治机构的整备问题之外，同时，如何能确保新的人才来源，又怎样安排这些人才等方面也是迫切需要解决的问题。隋代之前的很长时期一直都是贵族制[16]的时代，在九品官人法之下，贵族们凭借其门第家世，把持着从中央到地方的行政权力。于是，隋文帝决心首先针对这种情况开刀。

隋文帝的第一把火，先是把地方行政的人事权收回中央。在此之前，由中央任命的地方长官在辖区内可以自行录用下属，称之为“辟召制”。魏晋南北朝时代各地的豪门贵族正是凭借辟召制把持地方行政，成为支撑贵族制的温床。文帝基于对“辟召制”弊端的反省，采取了新的对策，决定地方长官以外的官吏也均统一改由中央派遣，以此排除贵族以及地方豪强的势力。此外，对于派往各地任职的官吏，又同时确立了文官三年、武官四年的任期制，以及不得在官吏本人的出身地（本贯）任官的回避制度。

与上述措施配套，隋文帝又将之前的州、郡、县的三级地方行政制度改为州、县两级制度。在此之前的漫长的分裂时期，地方政区的基本单位州被细分化，出现了州郡的区别不明显，官多民少的弊端。由于文帝果断实行废郡，不仅精简了各级机构，裁撤了冗官冗员，同时也削减了开支，推动了清除贵族影响的进程。

但这样一来，如何确保新体制所需要的人才遂成为一个新的课题。隋文帝决定抛弃九品官人法的门第家世主义，面向社会广泛招募人才。根据这一基本的设想，隋文帝尝试着导入了考试的方法。其滥觞是开皇七年（587）发布的一道命令，该命令要求各州每年必须向中央推荐三名人才。尽管我们还不清楚当时的具体选拔方法，但推测各州在选拔推荐人员时或许有考试，到了中央以后，也可能会有什么类似的考试。尽管当时遴选人才的办法并没有因这道命令而立刻产生根本性的变化，然而无疑这是其后发展起来的科举（选举）制度的出发点。

兴建新都大兴城与宇文恺

谈及新王朝建立以后开始着手的事业，有一点不能不提，这就是新都大兴城的建造。后来进入唐代以后，大兴城改名为长安。关于长安这座都城的规模、结构以及景观等，我在本书第六章要涉及，在这里仅略述与隋朝相关的二三事。

在中国内陆的陕西省关中地区，渭水（渭河）自西向东横贯其中部，今天陕西省的省会西安就坐落在这条渭水（渭河）的南

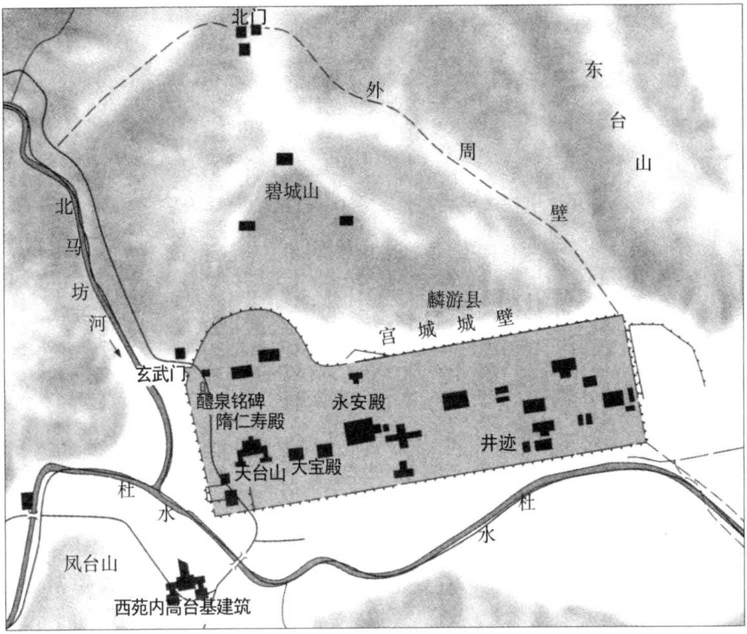

7 隋仁寿宫、唐九成宫遗址位置示意图

岸。当隋文帝决定将新王朝的首都就建造在这里以后，旋即于开皇二年六月任命高颎为总负责人，开始在此营建新的都城。新都建造速度很快，从开始施工到迁都还不到一年时间。开皇三年正月文帝发布了庆祝新都落成的大赦令，到了三月就搬进了新宫殿——大兴宫（即其后唐代的太极宫）。尽管自西汉以来的旧都就位于新都的西北方向，距离很近，然而对于隋朝来说，这仍是一次大规模的迁都之举。

关于大兴城的规模大小，一般认为其与唐代长安几乎完全相同，属于中国都城史上最大规模的都城之一。整个都城呈长方形，东西约 9700 米、南北约 8600 米。这座都城从策划到施工，任务之繁重、工作量之大远远超出想象。在此，我想简单介绍一下主持这项工程的实际负责人宇文恺。

宇文恺是隋朝人，乃中国历史上最具代表性的建筑家、发明家，也是一位杰出的城市规划建设的设计师。他不仅主持设计修建了大兴城，到隋炀帝时期，还参与了洛阳城的建造。此外，他还开凿了穿过大兴城的运河广通渠，建造了文帝的行宫——壮丽的仁寿宫（即唐代的九成宫。参见附图 7“隋仁寿宫、唐九成宫遗址位置示意图”）。宇文恺多才多艺，涉及的领域十分广泛，例如在隋炀帝北巡突厥王庭时，宇文恺还设计发明了被称为“观风行殿”的可折叠式移动宫殿，以及一次可以收容数千人的超大型帐篷，并且准备好了明堂（上古时代的政事堂）的复原方案。

隋初的政界：高颎、苏威、李德林

隋代被其后唐代的光环所遮挡，因而历来往往不被重视。然而，正如秦与汉（西汉）的关系一样，隋代实际上奠定了唐代前半期体制的基本框架。不仅如此，开皇年间实施的一系列政策，都是在准确把握国家体制的基础上，经过系统周密的设计而提出来的。作为行政改革以及策划制定新国家形象的一个尝试，隋代的各项政策成为后世的样板和镜子。在这个意义上，我们可以充分理解何以将隋代视为历史大转折点的这种见解。

如前所述，隋朝奠定了统一国家体制的基础，而在此之前，亟待解决的各种问题堆积如山，许多人摩拳擦掌力图打造一个新的国家。在这些人之中就有我们在前面提到的高颎。高颎曾前后二十年担任开皇年间的宰相，几乎参与了当时所有政策的制定实施过程，成功地推出了“开皇之治”。

高颎乃渤海郡蓨（位于今天的河北省）人，其父高宾不知什么缘故从北齐逃到了北周，成为独孤信的幕僚，并改姓为独孤。因此，当独孤信因谋反被处死时，高家也受到牵连而被贬黜。换言之，高家在北周完全处在一个无足轻重的旁系位置，高颎本人也是从基层小官吏开始干起来的。这些不仅锻炼了高颎在政治和军事等方面的工作能力，也培养了其洞察事物本质的能力。高颎比较体察民情且对人和蔼等也应该与他的上述经历有关。

作为一名中级官吏的高颎，之所以能被杨坚（隋文帝）看中，在其间穿针引线者恐怕是杨坚之妻、独孤信之女（七女）独孤氏（即文献皇后。参见图 1）。尽管如此，隋朝建立以后，在关陇系统占据政界主流的情况下，旁系出身的高颎的地位还是十分微妙。于是，高颎便采取了启用关陇系的正统人物，以寻求关陇集团支持的办法。高颎启用的这个人物就是苏威。

苏威出身于关中的汉族名门武功苏氏，其父乃负责起草西魏（北周）的大政方针《六条诏书》的苏绰，属于关陇系统的嫡系。苏威本人虽然很想继承父亲开创的事业，但他属于遇事小心谨慎、缺乏魄力、仅凭自己的力量很难成为政界领袖的那一类人物，与高颎形成了鲜明的对照。于是，高颎通过与苏威的联手而巩固了自己的根基，苏威则借此得以展现自己的实力，二者相得益彰。给予后世以很大影响的开皇前半期的新政，正是在这两个人的合作之下推行起来的。

此外还有一个人不能不提，他就是在周隋革命时期十分活跃的李德林。李德林出身于博陵安平（位于今天的河北省）李氏，他开始时效力于北齐，以山东贵族这一显赫的家世和广博的学识及文采而名重一时。北齐灭亡以后，他作为旧北齐系统的代表人物受到了杨坚的重用。杨坚之所以将李德林纳入自己的阵营，除了欣赏他的学识之外，也是因为看到了他对于旧北齐势力所具有的影响力。但尽管如此，在杨坚发动政变成功并掌握政权以后，却并没有给予李德林多少表现自己的机会。其原因当是由于李德林的贵族习气极其自大，导致他未能融入抱团的北周及关陇集团之中的缘故。

当时曾发生过这样一件事情：北魏以来，作为社会基层组织来说，实行的是管理 100 户的三长制。到了隋代初年，在进行了一系列行政改革之后，苏威提出了设置乡里制的提案。即为了加强对于村落的强有力的统治，在旧有的 100 户（里）之上，设置由 500 户（5 里）构成的乡，各乡设乡正作为最高负责人。只有李德林一人坚决反对这个方案，因为在他看来，这一政策势必会导致旧北齐系贵族的既得权益受到威胁。但是，在平定陈朝以后的第二个月，即开皇九年（589）二月，乡里制方案还是被强制加以推行。其后，随着新设的乡正出现渎职问题，废除乡里制却又提上了议事日程。于是，李德林当面对隋文帝说："我以前反对过这个方案，当时不采纳我的意见，现在却又要废除，这是朝令夕改。"[17] 隋文帝听后大怒，遂将李德林贬黜到外地任官，李氏到死为止再也没有回到京城。

高颎与苏威、李德林的阅历和资质各异，倘若三人能够很好地磨合，相信一定会给隋初的政治带来独特的气象，然而可惜他们的合作似乎并不尽如人意。李德林因为参与了隋朝的建立过程，遂忘记了自己本来属于被征服的一方，因而孤芳自赏。高颎则未能将李德林拉拢过来。这些情况充分反映出，开皇之治乃是由西魏（北周）以来的关陇集团所主导的结果，北齐系统并没有在其中发挥什么作用。

隋朝中期的政治动向：遣隋使所见到的隋朝

平定陈朝：统一的实现

隋文帝的统治时期总共二十四年，包括开皇二十年、仁寿将近四年。在前一节谈到的是其前半期。即针对国家的统一大业和新国家建设的问题，上下团结一致齐心协力，国势迅速发展的时期。

在上述背景之下，开皇八年（588）十月，隋文帝下达了伐陈的命令，由文帝次子晋王杨广（其后的炀帝）挂帅，高颎担任辅

8 平定陈朝进军示意图

佐，率领主力部队由六合（位于今天的江苏省）出发，计划渡过长江从正面逼近陈朝首都建康（现在的南京）。同时，在长江的上游方面，晋王之弟秦王杨俊率水军自襄阳（位于今天的湖北省）沿汉水而下，杨素则率水军从永安（位于今天的四川省）出发沿三峡顺流东下与之汇合。

到了次年（开皇九年）元旦，建康附近笼罩着大雾。隋朝的先头部队趁此机会兵分两路横渡长江。一支部队由贺若弼统率，从长江下游的广陵（扬州）渡江；另一支部队由韩擒虎带领五百名士兵组成，自建康上游的和州附近渡江。两人都想夺得第一个入城的功名，争先恐后地向前推进，十二天后，贺若弼部队从东边，韩擒虎部队从西南方向同时攻入建康城内，仅一步之差，最终由韩擒虎抓住了陈朝皇帝（陈后主）陈叔宝。

陈朝几乎没有任何像样的抵抗，就这样很快地被灭掉了。在长达四百年的分裂之中，南北朝时期的对抗一直十分激烈。从这一点来看，陈朝如此迅速地灭亡不禁让人感到有些意外。然而，对于躲在侯景之乱后的荒芜的江南之地、苟延残喘勉强维持命脉的陈朝来说，能够坚持到这时，其实已经是尽到了最大的努力。而后以陈叔宝为首的陈朝的官人及其眷属很快被送往长安，拥有“南朝四百八十寺”的首都建康也被彻底破坏摧毁。在其后的数年间，尽管江南地区一直存在豪门大族高智慧的反抗，但其已无法改变整个局势。就这样，长江中下游以南地区的30州、50万至60万户居民（以一户五人来计算，大约为250万至300万人）终于成为隋朝的臣民。

9 陈叔宝（陈后主。采自《历代帝王图》）

关中本位政策

平定陈朝时，隋军总共动员了518 000人，其主力均为正规军府兵。然而当统一大业完成以后，已经不需要这么庞大的军队。因此，第二年五月，隋朝开始着手进行府兵制的改革。

府兵制乃是始于530年左右，在西魏时期成型的一种军事制度，到隋初已有半个世纪的历史。在府兵制度之下，与承担通常的税役、登记在民籍上的一般老百姓不同，府兵兵士及其家属都拥有兵籍（军籍），并且隶属于被称之为“军府”的机构。战时自不待言，即便在日常生活上也都必须统一行动。由于他们必须隶属于军府，所以被称为府兵（制）。在军事高于一切的时代，要确保职业兵的素质及数量，就必须要保障他们的生活基础。因而这种兵民分离的体制作为一种高效率的形态而普及了起来。

可是，统一大业完成意味着军事优先时代的结束。接下来的课题就是在新的时期，应如何整顿并维持这些庞大的兵力。于是，开皇十年着重进行了以下几个方面的改革：一、停止兵籍，全部统一为民籍；二、保留旧有的军府之制及其所属的兵士；三、废除在旧北齐地区及与陈朝作战的前线地区以及为巩固北部防线而新设置的军府。

关于府兵制和兵士的问题，后文再加以详论（参见本书第七章），这里我想指出上述第三点里存在的问题。此点改革的主旨是大幅度裁减军府，但反过来也可以说，与此无关的地区，即以前设立的军府不在裁撤之列。属于非裁撤范围的老军府，自不待言都集中在以长安为中心的关中地区，主要是西魏（北周）以来设置的军府。也就是说，数量最多、兵力也最大的关中地区继续保留军府，而非关中地区的军府则被大规模裁撤。这种地区差异或曰不平衡状态，成为隋朝统治的一个基本特点。

要言之，以高颎为首的关陇集团制定的各项方针政策作为背景，以集中于关中地区的军府（正规军）的强大兵力为后盾，隋文帝从“关中本位”的立场出发，构建了统治全国的基本体制。开皇十年（590）正是确立这一体制最关键的一年。

隋文帝的佛教政策及其展开

隋朝的大政方针确立之后，接下来的政治本来应该稳定地发展下去，但事与愿违，实际状况却与人们的预期脱节。本节我们从佛教这一特殊的视点，来对此加以观察。

在中国历史上，尊崇佛教的皇帝很多。其中，作为典型经常被举出名字的有南朝的梁武帝，还有一位就是可与梁武帝相提并论的隋文帝。

围绕隋文帝的出生有这样一个传说：文帝出生于冯翊郡（同州。位于今天的陕西省）的般若寺，当时有一个叫智仙尼的比丘尼（尼姑）突然自东方而来说：这个孩子不能养在俗界。于是文帝父母便割宅为寺，交由尼姑来抚养。有一天，文帝的母亲抱起儿子，不料儿子突然头上生角，遍体长鳞，竟然变成一条龙。母亲大惊失色，失手将儿子掉在地上。尼姑见状叹息说道：可惜，如此一来，这个孩子得天下要推迟了。

以上介绍的隋文帝诞生传说，看起来颇为奇妙，但实际上这是正史《隋书·高祖本纪》开篇的一段记述。这段记载正暗示了隋文帝与佛教之间的密切关系。北周武帝曾先后于 574 年在北周、577 年在征服后的北齐境内对佛教进行了镇压。即所谓“三武一宗法难”中的第二次毁佛运动。就在佛教界受到沉重打击的这个时期，隋朝诞生了。于是，佛教界遂把复兴佛教的希望寄托于新生的隋朝，而隋文帝方面也采取了积极的对策呼应佛教界，以凸显自己的正当性，表示隋朝是与前朝不同的王朝。通过上述传说，我

10 白陶僧俑（河南省安阳市张盛墓出土。开皇十四年〔594〕）通过这尊陶俑可以窥见隋代佛教复兴的样子

们其实也可以看出佛教界与文帝之间这种错综复杂的关系。

隋文帝即位以后，旋即允许佛教信徒们出家，同时承认印制佛经和制作佛像的自由，并给首都大兴城、洛阳等地的主要佛寺以及朝廷内配备了佛教经典大全“一切经”。这些措施极具效果，被压抑已久的佛教活动迅速复兴。从佛教界的记载来看，文帝一代，共计度僧23万人、建寺3792座。但是文帝此时并没有为此而耗费国家财政，与前述梁武帝不同，文帝个人和佛教保持着一定的距离。

以开皇二十年（600）为界，上述佛教政策出现变化。这年年末的十二月三日，文帝发布了一道奇妙的诏敕，内容是严禁对佛像、道教的天尊像以及其他造像的破坏和盗窃。令人感到诧异的是，该诏敕规定倘若有违犯的话，俗人以不道罪、僧侣和道士以恶逆罪论处。也就是说，与企图颠覆国家的谋反罪同样，违反者将被处以极刑。另一方面，在同一年，佛教教派之一的三阶教则受到了来自朝廷的打压。

次年（601），隋文帝将年号改为仁寿，六月十三日发布了给诸州颁发舍利的命令。整个仁寿年间前后三次，共计在111座寺院中建立了石塔，中央发放下来的佛舍利被埋葬纳入其中，系统地推动了佛教的传播和渗透。这件事情看上去似乎只是一种宗教行

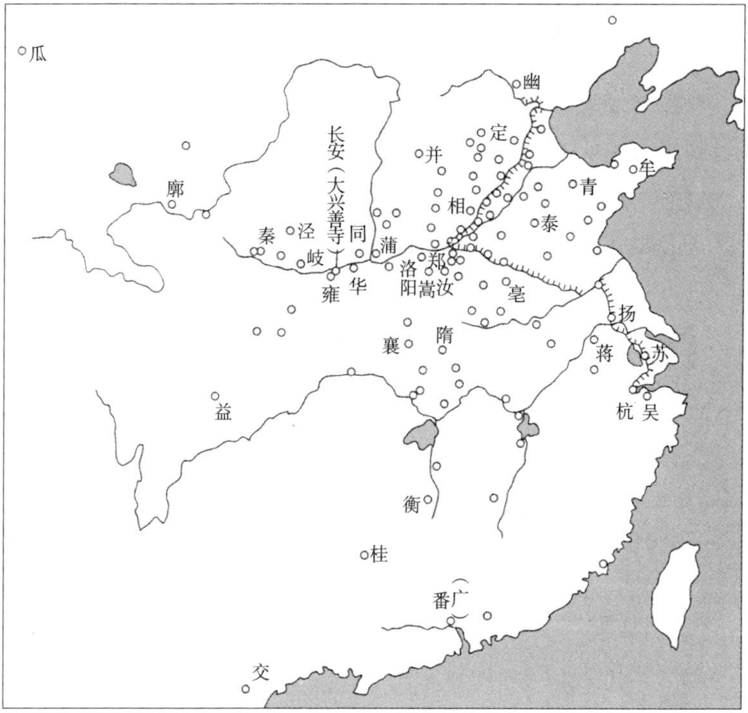

11 隋仁寿舍利塔建立地点图（仁寿年间三次，111 处）

为，但实际上却是国家主导的一项事业，带有鲜明的政治色彩。

在颁布向全国发放佛舍利诏令的同一天，即六月十三日，隋文帝还下达了了一道前所未闻的命令：只在中央的最高学府“国子学”里保留 70 名学生，其余的学校一概废除。本来仅仅中央的学府就有近千名学生，若再加上各地学校的名额，数量相当可观，现在则减少至 70 名。其举出的理由主要是，之前鉴于儒学教育的重要性，分别在中央和地方设置了学校，但效果并不好。学校本来是取代以往按照家世出身取人，为了培养并确保重要人才的机构，这道命令实际上意味着废除学校。就在同一天，隋文帝还向天下颁布了发放舍利的命令。由这些动向我们不难看出，此后隋朝的大政方针将从儒教转向佛教。

隋文帝的佛教政策的目的显然是要大力强化佛教在国政中的比重。为什么会出现这一变化呢？要了解这一点，有必要重新看一看开皇二十年前后的政治状况。

开皇二十年政变的背景

开皇二十年（600）是连续发生重大政治事件的一年。十月，皇太子杨勇被废；十一月，文帝次子晋王杨广被立为新太子。前述可称之为废佛毁释的命令，也是在废立皇太子问题告一段落之后就马上发布的。此外，在此前一年即开皇十九年，一直担任宰相的高颎从政坛消失，仁寿元年（601）杨素担任了这一职务。高颎和杨勇的倒台，杨广与杨素的登场，应当是相互关联的一个动向。

导致高颎下台的直接契机，源于前一年即开皇十八年（598）的远征高句丽。这次出兵，表面上是以文帝第五子汉王杨谅为总帅，实际上却是由高颎主持全盘。结果战事以惨败告终，高颎也就成为战败的罪魁。而实际上，高颎的基本方针是主张大力强化内政建设，反对对外扩张，因而他一直不赞成这次出兵。（参阅本书第九章相关部分）

高颎与杨勇是儿女亲家，但连接两者的纽带不仅在这一点上。

杨勇作为未来的皇帝，将继承高颎大力推进的关中本位主义的政治路线。此外，在末世思想盛行的河北出现了一种新佛教教派即三阶教，高颎是其忠实信徒。位于首都大兴城内的三阶教的真寂寺（唐代改称化度寺），就是在高颎捐赠的宅基地上建造的。由于这一教派筹集信徒的“醵金”（布施）而积聚了雄厚的财力，加之其十分团结，因而往往成为权力阶层的眼中钉，屡屡受到打压，终于八世纪中叶灭亡。而三阶教遭受的第一次镇压，就发生在前述开皇二十年。自不待言，高颎的下台与此有密切的关联。

12 迦毗罗神王像（河南省宝山灵泉寺大住圣窟外壁右方，采自《中国文化史迹》第五卷）

据说灵泉寺是与三阶教有关的寺院

另一方面，我们再看看杨广和杨素的情况。相对于杨勇、高颎这一政界的主流而言，杨广和杨素不仅是旁系，而且是后来者。其实，杨素乃出身于弘农华阴（位于今天的陕西省）杨氏这一名门望族的嫡系，而且文武双全。以杨素的出身和才能，本来他可以很早就进入关陇系统的核心。

然而或许正是因为过人的才能及家世的影响，使杨素过度自信，目中无人，未能融入政界主流。杨素在隋平定江南以后征讨南朝残余势力，开始在中央政界崭露头角，但其前面总有高颎，杨素老是处在二把手的位置上。当时人们就评价杨素说：若论才能和实力，杨素当在高颎之上，但作为宰相来说，杨素则略逊一筹。

说起总是位居老二，杨广也是同样。不，也许他比杨素的感觉更为强烈。从晋王到皇太子的距离十分遥远，加之兄长杨勇一旦成为皇帝之后，自己的性命或许都岌岌可危。于是，对于自己的才能十分自负，政治野心极强的杨广便悄悄地与自己状况类似的杨素联手，决心改变这种状况，与其兄决一胜负。并且将母亲独孤皇后争取到了自己的阵营。

独孤皇后

隋文帝的皇后独孤氏是独孤信的第七个女儿，独孤信曾是宇文泰的西魏政权的有力支持者。说起独孤信的女儿，其长女是北周明帝的皇后，四女乃唐高祖李渊之母。因而，通过独孤氏一族，北周、隋、唐三朝实际结成了姻亲关系（参照前揭附图1）。据说独孤氏的出身属于匈奴系统，这在以鲜卑系统为主体的关陇集团中显得很特别，具有特殊的位置。

独孤氏十四岁时与杨坚结婚，当时她发誓绝不容忍“异生之子”出现，即不许丈夫与其他女人有关系。比她年长十二岁的杨坚接受了这一条件，在杨坚当了皇帝以后也继续坚守，或者说是被动地坚守了这一约定。仅有一次例外，杨坚与曾是宫中奴隶的尉迟迥之孙女有染，后被独孤氏察觉，趁杨坚外出处理政务之际将该女处死。

得知此事以后，隋文帝杨坚大怒，然而惧内的文帝又不敢当面责问独孤皇后，遂一人飞马出宫。对于闻讯追来的大臣高颎和杨素，文帝气愤地说："吾贵为天子，而不得自由！"高颎便劝文帝说道："陛下岂以一妇人而轻天下！"听了此话以后，文帝心情渐渐平静下来，遂回到了宫中。后来，独孤皇后听说高颎把自己称作"一妇人"，由此怀恨在心。

独孤皇后关于男女关系的这种洁癖，也表现在对于皇太子杨勇的态度上。平时对于女色就很不检点的杨勇非常宠爱一位叫做云氏的女性，同时由于皇太子妃元氏不明不白地死亡，这一切都引起了母亲独孤皇后对于杨勇的强烈不满。看到这种情况，晋王杨广便利用各种机会证明兄长作为太子不合适，同时努力给母亲以自己不近女色、身边十分干净的印象，终于博得了母亲的欢心。

而就在这一时期，高颎在女性问题上也犯了错误。高颎的妻子去世时，文帝劝他续弦再娶，高颎流泪谢曰："臣今已老，退朝之后，唯斋居读佛经而已。虽陛下垂哀之深，至于纳室，非臣所愿。"然而其后，高颎的爱妾却生了一个男孩。独孤皇后将这件事看成高颎欺君、践踏文帝善意的行为，并以此为口实迫使高颎下台。

杨广对江南的兴趣

在上述背景之下，杨广先是取悦于母后独孤氏，除掉高颎，最终赶走兄长，取而代之成功地登上了皇太子之位。观察一下杨广的发迹过程，我们还可以注意到一个令人不可思议的现象，即杨广一直与江南或者说与南朝系统的人物保持着非同一般的关系。

在这一方面首先可以举出来的就是杨广的妃子萧氏，即其后的萧皇后。萧氏属于南梁系统，萧皇后本系后梁明帝之女，因故在民间长大成人，性格温和，有教养。萧氏一族本来就以崇佛而知名于世，这位萧皇后也不例外，是一位十分虔诚的佛教信徒。杨坚长子杨勇的妃子出身于和北魏王室有关联的元氏，而次子杨广的妃子却来自于南朝系统。由于妃子的出身相异，也就决定了兄弟俩的立场的不同。

说起佛教，天台宗的开祖智顗也与杨广有关系。智顗出身于南朝梁代一个官僚家庭，出家以后先跟随光州大苏山（位于今天的河南省）的慧思（南岳慧思）学习，其后到陈朝的都城建康讲经说法，受到了皇帝以及贵族们的极大尊崇，乃当时江南名气最大的高僧。陈朝灭亡以后，杨广盛情邀约，将智顗请至自己所在地扬州说法授戒，并赠予智顗以“智者”（大师）的称号。然而，杨广皈依于智顗之事，究竟多大程度出自于其信仰呢？此事颇值得打一个问号。实际上，杨广的佛教信仰一直不明朗，他此举恐怕更大程度上出于政治意图，即杨广从统管江南地区的扬州大总管的立场出发，企图通过智顗来笼络掌控旧南朝系统的人心吧。

与此同时，我们还应该注意到另外一面，杨广此举也是为了对抗盛行于华北地区、并且存在感越来越强的三阶教，因为三阶教在凝聚杨勇、高颎集团方面起到了很大的作用。也就是说，在杨广看来，很有必要突出自己在精神领域的依托，遂高调倒向了智顗的天台宗。于是乎，无论从其流行区域，还是所代表的社会层面来说都形成鲜明对比，并足以代表当时新佛教的三阶教和天台宗就这样与政治结上了缘。

杨广与高颎之间还发生过这样一件事情：在陈后主陈叔宝的爱妾之中，有一个张贵妃（张丽华）非常漂亮，其艳名甚至在北方也颇为有名。于是，开皇九年（589）隋军向建康发起总攻时，杨广下令一定要生擒张贵妃。尽管如此，实际负责指挥作战的高颎却认为，倘若留下张贵妃势必搅乱隋朝政治，遂先斩后奏，下令将其杀掉。杨广接到报告以后，气得暴跳如雷，大叫一定要加以报复。由此一事，也足见围绕南方问题，高颎和杨广的想法大相径庭。

开皇二十年政变的意义：遣隋使所见到的隋朝

如此看来，开皇二十年（600）明朗化的废立皇太子之事，并不能仅仅简单地归结为兄弟间争斗的结果，其应该还存在着其他的背景。概而言之，杨勇、高颎路线的核心就是要继承并积极发展关中本位政策；而杨广、杨素路线则是要脱离关中本位，在包括江南在内的更为广阔的基础之上重新构筑权力。在其延长线之上，实施积极主动的东亚政策也纳入了杨广、杨素路线的视野。

通行意见认为，隋朝由关中本位路线向非关中本位路线的转换是在炀帝政权成立以后才明确起来的。换言之即是说，两种

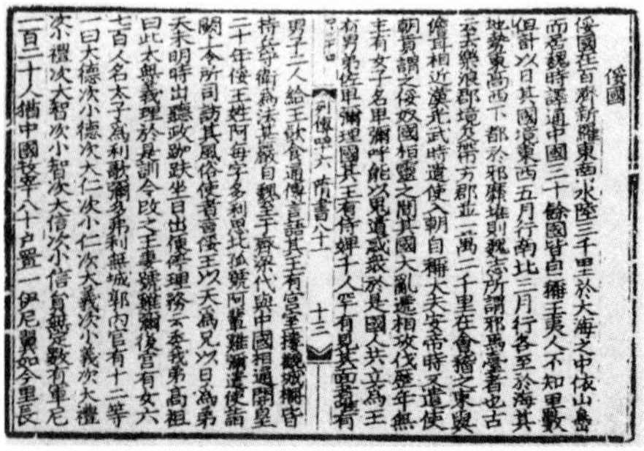

13 《隋书·倭国传》 倭国使节于隋文帝开皇二十年（600）访问大兴城的记录。此次遣使一般被认为是最早的遣隋使

路线的相异反映了文帝和炀帝时代的不同。可是，倘若仔细分析起来我们可以发现，实际上，在选择杨广为皇太子时，文帝已经亲自决定了转换路线的大政方针。同时，我们还可以看到，只要涉及当时的政治动向，往往离不开与佛教的关系。概言之，佛教在这一时期的政治生活中扮演了十分重要的角色。

实际上，在佛教登上政治舞台前台的开皇二十年，倭国的遣隋使也访问了隋朝的首都大兴城。提起遣隋使，我们通常会想起隋大业三年（607），即倭国的推古十五年，多利思比孤派遣至隋朝的使节。即向隋朝递交了以“日出处天子致书日没处天子无恙”云云开头的国书，而惹恼隋炀帝的那次遣使。当时的使节名字叫小野妹子，多利思比孤即圣德太子或倭王（推古天皇）。

然而，仅仅从这个方面讨论这次遣使是不够的。实际上当时的倭国使者明确地表明过访问隋朝的目的是：“闻海西菩萨天子重兴佛法，故遣朝拜，兼沙门（僧侣）数十人来学佛法。”为什么倭国使者会这样说呢？这里提到的菩萨天子，虽然指当时的隋朝皇帝炀帝，然而炀帝实际上并非如使者所说的那样虔诚地信奉佛教。那么，为什么遣隋使团里会有这么多的僧侣呢？要弄清楚这一问题，需要回溯到七年以前即文帝开皇二十年（600），在这一年同样是这位多利思比孤派出过一次遣隋使。尽管开皇二十年的这次遣隋使只见于《隋书·倭国传》的记载，但目前学界的主流意见倾向于将这次遣使视为第一次遣隋使，我也持这一看法。

以此为前提可以想见，在当时的倭国使者看来，隋朝五光十色的先进文化和文物之中，唯有佛教最为引人注目也最重要，而且他们也一定在隋切身感受到了佛教笼罩弥漫于隋朝政界的气氛。据此我们也可以解释其后的一些现象，可以这样认为：倭国使者带回日本列岛的这些情报信息，在促使古代日本一系列的政治体制整备、诸如制定“冠位十二阶”（603 年）和“十七条宪法”（604 年）等的同时，也一定对于七年之后派遣大规模的佛教使节团赴隋之举起到了积极的推动作用。

炀帝的“暴政”与隋末的大动乱

从文帝时代到炀帝时代：隋代后半期的政治与社会

仁寿四年（604）七月，六十四岁的隋文帝去世。尽管文帝的晚年在政治方面出现了一些问题，然而通观其在位二十四年间的总体情况，他不仅统一了国家、确立了新的国家体制，而且带来了社会以及民生的安定和繁荣。在文帝时代，人口（户数）由不满四百万户增至八百九十万户，丰衣足食，据记载国库里装满了征收来的谷物等。所以，隋文帝实可谓中国史上的明君之一。

其后，历史进入了炀帝时代。隋炀帝前后在位十五年，大致可以分为前后两个时期。到大业七年（611）为止的前半期，属于意气风发、蓬勃向上的时期。进入后半期以后，先是继前半期的余绪，从大业八年开始远征高句丽，陷入了战争的泥沼；其后在席卷全国的动乱风暴之中，炀帝又无可奈何地度过每天纸醉金迷的颓废生活，并终于导致大业十四年（618）三月被杀。与其父文帝截然相反，炀帝由此带上了“暴君”、“暴政”的帽子。

在前一小节的最后部分我们已经有所涉及，炀帝所追求的终极目标，乃是坚持脱离“关中本位”的路线，同时奠定起自己的政治基础，并在此基础之上确立起国家的体制。这一设想或曰大政方针，发端于文帝决定由杨广取代其兄杨勇担任皇太子之时，到炀帝继位以后正式付诸实施。炀帝时代的以开凿大运河为代表的各项政策，以及远征高句丽等一系列的对外活动，其实都可以从这一角度来加以解释。因此可以说，从文帝时代到炀帝时代的发展推移并非政治路线的断裂，而应该说是隋王朝的一条必经之路。

然而文帝和炀帝的政治手法却大相径庭。前者集思广益，稳扎稳打地逐步推行各种强化体制的举措；而后者却倚仗着文帝时代留下的资本，亲自冲锋陷阵，企图一气呵成地达到目的。炀帝之所以如此焦躁，其原因一是由于他本身的资质决定，即源于他的自信，但另一方面的原因，恐怕也与他取得大权的过程有关。炀帝把兄长拽下皇太子宝座，打消了弟弟们对于皇位的觊觎，甚至操纵父皇才终于取得了最高权力。因而作为一种代偿，他迫不及待地希望能早见成果，以显示出自己治理天下的丰功伟业。

然而最终的结果，中国历史上出现了前所未有的动乱——数以百计的叛乱集团在各地揭竿而起。但是，这里需要注意的是，只要我们承认炀帝并没有脱离隋朝规定的政治路线，那么即便这些动乱是直接源自于炀帝的“暴政”，我们也有理由认为这些动乱在本质上意味着民众对整个隋代，进一步也可以说是民众对自南北朝以来积蓄在社会各个层面上的各种矛盾的一种诉求。我以为，导致爆发如此大规模的民众反抗运动的原因，仅仅以炀帝一代的情况来解释是缺乏说服力的。

皇位继承始末

隋文帝在大兴城（长安）的西方，岐山山脉的北侧建造了一座豪华的离宫仁寿宫（即唐代的九成宫），据说文帝就在这个仁寿宫里与群臣一一握手告别之后，安静地停止了呼吸。当然这些都是对外的表面文章，实际上，当时仁寿宫的气氛非常紧张。

两年前独孤皇后去世以后，获得文帝专宠的是陈氏（宣华夫人）和蔡氏（容华夫人）。两位妃子均来自于南朝，陈朝灭亡以后进入隋后宫，其中陈氏乃陈宣帝之女。皇太子杨广一直觊觎父

14 隋炀帝（画像中左侧的人物。采自《历代帝王图》）

隋炀帝弑父杀兄，终于登上皇帝宝座

亲的这两位妃子，在父亲病重时，竟然非礼陈夫人。文帝听说此事以后大为震怒，对周围人说“速传我儿杨勇前来”，决意废掉杨广，复立前太子杨勇。

当时，废太子杨勇被软禁在大兴城内。杨素听到文帝有更换太子的想法时，立即通知了太子杨广。杨广遂出动东宫的卫队将文帝的寝宫包围起来，命令心腹张衡入内，让文帝周围的侍女等全部出宫，随后旋即传出文帝驾崩的消息。而且据说就在当天晚上，杨广就将陈夫人传至寝宫“烝”之，其后又强“烝”了蔡夫人。所谓“烝”指皇帝或相当于皇帝者的通奸等淫行[18]。

两位女性都是江南美女，通过上述这件事情，可以充分想象出杨广对于江南之美是如何倾慕。然而杨广调戏父亲的女人，并且最终夺取了父亲的性命，这些行为在儒教的伦理道德观看来都是绝对不能容忍的。这种做法实际与利未拉特（Levirate）婚姻（父亲死后，其遗孀由儿子们继承的婚姻形态）所体现的北方游牧民族的习俗相重合。进而言之，围绕这种事情而引起的麻烦或纠葛，在进入其后的唐朝仍继续存在，杨广只不过是其先行者而已。从这个意义上来看，隋唐国家在本质上仍带有浓郁的北族特点。

这样一来，皇太子杨广顺利即位，是为炀帝。其兄杨勇在其即位之前被杀。另一方面，担任并州总管（位于今天的山西省）

的弟弟汉王杨谅，在听说哥哥杨广登上皇帝宝座以后旋即起兵反抗，然而没过多久亦被平定。在独孤皇后所生的五子之中，三男秦王杨俊因种种恶行被其妃下毒，早已病死；四男蜀王杨秀因以前就与皇太子杨广不和而遭到软禁，最后与炀帝同时被杀。简言之，文帝的五个儿子均未能寿终正寝。

炀帝政治的开始：大运河的开凿

在等到汉王之乱被平定、围绕即位的一系列措施完成以后，炀帝于十一月迁居洛阳。为了将政治中心置于洛阳，炀帝于开年后的大业元年（605）命令宇文恺等人在此地营造新的首都，并于次年正月落成。新都建造在洛阳老城以西约二十公里处，横跨洛水两岸，向南北延伸。炀帝把新都称东京，也称作东都，将此作为事实上的首都，也作为他描绘施展新政的基本阵地。

炀帝在这座都城开始着手的工作，首先是大运河的开凿。干燥的华北地区与湿润的华中、华南地区并存构成了中华世界的一大特色。如何将这两大区域结合起来，则是自古以来中国当政者们的一个重大政治课题。尤其是对于在长期分裂之后终于实现统一的隋朝来说，为了稳定中央集权体制，为了把物产丰富的南方物资运往北方以应对日益增加的都市消费人口，连接南北这一课题尤为重要。输送物资最方便的乃是水运，然而无论黄河、淮水，还是长江，中国主要的江河都是自西向东，没有连接南北的河流。于是，炀帝便决定以人工之力来完成此事。

15 炀帝乘龙舟游览大运河图　形式上虽然是乘坐龙舟游玩，实际上也兼有检查运河是否畅通无阻的意图

炀帝开凿大运河的过程，简要归纳如下所示：

大业元年三月，征发河南淮北诸郡男女百万人，开凿通济渠（黄河—淮水）；

大业元年三月，征发淮南之民十余万人，开凿邗沟（又名山阳渎；淮水—长江）；

大业四年正月，征发河北诸郡男女百余万人，开凿永济渠（黄河—幽州）；

大业六年十二月，征发人数不详，开凿江南河（长江—杭州）；

虽然开凿大运河时也利用了既存的河流以及旧河道，然而无论怎么说这都是一项极其艰巨的工程。其结果，由于运河这条干线的建成，中国的南方与北方首次连为一体。大运河凿成以后，炀帝随即命令建造一艘高达四层、船身雕刻有漂亮图案的大船——龙舟，以便乘此船前往扬州（江都）行幸游玩。

炀帝的登场对于广大民众来说是一场巨大的灾难。仅仅以大业元年为例来说，为了建造新都洛阳，每个月征发的民工就达二百万人。此外，他还在洛阳郊外建造了豪华壮丽的离宫显仁宫，并于新都附近修建了巨大的庭园西苑。炀帝行幸江都之际，沿途极尽劳民伤财之事。与文帝时代的气氛大相径庭，老百姓叫苦连天，怨声载道。然而，喜欢到处走动且热衷于大兴土木的炀帝却置若罔闻，一意孤行。

内政与外交

炀帝的好大喜功不仅仅限于国内，在对外方面，他首先把目光投向了北方游牧民族国家突厥。公元552年由柔然独立出来，并发展成为一个强大国家的突厥，到了583年分裂为东西两部。其后，由于隋朝的离间计，东突厥日益衰弱，到了隋文帝末年，随着隋朝的公主（先是安义公主，其后是义成公主）降嫁东突厥的启民可汗，东突厥最终归顺隋朝。在中国史上，这种出于政治目的从中国而降嫁到周边民族的公主（皇室出身的女性），通常称之为和蕃公主（参见后文）。

大业三年（607），炀帝前往启民可汗所在地大利城（位于今天内蒙古自治区的和林格尔）附近，进行了长达半年的巡行。前文提到，由宇文恺设计制造的观风行殿以及巨型帐篷使突厥朝野惊叹不已，就是这次巡行时出现的事情。当时在长城以北地区，草木茂盛，到处都是茂密的草甸。为了向炀帝表示忠诚，以启民可汗为首的各个部族首长都前去为炀帝行幸道路沿途除草开路。

第二年炀帝还是以半年时间，从西北的五原（位于今天的内蒙古）北行，最后到恒山（位于今天的河北省）举行了祭祀活动。当时，以伏俟城（位于今天的青海省）为根据地的吐谷浑已经迎来了其全盛期，接下来的大业五年（609），为了讨伐吐谷浑，隋炀帝向西方出兵，自西宁附近北上，越过祁连山至张掖（位于今天的甘肃省）。在此期间，隋朝的先遣部队攻入伏俟城，将吐谷浑主伏允赶往西方。此外，炀帝还在张掖接见了高昌王麹博雅等人，在此确立了与西域方面的联系。

大业六年（610）正月，炀帝又在洛阳召开了规模盛大的国际庆典以及交易会，西域诸国的酋长等首领纷纷前来参加。庆典会场设于洛阳城的端门（即正南门）前广场，据说会场灯火通明，狂欢的人们通宵达旦地表演了各种音乐、马戏等节目。一般认为这次庆典就是后世元宵节的起源。交易会的会场设在丰都市（东市。即唐代的南市），店铺里堆满了形形色色的珍奇物品，琳琅满目，美不胜收。同时，各种美食佳肴自由食用，真可谓酒池肉林，十分奢华。参加交易会的胡人们在惊叹中国物质丰盛的同时，也没有忘记讥讽街头同时还存在衣不蔽体的穷人的现象。

仅仅以炀帝的贪欲这一理由，是无法解释炀帝上述一系列前往边境地带的“行幸”行动的。边境防卫体制的强化、与各族各国首长等方面负责人的沟通联系及协调配合、道路的整备等问题，都随着炀帝的直接出行而获得了彻底解决。前面谈到炀帝利用运河前往江都的巡游，从表面上看起来是游山玩水，但实际上却兼有综合全面检查这条交通大动脉是否通畅的用意。在权力集中于一极的专制体制之下，如果没有专权者这种“行幸”的话，下面的各项工作往往半途而废或被敷衍了事。这一点任何时代都不例外。

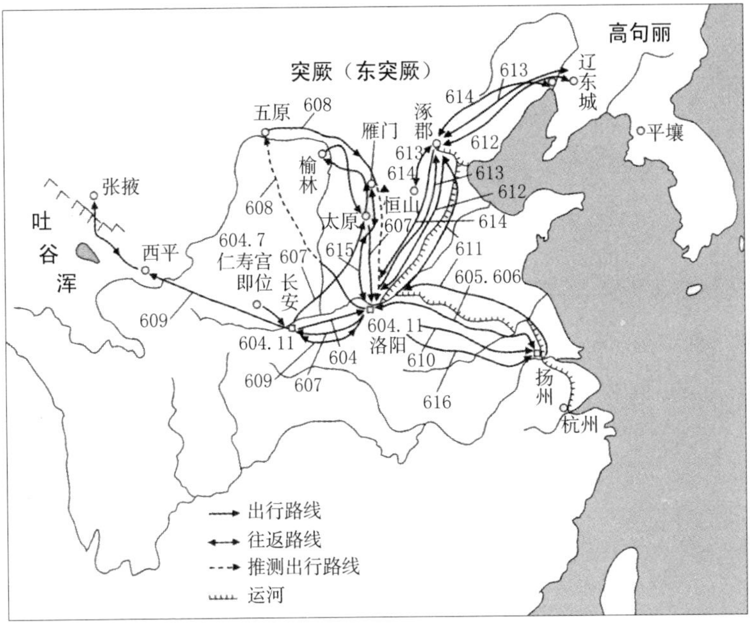

16 炀帝执政期间出行示意图

这样一来，隋朝的国内体制得到了空前的加强和巩固，从北到西北、再到西方的广大区域趋于稳定。剩下的只有东北方面，具体而言就是高句丽。为此，永济渠一直通向了幽州（现在的北京）。

远征高句丽

六世纪的前半期为止，从中国东北地区的辽河以东至整个朝鲜半岛这一区域呈现三国鼎立的局面：北部有高句丽，南方有百济和新罗。其中最为强盛者乃是以平壤（原来的乐浪郡郡治）为都城的高句丽。隋朝建国以后，高句丽旋即向隋派出了朝贡使节，与隋朝建立了良好的关系。但是，当隋朝完成了全国统一之后，高句丽因担心隋的矛头会指向自己，便逐渐疏远了与隋朝的关系。其后果然不出所料，开皇十八年（598），以汉王杨谅为主帅，水陆共计三十万隋军向高句丽发动了进攻。（参阅本书第九章相关部分）

隋朝的这次出兵非常唐突，入侵高句丽最终以惨败而宣告结束。隋军出兵的直接原因是此前高句丽为征服靺鞨而发动的辽西之役。然而，高句丽的来犯早已被隋朝的营州（位于今天的辽宁省）总管韦冲击退，隋朝其实并没有必要再派大军。隋军之所以远征高句丽，主要是由于隋朝轻视低估高句丽，以为可以辽西之役为口实对高句丽进行惩罚，或许还可以借机彻底制服高句丽。在前一小节已经谈到，高熲对于隋军远征并不积极，所以这次出兵可谓是隋文帝排除反对意见、强行转换方针的结果。

另一方面，高句丽似乎也预想到了隋朝的动向，一方面接受隋朝“上开府仪同三司、辽东郡王、高丽王”的册封，另一方面却又并没有选择与隋朝保持密切的朝贡关系。究其原因，恐怕是与高句丽和隋接壤，随时可以感受到来自隋朝的压力，而这种有形无形的压力使高句丽敏锐地嗅出了隋朝打算将来直接统治高句丽的意图有关。实际上，开皇十八年隋朝的出兵恰好让高句丽的担心成为现实，验证了高句丽对于隋的不信任。关于隋唐时代的国际秩序问题，人们一般都用册封这个词语来加以解释，然而我以为，恐怕进一步还有必要从隋唐王朝渴望直接统治这一角度来加以理解吧。

在这种背景下，炀帝前后三次发动了远征高句丽的战争。

大业八年（612）正月，隋朝大军集结于幽州，总数一百一十三万，号称二百万。此外再加上超过兵员一倍的后勤部队，总兵力合计超过三百万人。据说隋军每天出发一个军，全军出动完毕竟然花费了四十天时间。如此庞大的战线，各个部队之间的互相协调合作十分困难。而且由于是皇帝亲征，故而任何事情均需要皇帝亲自指挥裁决。同时，兵士们也是身着沉重的铠甲，手执武器和盾牌，同时还要各自背负干粮，致使身体几乎无法转动。

与隋军相比，高句丽为了保卫疆土，人人同仇敌忾，到处强化城防，设置伏兵，进行了周密的准备。在高句丽举国抗战的情况下，尽管一部分隋朝军队曾逼近平壤，但到七月份隋军最终还是不得不全线撤退。此役的结局十分悲惨：渡过辽水进入高句丽境内的隋军九支部队共计三十万五千人，而最后回去的仅仅两千七百人。在这个过程中，构成隋军主体的府兵制陷入了机能不全的状态。

然而，炀帝并不死心。次年（大业九年）再度整顿军队，组织新兵种“骁果”取代府兵，四月份再次发兵进攻辽东。可是，正当久攻新城（位于今天的辽宁省）不下的时候，杨素之子杨玄感于六月在黎阳（位于今天的河南省）树起了叛旗。这是在将要陷入全国性动乱状态之前，政权内部的第一次分裂，炀帝火速撤军镇压了杨玄感叛乱。第三次远征高句丽是在次年即大业十年（614），据说将出兵之事交付朝议，数日间竟然无人敢说话。但是即便在这种情况下，炀帝还是再次悍然决定向高句丽出兵。在这次对高句丽之战中，逃亡的隋军士兵络绎不绝，而高句丽方面长期陷于战事，国力极度消耗，困弊不堪。于是，在高句丽王高元提出求和请降时，炀帝便乘势找个台阶，从高句丽撤出了军队。

三次远征高句丽的失败缩短了隋朝的寿命，也将隋炀帝东亚扩张路线的破产暴露于光天化日之下。在全国各地烽烟四起的叛乱声中，炀帝已经完全束手无策，只能龟缩于江都（扬州），在那里度过了自己最后的时日。

风起云涌的叛乱 隋朝的灭亡

大业六年（610）正月初一早晨，一群穿着白色服装，自称“弥勒佛”的人手拿线香与花束，出现在洛阳皇城的建国门（端门）前。他们乘门卫低头之际，发动突然袭击，夺取了警卫们的武器，宣布起事。这就是在中国历史上经常可以见到的弥勒教之乱的发端，其主张为，弥勒佛的“下生”（降临）将会改变社会。这次弥勒教之乱也是隋末唐初天下大乱的滥觞。

反隋之乱从炀帝第一次征高句丽时开始激化，以杨玄感之乱为契机获得迅速发展，波及了除了四川之外的全国各地。史书形容当时的情况时说“天下之人，十之八九举为群盗”，仅文献中能够确认的反隋集团就达二百多个。起义的中心区域，主要是受盘剥和征发最重的从华北平原中部到长江下游的广大地区。反叛者们开始或逃往山中和沼泽地带，或以“无向辽东浪死歌”等反战歌曲[19]为号召，聚集逃亡农民，积蓄与隋朝官军抗衡的力量。

在各地出现的反隋集团形形色色，种类繁多。除了弥勒教以外，既有自称大乘教的集团，还有被称作“奴贼”的奴婢起义军以及被叫做“义儿”、“义子”的虚拟血缘关系的亲卫部队，其分分合合，最终形成了十五到二十个主要集团。在群雄之中，最有影响的包括以下几大势力：出自于关陇集团的名门而投身于“群盗”世界的李密；农民出身但凝聚众望，并建立了礼仪之乡的窦建德；以长江下游为根据地的杜伏威、辅公祏等；此外在长江中游地区，承袭后梁余绪的萧铣也颇有实力。

隋末群雄大多与地方保持着密切的关系，虽然他们有着向中央发展的愿望，但最终还是只成为一种地方割据势力。隋末动乱的强烈地方色彩构成这一时期的一个重要特色，其与多姿多彩的民众的动向交相呼应。由此特色我们可以看出，这一情况乃是民众对于隋朝推行的中央集权化的一个反动，也就是说，隋末群雄在反炀帝的同时，也具有明确的反隋意识。尽管如此，在这些地方群雄之中，却并没有能够产生取代隋朝的具有普遍意义的政权。完成权力交替的任务只能是交给后来者，即时任太原（并州，位于今天的山西省）留守、出身于关陇系统主流的李渊。关于这一方面的情况，我们在下一章再加以展开。

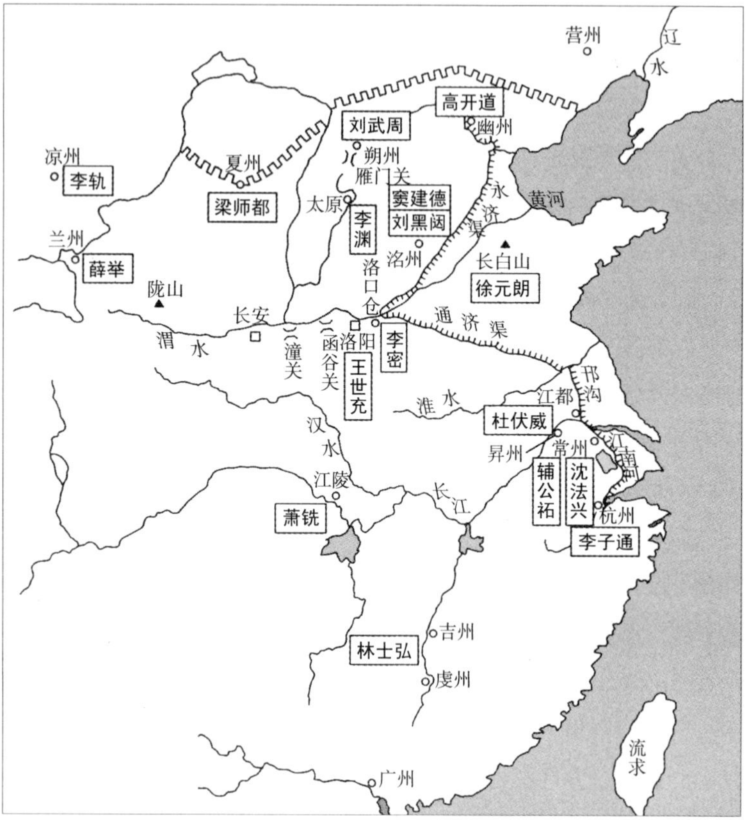

17 隋末群雄割据图

最后再看看炀帝的情况。尽管三次远征高句丽的失败实际上已经充分暴露了炀帝政权难以维系的窘况，然而炀帝仍然企图寻找时机挽回败局。在远征高句丽失败的翌年（615），炀帝又前往北方突厥的根据地附近巡游，不料反而被突厥包围于雁门

（代州，位于今天的山西省），九死一生，好容易才逃脱了性命。自此以后，炀帝迅速失去了对于政治的热情，次年移居江都之后，更是对世事不闻不问，整天沉溺于游乐之中。炀帝身边的诸如虞世基等人都是只知溜须拍马的人物，高颎等能够从正面谏诤的人才都早已被排挤出局。

18 隋炀帝陵（江苏省扬州市北郊） 大业十四年（618）被宇文化及杀害于江都的炀帝墓。唐代初年被埋葬于此地

于是，大业十四年（618）三月，谋求北归不成的宇文化及发动政变，炀帝被杀，享年五十岁。炀帝一直十分憧憬江南，对他来说，死于江都或许可谓是一个理想的归宿。

第二章

唐朝的再度统一及其政治

唐代的政治世界

公元618年五月建国，十世纪初期的公元907年由后梁的朱全忠取而代之的唐王朝，前后绵延近三百年。如果抛开西汉与东汉合计四百年的汉朝不算的话，唐朝将是中国历史上最长命的王朝。然而倘若剥开唐朝的表皮，我们可以注意到，这个唐朝其实也是一直处在险峻的政治纠葛与矛盾的漩涡之中，围绕权力的激烈抗争反反复复、无处不有。以辉煌的大唐帝国之名而闻名于世的这个漫长的时代，实际上决非一马平川的坦途。

在这种曲折蔓延的起伏当中，其前半段值得大书特书的乃是武后这位女性的出现。武后披荆斩棘一口气登上了权力的巅峰，唐朝的命脉也因为她策划主导的武周革命而中断。自不待言，中国历史上唯一的女皇时代的出现，势必伴随着权力构造的变化，对于社会形态风气等状况也不可能不产生影响。在这一时期，女性开始出现在前台，活跃异常。

此外特别要指出，作为这一时期震撼并改变历史进程的重大事件，乃是八世纪中叶爆发的安史之乱（755—763），以此为契机，唐代的历史发生了巨大的变化。大而言之，唐代前半段和后半段呈现明显的区别：唐代前期在继承隋代确立的律令体制的基础上，整顿完备了作为统一国家的基本体制。而进入后期，不仅地方出现了藩镇（节度使）这样的独立势力，而且中央有宦官专权，大臣官僚们之间也有被称为“牛李党争”的你死我活的激烈政争，国家权力因此被极度制约和削弱。

这些巨大的变化不仅仅局限于政治体制方面，其影响自然还波及了整个社会以及生活在社会中的人们的思想、意识、想法等各个方面。从这个意义上来说，对于始于安史之乱的社会面貌的改观，我们应该将其视作与下一个时代宋代相联系的波动起伏之一，把其作为从中世（古代）到近世（中世）[20]转换的一个重要的过程来加以理解和把握。以宋代为主题的本丛书的第七卷之所以从安史之乱开始写起，就是基于这一原因。

与此同时，我们也不能忘记一个事实，即尽管唐代前半期和后半期的状态迥然相异，给人以前后期似乎存在着不同的权力体制的感觉，但是实际上唐作为一个王朝却又一直存续了下来。即便是对唐中央政府以兵刃相见的节度使们，最后也始终未能越过这条底线。看起来似乎支离破碎，却又始终没有崩盘，唐朝作为一个统一王朝一直走到了生命的终点。我们有必要认真地思考其包涵的意义。

经过种种波澜起伏，并且最终由于安史之乱而出现了一个很大的断层，可是唐朝并没有因此而分崩离析，而是一直持续了三百年之久。仅从这一点来看，唐代的历史实际在不断地告诫我们：对于唐代是不能用通常的简单方法来加以解释的，同时，这一现象也使唐史变得更有意思、更具魅力。那么，唐王朝的向心力究竟表现在哪些方面呢？抱着这些与唐代历史的本质相关联的问题意识，我在本章里，主要就唐朝成立到八世纪中叶安史之乱爆发为止的一个半世纪的政治史进行概观，在其后的第三章中，将接着围绕安史之乱及其之后的唐代后半期历史加以考察。

从唐朝起兵到玄武门之变

李渊的崛起

在隋末的动乱如火如荼地发展到最高潮时，只有一个地方远离漩涡的中心，始终不动声色，这就是今天的山西省省会太原（并州）一带。镇守此处的乃太原留守李渊。太原作为拱卫首都长安和洛阳的北方军事重镇，亦被称作北都。作为皇帝的经济根基，太原有着极其特殊的地位，被赋予整个太原辖区的全权即最高军政长官乃太原留守。担任太原留守一职者，都必须是和隋皇室有特别的关系，受到炀帝信任的重臣，李渊正好符合这些条件，因而得以出任太原留守一职。

李渊与建立隋朝的杨坚同样，也是出自于关陇系统主流。其祖父李虎出身于武川镇（位于今天的内蒙古），乃西魏建国的功臣，为西魏权力中枢八柱国之一。陈寅恪先生认为，尽管人们常说唐室出自于汉族名门赵郡（位于今天的河北省），唐室自己也自称来自于陇西（位于今天的甘肃省）狄道的李氏，然而若从唐室李氏曾长期在武川镇担任守卫边关的任务，而且还曾使用过胡姓"大野氏"这一情况来看，应该说唐室与隋室同样，似乎也属于鲜卑等北方民族系统，或者是与北族相近的汉族。

除了上述出身以外，如前所述，李渊的母亲乃独孤信的女儿（四女），与隋文帝之妻独孤氏（独孤信的七女）是姊妹，因而李渊与隋炀帝实为同一个时期的表兄弟（参见附图1）。李家与隋室的关系如此之近，本来应该是隋朝的积极支持者。但李渊从小丧父，很年轻时就承袭了家业，总给人以少年老成的印象。加之李渊不拘小节、行侠仗义的作风使其颇具人望。与李渊形成对照，炀帝却是一个十足的独裁者，事无巨细都要亲自裁决，而且猜疑心超乎常人。因此，隋炀帝对于这个本来作为自己可以依靠力量的李渊充满了戒心，在李渊患病时，炀帝甚至希望李渊赶快病死。

但是，隋末严峻的形势不允许仅凭一点怀疑就犹豫不决，炀帝无奈还是委任李渊为太原留守，然而同时又派遣心腹王威、高君雅两人担任副手，监视李渊。炀帝如此戒备李渊，除了上述李渊的家世、人望等原因之外，还有其他的理由。当时社会上流行一首童谣，说是“桃李子”将成为下一代君主。这个“桃李子”被认为是指姓李的人。所谓童谣，就是儿童之间传唱的儿歌，在中国历史上，假托流行儿歌来有意识地预示未来的情况十分常见。隋炀帝自己也深知这一点，因而对于李姓之人非常敏感。当时，隋末群雄之一李密就被隋炀帝认为是最大的威胁，而李渊也被视为是其中的威胁之一。

在上述背景之下，李渊暗暗地积蓄实力，收留或藏匿逃亡兵士以及被官方追捕的人；借巡视辖区内之际积极网罗各种人才。在这一时期，作为李渊的左膀右臂，并且给他以巨大帮助的乃是他的两个儿子，即李建成与李世民。只是，关于李渊究竟是怎么想的、何时能下决心起兵反隋？这一方面的情况李渊对谁也没有透露。于是，李世民等人为了促使父亲尽快起事，便策划了一个计谋。

在太原附近有一个晋阳宫，这是炀帝在全国各地设置的离宫之一。尽管不知道炀帝何时前来行幸，晋阳宫里也还是配备了不少漂亮的宫女待命。负责管理这些宫女的宫监裴寂是李渊的心腹。有一天晚上，裴寂和李渊在晋阳宫中，由宫女服侍一起饮酒。作为臣子来说，这是绝对不能饶恕的犯上行为。当酒喝到高潮时，裴寂告诉李渊，犯下如此大错，已经没有任何退路。促使李渊当场作出了起事的决断。据说这实际上是裴寂与李世民私下串通好的结果。

对于上述插曲的真实性，我们虽然无法确切判定，但不管怎么说，优柔寡断的李渊终于作出了决断。李渊杀掉了炀帝派来监视自己的王威和高君雅，从各地汇集了三万兵力，于大业十三年七月树起了反隋的大旗。

唐朝政权的建立

李渊的军队从太原沿汾水南下，目标直指长安。自炀帝即位以来，洛阳成为事实上的首都，因而隋末群雄的目光也都盯着从洛阳周边到连接南北的大运河沿线，并在这一带反复展开了激烈的争夺。

与此相对而言，长安附近当然也有反叛势力，但其规模都比较小，不像东方各地那样，各种势力强大的反隋集团相互激烈争战。倘若对当时的状况从空中加以鸟瞰的话，就会发现长安附近宛如一个死角或曰真空地带。长安城虽然有炀帝之孙、十三岁的代王杨侑镇守，然而一些有能耐的辅佐之臣当时却并不在长安城内。

李渊的三万人马七月从太原出发，途中连续突破霍邑守将宋老生、河东守将屈突通的隋军防线（均位于今天的山西省内），渡过黄河进入关中（位于今天的陕西省），到十月份终于包围长安。

在这一过程中，还发生了一段关乎后来的插曲。李渊从太原出兵以后不久，在向隋将宋老生的霍邑进兵时，为多日不止的淫雨所困，当时有一位白衣老者自称是附近的霍山（霍太山）神的

19 唐李渊进攻长安路线及日程图

使者，前来指点迷津，李渊才得以从窘境中解脱。所谓霍山神即指当地的土地神、山岳神，乃是道教之神。这件事情遂成为唐朝与道教结缘的第一个接点。

到了十一月九日，李渊军发动总攻，一举占领了长安。在东方，李密为了攻占首都洛阳，长期以来一直疲于奔命，却始终未

20 唐高祖（李渊） 李渊的母亲是独孤信的女儿，而李母的妹妹是隋炀帝的母亲。所以李渊与隋炀帝的关系乃表兄弟

能如愿，但李渊起兵不到半年却成功地攻克了长安。攻入长安以后，李渊尊隋炀帝为太上皇，立代王杨侑为皇帝（隋恭帝），自己成了唐王。此乃李渊迈向禅让的第一步。

此时，隋炀帝正在江都（扬州）沉溺于酒色之中。他完全失去了对于政治的兴趣，不理政务，每天听到的只有亲信虞世基的谄媚之言。看到这种情况，被称作“骁果”的亲卫军将士军心浮动，部分人希望返回北方老家。在这种情况下，一批对于炀帝不满的大臣推举宇文化及为首领，发动宫廷政变，缢杀了炀帝。至此，前后经历文帝、炀帝两代皇帝的隋王朝宣告灭亡。时为大业十四年（618）三月，若按长安方面的年号来说则是义宁二年，炀帝享年五十岁。隋炀帝墓位于今天扬州的北郊。

接到了隋炀帝的死讯之后，李渊遂于当年五月取代隋恭帝登上皇帝宝座，改元武德。自此唐王朝宣告成立，李渊成为唐朝的第一代皇帝高祖。这样一来，由于唐朝以长安为据点，一开始便站在了号令全国的有利地位，在隋末群雄中崭露头角。然而，当时的前景仍然很不明朗。以唐王朝的建立为发端，群雄之间的霸权争夺反而愈演愈烈。距离所有人都能看清楚天下统一大业终将由唐朝来完成，则还需要度过数年艰苦的岁月。

全国的再度统一

作为新政的具体表现，唐王朝做的第一件事，就是对于隋炀帝时代的否定。具体而言，就是首先废除了炀帝时期的大业律令，重新回到文帝的开皇律令及其体制之中。即恢复"开皇故事""开皇旧制"。具体负责这项工作的主要是裴寂和刘文静，他们两人都是从太原时代就开始跟随李渊的亲信。然而，这一时期其实还不具备从事内政建设的条件。

高祖李渊与正妻窦氏之间有四个儿子：长子李建成、次子李世民、三子李玄霸、四子李元吉。除了玄霸夭折以外，其余的三个儿子都参与了唐朝的创建过程。从太原起兵时的年龄来看，建成二十九岁，世民二十岁，最小的元吉十五岁。其中老大和老二都已经是独当一面的武将。在这三个儿子当中，李世民后来继承了皇位，所以史书中对于李建成和李元吉多有贬词，而实际上他们三人都绝非平庸之辈，兄弟三人的关系也并不坏。相对于平庸的父亲而言，三个儿子都很能干。也可以说，统一的成功很大程度上是他们的功劳。

李渊即位以后，立李建成为皇太子，封李世民为秦王、李元吉为齐王。皇太子作为皇帝的辅佐和储君不能轻易离开都城，元吉年龄尚幼，因此对外作战自然以李世民为中心。加之李世民乃智勇双全的武将，大业十一年（615）秋天，隋炀帝于雁门陷入突厥包围之中时，十八岁的李世民第一个前去救驾。由这件事情可以略窥李世民之一斑。在唐军进入长安以后，李世民先是击败了自西北来犯的薛举及其子薛仁杲（果）的部队；接着又对夺取了唐朝发祥地太原以后大举南下的刘武周、宋金刚军进行反击，夺回了包括太原在内的山西地区。

到了武德四年（621），唐军与其统一全国的最大的两个对手——洛阳的王世充，以及几乎控制了整个河北、并且正图谋向中央发展的窦建德形成对峙局面。王世充原来是隋炀帝任命的洛阳守将，炀帝死后，在洛阳宣布独立，建国号为“郑”。当时的局势是，一直以来与王世充对抗的李密已经失败，从舞台上消失；杀掉炀帝以后北上的宇文化及的军队，也已经被窦建德消灭。

当李世民率领的唐军向洛阳进军时，窦建德闻讯驰援，率领十余万大军渡过黄河，在虎牢关附近与唐军交手。然而，窦建德的大军乃一群由农民组成的乌合之众，面对唐军巧妙的战术一筹莫展，在唐军出其不意的攻击之下迅速土崩瓦解，窦建德本人也成为李世民的俘虏。窦建德失败以后，王世充一人已经无力支撑洛阳的防卫，不久也沦为李世民的阶下囚。

被唐朝视作最大敌人的两大势力就此而瓦解，唐朝控制全国局势几乎成为定局。其后，尽管窦建德部下刘黑闼在河北起兵，并与突厥联手攻击唐军；此外在江南也出现了辅公祏的反抗，但这些到武德七年（624）为止都被陆续平定。全国统一完成以后，唐朝本来可以开始致力于内政建设了，然而此时却又发生了玄武门之变。

兄弟三人之争

自从唐朝建立以后，李渊次子李世民的表现非常引人注目。尤其在李世民一举平定王世充和窦建德以后，随着李世民的威信日益高涨，李氏兄弟之间的关系开始出现了一些微妙的变化。看着弟弟的成功，皇太子李建成感到十分焦躁，在亲信部下王珪和魏徵的建议下，主动请缨，要求前去讨伐刘黑闼。在王珪和魏徵他们看来，平定刘黑闼不仅可以凸显皇太子的存在感，而且可以抑制先行一步的李世民势力在东方的进一步扩大，以确保皇太子势力的基础。

通常被称之为“山东”的整个东方地区，尽管已经被西方的唐朝势力所制服，可是通过窦建德、刘黑闼以及李密为首的群雄所喷射出的巨大能量，已经足以使得唐朝胆战心惊。居于这种能源爆发中心的，是一些“山东”当地社会的豪门大族以及有实力的农民们。在史书中将其称之为“山东豪杰”。

概言之，保持山东的稳定乃是当时一个十分紧急的课题。因此，如何与这些山东豪杰交涉并且建立关系，不仅对于唐朝，而且也成为考验唐政权第二代领导人的能力资质的一个大问题。无论是皇太子一方，还是秦王李世民一方都意识到了这一点。以长安为中心的关中（关西）与洛阳以东的山东（关东）的对立或曰对比关系，长期以来一直存在于隋唐时代的背景之中，并且不时呈现于表面。唐初围绕兄弟权力之争的山东问题，实际上就是其中的一环，也可谓是其先声。

面对李建成和李世民的对立关系，李渊幼子李元吉经常火上浇油。尽管李元吉在李世民领导下的征讨王世充时也立了战功，但作为一名武将，他的能力远不如李世民。李元吉本人也很清楚这一点，所以他认为，如果不协助大哥建成把二哥世民压制下去，就不会有自己的地位。同时他还隐隐约约地暗藏着一种野心，即倘若运气好的话，或许自己也可以坐上皇帝宝座。因此他秘密豢养勇士，寻找各种机会图谋刺杀二哥李世民。另一方面，李建成则在关键时刻缺乏决断能力，他只是利用皇太子的地位，通过后宫的女性们来给高祖吹风，以达到除掉李世民的目的。

不知作为父亲的唐高祖是否清楚儿子们的上述动向，唐高祖的做法则一贯是敷衍了事。高祖曾经在口头上说过要立李世民为太子，而在立李建成为皇太子以后，高祖又不断地提升李世民的地位，任命其为“天策上将”、“陕东道大行台尚书令”等职位。前者“天策上将”乃新设的位子，其地位在王公之上，与皇太子并列；后者乃负有统辖“陕东道”即山东（关东）地区的民政、军事等全权的最高长官。看到这些情况，皇太子一方自然感到恐慌，双方处于一触即发的状态。

玄武门之变

有一天，皇太子李建成请李世民赴宴，喝酒以后李世民吐血数升。人们认为这是皇太子一方在酒里下了毒。据说高祖因此而提议李世民前去洛阳，兄弟俩分别住在东西两京。考虑到以后事态的进展情况，我对于高祖究竟是否有过这样的提议颇感怀疑，总之最后的结果是这件事情并没有下文。两大势力以长安为舞台明争暗斗的结果，终于迎来了武德九年（626）六月四日的早晨。

在此前一天，李世民决心已定，遂向高祖密奏说：皇太子李建成和李元吉与后宫的女性有不正当的关系，他们淫乱后宫并企图利用这种关系欲致我于死地。高祖听后回答说：这还了得！明天朕找他们问话。事已至此，只有孤注一掷。李世民第二天早上遂率领亲兵，首先控制了宫城北门玄武门。随即向迟来一步的皇太子以及李元吉发动了进攻，在激战之中建成和元吉二人被杀。其后，李世民一边防备着皇太子和元吉死党的反攻，一边派遣心腹尉迟敬德到高祖身边，以武力巩固了胜利成果。

就这样，李世民仅仅以一天的工夫便除掉了敌对的兄弟，并夺取了父亲的实权，将全部权力揽入掌中。这就是历史上著名的“玄武门之变”。数日后，李世民成为皇太子，两个月以后的八月，李世民登上了皇帝的宝座，即唐太宗。当时他很年轻，虚岁只有二十九岁。

应该怎样看待玄武门之变？若仅仅从结果来看，恐怕今天的大多数人都会认为，这只是一场兄弟之间围绕继承人的争斗、或者说是权力斗争的最终结果；属于唐代皇帝更替之际屡见的类似冲突的第一例，他们彼此在政治路线方面并不存在大的对立。但是，还有一种意见认为，六月四日这个日子正与突厥前来进犯的时间重合，当时，一个借口讨伐突厥，实际要削弱李世民的兵力并借机杀害李世民的阴谋正在紧锣密鼓地进行之中。李世民知道这种情况以后，先下手为强，其结果便导致玄武门之变发生。由此可以推测，玄武门之变的发生，似乎并非仅仅只有内部的原因。

与此同时，这件事还让我们联想到两派都非常在意的“山东豪杰”的存在。到了最后一个阶段，李世民一方终于与山东豪杰联起手来。皇太子李建成方面则对于这一状况非常警戒。我们知道，隋文帝后期出现的皇太子与晋王（炀帝）的对立，其实也是政权究竟以关中为中心，还是以洛阳为中心的路线之争。倘若联想到即位以后唐太宗（李世民）的各项政策方针等来综合考量，我们就会发现其与玄武门之变时诸事重叠之处甚多。综上所述，我以为，玄武门之变固然有兄弟围绕继承人地位之争的一面，同时另一方面，其也正是关乎唐朝以后走向的一次重大路线之争。

贞观之治的光与影

被推举为天可汗

李世民于武德九年八月八日登基，成为唐朝第二代皇帝太宗。此事距离玄武门之变的发生仅仅只有两个月。在高度集权，所有权力都集中于皇帝一人之手的中国王朝体制之下，不允许有任何中间环节的权力形态存在，只要一天不完成最高权力的交接，就不会出现稳定的政治局面。即便在父子兄弟等亲人之间也不例外。或许有人认为，李世民刚刚通过杀掉兄弟才掌握实权，同时其父高祖仍然健在，他其实完全可以担任一段时间的皇太子再说，何必如此性急。李世民之所以没有那么去做，主要是因为当时突然出现了来自北方的威胁，即突厥的进攻。局势的变化要求李世民必须迅速解决这一问题。

在隋文帝时代的后半段，从启民可汗时开始突厥（东突厥）归顺隋朝，之后与隋基本保持着良好的关系。然而到了其子始毕可汗时，正好碰上隋末动乱，突厥与隋的关系遂出现了逆转。前章提到的大业十一年（615）隋炀帝在雁门（今属山西省）被突厥包围，九死一生才得以逃脱的事件，就是在这种背景下发生的。在隋末华北各地崭露头角的群雄之中，诸如窦建德及其部下刘黑闼以及高开道和刘武周、薛举和李规等人，几乎所有的叛乱首领都与突厥或通好或臣服，总之以某种形式与突厥保持着联系。突厥君临于隋末群雄之上，从遥远的北方对他们进行远距离操控、牵制，使之互相争斗。这种状况就宛如历代中国王朝对北方民族所采取的分割离间政策的翻版。

实际上，唐也和其他的群雄同样，处于突厥的支配影响圈之内。一般认为，唐朝的太原起兵就是在突厥点头同意以后才付诸行动的。太原起兵时，突厥借给李渊1000匹战马和2000名骑兵（一说500名骑兵和2000匹战马），此举在起到加强唐军力量的同时，另一方面也有监视唐军行动的目的。可以推测，在唐与突厥之间很可能签订有密约，约定在唐军占领长安以后，作

21 **唐太宗** 击败哥哥建成和弟弟元吉，夺取父亲高祖的实权后登上皇帝之位，促使了贞观治世的出现

为成功的报酬，唐向突厥割土进贡，同时容忍突厥的掠夺等，以此加强唐对突厥的臣服关系。然而，当唐军控制长安以后，一方面对突厥继续采取低姿态，另一方面却接连制服群雄，开始迈向全国统一之路。当突厥意识到这一点时，局势已经发生了变化：与突厥对峙的势力只剩下了唐。

突厥认识到，倘若等唐朝完成统一大业，巩固了阵脚以后，形势会越发变得对突厥不利，此前突厥对唐指手画脚的优势将不复存在。于是，从始毕可汗经处罗可汗，到颉利可汗继位以后，便从武德七年（624）开始率领十万骑兵大举南进，并终于在武德九年（626）自西北攻入，兵临长安城下。此举显然是由于突厥看准了玄武门之变后唐朝内部混乱，而乘机对唐采取的行动。李世民为了顺利度过这场危机，遂决定让自己站在最前沿，其结果便出现了前面提到的武德九年八月八日的仓促即位。

太宗即位二十天以后，突厥的大军便出现在了渭水的便桥（西渭桥）之北。唐太宗闻讯立即率领六位重臣奔赴便桥，隔河痛斥对岸的颉利可汗。颉利没有想到唐太宗会亲自前来，大吃一惊，同时看到太宗身后唐军大部队接踵而至，唐军的军威和士气让颉利感到恐慌，遂于便桥上与唐太宗握手言和，并立即撤走了突厥大军。

22 东突厥可汗系统图

这个故事的确十分打动人心。便桥退兵是太宗即位以后做的第一件事情，也是他的首次亮相。实际上，唐太宗早已经预料到了突厥的进攻，并提前做好了从背后夹击突厥军的准备；同时另一方面，颉利心里也很清楚，对唐施压必须有重点，在长安附近长期对峙下去势必伴随危险。关于唐太宗究竟是否在渭水便桥有过这样一个光彩的亮相一事，尽管我们稍稍抱有疑问，但不管怎么说，这位新皇帝总算顺利度过了这次危机。唐太宗借此机会凝聚人心，强化了内部团结，同时也找到了转而对突厥进行反攻的突破口。

所谓反攻的突破口，是因为唐太宗注意到，弥漫于突厥大军中的军纪松弛涣散现象，其原因主要在于颉利可汗和突利可汗两个人之间的微妙关系。突利可汗是始毕可汗的嫡长子，乃突厥之嫡系，而现在只是其叔叔颉利可汗之下的一个小可汗；另一方面，唐太宗在秦王时代即已与突利可汗结拜了兄弟。于是，唐太宗便努力接近拉拢突利，想方设法孤立颉利。这一时期恰逢草原连年大雪，家畜多冻饿而死，陷入饥荒状态。唐太宗抓住这一机会，任命李靖、李勣（李世勣）为主将，向颉利发动进攻。到贞观四年（630）二月，颉利被唐军俘获，至此君临北亚的突厥帝国，即突厥第一汗国遂宣告灭亡。被押解到长安的颉利可汗在郁闷中死去。

突厥帝国的灭亡，给予其治下的各个民族的酋长们以强烈的冲击。对于即位仅仅三年半就击败了北方强国的唐太宗之伟业，他们感到震惊和敬佩，预感到唐将成为包括游牧世界在内的新的中心。于是他们在协商之后，共同推举唐太宗为凌驾于各族之上的“天可汗”。由此，历史上诞生了第一位集中国皇帝（天子）和游牧世界的天可汗于一身的君主。

理想的君主政治：贞观之治

如上所述，唐太宗首先一举解决了摆在眼前的最大的难题，给太宗时代开启了一个好的开端。同时，贞观二年（628），隋末群雄中的最后一支残存势力梁师都也被消灭，全国统一宣告完成。于是自此以后，唐太宗致力于安抚民生，让经过战乱以后疲惫不堪的民众休养生息，同时全力以赴整顿统治体制。开始了在后世广为人知的“贞观之治”。

“贞观之治”之所以脍炙人口，一个很大的原因是由于在一个世纪以后出现的吴兢《贞观政要》一书的影响。该书乃唐太宗与臣下的问答集，通过具体的问答，对于君臣之间应有的关系、从事政治最为重要的东西等问题进行了梳理解说。倘若要追究一下这本书的主旨的话，似乎可以这样归纳：作为君主来说，应该怎样对待臣下们的意见（谏言），如何把握好分寸，推行宽容的政治；另一方面，作为臣子则要公正清廉、不畏权势、勇于纳谏、克己奉公。后世的人们通过《贞观政要》一书，将贞观之治看作君主政治的理想形态。

实际上，有关这一时期唐太宗认真虚心地听取魏徵等谏官的意见，在房玄龄、杜如晦等大臣的大力支持下执政的记载，在当时的史料中随处可见。由此我们可以说，太宗之所以如此重视谏言政治，是因为之前有一个不听臣下的劝谏、一意孤行而导致亡国的君主——隋炀帝。正是为了不重蹈隋炀帝的覆辙，唐太宗才身体力行，努力把自己的形象打造成为一个善政的实践者。然而，我们如果仅仅这样来看待唐太宗的话，那就流于简单化了。

唐太宗与隋炀帝都是次子，而且两人都有并不光彩的过去：即都是通过杀死兄长才得以掌权。另一方面，从作为皇帝的资质来看，冷静地比较两者，就会发现无论在把握未来的构想能力和行动能力方面，还是在学问以及文学素养等方面，隋炀帝都要高出一筹；作为一位统治者来说，唐太宗并没有任何方面超过隋炀帝。唐太宗也清楚地知道，如果不另辟蹊径的话，自己只能步隋炀帝之后尘。所以唐太宗遂把隋炀帝塑造成为一个彻头彻尾的恶棍和反面典型，并通过重视臣子的谏言这一策略，竭力在各方面与炀帝进行对比，千方百计地打造自己的明君形象，借以洗刷因玄武门之变而带来的阴影。

唐太宗非常在意人们如何评价自己的政绩。侍从君主左右的起居舍人和起居郎负责记录君主的公开言论以及行动，并且以《起居注》之名将记录传诸后世。按照当时的规定，《起居注》是不能让君主本人看的，而唐太宗却按捺不住想看《起居注》的

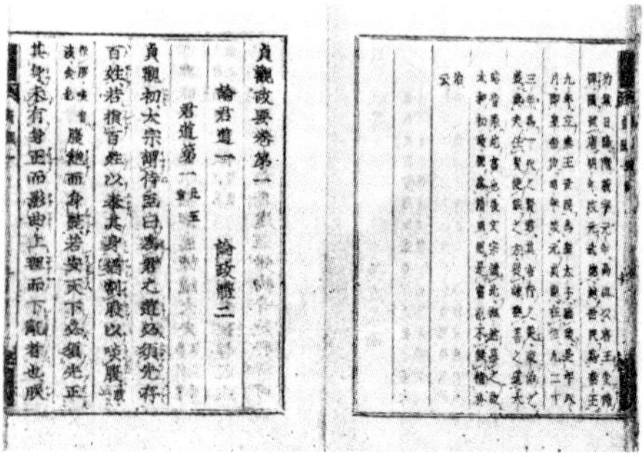

23《贞观政要》(古活字版。日本国立历史民俗博物馆藏)

欲望。有一次，太宗委婉地暗示了此意，结果被负责编辑《起居注》的杜正伦婉拒说：皇帝的言行都要在《起居注》里记下来，以流传后世，请皇上专心于政务。还有一次，唐太宗又要求看《起居注》，亦被负责记录的褚遂良拒绝。褚遂良说："史官书人君言动，备记善恶，庶几人君不敢为非，未尝自取而观之也！"[21]

虽说如此，史官们是否能完全拒绝唐太宗的要求呢？《起居注》中所描写的唐太宗完全是一代明君的形象，而对于玄武门之变的情况则轻描淡写，模糊不清。由此推测，唐太宗很可能看过这些《起居注》。与此同时，唐太宗也非常重视史书的编纂。贞观十年，命魏徵牵头负责编写记载隋朝历史的《隋书》，详细地记载了隋炀帝的暴政以及隋末的动乱。《隋书》成书于显庆元年（656）。

在这些记录（史书）中，唐太宗的意图都被鲜明地反映了出来，并因此而确立起了后世对于这一段历史的评价基准。的确，唐太宗可以归入有能力的皇帝这一类人物，正是他促使了政治上相对稳定的贞观时期的出现。但是我以为，并不能因此就轻易地断言，唐太宗一定就像后来被人们所追捧的那样是一代明君，

24 房玄龄（自庆长版《君臣图像》）

25 杜如晦（自庆长版《君臣图像》）

26 褚遂良（采自《新刻历代圣贤像赞》）

而隋炀帝则完全是一个十恶不赦的暴君。对于这一方面的善恶判断，似乎应该更慎重一些。

贞观之治的本质

在前一小节我们已经谈到，建立起新王朝的李渊最早打出的大政方针，乃是回归“开皇旧制”。也就是说，否定隋炀帝时期的政治，回归到之前的隋文帝时代前半期的体制之中去。其实，这一点也是隋末群雄的共同特点，几乎每股势力都鲜明地打出了这一方针。这是因为倘若不明确表示出否定隋炀帝的立场，就无法得到当时人们的理解和拥护。换言之，开皇之治成为隋以后政治的一个指标。

所谓开皇之治，也就是指基于开皇律令的政治体制，其政治军事的主轴置于长安，以关中本位政策为其支柱。控制了长安的唐李渊集团，仅凭这一点就已经占据了号令天下的有利地位。于是，作为新王朝的法制体系，高祖李渊首先发布了以开皇律令为范本的武德律令。其后又屡次修订，成为唐代的第一号律令。

接着进入了太宗的统治时期。太宗命令房玄龄等人编纂新的律令格式，并于贞观十一年（637）正月完成。新律令删除了隋开皇至唐武德法令中的繁琐部分，一个成为后世模范的体制就此诞生。可是，在劳神费思精心制定的这一制度中，其实有相当的部分与隋炀帝时代的东西相重合。

这一方面的典型事例，可以在军事上支撑着国家的府兵制中看到。唐代府兵制的发端，首先可以追溯至隋初被称之为“骠骑府”的军府制度，到贞观十年，即贞观律令发布的前一年，以“折冲府”作为军府而定型。名称虽然不一样，唐的这个“折冲府”实际上完全是隋炀帝确立的“鹰扬府”制度的翻版。

在否定隋炀帝的同时，为实施新的国家体制而好不容易做出的选择，却仍然是与炀帝同样的路线。从这里面，我们既可以看到唐太宗进退维谷的两难处境，同时反过来也可以使我们意识到隋炀帝的巨大存在。虽说如此，在唐太宗的政策中，当然也有与隋炀帝完全不同之处，这就是如何对待关中本位政策的问题。太宗在征战过程中，与东方（山东）建立起了密切的联系，洛阳也成为其根据地，所以他也曾考虑过以洛阳为根基而君临全国。可是在争夺继承权的斗争中取得胜利以后，唐太宗则又开始重用起关陇系统的人才，疏远山东系统的贵族；同时又把由军府组成的军事力量也都集中于关中地区，转而开始实行并坚持关中本位政策。太宗之所以这样做，很可能是因为他冷静地分析了隋炀帝因脱离关中而陷入困境的缘故。

唐太宗的治世总共二十三年时间。其中，在前半段的约十年间，谏言政治充分发挥了作用，太宗虚心纳谏，政界充满了清新的政治空气；可是在进入后半段以后，逐渐开始出现了一些问题。魏徵察觉到了这些迹象，曾向太宗提出了“陛下近来使役民众过度”等十条谏言[22]，企图阻止这种情况继续发展。然而，等贞观十七年（643）年初魏徵死后，就再也没有人能够制止唐太宗的行动了。其结果，在围绕继承人问题以及出兵高句丽的问题上，唐太宗均未能作出冷静的判断，成为他晚年的一个污点。

27 魏徵（清宫南熏殿旧藏）
支撑“贞观之治”的名臣

远征高句丽与继承人问题

进入唐代以后，武德七年（624）高句丽接受唐朝的“高丽王、辽东郡王”的册封以后，一直与唐朝保持着稳定的关系。但到了642年（唐贞观十六年），高句丽的权臣泉盖苏文通过发动政变掌握全权，并与百济联手开始打压新罗。大概从这时起，形势开始恶化起来。在接到新罗的求援以后，唐朝开始出面调解，敦促三国的和解，然而高句丽却并不接受唐的调停。唐太宗认为，此事的元凶在于泉盖苏文，所以遂以除掉元凶、解救民众为理由，于贞观十九年（645）派遣水陆十万大军，发动了对高句丽的进攻。太宗本人也亲率部队渡过辽水，对安士城进行攻击。

然而，这次远征却因高句丽方面的顽强抵抗以及冬季的来临，不得已而撤兵。这次战事的成本及损失虽然赶不上当年的隋朝，但战争过程及其失败的方式等却与隋朝同样。其后的贞观二十一年、二十二年又分别两次出兵。唐太宗感慨地说，倘若有魏徵在，当不至于如此。几次出兵的结局都是同样，唐军陷入泥沼而不能自拔。

除此之外，还有一个令太宗头疼之事，这就是继承人的问题。太宗本人是通过杀死亲兄弟才登上的皇帝宝座，并为此而一直遭人诟病。他十分在意《起居注》里如何记载自己，就是因为这个缘故。因此，他下决心再也不能让自己的继承者也重蹈覆辙。太宗的正妻（皇后）长孙氏是鲜卑出身，以贤后而著称于世。太宗与长孙氏之间生有三子：长子李承乾、次子李泰、九子李治。太宗即位以后不久就马上立长子承乾为皇太子，由此看来，由嫡长子继承大位似乎已经成为定局。

可是，李承乾并未能保住皇太子的位子，贞观十七年（643）四月，承乾因谋反而被废黜。承乾在过了二十岁以后，开始沉溺于和年轻僧侣保持一种倒错的性关系；有时候他又会突然穿上突厥人的服装，头上梳起突厥人的发式，在宫中搭起帐篷，极尽别出心裁、标新立异之事。最后竟然情绪失控到了想要杀死弟弟魏王李泰以及父亲的地步。承乾之所以发展到这一步，原因之一是因为太宗过分宠爱魏王，并显露出了如有可能的话，想让魏王成为继承者的态度。魏王李泰身宽体胖，颇具长者风范，不仅招揽学者在自己身边，而且特别擅长讨太宗的欢心。这些情况都不能不让承乾感到焦虑，深感皇太子的地位不稳。

最终结果是皇长子李承乾消失于政治舞台。按照常理而言，其后应该立魏王李泰为皇太子，太宗对此当然不会有异议。然而却节外生枝，出现了变数。长孙皇后的哥哥长孙无忌主张拥立晋王李治，他的逻辑是：事态之所以发展到这个地步，魏王李泰也有责任，所以皇太子应该由与此事毫无关系的晋王李治来出任。精力已远不如当年的太宗接受了这个令人费解的逻辑，贞观十七年四月下诏立李治为皇太子，当时李治仅仅只有十六岁。长孙无忌的想法是，作为这位年轻皇太子的监护人，将来在太宗过世以后仍可确保自己政界重臣的地位。然而他不知道，这件事不仅极大地改变了唐朝的命运，而且也导致了他自身悲惨的结局。

这样一来，刚刚开始致力于推行新政的太宗统治时期于贞观二十三年（649）宣告终结。这时的唐朝在经济力量方面还很弱，与隋代的最盛时期相比有很大差距，此外，当时在政治领域里也还存在着很多悬而未决的课题。因此我以为，后世人们所津津乐道的“贞观之治”的形象，与当时的现实未必一致。

武后与武周革命

高宗与武曌

正像俗话所说的那样，戏言成真。高宗李治以出乎所有人的意料方式成为皇太子，而且顺利地继承了皇位。正因为如此，尽管他既无政治方面

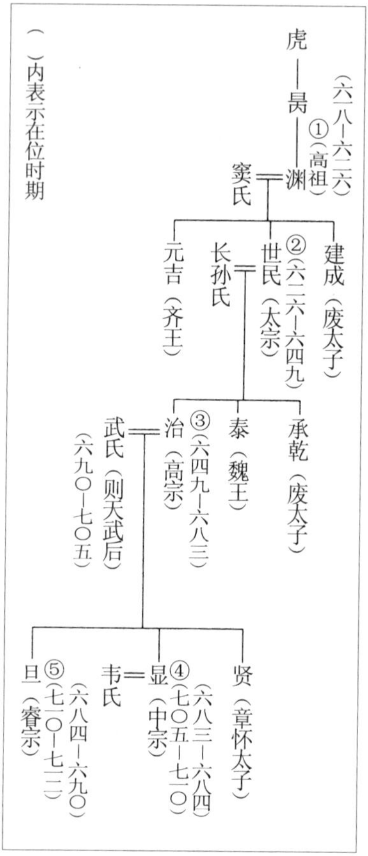

28 唐朝前半期皇室关系图

的野心，又缺乏对于将来的设想，然而这却刚好符合周围的人们对他的期待。对于新皇帝的期望就是守成，即遵循太宗所制定好的既定方针政策行事，只要没有大过地守成即可，剩下的所有事情都由长孙无忌等人来做。太宗在如此这般地定好高宗的地位，并且为高宗选择了一位出身于太原王氏的女性为妻以后才撒手人寰。所谓太原王氏虽然属于山东贵族，但这位女性的家实际早已置身于关陇系统之中。

然而，破绽在唐高宗即位以后不久，就从人们没有意料到的地方——后宫的女性问题中显露了出来。由于皇后王氏没有孩子，高宗遂十分宠爱自己与萧淑妃之间的孩子素节，因而远离了王氏。不知道该怎么办才好的王氏为了破坏高宗和萧淑妃的关系，遂给高宗引荐了一位女性，即曾经在太宗的后宫中当过才人的武曌。

唐高宗二十二岁即位时，武曌二十七岁，正是女性的最盛期。如果按照通行说法的话，在太宗死后，武曌与其他的后宫宫女一起被送往长安城内的感业寺出家修行，高宗在父亲的忌日到感业寺进香时，与武曌相识并且相爱。

29 武后（采自《集古像赞》）中国史上唯一的女皇

但是，这里面存在许多疑点。首先是感业寺的地理位置在什么地方并不清楚。其次，在感业寺内供奉太宗的牌位并为之做法事，实际上也是不可能的事情。皇帝的灵位应该供奉在太庙之中，更何况当时是道教优先、道先佛后的时代。恐怕真实的情况应该是：两人相识于服侍太宗的病榻之前，并且不知不觉之间两人有了暧昧的关系。太宗死后，知道两人这种关系的王皇后遂同意将武曌接入了宫中。

再次进入皇宫的武曌，在起到了使高宗离开萧淑妃的作用以后，作为一柄双刃剑，又反过来指向了王皇后。结果最后武曌独占了高宗，并最终夺取了皇后之位。在这一过程中，受太宗之遗命辅政的顾命大臣长孙无忌、褚遂良等人与武曌一方形成尖锐对立，双方相持不下。然而其后重臣李勣为躲避表态而说了一句“此陛下家事，何必更问外人”，以这句话为契机，废王立武之争终于尘埃落定。永徽六年（655），中国历史上出现了第一位侍奉二朝（二夫），并且登上皇后之位的女性，可谓空前绝后。若从中国的传统观念上来看，此举应该说属于绝对不可容忍之事。

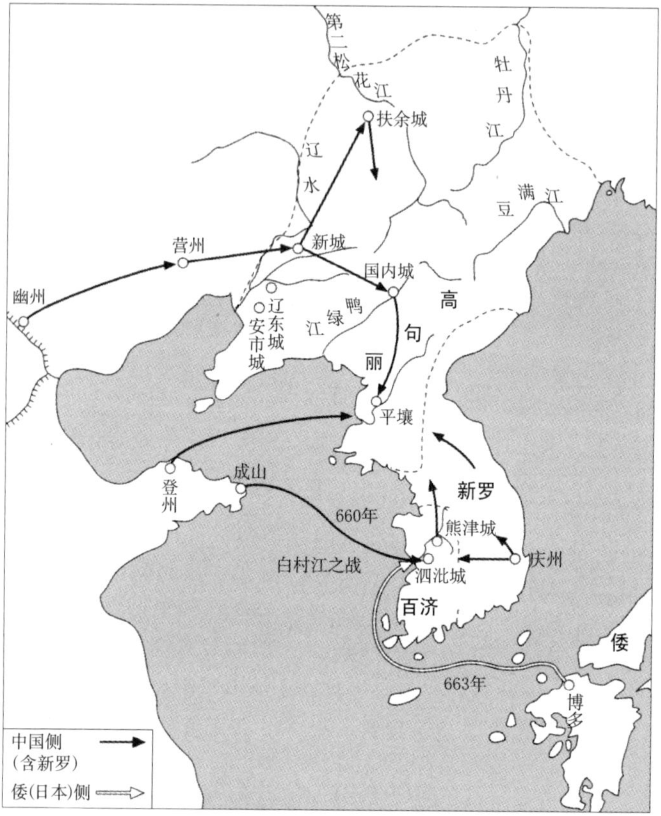

30 高宗、武后时期远征高句丽图　唐朝于显庆五年（660）灭了百济，并于其后（663）在白村江（白江）击败前来救援的倭国军队，继而于总章元年（668）灭亡了高句丽

从这一方面来说，我们也可以感受到唐代弥漫的北方游牧民族气息之一斑。

然而，武后对此并不满足。每当高宗处理政务时，武后就在朝堂的御座之后挂一块帘子，隔着帘子参与朝政，历史上称此为

“垂帘听政”。人们也将高宗与武后二人并称为“二圣”。在前后三十余年的高宗统治时期，除了最初的数年间以外，实际上都是由武后在操纵着朝政。在此期间，唐朝还成功地解决了隋唐两朝的悬案之一：制服了高句丽。

显庆五年（660），唐军联合新罗首先灭掉了百济，其后又在白江（白村江）全歼了赶来援助百济的日本（倭）军（663 年）。在形成对高句丽南北夹击的势态之后，以李勣为统帅的唐军乘势攻克平壤，高句丽宣告灭亡。此乃经过隋朝四次、唐太宗时的三次远征，加之进入高宗时代以后超过十年岁月与高句丽之间拉锯战的最终结局。征服高句丽之举也从一个方面给人们以一种强烈的印象：这也是武后政治的胜利。

武后的夺权之路

“则天武后”的“则天”是她死后被赠予的称号即谥号。因为她当过皇帝，所以本来应该把她称作“则天皇帝”，即便不承认她是皇帝的话，也应该称她为“则天皇后”。本书使用与上述称呼相近，而且为人们所熟悉和喜欢的“则天武后”或者“武后”一词[23]。另外，在关于对她的称呼之中，虽然有自陈寅恪先生以来广为流行的“武则天”这种叫法，但我以为这一称呼比较暧昧模糊，不足以反映她曾经当过皇后以及皇帝的史实，同时也缺乏历史感，因此本书不予以采用。

武后于公元 690 年最终登上帝位，但是这个新政权的诞生

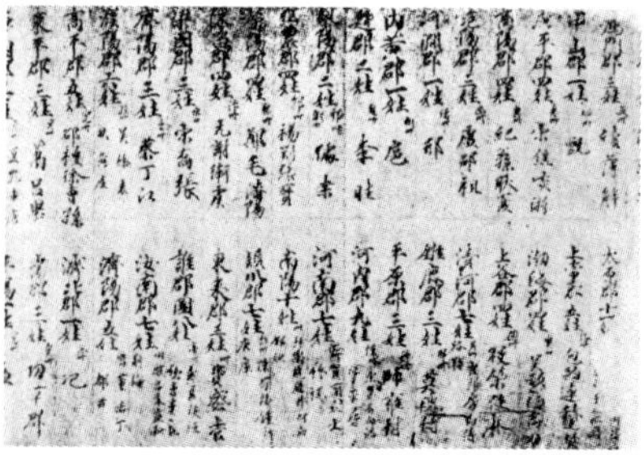

31《贞观氏族志》 据说因为在编好的家世门第序列目录里山东贵族名列第一，所以又重新编纂了以唐室为首的《氏族志》

绝非一朝一夕之功，而是经过了武后当皇后以后的三十五年岁月。在这一期间，武后倾注全力，一边排除朝野对于女性从政的抵抗和干扰，一边致力于确立自己的政治基础。为此，武后认为有必要培植自己的政治势力，于是便把根据地选择在了洛阳。在武后时期，洛阳改名叫作“神都”。

在贞观时代，为了确认并宣示在政治上掌握实权的关陇集团的优势地位，唐太宗曾下令编写一本表示家世门第序列的氏族目录。可是，书编好以后，山东贵族的博陵崔氏赫然名列第一，唐室陇西李氏只居于第三位。太宗看后大怒，遂让重新编纂一本以唐室李氏为首的氏族目录，这本书即《贞观氏族志》。从这段插曲中，我们可以看出当时的山东贵族所具有的影响力。

相对于上述世家大族而言，武后的本籍乃山西太原辖区的文水县，其父武士彟原来是木材商人，后来参加了李渊太原起兵，乃是与前述关陇、山东贵族毫无关系的寒门庶族出身。于是，武后遂召集了同样是寒门出身的许敬宗、李义府等人，在武后主导下编写一本叫做《姓氏录》的新氏族志。这本新氏族志以现实中的官位和勋位的高低为基准，打破了原来炫耀门第出身的排序。于是，与关陇和山东士族门阀不同的一支新兴非门阀势力开始登上了历史舞台。而给这股新势力登台提供契机及条件的正是武后的出现。

武后为了选拔以前不为门阀士族所重视的人才，强化自己的政治基础，非常重视自隋初以来的科举制度。在当时的科举诸科目中，如何理解儒教思想内容的明经科，以及考核人们文学能力的进士科最受人们的欢迎。反映出了萌发国家意识的人开始逐步增加，这是以前从未有过的现象。武后选拔人才不拘一格，不问出身门第，只要是有能力的人才，都作为智囊招揽到自己身边。这些人被称为“北门学士”。武后对这些北门学士充满期待，盼望着他们在将要来临的新时代中发挥引领方向的作用。

女皇的王朝：武周政权的建立

一步一步着实地强化自己权力的武后也遭到了来自各方的反抗。首先是以长孙无忌为首的太宗朝老臣们的抵制；接着又有光宅元年（684）李勣之孙李敬业的叛乱；此外还出现了其他一些唐室系统人物的起兵、闹事等阴谋。可是总的说来，所有的抵抗和反对行动大都是零星或分散的，最终都被各个击破。在武后的铁腕及谋略面前，反对者们只能忙于招架，毫无还手之力。唐朝体制的软肋通过这件事情也暴露无遗。

弘道元年（683）年底唐高宗去世。武后并没有马上开始活动登基之事，而是自己先成为皇太后，让儿子继承皇位。但与此同时却丝毫不放权，开始为自己登基做各种准备。先是设置了一

32 则天文字

个叫做“铜匦”的意见箱，奖励告密行为。同时启用一些被称为“酷吏”的无赖流氓之辈来对付反对派，实行恐怖政治。另一方面，让人偷偷制作了记载天意的宝图（天授圣图），并安排让其显现于洛阳附近的洛水之中；同时又复原建造了上古周代的政事堂即明堂；另外还创制了约二十个独特的文字——则天文字在全国推行。除此之外，在全国各地设置大云（经）寺，并在每个寺院配备佛典《大云经》，以祈祷和平佛国的到来一事，也出现在这一时期。

经过上述这样一些充分的准备和表演以后，天授元年（690）九月，武后正式建立了新王朝。因其定国号为“周”，所以一般又把这次政权更替称作“武周革命”，唐朝的命脉因此而在一个时期内中断。此时的武后年龄尽管已经六十七八岁了，但无论身体还是精神都还没有衰老。中国历史由此开始迈入了唯一的女皇时代。

皇后和皇帝时期加起来，武后的时代前后总共有半个世纪。在进入武后时代的后半段以后，在政治方面总体上来说是向内政倾斜。长期处于政治风暴的中心漩涡之中，使武后面临着巨大的压力，因而她的大部分精力用在了巩固自己的权力方面。

在这种情况下，永淳元年（682），长期盘踞在阴山山脉（位于今天的内蒙古境内）一带的突厥脱离唐朝控制宣布自立，拥戴骨咄禄为可汗，建立突厥第二汗国。就像是受到了这一变动的影响一样，万岁通天元年（696），居住在营州（位于今天的辽宁省）附近的契丹族也发动了叛乱，借着这一机会，已被迁徙到营州一带的高句丽、靺鞨系统的遗民们逃出营州，为其后的渤海国的建立打下了基础（参见本书第九章最后一节）。

33 升仙太子碑　出自于武后之笔的碑文拓本。一笔漂亮的字

在周边民族的动向急剧变化的同时，武周王朝的内部统治也出现了一些问题。在统治体制的末端，府兵制、均田制、租庸调制等几大支柱都开始出现动摇，社会的质变过程开始加速展开。其结果，受到冲击最大的就是生活在体制末梢的一般民众，从这一时期起，不少人开始离乡背井，走上了逃亡之路。当女皇登场的光环吸引了人们眼球之际，其实在律令统治体制的根基部分，腐蚀也正在加剧进行。

武韦之祸的时代

神龙元年（705）正月，拥戴皇太子的政变部队冲入洛阳城的北门玄武门，挺进皇宫，包围了武后的宫殿。政变部队起事的名目是“清君侧”，他们把武后宠爱的张易之兄弟看作君主身边的奸贼，决心除掉他们。由于这场政变，武后被软禁起来，武周王朝宣告终结，唐朝再度复活。在政变士兵的背后，推动这场政变的中心人物有宰相张柬之等人，他们都是通过科举提拔起来的官僚。具有讽刺意味的是，武后为了强化自己的政权而培养提拔的科举官僚，现在倒反过来推翻了武周政权。

政变以后即位的唐中宗是一个非常软弱的男人。不，或许应该说成是因为女人们过于强大了。中宗的妻子韦后与婆母武后一样，也是一个权势欲极强的女人，她的女儿安乐公主则作为一位成不了皇太子的皇太女，一直怀抱有要当女皇的野心。另外，在这一期间活跃的还有一位名叫上官婉儿的女性；进而还有中宗的妹妹太平公主也有着很大的潜在影响力。其中，韦后母女尤其猖狂，她们为了敛财和扩大自己的权势，竟然疯狂地卖官鬻爵，随心所欲地给人封官许愿，当时称此为“墨敕斜封官”。最终结果，韦后母女决定走一条与武后同样的道路，景龙四年（710）六月，韦后母女毒杀了挡道的中宗。

然而，与当年武后为了夺权而慎重地进行了周密的准备工作大不一样，这次韦后母女的弑君行为却迅速引起了反弹，中宗的侄子李隆基立即起兵铲除了韦后一党。随后李隆基拥立中宗的弟弟，即自己的父亲为皇帝（睿宗），自己成为皇太子。但是，女人们的弄权并未就此结束，太平公主还在，她笼络住哥哥睿宗而掌握了实权，进而开始想方设法削弱李隆基的权力。觉察到了危险的李隆基先下手为强，于先天二年（713）七月出兵迫使姑姑太平公主自杀。

34 传说中的天武天皇、持统天皇陵墓　与武后、韦后同一个时期，在日本有持统女皇，新罗也有女王的政权出现。在当时的东亚地区，是否存在着一种要把女性推上政治舞台的时代氛围呢？

至此，女性翻弄并主导政治的时代告终，男人们再次成为政治舞台的主角。李隆基即后来的唐玄宗就是他们的代表人物。

从武后到韦后，接连不断由女性唱主角的这一时期是后世人们最忌讳、最不愿意提起的一个时代，一般通称之为“武韦之祸”。然而仔细考虑一下我们不禁要问，女性们能够如此生机勃勃地积极参与并投身于政治的时代，除了这一时期之外，中国历史上难道还能找得出其他的时期吗？那么，为什么这一时期会出现这样一个由女性主导的时代呢？

尽管这不是简单几句话能够解释清楚的事情，但是我们据此至少可以了解到，在唐代社会之中，应该存在着可以包容女性上述行为的土壤及环境。因而，即使女性们掌权或者弄权，这个社会却未必会出现激烈的反弹。同时，我们还应该看到，就好像是跟武后等人约好了一样，在同一个时期的日本有持统天皇（女皇，690—697年在位）登场，稍早一些的七世纪中叶，在新罗也先后有善德女王、真德女王的政权出现。那么，在当时的东亚地区，是否存在着一种要把女性推上政治舞台的时代氛围呢？

盛唐时期的光与影

开元新政

唐玄宗击败姑姑太平公主而掌握政权以后，又过了半年时间，到同年（713）十二月，玄宗将年号改为“开元”。因而通常提起玄宗统治时期，就意味着开元时代的到来。在唐代的皇帝之中，玄宗在位时间最长，共达四十四年之久。其中开元时期从713年至741年，总共二十九年时间；其后改成“天宝”年号以后，玄宗治世又持续了十五载（即到756年为止。另外从天宝三载（744）到至德三载（758）之间，玄宗改用“载”字来称呼和表记“年”）。安史之乱爆发以后，玄宗才让位于儿子肃宗。

唐玄宗名字叫李隆基，是睿宗的三儿子。李隆基于武后执掌实权的垂拱元年（685）出生在洛阳。所以在起兵发动政变铲除韦后等人时，李隆基还仅仅是一个二十六岁的年轻人。就因为这件事，他跨越兄长成为皇太子。继承皇位以后推出开元新政的时候，李隆基也只有二十九岁。李隆基当上皇帝的过程与他的曾祖父太宗很相似，即也不是按照嫡长子继承的顺序，同时他也排挤掉了自己的父亲。李隆基在成为皇太子之前是临淄王，他长期住在外地，经常骑马到郊外去接触百姓，熟悉民情。而且他生来性格豪爽，具有强烈的正义感，因而在皇族当中显得非常突出。

人们对于刚刚登上舞台的这位年轻的皇帝充满了期待，盼望他能力挽狂澜，改变由于“武韦之祸”带来的体制的动摇状况；希望他能克服并解决由于新兴地主阶层的兴起而带来的社会矛盾。于是，唐玄宗首先将政务委托给了两位宰相：姚崇（本名元崇，字元之）以及稍后一些的宋璟。仿照太宗朝宰相的“房杜”（房玄龄和杜如晦）之例，这两名代表开元之治的宰相也被连称为“姚宋”。尽管合称“姚宋”，实际上两人的政治手法却大相径庭。姚崇随机应变，做事干脆利落，从不拖泥带水；与姚崇相比，宋璟则是巧妙地运用法律法规，稳扎稳打。两人的特点相互补充，相辅相成，共同推动了这一时期社会的稳定。

35 姚崇（右侧）、宋璟（采自《新刻历代圣贤像赞》） 玄宗开元之治时的名宰相

虽然姚崇进入官场与其父亲的地位有关，属于“恩荫”系统（即凭借父辈的官位、家世、影响力等进入官场的系统）上来的人，然而他之所以被提拔为宰相，却是因为他处理政务的能力受到了武后的赏识的缘故；宋璟则属于科举出身的官僚。在他们两人之后出任宰相的张说、张九龄、源乾曜等人也都是科举系统出身的官僚。其中，张九龄来自于此前从未出过名人的岭南韶州（位于今天的广东省）的地方官吏之家；源乾曜则是出身于与关陇系统的立场接近的北方游牧民族。因而可以说，武后以来不拘家世门第选拔人才的做法，到了开元年间已经全面开花结果。

虽说如此，然而对于如何从根本上解决身边发生的财政等方面的问题，这些通过科举上来的官僚们却没有明确的方略，同时也缺乏干劲。宋璟虽然长期担当朝政，对这些问题也拿不出一个明确的方针。科举官僚大都是出身于重视文学素养的进士科，在财务方面却未必擅长。加之由于他们与各地的新兴地主阶层有着千丝万缕的联系，因而往往站在与国家利益有冲突的立场上。于是，要想重新修复并振兴唐朝的统治体制，就必须寻求与他们不同类型的人才。在这一方面，先是宇文融崭露头角，其后又出现了李林甫。

宇文融与张说

如果追溯一下宇文融的出身，可知他的祖先与北周皇室宇文氏有关，其家世门第在唐代则属于代代出高官的关陇系统主流，因而他也是属于“恩荫”系统。宇文融从都城长安附近富平县的一个官吏跃身于政权中心乃是开元九年（721）之事。当时，伴随着“逃户”（流民）的增多，带来了一个深刻的问题即税役减少。摆在唐朝统治者面前的是，究竟应该如何应对这一问题？实际上，关于逃户的问题，在武后时期已经有人指出过，但是究竟如何解决才好，却一直没有任何具体方案。于是，宇文融出来提议，首先需要彻底摸清逃户的具体情况，玄宗采纳了宇文融的这一意见。

调查逃户的实际状况也就是查户口，这项工作叫做“检括户口”或者“括户”。当时把正式登记在户籍里的良民叫作“主户”，而对于从主户处逃亡出来，依附寄居于其他主户之下的人，则称作“客户”。宇文融担任劝农使以后，将部下的劝农判官派到全国各地，致力于把握这些从户籍里漏掉的客户。其结果，到开元二十一年（733）年末为止，共检括出客户计八十万户，从这些新依附的客户身上征收的税钱竟达数百万钱。即便减去这一数字中或许存在的个别虚夸部分，这也是一个很庞大的数字，超过当时统计的全国户数的十分之一（根据开元十四年的统计，全国户数不到七百零七万户）。

宇文融最初采取的方针是让这些逃亡的农民返回原籍，回到原来的主户那里；后来又采取了在逃亡农民的寄居地将其按照客户加以登记的办法。不管哪一种方法，目的都是要把这些人重新纳入国家管理之下。由于接受逃亡农民作为客户的主户主要都是各地的新兴地主阶层，因而宇文融的上述括户政策，马上遭到了与新兴地主阶层利益有着紧密联系的科举官僚的激烈反对。

反对派的急先锋就是张说。张说是继姚崇和宋璟之后，最为玄宗所信任的一位宰相，也是一位精明能干而且极为现实的官僚。张说的现实主义表现在：他认为只要在追认现状的基础上，提出适合现状的对策即可。无需回到最初的出发点去重新考虑如何解决问题。譬如，当府兵制陷入了功能不全的困境时，为了都城的守备防卫，张说便马上建议实施新的兵制——募兵性质的“彍骑”。因而，对于图谋变革现状的宇文融的括户政策，张说遂十分反感，从各个方面加以反对。

36 玄宗皇帝画像（《望贤迎驾图》局部。上海博物馆藏） 画面中央拄杖的白衣老人是玄宗。从四川蒙尘返回时的情况。画面中央靠左侧的人也许是肃宗

从开元十四年（726）左右开始，两者的对立发展成为激烈的政争，不少人都卷入其中，并且一直持续到开元十七年（729）前后。在这一期间，宇文融与山东贵族后裔，也同样属于恩荫系统的崔隐甫携手，曾经一度让张说下台。但其后，以其与崔隐甫组成朋党即徒党为由，宇文融受到了贬官的处分。而后不久宇文融虽然再次复职为宰相，然而他的自以为是、一意孤行的作风导致树敌过多，复职后仅仅百天即被再次放逐到地方，其后死在了外地。而几乎在同一个时期，张说也离开了人世。

在开元中期这场政争之中，其他几位宰相的状况以及基本态势如下：宋璟远离是非中心；源乾曜倒向宇文融；张九龄则支持张说。而玄宗则采取了脚踩两条船的做法。可是，政争的结果并未使财政紧张这一课题获得解决。在宇文融下台以后，据说玄宗曾生气地对宇文融的政敌们说："让宇文融下台了，然而重要的国家财政紧缺问题该如何是好？"[24] 对于玄宗来说，一方面因为深感浮华之下隐藏着的律令体制变质危机，同时也为了保证自己的

奢侈生活，无论哪一方面都急需强大的财政来作为后盾。因此，玄宗再也无法赞同科举官僚们肯定现状的路线，遂渐渐疏远了这些科举官僚。在当时，深刻地理解了玄宗转换大政方针的人只有李林甫一人。

李林甫与杨贵妃

把李林甫推向政治舞台中心的人是源乾曜以及宇文融。李林甫也是“恩荫”出身，他家属于关陇系统的名门，乃李唐宗室的分支。仅从这一点来说就和宇文融处于同一个立场，因而在整张说时，两人行动一致。只是，李林甫虽然也擅长于理财，却并不具备像宇文融那样要变革体制的积极性。李林甫出头的主要原因，在于他善于猜度玄宗的意向，同时以“口蜜腹剑”的做法威胁压制周围的人。

李林甫得到玄宗信任的契机源于玄宗的爱妃武惠妃。玄宗原有王姓皇后，因故被废黜，皇后之位一直空缺。玄宗有意让武惠妃当皇后，但因武惠妃是武后一族，反对的声音很强，玄宗只好作罢。不得已武惠妃便开始策划要让她的儿子寿王李瑁当皇太子。为此必须要废掉现任皇太子李瑛，李林甫遂参与了此事。在李林甫的策划下，皇太子被废黜，武惠妃达到了目的。然而没有想到的是，玄宗却不同意立寿王李瑁为皇太子，而是从皇子中间选择了最年长的忠王李屿。在这一期间，武惠妃在失意之中死去。

在这件事情上李林甫判断失误，押错了宝。李林甫因而非常担心李屿这位皇太子将来成为皇帝以后自己的处境。这时，杨贵

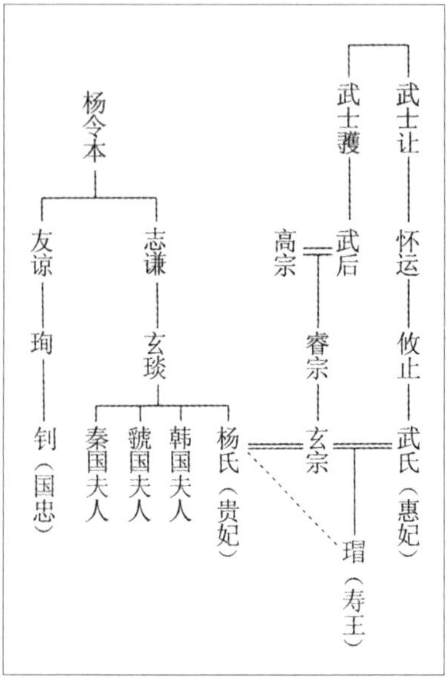

37 武惠妃、杨贵妃系统图

妃的出现救了他。原来自从武惠妃去世以后，很长一段时间之内，唐玄宗的心里一直感到很空虚。应该填补这个空隙，于是有人向玄宗推荐说寿王李瑁的妃子杨氏是一个绝世的美女。玄宗和杨氏一见钟情，魂不守舍。自此以后玄宗不再操心国事，完全沉溺于两个人的世界，所有的政务都交给了李林甫。

此事发生在天宝三载（744），当时玄宗六十岁，杨贵妃二十六岁。此事与武后事二夫的行为同样，把儿媳妇抢过来作为自己的妻子，这种在通常绝不会被允许的行为在此公然又肆无忌惮地出现了。

自此之后，李林甫大权在握，独揽朝政，并且一直到天宝十一载（752）去世为止，他始终没有撒手权力。李林甫为了维持自己的政治根基，将任何可能成为对手的人都消灭于萌芽状态。尤其是对于科举出身的官僚更是穷追猛打，等最后扳倒张九龄以后，在政权中枢里已经不再有科举系统官员的影子了。另一方面，李林甫还废除了之前任命有才干的文官担任守备边境的节度使，然后再抽调其进中央担任宰相这一选拔官员的渠道，代之以

38 华清池（陕西省临潼县） 玄宗和杨贵妃的寻梦之地，现在成为旅游胜地

任用外族（非汉人系统）出身的武将担任节度使。这些外族出身的节度使大都是目不识丁的武夫，无法胜任宰相职务，因而李林甫无需担心他们会威胁自己的地位。

于是，聚集在李林甫周围的大都是趋炎附势、唯唯诺诺之辈。然而其中也还是出现了李林甫没有料想到的问题。这就是作为镇守边关的幽州（今天的北京）节度使而崭露头角的杂胡（混血胡人）安禄山以及杨贵妃一族的杨国忠的存在。他们以玄宗对杨贵妃的恩宠为后盾，逐渐巩固了自己的地位，并最终发展到开始威胁李林甫地位的地步。在这些新宠儿步步紧逼的脚步声中，因恩宠而掌握大权的李林甫离开了人世。

安禄山与杨国忠：恩宠政治与义父子关系的意义

在玄宗统治后半期的天宝年间，安禄山和杨国忠登上了政治舞台。自此以后，他们二人便深深地介入到了政治之中。这两个人与之前争夺政治主导权的科举系统官僚及关陇门阀系统（恩荫系统）官僚相比，都完全不一样。

安禄山是一个混血儿，母亲为突厥人，父亲是粟特人。其后母亲带着他嫁给突厥的安延偃，于是便姓了安。关于其出生成长以及走向社会的地方，史籍大都语焉不详。根据史书上说他是“营州柳城杂种胡人”，因而我们理解他应该是在营州（位于今天的辽宁省）附近长大的。营州一带是一个多民族交汇之地，聚居着旧高句丽系统、契丹以及突厥等各个民族。开元年间的一个时期之内，唐朝为牵制朝鲜半岛的新罗和东北地区的渤海等，曾在此设置过安东都护府。在这样一个充满国际色彩的环境中，安禄山掌握了可以熟练使用六种“蕃语”的能力，因而得以担任低层官吏“互市牙郎”，负责各民族的交易以及调停。

其后，安禄山投身于幽州节度使张守珪的帐下，因功受到赏识，成为张守珪的义子（养子）。自此以后，安禄山一路顺风，迅速得到升迁，在历任以营州为据点的平卢兵马使、营州都督等官职以后，天宝元年（742）终于被任命为平卢节度使。以此为契机，安禄山得以入朝，与玄宗以及杨贵妃建立了关系。他为了更进一步强化这种关系，还恳请杨贵妃收自己为义子（养子）。

关于安禄山还有一段经常为人提起的小插曲。据说安禄山入朝以后，总是先拜杨贵妃，然后再拜玄宗。玄宗感到奇怪，询问其原因。安禄山回答说："胡人先母而后父。"以此博得玄宗的欢心。安禄山以自己的胡人身份，同时最大限度地利用与玄宗的亲子（义父子）关系来取悦于玄宗，并且进而又以玄宗的恩宠（宠爱）为后援，最终发展到进一步同时兼任范阳（幽州）节度使、河东节度使的地步。

39 胡腾舞图（宁夏盐池县苏步井乡出土） 胡人正在跳着具有强烈异国风情的舞蹈

另外一人杨国忠，蒲州永乐（位于今山西省）人，出身于一般家庭，从年轻时就是一个热衷于吃喝玩乐的游手好闲之徒，在他突发奇想而投身蜀军（四川）期间，正值其堂妹杨贵妃受到玄宗宠爱之时，于是杨国忠平步青云进入中央。杨国忠精于算账，在财务方面有出色的表现。自不待言，这些都是因为背后有杨贵妃的存在，他才得到玄宗的青睐及恩宠。天宝十载（751）杨国忠任剑南节度使（今天的四川省）时，出兵讨伐云南的南诏，结果大败而归。因为有杨贵妃做后盾，他既没有下台也没有受到处分，最后，当李林甫一死，杨国忠便趁机执掌了中央的全权。

新登场人物群像及其意义

上面提到的安禄山、杨国忠两人，无论从其出身还是晋升过程，都是以前所未有的形态而进入了最高权力中枢。而将他们推到这一步的契机，主要是虚拟的亲子（义父子）关系和皇帝的恩宠。这两者是一种表里的关系，都是在公共秩序中以私的方式结成的一种个别的上下关系。由此出发，历来对这一现象的理解是：此乃旧的身份关系的表现，是在不稳定的权力形态之下的父系家长式秩序的重编。

然而另一方面，我们决不能忘记的是这一时期的具体状况。在律令支配体制无法对应社会变化的过程中，唐朝开始设置了一种此前从未有过的、被称之为“使职”的官职，即所谓“令外之官”。以负责镇守边境的“节度使”为代表，担当大区行政的“经略使（按抚使）”等“使职”开始随意设置。进入玄宗时代以后，有关“使职”的增设以及将其作为正规官职化的倾向则进一步加速。众所周知，从一开始，律令官制就是在吸收了旧门阀贵族阶层的影响以及贵族理念的基础上形成的。实际上，旧门阀贵族阶层的社会影响力正是在律令体制庇护之下才得以延续了下来。从而律令体制的动摇，实际意味着剥夺了旧门阀贵族阶层的社会影响力。这种状况说明了什么呢？应当是说明了皇权的提高——换言之即脱离了旧门阀贵族阶层制约的皇权的提高。

如果我们可以从上述的角度来观察问题的话，那么我以为，对于上述义父子关系及恩宠关系，与其从负面来理解——即将其按照旧的私人的个别性的结合来加以理解，还不如赋予其积极的地位，即把这两种关系看成是摸索建立以皇帝为中心的新权力形态的第一步。更何况，当时由于“使职”的出现，必须确保新的人力资源。而只要是在相关的遴选体制没有确立的情况下，就势必无法避开上述那种通过个别关系来选拔人的做法。李林甫、杨国忠、安禄山等人物的出现，实际上是一个将要来临的大变动时代的先声。

第三章

安史之乱后唐代后半期的局势

安史之乱始末

安禄山起兵

天宝十四载（755）旧历十一月甲子（九日），按照新历来说是十二月十六日，一个寒冬刺骨的夜晚，现在北京附近的范阳（幽州）驻扎的十五万大军急匆匆地开出了营房。大军的骨干是安禄山一手培养起来的“曳落河”士兵，其他除了汉族士兵以外，主要是同罗、奚、契丹、室韦等北方通古斯系的少数民族出身的士兵。第二天早晨，安禄山检阅了集结于城南的军队，宣布此次出兵是为了清君侧，即讨伐在皇帝身边把持朝政的奸贼杨国忠。他把留守范阳的任务交给心腹史思明，随即命令全军立即开始行动。于是，一场极大地撼动了历史进程的叛乱就此拉开了帷幕。

叛军自河北南下，一路所向披靡，势如破竹。十二月十三日攻陷唐东都洛阳以后，安禄山旋即于次年（756）正月元旦在洛阳自称大燕皇帝，改年号为圣武。同年六月，叛军攻克唐军老将哥舒翰以二十万兵力把守的通往长安的最后一道防线潼关，随后占领长安。此距安禄山树起叛旗仅仅半年时间。

安禄山发动叛乱的消息，仅仅六天以后就传到了正在华清宫的玄宗耳中。听到这一消息以后，安禄山的死敌杨国忠暗自发笑说，果然不出我之所料。然而，当官军与安禄山叛军实际交手以后就马上发现，在实战经验丰富的叛军面前，官军几乎没有招架之力。官军节节败退，好容易在潼关才勉强稳住阵脚，阻止住了叛军的进攻。但其后，负责守卫潼关的哥舒翰在杨国忠的逼迫下被迫出潼关作战，结果一触即溃。因为这二十万官军都是由临时征集的士兵组建而成，几乎完全没有战斗能力。

可是，对于安禄山来说，这一期间也在他意想不到地方出现了障碍，即常山郡的长官（太守）颜杲卿的反抗。常山郡位于河北中部连接幽州和洛阳的道路上，乃是向西经过土门（井陉关）便可通往太原的一处交通要冲。颜杲卿就在安禄山率军进入洛阳前后时，杀掉了安禄山安排的土门守将，树起了反抗的大旗。这是在河北出现的第一次反安行动。然而这次反抗并没有等来翘首以待的唐朝援军，不到二十天遂为史思明所击败，颜杲卿及其族人等被带到洛阳安禄山处。颜杲卿在洛阳被公开处死时，尽管手脚被砍断，但直至断气为止仍对安禄山骂声不绝。

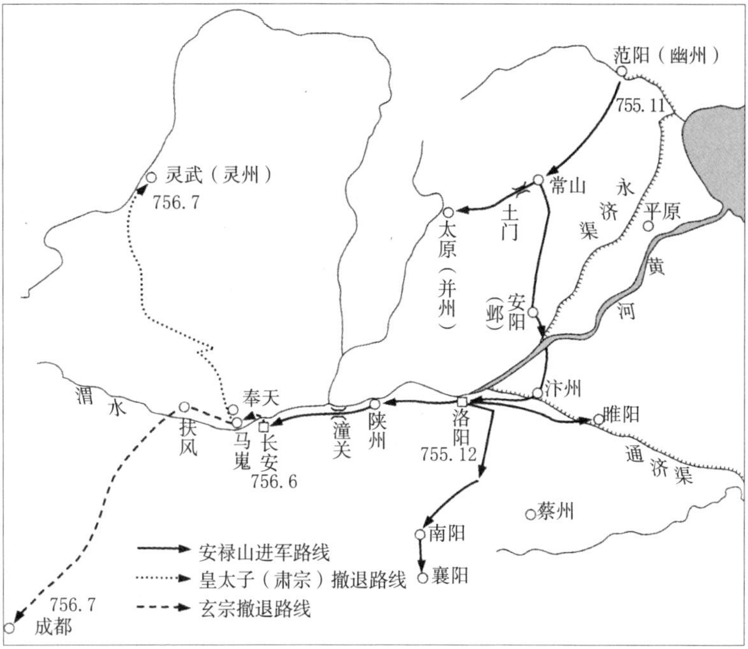

40 安史之乱叛军进攻路线、唐朝方面的撤退路线图

颜杲卿的反抗行动具有很大的意义。直接的效果是点燃了整个河北地区反抗的火种。在这一方面，颜杲卿的堂弟，时任平原郡太守的颜真卿起到了积极的组织领导作用。与此呼应，在河南地区，淮扬郡的张巡等人率领的武装力量也与叛军展开了激烈的作战和周旋。由于各地的这些抵抗，安禄山叛军进攻唐军的势头明显减弱，同时也阻止了叛军南下唐朝经济基地江南地区的企图。不仅如此，为反抗安禄山而集结起来的这些力量，实际表现了隐藏在各地新兴地主阶层和民众中的潜在势力。在唐代后半

41 潼关　保卫长安的要冲，位于长安以东约120公里处。天宝十五载（756）六月，安禄山叛军破潼关攻入长安

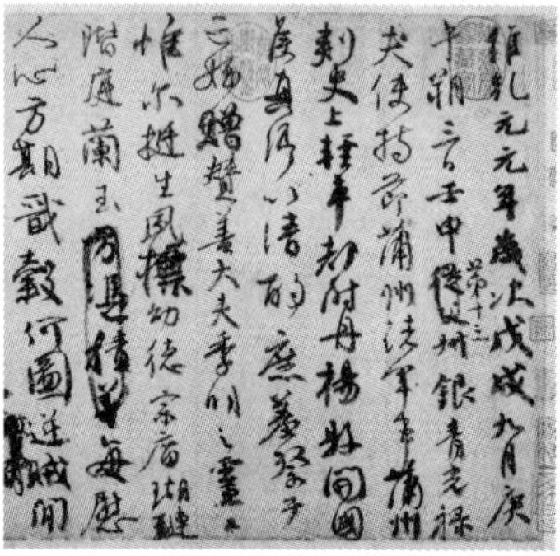

42 唐颜真卿书《祭侄文稿》　书法名作。“祭侄”的“侄”指的是颜杲卿的小儿子颜季明。侄子颜季明因抵抗叛军被安禄山残忍地杀害，在这篇文稿中，颜真卿对此的悲痛和悲情跃然于纸上

期的河朔三镇等地方势力与中央之间的相互角力关系上，这些潜在的势力将起到巨大的作用。

玄宗蒙尘与唐朝的反攻

哥舒翰潼关失守的消息很快传到了京城。从潼关到长安的直线距离为一百二十公里，叛军进军的话，几天就可以到达。玄宗一边对外做出要御驾亲征的样子，另一方面却带上杨贵妃及其一族和一部分禁军，一大早就悄悄地离开长安往西边逃去。然而当一行人马向西走了大约七十公里左右到马嵬坡时，禁军士兵的情绪状态开始出现异样：为什么会导致现在这种状态？士兵们的不满终于爆发出来，矛头直指杨氏一族。于是，杨国忠首先成为替罪羊被杀死。但士

兵们的愤怒并未因此而平息，认为杨贵妃也应该同罪。玄宗不得已只好命令高力士在附近的佛堂里绞杀了杨贵妃。当时杨贵妃三十八岁。这位曾让被誉为明君的玄宗发狂，并由此改变了唐朝命运的绝世美女杨贵妃，最后的下场竟是如此可悲。

43 郭子仪（采自《三才图会》）

玄宗当时已经是七十二岁的高龄，在痛苦地经历了放弃都城、处死心爱的女人等煎熬之后，最后仓皇地逃到了四川的成都。在他的身上看不到领导者应有的魄力和决断力。取而代之，皇太子李亨留了下来，担负起了指挥与安禄山作战的任务。皇太子一行本来打算返回京城，但没有成功，七月份将据点移至朔方节度使所在地灵武（位于今天的宁夏回族自治区）。而且旋即尊玄宗为太上皇，皇太子本人则在没有得到传国玺（即先皇的印玺，以此承认皇帝即位的合法性）的情况下继承了帝位，这就是肃宗皇帝。虽说这是在紧急的状态下为了收拢人心的特别举措，但也可以说是唐朝皇帝换代时的一种政变形式。另外，肃宗也是玄宗的三男，并非嫡长子。肃宗即位以后才派使者赴成都，取得了玄宗的事后承认。

在玄宗逃离之后大约过了十天左右，安禄山叛军占领了长安。安禄山本人留在洛阳不动，派出部下去管理长安。另一方面，肃宗发动了反攻，从河北战场抽调回了郭子仪的部队，集中兵力准备夺回长安，但是仍然感觉到力量不够，无法打败凶猛的安禄山叛军。

44 王者出行图（北庭高昌回鹘佛寺壁画） 画面中表现了回鹘军队行军的情景

于是便和回鹘交涉借兵事宜，到年末时，数千名回鹘士兵前来加盟唐军参战。

次年（757年）正月，安禄山被儿子安庆绪杀害，叛军内部的不稳定加剧。关于安禄山之死的主要原因，似乎是眼睛的疾病和恶性肿瘤引起他性情暴戾无常，加之围绕继承人的矛盾等几件事情交织在一起所致。虽然安禄山死了，但唐朝方面的状态依然没有什么改观，直到九月以后才终于集结了二十万大军发动进攻，成功地收复了长安。而此时距离长安失守已经过了十五个月。

收复长安以后的唐军乘胜进攻，第二个月就进入了洛阳城，从而给彻底平定叛乱带来了曙光。可是，这一势头并未能持续下去。之前回鹘出兵助唐时，与唐朝之间曾有一个约定，即收复洛阳以后，回鹘士兵可以放开抢掠三天三夜。现在回鹘兵热衷于此事，不再向前推进。另一方面，这一期间从洛阳逃出去的安庆绪在黄河以北的邺城（安阳）重整了部队。等唐军整顿好二十万大军追去的时候，已经到了一年之后即758年的九月。而这一时期在叛军方面，从范阳南下赶来救援的史思明已与安庆绪汇合。到次年（759）三月为止，双方在邺城一带展开了拉锯战，最终结果唐军失败。唐军失利的原因一是由于部队都是临时征召而来，二是因为尽管唐军以郭子仪为总帅，但却令出多门，缺乏统一指挥。

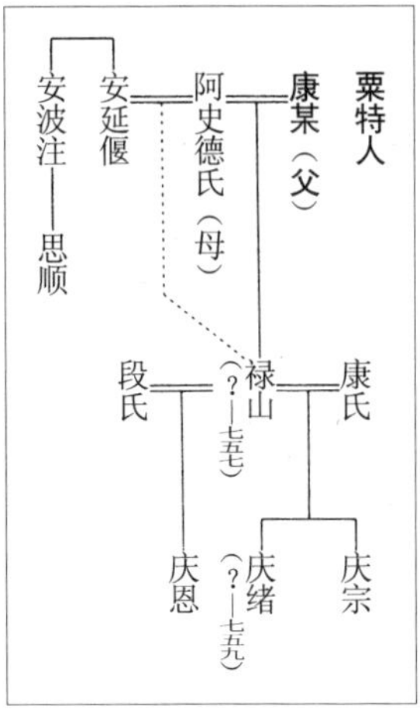

45 安禄山系谱图

叛乱的平定与河北的局势

安阳（相州）之战失败以后，唐军土崩瓦解。与安庆绪会师的史思明再次进入洛阳，与安禄山同样，宣布登基成为大燕皇帝。经过战火多次洗劫的洛阳，此时已经没有什么值得争夺的东西了。鉴于上次长安失陷的教训，唐军强化了洛阳以西的陕州、潼关一线的防卫，以阻止史思明军队的西进。两年之后（761）的三月，与安禄山同样，史思明也被其子史朝义杀害，而且原因也是因为继承人问题。安禄山和史思明两个人，就好像是同一颗星宿所生一样，无论是在位的时间，还是死的地方，以及都是被自己亲生儿子所杀等方面都如出一辙。他们俩的死亡，其实也预示了后来的藩镇军将的继位换代之难。

其后，双方僵持不下，大约有一年左右时间一直处于胶着状态。宝应元年（762）四月，取代肃宗的唐代宗即位，唐军旋即开始酝酿大反攻。十月收复洛阳以后，唐军一鼓作气北上，乘胜追击逃亡中的史朝义。唐军的前锋是一个名叫仆固怀恩的铁勒出身的武将，他在就地安顿投诚的史朝义属下部将的同时，对史朝义则穷追猛打。最后史朝义被追得走投无路，终于于宝应二年（763）

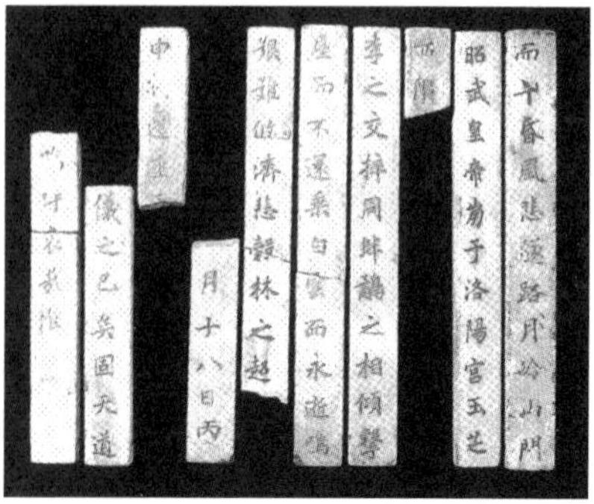

46 史思明哀册（北京史思明墓出土） 所谓“哀册”，就是指写在玉片上的一种墓志。内容是哀悼史思明之死

正月在范阳东边的一个地方自杀（关于史朝义死亡的时间地点，以及死亡的方式等有各种说法，在此从《资治通鉴》的记载）。

至此，满打满算前后持续九年之久的安史之乱就此结束。然而，由于唐朝对于投降的叛军部将以及他们的部下采取了就地安抚的政策，因而在支持叛乱的河北地区，从北边算起，分别设置了李怀仙的卢龙（幽州）、李宝臣（原名张忠志）的成德（恒冀）、田承嗣的天雄（魏博）、薛嵩的昭义（相卫）几个节度使，远远没有达到真正的再度统一。在唐朝看来，朝廷长时期被战祸困扰已经疲惫不堪，此举乃不得已而为之。可是这一举措却给唐朝留下了巨大的隐患。上述四个节度使之中，除了昭义节度使以外，其余的三个节度使都拒绝屈从于唐朝中央，并且互相呼应，对抗中央政府，给唐朝后半期的统治带来了极大的压力。历史上将此称作“河朔（河北）三镇”。

一代枭雄安禄山及其盟友史思明，两个人以一介胡人之身，挑战庞大的大唐帝国，并且肆意蹂躏这个帝国，最终建立了自己的国家——大燕。这场动乱充分暴露了唐朝统治体制的弱点，唐朝作为一个大国的威信扫地以尽。可是，面对着如此震撼和晃动大厦根基的巨大动乱，唐朝却并未因此而瓦解或沦为一个地方政权，而是再度崛起，尽管举步维艰，作为全国的统一政权，唐朝在此后依然继续维持了一个半世纪的统治。唐朝这种令人惊叹的自我恢复能力提醒我们，不能忘记在唐王朝体制之中存在着一种强大的柔性构造。

叛乱留下的痕迹与影响

自不待言，唐朝之所以把首都定在长安，其最大的理由是因为长安位于四面有屏障的关中盆地。在唐朝的前半期，唐朝在关中设置了许多军府（折冲府），并以其军事力量控制全国。然而随着府兵制瓦解，唐朝为了镇守边关而在边境一带设置了拥有军队的节度使以后，这种内外的军事平衡就开始被打破了。安史之乱就是在这种背景下爆发的，最终结局是潼关被破，自唐朝建立以后从来没有经历过外敌入侵的长安，因此而卷入战祸之中。

长安一旦暴露出了弱点，其后就不可避免地经常成为被直接攻击的对象，这也可以说是安史之乱留下的一个后遗症。先是安史之乱平定后的当年十月，吐蕃自西而来攻陷长安，并占领长安十余日。这主要是因为，由于原来配备在西线的部队大都被抽调去讨伐安史叛军，因而防守薄弱的西部防线轻易就被吐蕃所突破。吐蕃攻入长安时，代宗在宦官鱼朝恩率领的神策军的护卫下逃到了陕州避难。

接着在广德二年（764）到永泰元年（765）之间又发生了仆固怀恩的叛乱。仆固怀恩乃是平定安史之乱最大的功臣之一。唐

47 胡人俑（唐三彩）
与胡人安禄山、史思明作战的唐军方面也有回鹘、阿拉伯出身的士兵。安史之乱表现了异民族能量的相互碰撞

朝派往回鹘借兵的使者就是仆固怀恩，此外如前所述，最终给平定安史之乱画上句号的也是仆固怀恩。尽管如此，叛乱平定之后，仆固怀恩却没有得到应有的评价及待遇。由于他的女儿嫁给了回鹘可汗，同时他在追赶史朝义的过程中，安慰并就地安置了投降过来的史朝义部将，据说这些事情都成为朝廷怀疑他的原因。于是，失去了朝廷信任、走投无路的仆固怀恩无奈在灵武（位于今天的宁夏回族自治区）聚集兵士，同时与回鹘及吐蕃取得联系，向唐朝举起了叛旗。其后因仆固怀恩在向长安进军的途中病死，叛乱宣告失败。但吐蕃却乘机再次逼近长安近郊，给长安城中造成了极大的恐慌。

在从安史之乱到这一时期的整个过程中，究竟有多少异民族（非汉族）出身者登上了中国这一大舞台呢？叛乱一方自不待言，胡人安禄山、史思明，以及他们下面以“曳落河”等北方民族出身者为主体的兵士们都是异民族。即使从唐朝方面来看，唐军中有大量来自回鹘、大食（阿拉伯）以及西域的兵士冲锋陷阵，又有哥舒翰（突骑施出身）、高仙芝（高句丽出身）以及前面提到的仆固怀恩等众多的将军指挥作战。

大体上说来，唐朝的做法是采取以夷制夷的策略，安史之乱实际上为这些异民族出身者的能量释放提供了一个空间。吐蕃稍晚一步也加入了其中。然而到最后，仆固怀恩却被排挤出局，汉族出身的郭子仪则成为最有实力的军事统帅。通过这一过程，我们可以从中感受到唐朝决心抑制过度活跃的异民族，重新建立以汉族为主轴体制的一种倾向。

其后又隔了一段时间，到了德宗的建中四年（783），淮西节度使（治所是蔡州，位于今天的河南省）李希烈发动叛乱。为了平叛，唐朝调动了位于长安西北部的泾原节度使的兵力。然而，泾原节度使的部队在路过长安时，向朝廷提出了改善待遇的要求，在没有得到满足的情况下，愤怒的士兵冲进长安城中闹事，最后拥戴一个名叫朱泚的人为领袖，发展成为叛乱。德宗在一部分士兵护卫之下，匆忙逃到奉天（今陕西省乾县）。到第二年为止，德宗将近一年时间一直处在流浪之中。

上述这一事件乃是在长安发生的最后一次动乱。之后的一个世纪之间，在国内局势动荡不安的情况下，却再也没有出现或发展到过诸如长安被外族占领，或者是皇帝蒙尘（蒙尘的意思是天子为避难而逃离皇宫）等不得已的事态。究其原因，可以指出以下几点：公元 780 年实施的新税制“两税法”的深入普及，使得中央财政稳定起来；与此相呼应，中央禁军统一为神策军，并进行了扩充和强化。这实际上是变换了形式的关中本位体制的复活。那么，唐代的中兴究竟是如何展开的呢？关于这一方面，我们将在下一小节里进行观察和论述。

两税法与藩镇体制：通向财政国家之路

河朔三镇与平卢节度使

安史之乱使得唐朝的性质为之一变，并给其治下的社会予以了深刻的影响。虽说安史之乱已经被平定，但在叛乱的根据地河北道（相当于今天的河北省一带）还残留着河朔三镇。以河朔三镇为首，其周边的一些藩镇也卷了进来，他们一直拒绝服从唐朝中央的领导。另一方面，社会基础分化，流亡的民众造成户籍制度瓦解，征税体系陷入名存实亡的状态。在这样一种内外交困的严酷情况下，唐朝是如何走入复兴→中兴之路的呢？

前节已经提到，在安禄山刚刚起兵时，河北地区的官民曾反复进行了激烈的抵抗，然而一年之后就被叛军镇压了下去。自此以后，对于唐朝来说，河北就成为一个支撑着河朔三镇的反对派（反唐）基地。说起来，河北一带对西边的关中一直抱有强烈的对抗情绪，同时无论是物产还是经济力量，河北也都远远胜于关中。安史之乱结束以后，在幽州等地，安禄山和史思明仍然被老百姓当作神来祭祀着。可以说，正是这样一种反中央的意识从背后刺激和激励着河朔三镇。

在三镇当中，卢龙（幽州）节度使李怀仙是出身于柳城（营州）的胡人，曾效力于契丹。参加了安史之乱叛军，最后在他担任燕京（幽州）留守一职时投降唐朝。一般认为，李姓当是他降

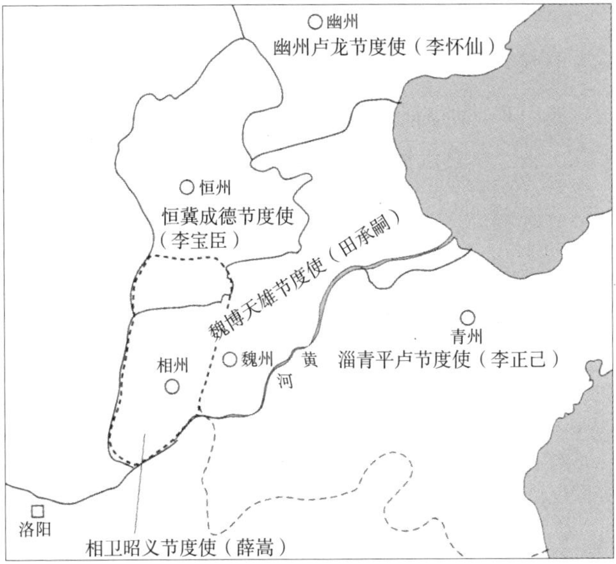

48 河朔、平卢等藩镇分布示意图

唐以后，唐朝给他的赐姓。关于他之前的姓氏我们并不清楚。

成德（恒冀）节度使李宝臣是居住在范阳（幽州）的奚族（通古斯族系统），原来的名字叫张忠志，在一段时期内还姓过安，李宝臣的名字也是来自于唐朝所赐。他之所以姓过安，不用说是因为他做过安禄山义子（养子）的缘故。他乘乱据有河北中部的恒州一带，降唐以后被委以节度使。李怀仙和李宝臣两个人都是非汉族出身，在权力的基础以及继承方面都未必稳定。剩下还有一人，即天雄（魏博）节度使田承嗣的情况却和他们都不一样。

田承嗣原来属于平州（今属河北省）卢龙军的一个军官，安史之乱时是安禄山的得力干将。后来，在担任叛乱方的魏州刺史时被任命为唐朝的魏博节度使。他与上述两人不同之处，其一他是汉族；其二是他在这个职位上时间很长，一直到公元779年去世为止，因而奠定了坚实的统治基础，从而为他死后直至元和十五年（820）前后为止的田氏世袭统治开辟了道路。田承嗣首先致力于把握辖区内的户口状况，以壮丁十万人作为士兵，再从中选拔出身强力壮的一万剽悍士兵组成强大的亲兵，叫做“衙兵”，也叫“牙兵”。另一方面，他还在辖区内自己任命官吏负责税收，表面上服从于唐中央，称臣俯首，实际上在辖地内大搞独立王国，从军事和财政两个方面培养和积蓄与唐朝中央对抗的实力。唐朝廷对此无可奈何，只好采取怀柔政策，通过加官晋爵以及联姻等方式来笼络田承嗣。

由上述可知，在安史之乱以后的大约半个多世纪里，华北东部动向的钥匙实际上掌握在魏博节度使手中。与前述三镇并列，在这一时期势力获得扩大者还有平卢节度使。平卢节度使原来设在东北的营州（今天的辽宁省境内），由安禄山兼任。安史之乱爆发以后，经唐朝廷的策动而倒向了唐朝。后来侯希逸出任节度使，并于宝应元年（762）率兵转移到山东青州，从而开始了新生的平卢节度使时代。尔后势力迅速扩大。到了第二任节度使李正己的时代，发展更为迅猛，在配合唐朝中央政府的同时，其势力扩大到了整个山东。到了大历十年（775）前后，进一步发展到了从南边开始威胁到田承嗣的地步。

兴起于东北的这股势力又转而割据山东，这一点本身就很有意思。与此问题相关，值得注目的是，李正已被唐朝中央任命为“海运押新罗渤海两蕃使”一事。实际上，李正已是高句丽人。总章元年（668）高句丽被唐灭掉，其中一些人被强制迁徙到营州一带居住，推测李正已很可能就是属于这部分高句丽遗民。李正已的头衔乃是负责渤海国和新罗国的外交以及贸易，从这一点来看，似乎可以给我们这样一个信息：即大概从这一时期开始，山东、朝鲜半岛、中国东北部之间已经被海路连接了起来，由此获得的利润对于强化权力起到了很大的作用。在后文中我们还要谈到，在山东半岛沿岸由于不少新罗人的入住而形成了新罗人的聚居地（参见本书第八章相关部分）。应该说，这一现象在李正已的时代就已经开始了吧。

藩镇体制的本质与历史性

安史之乱结束以后，在华北东部一带有河朔三镇，加上平卢节度使，襄阳（今属湖北省）的山南东道节度使梁崇义、汴宋（今属河南省）的淮西节度使李忠臣等也都与此相互影响，不服从唐朝中央的统治。不仅如此，以安史之乱为契机，唐朝还在全国各地设置了节度使或者观察使。节度使拥有辖区的军事全权，观察使则拥有大区的行政权。通常是由节度使兼任观察使，以观察使头衔出面时，则兼任与军事有关的经略使等头衔。一般把这些拥有军事和行政两种权力并且割据于地方的势力称作“藩镇”；将这种通过地方而制约影响中央的状况称之为“藩镇体制”。

从史籍来看，截至唐末为止，节度使、观察使已达四五十个之多，唐朝中央能直接统治的地方只限于都城等有限的区域。只是，即便是节度使和观察使的藩镇体制，并非所有的都是独立以及反对中央的，服从唐朝中央指挥的所谓的“顺地”的藩镇也很多。例如九世纪初期，作为精通财务的文官而闻名于世的杜佑、李吉甫等人，都是在担任过淮南节度使之后，又作为宰相而进入中央政界的。对于经济富裕的淮南地区和江南地区始终不放手，这正是唐朝能够继续存在一个半世纪的一个重要原因。

既然如此，那么为什么唐朝中央对于那些“顺地”不实行直接统治，而是要通过设置节度使和观察使来进行间接统治呢？

自不待言，其最主要原因首先是，随着中央权力的削弱，在地方的统治方面，有必要同时拥有民政和军事两种权力，以便随机应变处理各种政务及事务。此外，还有下面这一点也需要引起我们注意。即在之前的魏晋南北朝时代，地方的统治是由带有将军称号（军事权）的地方长官（刺史等）来执行的；同时在隋代以及唐代前半段，总管府、都督府都同时兼有广域的军事权和行政权，并且几乎一贯如此，是各个时代的一方代表。其实节度使（藩镇）也是同样，其与前述各个时期的情况具有共同的本质。因此，考虑节度使的出现这一问题时，在强调“使职”对于律令官制的突破这一新的方面的同时，应该将眼光放得更远一些，需要将其置于魏晋以来的长时段中来加以探讨。

在国家的统治还比较松弛，统治体制的一元化整备还很不够的魏晋隋唐时期，为了补充和完善统治体系，有必要经常而且持续地保持上述这样的存在（机构）。所谓节度使，就是在上述那样一个时代的最终阶段的一种姿态，其本来其实并不具备反中央权力的性质。关于安禄山为什么以身兼平卢、范阳、河东三个节度使的身份发动叛乱一事，可以解释为其正是为了打破节度使的局限。安史之乱以后，河朔三镇系列的节度使们尽管在一个时期之内曾表现出凌驾于唐朝中央之上之势，但结局却仍然是一直安居于唐朝体制的框架之内，并且一直持续至唐末。这一现象其实也正是源于节度使本来应有的状态，是基于节度使本质的一个必然性的展开。

如果考虑一下为何在“顺地”设置节度使的理由，我们也同样可以接近这样的本质问题：只要是采用了节度使（藩镇）这种形式，就不会出现要想取代唐王朝的想法及其逻辑。尽管如此，以河朔三镇为代表的节度使们还是积蓄了能够与唐朝对抗的实力，并留下了制约唐朝统治的一些事实。而之所以形成这种局面的直接原因，乃是在于他们借鉴安史之乱的教训，独占了所有的征税权的缘故。于是，唐王朝遂决定以新的对策加以反制，这就是“两税法”。

两税法的实施及其意义

前章已经提到，进入玄宗统治时代以后，民众中的逃户以及流动的倾向日益增强。宇文融通过“括户”企图改善这一状况，但最终并未获得成功。

面对不断增加的守卫边疆所需的军费和日益庞大的官僚机构，唐朝国家或是致力于确保征收现行的租庸调以及户税、地税，或是摸索扩大税收种类，然而都始终未能改变慢性的赤字状态。于是，根据裴耀卿的提案，唐朝开始整顿和改革运河漕运、仓储制度，全力以赴把滞留在江淮地区的租税运来京城。其结果，原来每年的漕运量不过二十万石左右，到开元二十二年（734）以后，每年的漕运数量增加到二百万石以上。一般将此称作“江淮上供米”，这种来自江淮的上供米乃是唐朝经济的重要支柱之一。

然而就在这时，安史之乱爆发了。好不容易才维持下来的唐朝课税体系被打得支离破碎，主税租庸调制早已不起作用。取而代之，乾元元年（758）根据盐铁使第五琦的建议，对盐开始实施专卖制度。其后，刘晏又对其进行了进一步扩充改善，使盐税成为占到国家税收近半的主要税种。通过来自江南的上供米及盐税，唐朝中央总算勉勉强强地应付住了安史之乱以后已经破产的财政压力。但是，为了筹措出庞大的军费，还需要出台能够取代租庸调制的土地税制。于是，在这种情况下“两税法”应运而生。

两税法的实施是中国税制史上一个划时代的转折点。自古以来，课税制度的出发点都是基于下述想法：即土地是公家的东西，作为土地的回报，土地的使用者将收获物（实物）的一部分和劳动交给公家（国家）。作为这种课税制度的最高体现，有均田制（土地制度）和租庸调制（税制），征税的对象是登录在户籍上的每个农民以及他们的家庭。

安史之乱以后，国家掌控的户口大幅度减少，沦为逃户的农民们作为“客户”被大土地所有者的庄园所吸收，而且显然很难再回到以前的状态。于是，承认这种现实的唐朝中央政府，遂决定按照现有土地面积的大小，实施每年夏秋两次课税，课税基准由人转变为土地（资产）。这就是根据杨炎的建议于建中元年（780）颁布的两税法。

两税法原则上规定必须纳钱即缴纳铜钱。较之历来以缴纳实物为基准的税制来说，这是一个很大的变化，当是对应唐代中期以来逐渐成熟的货币经济的结果。在此之前，盐的专卖税已经实行了纳钱，此与两税钱加在一起，极大地充实了国家的财政，国家又以这些金钱来负担士兵和官僚的开销。后来，江淮上供米减少，首都以及边防军所需要的粮食也采取了在当地购买的“和籴”（从民间购买粮食）的形式。我们将这种以金钱来运营整个国政的体制称作“财政国家”。“财政国家”最终形成于宋代，唐代两税法的实施则是迈向“财政国家”的第一步。

在改善中央财政的同时，两税法也有抑藩（抑制藩镇）的作用。两税法首先从唐王朝的直辖地开始实施，接下来是顺地的藩镇、进而向其周边推广。由于是按照事先定好的对象（税目）和税额来课税，因而藩镇方面就很难随意地扩大征税的范围。此外，藩镇停止了一次性缴纳辖区的上供（缴纳给中央的税钱）的做法，改为由属下的州县分别上供。这是因为藩镇要避免由一人承担上供之事，同时也是由于藩镇的影响力缩小至其直辖州（使府州）内的缘故。通过这个两税法而开始形成的中央占据优势地位的局面，在进入宪宗时代以后进一步固定了下来。

宪宗的中兴

德宗（779—805 年在位）在实施了两税法以后，想乘此势头着手解决长年以来困扰唐中央的藩镇问题，于是便开始了一系列行动。首先要求魏博节度使削减兵力，接着又拒绝了成德节度使希望世袭的要求。其结果导致这两股势力联络周围的卢龙、平卢、淮西节度使等起兵反唐。在这一期间，还发生了泾原节度使的士兵与朱泚联手占领长安，德宗无奈逃亡流浪的事件。最终德宗还是未能实现自己抑制藩镇的初衷。

另外，为了说服淮西节度使李希烈，以书法家而闻名于世的颜真卿毅然赴死之事也发生在这一时期。颜真卿不屈服于李希烈的威胁利诱，保全了作为一名唐朝臣子的气节，作为刚正不阿之士而名垂史册。

两税法的效果开始发挥作用，是到了德宗的孙子宪宗（805—820 年在位）统治时代的事情。当时，国家的财政得到了大幅度的改善。宪宗即位之初，宰相李吉甫总结当时的财务状况编写了《元和国计簿》。根据其统计，与唐代最盛期的天宝年间相比，在担税户减少一半的严峻条件之下，在国家收入方面确保 60% 至 70%，达到了德宗初期约 2.7 倍的规模。这主要是食盐专卖税和两税法收入带来的结果。宪宗把这些钱用于扩充禁军即神策军，建立了一支十五万人的禁军。以此为后盾，他开始着手完成祖父削藩的夙愿。

49 颜真卿（《新刻历代圣贤像赞》） 不仅是杰出的书法家，而且毅然面对叛乱分子李希烈的威胁，从容赴死。以刚正不阿之士而名垂史册

元和元年（806）宪宗首先从首都长安的西南和西北方向开刀，讨伐平定了不服从中央下达的换届命令的西川节度使（今天的四川省）刘闢、斩杀了夏绥银留后（今天的陕西省）杨惠琳。其后，继元和二年（807）打败浙西（镇海）、元和四年（809）制服昭义（泽潞）、元和五年（810）平定义武（易定）之后，元和十三年（818）又降伏了义武旁边的横海（沧景）。另一方面，元和十二年（817）宪宗成功地控制了在藩镇中经常闹事的淮西（蔡州）的抵抗，并乘势又于元和十四年（819）把与淮西有着密切来往的一丘之貉平卢（青州）分割为三份。在这一基础上，最后才正式把矛头指向了河朔三镇。同年（819）降伏宣武（汴宋），第二年结束了天雄（魏博）田氏的统治。其中天雄（魏博）乃是河朔三镇的中心，长期以来一直是最让唐朝中央感到头疼的藩镇。打败天雄以后宪宗就去世了，但后继的穆宗继续进行削藩，元和十五年（820）穆宗成功降伏了成德（恒冀）；继而长庆元年（821）又顺利地制服了卢龙（幽州）。

经过上述与藩镇的较量，长期以来悬而未决的一个悬案总算

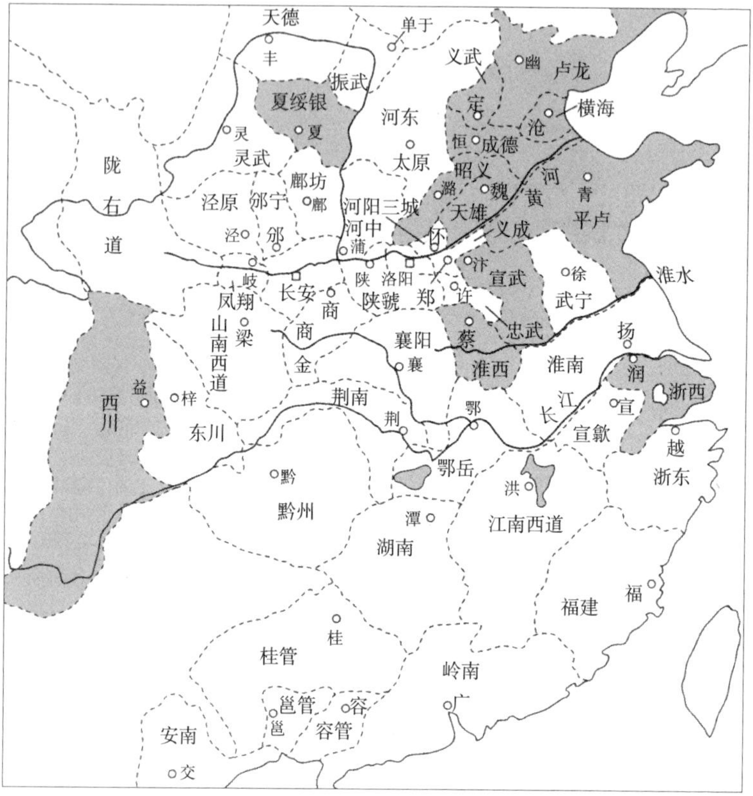

50 藩镇分布图

有了一个结果。唐王朝因此在人事和征税两个方面获得了相对的优势地位。但是，尽管如此，唐王朝却并没有进一步采取诸如撤销节度使，或者整编藩镇的军事力量等强硬行动。虽然有人批评说这是糊涂的姑息养奸政策，然而如果我们从现实中的唐朝政治力量来判断的话，就可以了解到，唐之所以采取这样的政策，乃是因为不得不这样做。尤其是关于藩镇的军事力量问题，倘若唐中央一旦介入这一方面，则要么由国家来承担其大部分费用，要么只有放任不管。只要是冷静地考虑一下财政上的负担或社会的安定问题的话，自然会对这一问题犹豫踌躇，不敢轻易出手。更何况唐王朝和节度使之间，本来就是一种相互补充完善的关系。

宪宗锐意革新，终其一代致力于打击抑制藩镇势力，从而带来了唐朝的中兴局面。然而这位中兴的英主却不知道从什么时候开始迷上了追求长生不老。长期服用使用水银制成被人称之为“金丹”的长生不老药的结果，导致他身体受到严重的损害，陷入狂暴不安的状态，最后被宦官所杀。宪宗死于宦官之手一事，充分预示着其后宦官专横时代的来临。

宦官专横与官僚的党争：门生天子的时代

唐朝的政治与宦官

所谓宦官是指去势即切掉生殖器的男性。在世界史上可以随处见到他们的事例。就其范围而言，西方从古代埃及、美索不达米亚、古代希腊、罗马帝国到伊斯兰诸国；南方有印度、越南；北方有俄罗斯；在东方，除了中国以外，还包括朝鲜半岛。近世欧洲也可以看到他们的影子。唯一没有接受过宦官洗礼的国家，可以说只有日本。我经常想，固然在需求宦官的背后，存在着诸如权力的构造以及性质等等各种各样的原因。然而不管怎么说，我们的祖先们却将宦官制度视为异质、不正常的东西而拒绝加以接受。先人们的这种姿态及其感性的确值得我们自豪。

在上述地域和国家之中，不用说宦官在中国扎根最深，影响最大。早在商代的甲骨文中就可以见到表示宦官的文字，其后一直到二十世纪初期清朝灭亡、帝政时代结束为止，其间宦官一直存在，一次也不曾消失踪影。在中国，宦官乃是自权力出现以来就必不可少的一种“必要恶”[25]。自古以来，中国就非常重视父母、儿、孙的这种子孙连绵不绝的血统关系。这种血统关系则通过“姓”的延续而反映出来。只有“姓”（血统）不间断地延续下去，才是子孙后代对于祖先的最重要的孝养，而这一责任只能由男子来承担，女子将出嫁他家，因而不属于本家的嫡系。

皇帝家庭就处在这种血统关系的顶点之上。为此皇家聚集了为数众多的女性于后宫之中。这些女性被隔离起来，除了皇帝本人之外，任何男人都不能接近她们。因此，之所以有必要在后宫安排一些是男人而又非真正男人的中性人，最大的原因其实正在于此。宦官作为日常生活于后宫中的皇帝以及后妃们的仆人，首先受到了皇帝个人的信任。他们在充当皇帝与外朝之间的中间传话人的过程中，进而发展到了置喙权力中枢的地步。

在中国宦官的历史上，宦官们完全把持朝政、最为专横跋扈的时期一共有过三次。分别是东汉、唐、明，而且都是该时代的后半期。而其中，宦官势力最大的时期乃是在唐代后半期。当时，宦官们掌握了皇帝的生杀予夺大权，随心所欲地操纵政治。他们炫耀自己的权势，自称为“定策国老（可废立天子的元老之意）”，而将皇帝蔑称为“门生天子”（门生的意思是学生。门生天子的意思就是作为学生的天子）。

51 宦官图（昭陵陵园段简璧墓第二天井壁画） 在中国，宦官曾经是自有史以来就从未间断，而出于社会的某种需要又不得不存在的恶习

虽然这样说，但实际上唐初的时候情况并非如此。唐代统辖宦官的部门叫内侍省，宦官也有品阶，然而从太宗时代以来有一条不成文的规定，即宦官的官品不能成为和宰相同样的三品官。这种情况到玄宗时代以后发生了变化，高力士等被任命为右监卫门将军（从三品），从而打破了这条不成文的规定。高力士以在玄宗夺权的政变中有功，并从那以后一直从背后支撑着玄宗的统治而知名。由高力士出任三品官一事开辟了宦官参与政治的道路，并且一直影响到唐代后半期。但是，关于容许宦官正式登上政治舞台的真正原因，应该说恐怕与前文提到的义父子、恩宠等私人关系所孕育出来的时代气氛也有关联。

鱼朝恩与神策军

宦官参政始于高力士，其后又经过了在安史之乱中把肃宗推上皇帝宝座的李辅国以及接下来的代宗时代的程元振的阶段，到了鱼朝恩率领神策军进入中央政界时，宦官参政已经成定局。

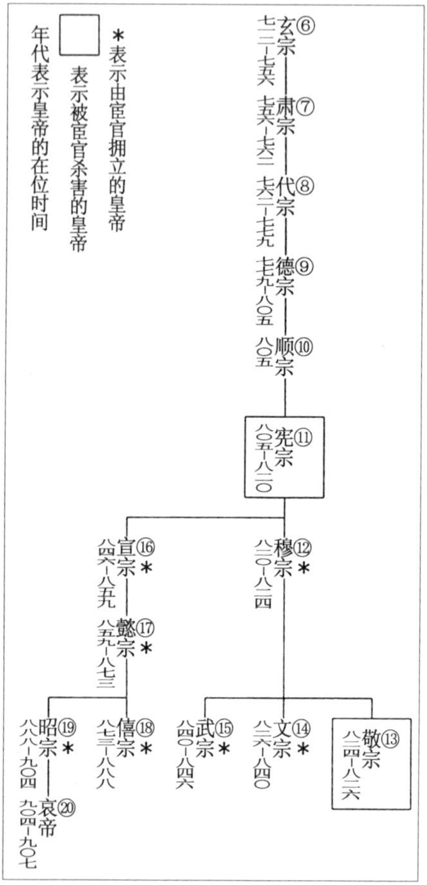

52 唐代后期皇帝系统图

所谓神策军，原来实际上和中央毫无关系，乃是驻扎于防御吐蕃的最前线的河源九曲（今天的甘肃省和青海省一带）的边防军。安史之乱爆发以后，唐王朝给这些边防军也下达了动员令。其结果，一部分神策军在卫伯玉的率领下，参与了或许是决定安史之乱方向的安阳（位于今天的河南省）之战。由于史思明率军由北方赶来增援，这场战役最终以唐军失败而告终。神策军在撤退到陕州（今天河南省境内）时，发现他们已经没有地方去了。因为神策军的根据地河源九曲一带已经被吐蕃占领。在这种情况下，神策军遇到了从安阳逃出来的鱼朝恩（参见本书第七章相关部分）。

当时鱼朝恩担任“观军容宣慰处置使”，负责监视军队，因而无法逃脱战败的责任。于是，鱼朝恩便在陕州自称神策军使、神策军节度使，把神策军变成了自己的工具，以此寻找出头的时机。广德元年（763）十月吐蕃攻陷长安时，鱼朝恩成功地把逃出长安避难的代宗接到了身边，并且终于因拥立代宗而重新回到了中央。其后不久，仆固怀恩叛乱（参见前文），都城一片恐慌，鱼朝恩又率领神策军保卫长安城，稳定了局面。于是，自从归鱼朝恩指挥以来，原来只不过是一支边防军的神策军一跃发展成为中央禁军的中心。

长期以来，基于府兵制建立起来的国家正规军叫做“南衙禁军”。相对于此，皇帝身边的亲军，也就是说皇帝个人的军事力量叫做“北衙禁军”（参见本书第七章相关部分）。两个系统的军事力量总的倾向呈现为：前者的不断衰退和后者的发展扩充。神策军当然也是其中一个组成部分。只是，与其他北衙系统不同之处在于，神策军可以称之为宦官鱼朝恩的私兵。这种性质又与鱼朝恩的政治野心结合在一起，因此神策军受到了格外的关照，享受着特殊的待遇。尤其是神策军在畿内各地还拥有自己的领地，因而又被称作“外镇神策军”。这些都是在其他北衙禁军身上见不到的现象。

大历五年（770）鱼朝恩因专横跋扈而被诛杀，神策军的兵权一度脱离宦官之手。其后，唐王朝和藩镇的作战中经常动用神策军。其中，建中三年（783）爆发了以朱泚为首的泾原兵变，德宗被迫流亡。当时赶来救驾的就是神策军。于是德宗重新重视起神策军来，将其扩充为左右神策军，并将实权交给自己信任的两位宦官窦文场和王希迁。在此基础上，贞元十二年（796）又新设“护军中尉”一职，掌管神策军各部的全权，并委任宦官来担任这一职务，从而在制度上确立了宦官的地位。在此前后，其他系统的北衙禁军弱化，因此只要提起禁军主要指神策军，而神策军又是由宦官来掌控指挥的。

对宦官政治的抵抗：永贞革新与甘露之变

如上所述，截至德宗朝结束的九世纪初，宦官专权的体制业已形成，这可谓是唐代后半期的一个最大特色。可是，到宦官专权确立为止，其间其实还是出现了若干曲折反复。

德宗于贞元二十一年病死，皇太子李诵继承皇位，这就是顺宗。顺宗从年轻时期起就锐意改革，周围的人也都对他充满了期待，但后来顺宗却不幸中风，不仅身体动不了，而且也说不了话，完全丧失了执政能力。取代顺宗执政的人乃是顺宗最信任的翰林学士王叔文。虽说翰林学士是皇帝的智囊，但政治根基很弱。于是王叔文遂提拔了柳宗元、刘禹锡等有代表性的文人来帮助自己，决心一扫在漫长的德宗时代蓄积起来的污泥浊水。

当时，地方官和节度使在两税法之上又增设各种税目进行盘剥，他们把地方财源的多余部分叫做“羡余”，并且盛行将“羡余”向中央“进奉”。王叔文等人首先批评了这一做法，命令必须按照两税法的规定征税，停止了各地的“进奉”。此外，王叔文还大力强化了在纲纪等方面的管理。在他们的设想中，最终目的是要打破宦官政治，为此首先必须把宦官和神策军分开。于是，王叔文派遣属于自己这一派的军人去担任神策军的要职，企图夺回神策军的大权。但是，在宦官以及与宦官勾结的节度使们内外两方面的反对下，加之王叔文的后台顺宗于同年八月不得已让出了皇位，所以这场新政以失败告终。按照当时的年号，这场新政被称为“永贞革新”。假如顺宗身体健康的话，事态会怎样发展呢？宦官的地位绝非磐石一块，形势或许就是另外一种状况。

接下来，公开向宦官夺权的行动发生在三十年以后的文宗大和九年（835）。文宗原来就一直很讨厌宦官。宰相李训察觉到了这一点，遂与凤翔节度使郑注等人商议，秘密调动节度使的军队进入都城长安，计划将宦官从宫内引诱出来一网打尽。当时，长安城东北角的大明宫是皇帝执政的地方。大明宫以含元殿和宣政殿为中心，四周被高大的城墙围起来，皇帝与宦官们在其中生活。在城墙的外边有叫做“金吾左仗”的兵营。

十一月二十一日，一个消息传入了正在宣政殿办公的文宗耳中，说是在“金吾左仗”的庭院的石榴树上发现了天降甘露。甘露乃是吉祥之兆，文宗决定亲自去看看，为此先派遣宦官仇士良前去探路。结果仇士良到后便觉察到了有阴谋，发现帷帐之后潜伏着武装士兵，于是马上匆忙逃回，与其他宦官一起架着皇帝

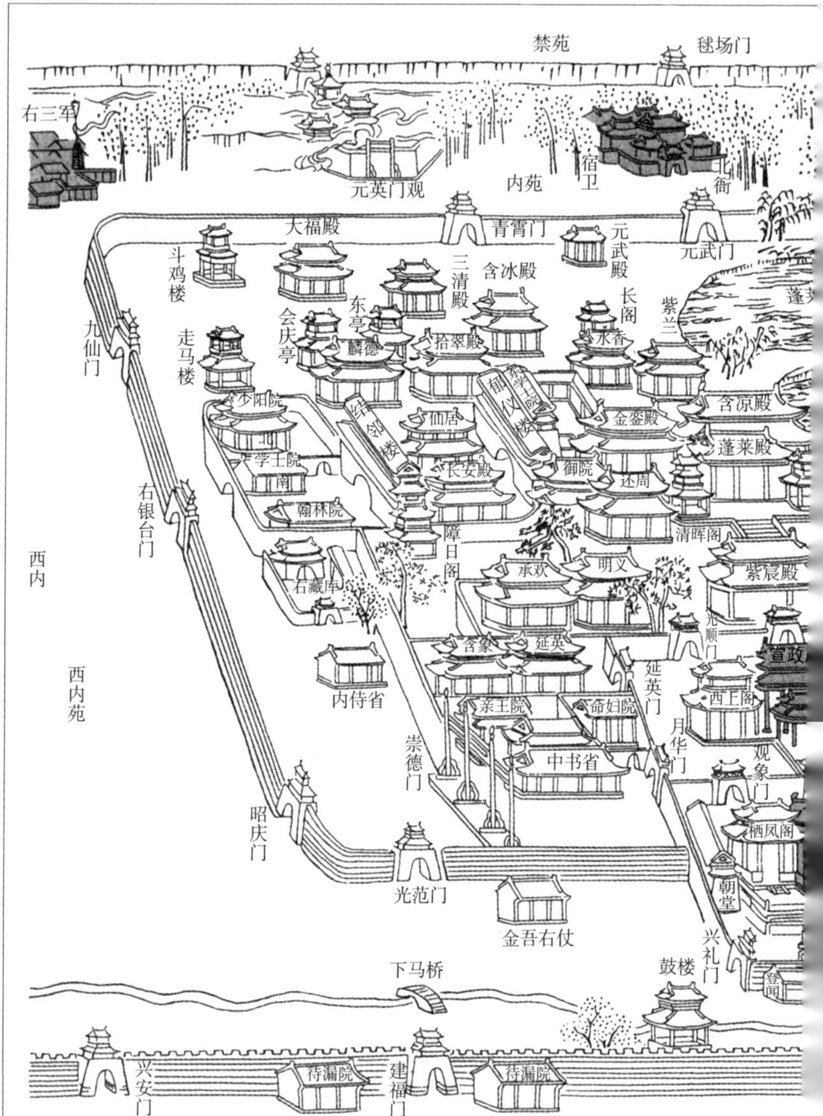
禁苑
毬场门
右三军
元英门观
内苑
宿卫
北衙
大福殿
青霄门
元武殿
元武门
斗鸡楼
三清殿
含冰殿
长阁
紫兰
九仙门
走马楼
会庆亭
东亭
麟德
拾翠殿
水香
含凉殿
少阳院
仙居
金銮殿
蓬莱殿
北学士院南
长安殿
御院
还周
翰林院
障日阁
清晖阁
右银台门
西内
右藏库
承欢
明义
紫宸殿
光顺门
含象
延英
西内苑
内侍省
亲王院
命妇院
延英门
西上阁
月华门
崇德门
中书省
观象门
昭庆门
栖凤阁
光范门
朝堂
金吾右仗
兴礼门
下马桥
鼓楼
兴安门
待漏院
建福门
待漏院

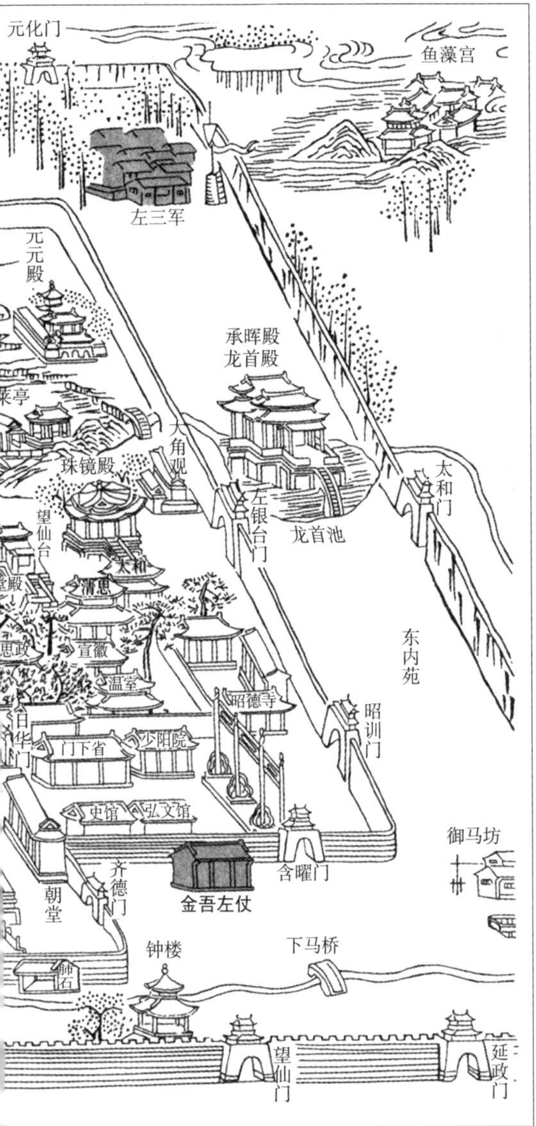

53 大明宫图（《陕西通志》，采自平冈武夫编《唐代研究指南第七　唐代的长安与洛阳》地图篇）　大和九年（835）十一月二十一日，以在大明宫城墙外的“金吾左仗”（图的右下方）院子的石榴树上发现了天降甘露为由引诱宦官出城，以便一网打尽的计划事前暴露，从而导致相关人员被宦官指挥的神策军镇压。北门＝元（玄）武门之外侧的北门宿卫，其两端有“左三军”、“右三军”，都是神策军的兵营

逃入了城墙以内。因皇帝在其中，李训等人毫无办法。其后，宦官指挥神策军在很短的时间之内就镇压了李训等参与谋反的一干人马。这一事件就被称作“甘露之变”。

唐代反宦官的行动因甘露之变而画上了句号。最终解决宦官政治只有等到唐末，唐末朱全忠进入长安以后杀死了所有的宦官。宦官问题是如此深深地渗透和嵌入了唐朝的体制之中，因而宦官的消灭实际也意味着唐王朝的寿终正寝。

牛李党争

在中国历史上，一般把官员同事们为了某种目的而组成的集团称之为“党”或“朋党”，通常被视为不好的东西。其主要原因是基于下述想法：君子群而不党，即作为君子的官员不能和同事伙伴组成集团，为了自身的利害而组党乃是小人的行为，其背离了政治的正道。可是当然在实际上并非如此，朋党屡屡出现，或者是以此为口实弹压政敌。作为大家都很熟知的事例来说，早在东汉末年，在宦官把持朝政的情况下，有正义感的官僚以及知识阶层因为反对宦官而结成同盟，叫做“党人”，而打压党人则被称为“党锢”。

到了唐代也是如此，官僚们联合起来争夺主导权之事经常可见。在进入宦官专横跋扈的唐代后半期以后，其动静更是越来越大。前文提到的与永贞革新相关的王叔文等人组成的集团就是其先声，其后不久就迎来了真正的朋党时代。在宪宗元和三年（808）四月举行的制举（即科举中的特别考试）中，牛僧孺和李宗闵等人对于时政进行了激烈的批判。以这一事件为发端，其后长达四十年的两大派阀之争，即“牛李党争”就是朋党的显例。

针对当时正在推行的削藩，牛僧孺等人尖锐地指出削藩政策的弊端，批判了时任宰相李吉甫的路线政策。对此，李吉甫则诉诸宪宗斥退了牛僧孺等人，并长期冷遇不予叙用。李吉甫死后，其子李德裕决心继承父亲的政治路线，但不料随着宪宗时代的结束，牛僧孺反而成为宰相，牛僧孺遂转而开始排挤李德裕。在这一过程之中，形成了以牛僧孺、李宗闵为首的牛派（牛党），以及以李德裕为首的李派（李党）两个政治集团。

两派对立的出发点主要是：对于藩镇究竟应该打压（主战）还是妥协（和平）？然而其实在对立的后面还有各自出身不同的因素，即牛党是科举系统出身的官僚，而李党则属于恩荫系统即世家出身的官僚。或者说，李党属于当权派，以李吉甫为首的李党很熟悉财务，主张下力气重建唐朝的体制；而牛党则是被当权派所排挤的一派，属于不满和批判现行体制派。只是，作为批判派的牛党也拿不出可以取代现行政策的新方案来，其结果牛党只能采取对藩镇妥协的路线。

此外，科举出身的官僚还未必熟悉实际的事务。关于牛僧孺有这样一件事。牛僧孺担任宰相期间的文宗大和五年（831），吐蕃的一位将军带着唐蕃边境处的一个要冲维州（位于今天的四川省）前来投降唐朝。牛僧孺以搞不清具体情况，不能惹恼吐蕃为由，把维州城和那位吐蕃将军送还给了吐蕃。而实际的原因则是因为负责在当地交涉的人是自己的政敌西川节度使李德裕的缘故。由于气量狭窄，牛僧孺眼睁睁地放跑了一次对吐蕃建立优势地位的好机会。

上述恩荫即世家出身官僚和科举出身官僚的对立状况，令人想起了玄宗时代的宇文融等恩荫出身者与张说等科举出身者的对立关系（参见本书第二章相关部分）。当时，张说一派失败，科举出身的官僚退出了政治的主要舞台。然而现在，科举出身的牛党与恩荫即世家出身的李党争斗的结果，牛党又凌驾于李党之上。这一现象足以说明，科举系统出身的官僚在这一个世纪之间，其势力获得了长足的发展。

进入九世纪四十年代以后，随着两派的领袖相继去世，牛李党争终于偃旗息鼓。那么，为什么在此之前会发生那么激烈的党争呢？究其原因，我想指出的是，其重要原因之一当是闭塞的政治环境，即宦官掌管政治造成的闭塞的环境所致。官僚们长期被压制的巨大能量毫无用武之地，只能通过官僚之间结帮组派才得以发散。而对于宦官方面来说，这样的党争当然多多益善。然而，持续长达四十年之久、使政界一分为二的对立局面，既扼杀了有能力的人才，又消耗了国力。当这种对立终于结束时，能够改变国家的力量在王朝内部已经荡然无存，从而只有等待外部势力来拉上这个舞台的大幕了。

流寇黄巢之乱[26]

九世纪后半期的社会状况

在安史之乱爆发后的一百年，唐朝终于临近了最后的阶段。在这一期间，地方上有藩镇割据，在中央则有宦官的跋扈和牛李党争等，唐帝国开始处在剧烈地晃动之中。其中，除了河朔三镇之外，藩镇势力的大半已经归顺唐朝中央；然而另一方面，如果观察一下中央政界的状况则会发现，地方上这种有利的形势并未被利用起来，在毫不掩饰的野心之下，冲突等正在加剧，而且愈演愈烈。

显然，无论是藩镇还是唐王朝都已经不能成为驱动时代前进的主角。那么，取而代之的主角将会是谁呢？面对这种停滞不前的时代，能够打破僵局的主体力量又在哪儿呢？恐怕这只能是对现状极度不满的人——即被唐王朝以及藩镇所排斥、忍受着苛捐杂税的盘剥、受各种社会矛盾冲击影响最大的人群吧。换句话也就是说，未来的主角应该主要是生活在藩镇体制之下的士兵以及深受两税法和专卖制度两个层面盘剥的农民们。

对于已经“顺地”化的藩镇来说，节度使就任中央任命的文武高官已经成为定例。他们在藩镇干一段时间以后，就会荣升中央或者其他要职。这样做主要是基于两方面的理由：其一可以提高节度使在辖区内的威慑力；其二可以阻止节度使在辖区扎根或培植自己的势力。可是这样一来，又带来了新的问题。关于这一方面，当时有一个叫做张潜的官员曾有一段分析说：

每次节度使换代之际，都会向朝廷报告自己仓库的积蓄，剩下的钱物即“羡余”越多的人政绩就越好，朝廷因此给予嘉奖。但是我以为，藩镇的财政支出是一个定数，如果不横征暴敛、辞退将士或削减克扣给将士的军饷，“羡余”从何而来？最近一个时期，南方的藩镇经常出现叛乱，原因都在于此。一旦发生叛乱，积蓄起来的财物都被掠夺一空，而朝廷如果出兵征讨，所花费的费用更多。所以“羡余”对朝廷没有一点好处！因此，请朝廷今后应该奖励不增加赋税，不削减部下军饷，而依靠自己节约而获得“羡余”的节度使。[27]

当时，朝廷对于节度使的要求中，除了每年要将正规的税钱缴纳给国库以外，还需要尽可能地积累其他钱物即“羡余”定期上交国家。这些“羡余”缴纳后便纳入可称之为皇帝个人仓库的内藏库，成为维持神策军的财源。由于缴纳的“羡余”多就可以升官，所以这样做实际是鼓励节度使们通过恣意搜刮部下来积累“羡余”。其结果，遂导致了直接受此影响的士兵们的叛乱（兵乱），并连锁引起其后的民众暴动。这些武装暴动先是发生在距离中央比较远的“南方”，然后再慢慢地向北方发展过来。

黄巢之乱前史：从“南方”的兵乱到裘甫、庞勋之乱

上面张潜提到的“南方”的兵乱开始于九世纪五十年代的中叶。首先，宣宗的大中九年（855）七月，浙东藩镇（治所越州，位于今天的浙江省）的士兵们不满观察使（与节度使同级的藩镇长官）李讷的所作所为，起来将李讷赶走。以此为起点兵乱陆续爆发，大中十二年（858）五月湖南藩镇（治所潭州，位于今天的湖南省）的都将石载顺等人驱逐观察使韩悰；次月江西藩镇（治所洪州，位于今天的江西省）的都将毛鹤放逐观察使郑宪。同年七月，宣州（宣歙。治所宣州，位于今天的安徽省）藩镇的都将康全泰赶走了观察使郑薰，并率领手下的四百人坚持了三个月，最后被唐朝镇压。

这一连串的兵乱都发生在长江以南的藩镇，兵乱从康全泰叛乱时开始具有更强烈的反唐色彩。其中"都将"是兵乱的中心人物，也是藩镇里的军事方面的负责人。大多数的士兵都与各地兴起的土豪阶层有关联，因此可以说，都将正是代表了这一新兴阶层的意向。兵乱与民众的武装暴动——以土豪阶层为中心联合起来的民众的暴动——交相呼应。这里所说的民众暴动即裘甫之乱。

裘甫（也作"仇甫"）被称作浙东的贼帅或草贼。其很可能是象山一带有势力和影响的一个人物。大中十三年（859）十二月，裘甫率领百人在象山发动暴动，次年正月旋即攻克剡县（今属浙江省），势力一举增加到数千人，此举震撼了整个浙东藩镇。到当年六月裘甫被捕为止，叛乱以浙东藩镇的东部为中心轰轰烈烈地展开，一个时期之内人数曾达到数万人之多。其中心成员乃是深受苛捐杂税盘剥的农民，以及失去土地的亡命之徒、流民们。

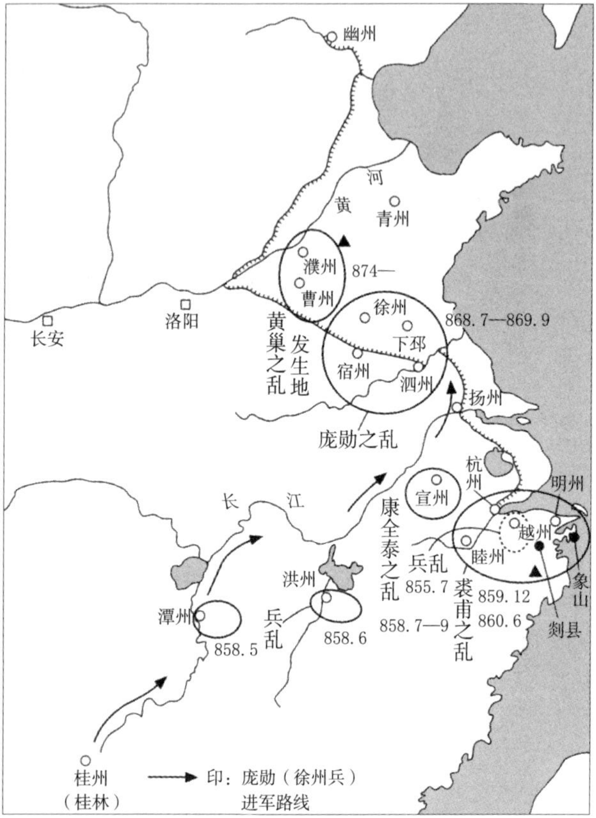

54 兵乱以及裘甫、庞勋、黄巢之乱示意图

惊慌失措的朝廷派遣声名显赫的安南都护（今天的越南一带的地方长官）王式，好容易才镇压了这次叛乱。

浙东拥有江南半壁江山，乃是唐朝财赋的主要来源。而在这样一个重要的地区却爆发了如此长时间的、前所未有的大规模叛乱。而且，叛乱超出了迄今为止的兵乱范围，农民成为叛乱的主力。这一现象在进一步暴露唐王朝统治的脆弱及其弱点的同时，也反映出了弥漫于下层民众中的反唐气氛。为了对唐形成更大的压力，在进入下一个阶段以后，一个必然的方向就是反唐行动表现为兵乱和民众暴动的结合。庞勋之乱就是其代表，其从江南北上，并在徐州一带发展壮大起来。

庞勋之乱的起因可以追溯到距离徐州很远的南方的桂州（位于今天的广西壮族自治区），也就是今天以著名的旅游胜地而知名于世风光明媚的桂林。在这个地方驻防的是八百名徐州出身的士兵。最早官方和他们的约定是在桂州驻防三年，然而后来三年变成了六年，期满后还是不准他们回乡，下令让他们再延长一年。于是，怒火中烧的士兵们便于咸通九年（868）七月共推庞勋为首领，拿起武器向故乡挺进。徐州籍的士兵们性格本来就比较暴躁，加之遇到了不公平的待遇，一点就着。他们一路上几乎没有遇到像样的抵抗，九月逼近徐州，十月便攻陷了徐泗观察使的治所彭城。

以此为转机，庞勋的力量迅速壮大起来。除了附近的农民们以外，从遥远的他乡以及已成为盗贼的人都络绎不绝地前来投奔。据说下邳有一个名叫郑镒的土豪准备好了粮食和武器，带着手下的三千人马加入了庞勋阵营。于是，最初起于兵乱的庞勋之乱至此转变成了一场集结各个阶层民众的大暴动，而且直接威胁唐王朝的生命线大运河。尽管如此，庞勋叛乱想得到的只是节度使这样唐朝的官职，对于其他诸如改朝换代等问题则没有任何想法及展望。唐朝中央看到了这一点，遂从南北两方夹攻，最后在勇猛的沙陀族部队的打击下，庞勋于咸通十年（869）九月战死，叛乱失败。

黄巢之乱

康全泰兵乱前后三个月；接下来的裘甫之乱持续了六七个月；而庞勋之乱若从868年七月开始算起，一共十五个月（其中包括闰月），仅仅在徐州的活动就长达十三个月之久。叛乱持续的时间越来越长，规模以及涉及的范围也越来越大。而且，叛乱的根据地逐渐北上，逼近唐王朝的根基之地。这些高涨的反唐趋势充分预示着民众与唐王朝的较量已经进入了最终阶段，关键时刻即将来临。在这种情况下，黄巢之乱爆发了。

乾符元年（874），濮州（位于今天的山东省）人王仙芝率领部下数千人首先点燃了暴动的第一把火。次年（875）二月，已经发展到数万人的叛乱者开始在山东濮州、曹州一带活动，六月与曹州冤句人黄巢率领的数千人汇合。黄巢出现以后，叛乱部队的实力更加壮大起来。王仙芝与黄巢的合作关系持续到乾符三年（876）为止，这一年在蕲州（位于今天的湖北省），因王仙芝想接受唐朝的招安，黄王二人失和。分道扬镳以后的黄巢遂渡过长江，南下江南、福建一带，最后于乾符六年（879）秋天攻克广州。其后，黄巢转而北上，第二年即广明元年（880）十一月攻陷洛阳，十二月突破潼关，长驱直入攻入长安。当时的皇帝僖宗在宦

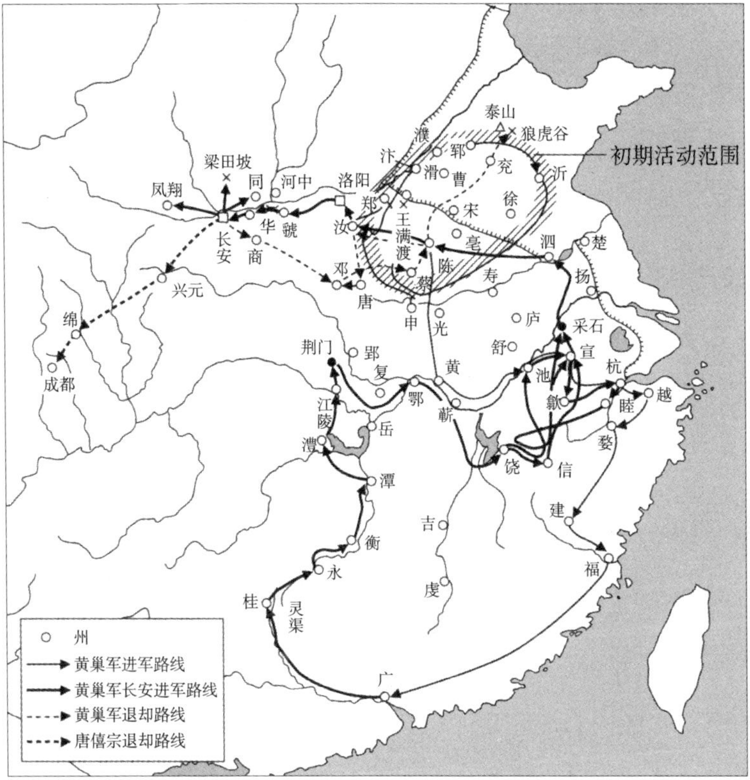

55 黄巢之乱示意图

官田令孜和神策军的护卫下，悄悄地离开长安逃往四川。

王仙芝和黄巢原来都是贩卖私盐的同伙，即所谓盐贼出身。当时，盐实行专卖制度，其税收在国家财政中占有重要的地位。可是，由于官盐的价格高而质量差，于是私下贩卖价廉物美的私盐便有了市场，并形成了一整套地下组织及其贩卖流通渠道。国家对此进行了严厉的打击和管制，而私盐贩卖集团则采取了直接对抗的措施，强化了自己的组织。王仙芝和黄巢在起事时，已经拥有了数千名部下。其背景乃是庞大的私盐贩卖地下网络的存在。同时，深受苛捐杂税和饥荒之害的山东民众，以及庞勋之乱的残余势力等也都加入了叛乱部队之中。中国传统的黑社会，其起点应该追溯到唐末的这些盐贼。

与此相关，在黄巢等的行动中还有一个值得注目的特点，即流寇主义。始于山东西部的这场叛乱，其涉及的范围从大陆最南端的广州到北方的黄河沿线，一直发展到内陆的长安。黄巢的部队一直不停地移动，就连曾经打算安身的广州也不过仅仅占领了不到两个月。而且他们在运动中不断地补给粮食和人员，避开了唐军的集中攻势。中国现代史上的红军长征的移动距离为一万二千五百公里，而黄巢的行程则远远超过了红军的长征。经过黄巢的这场大移动的洗礼，支撑唐王朝的最后的社会基础以及统治体系彻底趋于瓦解。

黄巢进入长安城以后，定国号为“大齐”，年号为“金统”，并任命了文武百官。看起来，一个出自于民众的新王朝似乎就要诞生了。可是，在民众的欢呼声中被迎接进入长安城的黄巢部队，进城后没过几天就暴露了盗贼的匪气，开始烧杀抢掠，从而失去了人心和民众的支持。在这一期间，黄巢的部将朱温投降了唐朝，接着唐朝又借来了李克用为首的沙陀军与黄巢作战，黄巢被沙陀军打败后，于中和三年（883）四月撤出了长安。黄巢对长安的占领仅仅两年零四个月。

56 凤凰寺（杭州市） 唐代创建的伊斯兰教寺院。在唐代已有很多伊斯兰教徒居住在各地

其后，黄巢的部队从蓝田关出发经过商州（位于今天的陕西省），到达了河南的平原，重新回到了以前的流寇生活之中。可是，由于黄巢的二十万主力部队在与沙陀军作战时被歼灭，因而以往的势头已不复存在。到了中和四年五月，在中牟（位于今天的河南省）黄巢再次被李克用打败以后，仓皇逃亡的黄巢于同年六月在泰山（山东省境内）东南的狼虎谷自杀，黄巢之乱宣告结束。

据说黄巢曾经数次参加科举的进士考试，均以失败告终。所以黄巢应该属于识文断字之人。可是，仅以这一点就把他看作知识分子似乎有欠妥当。从他一贯的所作所为来看，他奉行的是一种彻底的暴力以及破坏主义，与知性和教养完全无缘。黄巢在进入广州城以后，出于掠夺目的而杀害蕃坊（伊斯兰教徒的居住区）的十几万居民，摧毁了繁荣的源泉一事就是一个显例。此外，在黄巢的身边几乎没有一个堪称是建国或治国的人才。尽管如此，我们不能忘记成千上万的下层民众却死心塌地地跟随着这位黄巢。黄巢属于反知识或曰非知识分子的人，也是一位行侠仗义之士。正是这样一位人物，持续十年之久东征西战，终于完成了推翻行将就木的唐王朝这样一个历史性的使命。

唐朝的灭亡

在黄巢之乱震撼全国，唐朝的统治摇摇欲坠之际，当时的皇帝是僖宗。僖宗是一个十足的昏君，不知他自己是否知道唐朝大厦正在崩溃之中，总之他整天只热衷于斗鸡和打毬等游戏，将宦官田令孜称作父亲，委以国政的全权。而且当时整个朝廷里也没有一个可以出来应对危机的人才，唐朝实际上早早地从内部已经开始瓦解。

平定黄巢之乱的功臣有两个人，一个是曾经是黄巢部将的朱全忠（原名朱温），另一个人是与西突厥有关的沙陀族的族长李克用。朱全忠任宣武节度使，他以汴州（今河南省）为据点，在河南中部扩充势力；李克用则率领被称作“鸦军（又称鵶军。即乌鸦军团之意）”的黑衣骑兵追赶黄巢，并以河东节度使的身份在太原（今山西省）建立起了根据地。仔细考虑一下，正是因为有黄巢之乱，他们两个人才得以登上真正的政治舞台。

就在这一时期，在南方也有几位唐朝灭亡以后的舞台主角崭露头角。例如：在杭州（今浙江省）有吴越的创立者钱镠；扬州（今江苏省）有吴国的杨行密；此外在四川有建立前蜀的王建等人。他们的出现也是直接与黄巢之乱有关联，所以也可以说是黄巢之乱的产物。朱全忠其后成为后梁的创建者；至于李克用的情况，其子李存勖承袭其遗志而创建了后唐。也就是说，黄巢之乱为下一个时代即五代十国的大方向奠定了基础。

僖宗之后继承帝位的是弟弟昭宗。昭宗与兄长不一样，是一个有血性的人，他决心力挽狂澜。于是，他和宰相崔胤经过协商以后，于天复三年（903）正月从河南把朱全忠招入长安，一举将数百名宦官全部铲除。由此给左右唐后期政治的宦官专权画上了句号。然而，当宦官全部清除了以后，皇帝就成了光杆司令。于是，朱全忠遂宣布放弃唐成立以来的首都长安，将光杆皇帝昭宗迁到了洛阳。

其后，朱全忠把独孤损、裴枢、崔远等三十余名朝臣带到了黄河岸边的白马驿。朱全忠的心腹李振说："他们这些人都自誉为清流，可将他们投入黄河使其变为浊流。"朱全忠笑着接受了这个建议。裴枢等人都是来自于世家大族的科举出身的官僚，他们的被杀乃是象征着唐代贵族制社会终结的大事件。天祐四年（907）四月，朱全忠在新都汴州即位，成为后梁的太祖。至此，维系了近三百年命脉的唐王朝静悄悄地退出了历史舞台。

第四章

律令制之下人们的生活

律令体制的构造与贵族制

律令制与贵族制 [28]

人们经常使用“律令体制”或“律令国家”这样的用语来表现隋唐王朝及其时代的特点。通行的理解是，这种情况严格地说应该只是指包括安史之乱在内的前半段。在进入后半段以后，律令体制瓦解，已经变质成为藩镇体制的时代。正如本书第一章中已谈到的那样，所谓律令就是构成体制根基的法体系。简单地说“律”是刑罚法，而“令”则是非刑罚法。以律、令作为两个基轴来宣示权力的普遍性及统治的正统性，这样的时代就被称为律令制时代。

然而容易引起误解处是认为律令这样一个法体系的功能随着安史之乱爆发已经终止。实际上并非如此，在唐代后半期推

律 名（主要内容）	条数
1 名例律（刑法总则）	57
2 卫禁律（警备、保安）	33
3 职制律（官吏职责规定）	59
4 户婚律（户籍婚姻）	46
5 厩库律（畜牧业、仓库管理）	28
6 擅兴律（私藏兵器、专兴赋役）	24
7 贼盗律（惩治盗贼）	54
8 斗讼律（斗殴告讼）	60
9 诈伪律（欺瞒伪造）	27
10 杂律（拾遗补缺）	62
11 捕亡律（逮捕罪人逃犯）	18
12 断狱律（审判及监狱管理）	34
计	502

57 唐律一览

动国家运作的基本轴心仍然是律令，无论是刑罚，还是官场的秩序及其他方面，都是基于律令的规定，并没有发生变化。当然进入后半期以后，前半期的律令制的支柱均田制（土地制度）和租庸调制（税制）解体，变成了两税法；前半期军事上的支柱府兵制也无可挽回地发生了质变。在官僚制方面，也出现了作为“令外之官”的“使职”被重用的现象，看上去律令官制似乎已经不再起作用。可是，在现实中发生大变动的同时，国家和社会仍然处处求助于律令制，回归律令制的倾向依然十分强烈。

与如何认识并把握当时的时代这一问题相关联，迄今为止，学术界常常从贵族制和律令制两个方面，对隋唐国家的本质问题加以讨论。而贵族制和律令制这两者往往被看作对立的概念，站在重视贵族制的立场上，所强调的是贵族超越官僚制的自立性，以及被贵族所制约的皇权的现状；另一方面，若从官僚制的角度出发，所关注的则是强大的律令官制带来的整然有序的体系构架，以及建立在这一体系构架上的优势皇权，而贵族制则被视为寄生官僚制。然而，上述这种对立的图式果真存在吗？

只要思考一下这个问题我们就可以发现，即便是贵族这样的名门望族，他们也很难断绝和官场的关系而独立存在。即便由于婚姻关系、文化性、抑或财政基础等方面的因素，他们得以保持自己作为贵族的体面，然而他们也看到，倘若自己一旦失去与政界的联系，就会立刻被时代所淘汰。

实际上，以前的六朝贵族就是基于九品官人法而确保自己与官场联系的贵族。此外，唐初围绕《贞观氏族志》而起的山东贵族博陵崔氏的待遇问题（参阅本书第二章），实际上就是一个反映了贵族立场的象征性事件。即一方面山东贵族具有潜在的巨大影响，但另一方面他们又不得不屈从于现实的政治。唐代的贵族们在经历了上述事件之后，加强了与官场的联系，其后也积极地参与了科举。

可是，如果仅此就强调说唐代的官僚制居于优势地位，那也未免有些性急。实际上就像唐室自己就十分在意《氏族志》一样，整个有唐一代，重视家世出身以及贵族教养的空气始终没有大的变化。

即使从律令官制里被称之为三省六部的中枢官制的构造中，也可以看出其中残留着南北朝以来的贵族制的巨大影响，三省六部并非是一个在皇帝的绝对权威之下实施统治的体系。也就是说，在我看来，贵族制和官僚制乃是一种相互补充完善的关系，唐代的律令制就是这种关系的集约表现，这也可以说是唐朝的特质。

唐律的构造与特色

根据流传至今日的《故唐律疏议》等法律书籍，我们大体可以了解作为刑罚法典的唐律的全貌。唐朝在高祖武德七年（624）制定了最初的《律》，其后至玄宗开元二十五年（737）为止的一个多世纪之中，律文前后一共修订过七次。其中第二次修订是在贞观十一年，在太宗的过问之下，对于律和令进行了大幅度的改订。尔后的数次修订则一直是小修小改，到了开元二十五年，唐律作为法令完成，并为唐代后半期所沿袭。

唐律的构成以及条文一共十二篇502条，其基本沿袭了隋朝开皇三年（583）颁布的《开皇律》。唐律的开篇首先是相当于总则的“名例律”，其解释了“五刑（笞、杖、徒、流、死）”、“十恶（谋反为首的十种重罪）”、“八议（对于皇族高官等的减刑规定）”等内容以及整个刑罚的原理。此外是与国家统治相关的“卫禁律”和“职制律”；关系到民众生活的“户婚律”、“贼盗律”、“斗讼律”等具体的刑罚规定。

关于以唐律为代表的中国法的特色问题，桑原骘藏[29]氏曾经指出了下述三点：其一，家族主义（为了维持家族制度）；其二，道德主义（道德维持社会秩序，而法律只是其辅助手段）；其三，差别主义（根据地位及身份的高下划分等级）。如果我们进一步追根究底，上述三点则又都可以归结为家族主义。因为谈到道德，其出发点乃是孝悌这一家族伦理，而刑罚中的差别则是始自于父子关系。下述这样一种思想根深蒂固地渗透于唐律之中：即认为构成社会的根基是家族，只有家族关系搞好了国家才会稳定。譬如关于斗殴的处理，如果是一般人之间打架，对打人一方处于“笞四十”的惩罚。可是当斗殴发生在家族内部时情况就不一样了，如果是长辈打了晚辈则“不论罪”即不作任何处罚，而反之则予以严惩。假如是殴打了父母或祖父母则会被处以死刑，而且是死刑中最重的斩刑。

在人们一般的印象中，相对于欧洲的近代法来说，长期支持皇帝统治体系的中国法是一个落后的法体系。然而，在这个中国法律完成的七至八世纪时，欧洲又是怎样的情况呢？当时的欧洲，只有领主制裁领地百姓的习惯法，根本不可能想象其会拥有同一部成文法来治理其整个领地。而在唐朝，面对唐律的条文，即使是皇帝也不能随心所欲。皇帝超法规的行为，或者是无视法律的独断专行必定会遭到臣下们的反对。此外，官僚们对于法律条文的扩大解释以及基于扩大解释的处置都是不会被允许的，关于死刑等重罪需要经过好几道关口的审核。总之，唐朝十分看重法律规制，唐朝之所以能维系长达三百年之久的统治，唐律的存在应该是其中一个重要的原因。

唐令中所反映出的统治体制

相对于几乎完璧保存下来的唐律而言，唐令的情况则不容乐观，大部分令文都散佚了。由于“令”是与现实中的政治及社会对应的东西，因而随着该时代的结束，“令”也就被抛弃了，这也是

唐令（33篇）		日本令（30篇）	
1	官品令	1	官位令
2	三师三公台省职员令	2	职员令
3	寺监职员令	2	职员令
4	卫府职员令	2	职员令
5	东宫王府职员令	4	东宫职员令
		5	家令职员令
6	州县镇戍岳渎关津职员令	2	职员令
7	内外命妇职员令	3	后宫职员令
8	祠令	6	神祇令
	道僧格	7	僧尼令
9	户令	8	户令
10	学令	11	学令
11	选举令	12	选叙令
12	封爵令	13	继嗣令
13	禄令	15	禄令
14	考课令	14	考课令
15	宫卫令	16	宫卫令
16	军防令	17	军防令
17	衣服令	19	衣服令
18	仪制令	18	仪制令
19	卤簿令	——	
20	乐令	——	
21	公式令	21	公式令
22	田令	9	田令
23	赋役令	10	赋役令
24	仓库令	22	仓库令
25	厩牧令	23	厩牧令
26	关市令	27	关市令
27	捕亡令	28	捕亡令
28	医疾令	24	医疾令
29	假宁令	25	假宁令
30	狱官令	29	狱令
31	营缮令	20	营缮令
32	丧葬令	26	丧葬令
33	杂令	30	杂令

58 唐令的整个构成（唐日比较）

没有办法的事情。在这种情况下，仁井田陞[30]先生以九世纪日本的《令义解》、《令集解》中残留的令文（养老令）为线索，搜集复原中国典籍中的逸文，完成了《唐令拾遗》一书，为唐令研究开辟了道路。其后，池田温[31]先生等人又对逸文进行了补充和进一步整理，推出了《唐令拾遗补》一书及其相关成果。据此，有关唐令的内容及其结构已经越来越清楚了。

唐令在整个唐代总共修订过十四次，其基本框架则是沿袭隋朝的《开皇令》三十卷二十七篇。《唐令拾遗》一书基于其后追加及改订的玄宗朝的三十三篇，尝试进行了唐令的复原。通过这三十三篇的篇目就可以很清楚地了解到，这些内容涵盖了有关唐朝的制度以及行政的所有方面。与唐律同样，作为支持唐朝完备的制度和统治理念的行政执法文书，唐令的水准之高，在当时的世界上是独一无二的。这些对于从古坟时代以来就一直谋求发展起飞的大和政权来说，无疑具有极大的吸引力。因而我们可以充分地理解，为什么当时的大和政权要全面地移植唐朝先进的文化，并将其与当时的近代化（古代国家）的形成联系在一起。

关于唐令的内容主要有：首先是《官品令》，其后乃是一连串的《职员令》，在此基础上再加上诸如《封爵令》以及《禄令》等等，详细地规定了从中央到地方的官僚机构及其品阶。此外，涉及国家的祭祀、仪礼的《祠令》、《仪制令》、《乐令》以及规定行政文书形式的《公式令》、关乎品阶和服装的《衣服令》等又进一步对上述方面作出了补充和完善。所谓律令官制，也就是指被归纳包括于上述“令”中的官制，而没有包括在其中的则成为所谓“令外之官”。

另外一方面，从统治民众的层面上来说，还有与社会最下层的乡村组织以及户籍相关的《户令》、有关均田制的《田令》、关乎租庸调等税制的《赋役令》等。此外关于府兵制以及其他涉及边防的体制等方面的内容则反映在《军防令》之中。

如上所述，作为隋唐国家的制度，方方面面的所有事项都在其令文中作出了明文规定。这在当时的世界上乃是绝无仅有的一个特色。然而，尽管说有明文规定，但我们在将这些令文与现实结合起来考虑时，则需要采取比较谨慎的态度。自不待言，表面的方针与内心的真实想法、制度与现实、法令的原则与实际运用情况等等之间都存在着若干差距。要统治如此辽阔的国土和众多的人口，根据具体情况以及各地的特点，因地制宜实行弹性政策是必要的。我以为，正是因为唐代具有那样一种柔软变化的结构，才使得唐代这样一个时代变得更加丰富多彩，更具魅力。

律令制之下的官僚生活

官僚制的系统

在唐代如果要想进入政治中枢阶层的话，首先必须置身于九品制，即一品到九品的官品之中，进而还必须在将九品划分为三十阶的官僚金字塔中找到自己的位置。只有进入了这个金字塔才称之为“流内”，除此之外的下级官吏则叫做“流外”。但是，最高的一品和二品都是由皇族以及政界的元老来充任，实际上真正担当政务的人都是二品以下，唐代的宰相实际大多出自于三品这一级别。此外，在五品和六品之间有很大的差别，五品以上是基于宰相推荐的敕任官，而六品以下则是由主管人事的吏部来决定即所谓认证官。官僚通常都是在中央官员（京官）和地方官员（外官）之间来回流动中得以升官晋级，因而地方官员当然也包括在九品官之中。

官员置身于官僚金字塔中时一共有四种方式（体系），即散官和职事官，封爵和勋官。从唐代中期以后又加上了“使职”这样一个令外之官。其中，散官作为表示品阶和序列的头衔，原则上属于九品官的所有文官和武官都带有散官头衔，文官被配以文散官，武官被配以武散官的品阶。只是，散官实际上与职务并没有关系，职事官负责担当实际的行政工作。由于职事官也被编入九品之中，因此同一个人物的职事官和散官的品阶不一致的现象也不时出现。职事官的品阶低的时候在官名之前冠以“行”字，而职事官高的时候则冠以“守”字，以表示区别。

59 文官进谒图（惠庄太子李撝墓壁画）根据这幅画可以了解到唐代官吏的样子

此外，所谓封爵指爵位和封地。即王、公、侯、伯、子、男等爵位以及按照户数来算的封地（食邑。事实上是虚封，然而也有个别实封，叫做“食实封”），一般都是授予皇族以及一部分功臣。另一方面，勋官则是为了表彰在军事上立功者的官名。关于上述各种官职名称的关系，倘若以前章提到的颜真卿的晚年（七十二岁，780 年）的头衔为例来说，如下所示：

光禄大夫（文散官，从二品）、行吏部尚书（职事官，正三品）、充礼仪使（使职）、上柱国（勋官，正二品）、鲁郡开国公（爵位。正二品）、食邑三千户（虚封）、颜真卿

因为颜真卿担任的职事官吏部尚书的品阶比散官低，故冠以“行”字；而（充）礼仪使乃令外之官，所以没有品阶。在颜真卿长长的头衔中，当然最重要的是职事官，到唐代后半期再加上使

品阶	散官		勋	爵	职事官（只标出各部门的最高官职）
	文散官	武散官			
正一品				王	（三师三公）
从一品	开府仪同三司	骠骑大将军		嗣王、郡王、国公	太子三师
正二品	特进	辅国大将军	上柱国	开国郡公	（尚书令）
从二品	光禄大夫	镇国大将军	柱国	开国县公	尚书仆射、都督（上）
正三品	金紫光禄大夫	冠军大将军	上护军		尚书、门下侍中、中书令、卿、大将军（禁军）
从三品	银青光禄大夫	云麾将军	护军	开国县侯	散骑常侍、监、御史大夫、傅（亲王）、国子祭酒、刺史（上）
正四品上	正议大夫	忠武将军	上轻车都尉	开国县伯	折冲都尉（上）
正四品下	通议大夫	壮武将军			
从四品上	太中大夫	宣威将军	轻车都尉		内侍
从四品下	中大夫	明威将军			
正五品上	中散大夫	定远将军	上骑都尉	开国县子	县令（上）
正五品下	朝议大夫	宁远将军			
从五品上	朝请大夫	游骑将军	骑都尉	开国县男	
从五品下	朝散大夫	游击将军			
正六品上	朝议郎	昭武校尉	骁骑尉		
正六品下	承议郎	昭武副尉			
从六品上	奉议郎	振威校尉	飞骑尉		
从六品下	通直郎	振威副尉			
正七品上	朝请郎	致果校尉	云骑尉		
正七品下	宣德郎	致果副尉			
从七品上	朝散郎	翊麾校尉	武骑尉		
从七品下	宣义郎	翊麾副尉			
正八品上	给事郎	宣节校尉			
正八品下	征事郎	宣节副尉			
从八品上	承奉郎	御侮校尉			
从八品下	承务郎	御侮副尉			
正九品上	儒林郎	仁勇校尉			
正九品下	登仕郎	仁勇副尉			
从九品上	文林郎	陪戎校尉			
从九品下	将仕郎	陪戎副尉			
			流外官（胥吏）		

60 九品制的官僚金字塔 唐代的官僚系统采取一品到九品的九品制，一品和二品是皇族以及政界的长老，宰相出自于三品。五品以上为敕任官，与六品以下的官员之间有较大的差距。全体官僚分别被置于散官、职事官、封爵、勋官这四种体系之中，形成一座巨大的金字塔

职。正是根据上述这样一些头衔，官僚们才得以拿到俸禄、职务津贴以及其他的各种津贴，从而得以保持作为贵族、官僚的体面生活，并且养活众多的家庭成员以及亲属。

主要机构

唐代的行政中枢是隋初确立的三省六部（参见本书第一章）。其中的中心是中书省，中书省为皇帝提供咨询，负责起草各种议案以及诏敕，其长官叫中书令。对于中书省制定的各种议案予以审议，并拥有将原案“封驳”即退回重审权限的叫门下省，侍中是门下省的长官。专门负责提意见的谏官，即谏议大夫等也属于这个部门。在门下省的背后是各种贵族势力，门下省就处于贵族势力代言人的立场。然而与皇帝的意向发生冲突的封驳其实并非简单地能够发动，所以后来门下省的存在意义逐渐消失，到了玄宗朝，门下省的地位已经在中书省之下。这一现象实际上象征着贵族立场的变化，表明其已被纳入皇权支配之下。

除了中书省和门下省之外，还有尚书省。尚书省的长官是尚书令，由于唐初太宗在秦王时代曾经担任过这个职位，所以其后一直空位，尚书令下面的左仆射和右仆射遂成为事实上的长官。尚书省相当于现在日本的内阁，其下面的省厅一共有六个部门，即吏、户、礼、兵、刑、工六部，负责各个方面的行政事务，三省六部即对此的统称。三省六部之外，在具体的行政事务方面，还有九寺（太常、光禄、卫尉、宗正、太仆、大理、鸿胪、司农、太府各

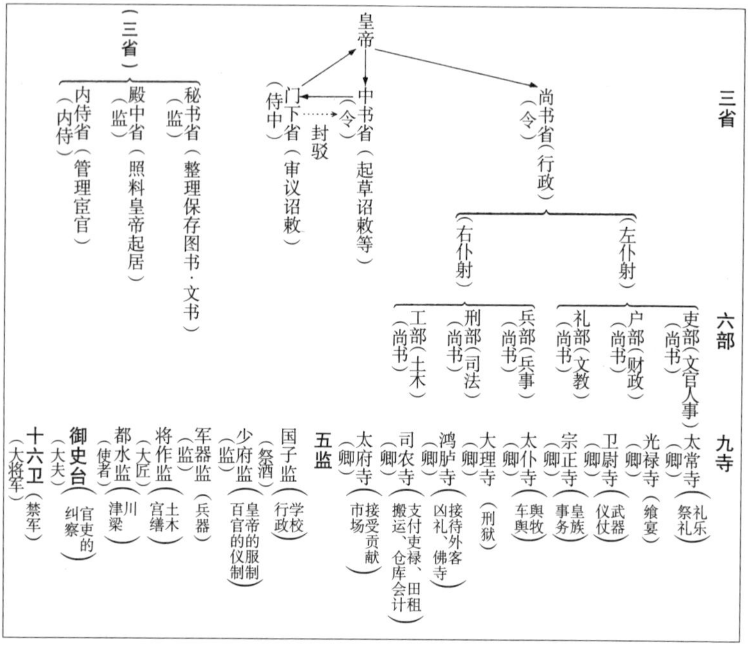

61 唐代三省六部、中央官制表

寺。“寺”是官厅之意）、五监（国子、少府、军器、将作、都水各监）等部门，其与六部互相协作和补充完善，共同承担行政事务。此外在地方上，作为统治体制的最前沿，则是承袭了自隋代初年以来的传统，设置了州（有时是郡）、县等行政单位。

在上述机构之外，还有一个需要提及的部门，这就是御史台。御史台的职掌是弹劾官员们的违纪违法行为，无论官员是京官还是外官，也不管其地位的高低上下都一视同仁。此外御史台也负责指出国家行政的失误之处，其与门下省合称“台谏”。官僚们日常的行动都处于御史台的监督和检查之下，官员们的工作评审则由各个部门来实施。如果是地方官，每年正月的朝贺时，由各地赴京的朝集使向中央报告地方官的工作评审情况，然后由吏部汇总，最后反映在人事考核之中。

统辖全国行政大权的宰相一职实行复数制，由数名宰相组成集体领导班子，没有采取由一人独裁的形式。宰相本来是由三省的长官出任，但后来为了选拔其他各方面的人才担任宰相，便给予担任宰相者以“同中书门下三品”或者“同中书门下平章事”等头衔。召开宰相会议的地点叫政事堂，开始时政事堂设在宫城内的门下省里，后来改设在中书省，所以“中书门下”就成为政事堂的代名词。正如上面所述，这一过程也与中书省凌驾于门下省之上掌握了实权的趋势有关。

仕官之途径

根据《唐六典》和《通典》等当时的史料来看，在唐代最盛时期的八世纪前半的开元年间，文武百官加起来，九品官（职事官）的数量超过 18 000 名，80% 是文官。其中京官 2 600 余人，五品以上 390 名。进入九品官系统即“流内”叫做“入流”，那么“入流”都有什么样的途径呢？

首先，唐代前半期的主流是“恩荫”这一途径，即由于父亲或祖父的地位（散官），儿子或孙子担任相应官位的途径。譬如父亲是正四品官时，他的一个儿子就可以担任正八品上的官职。

这也叫做“任子”之制，乃是承袭前代的门阀主义的做法，反映了当时还十分浓厚的贵族观念。与此同时，自从隋文帝以来，为了广求人才而创设的人才选拔考试方式科举也已经在社会上生根落户。科举最初重视秀才科，但因其设定的合格条件太高而不为人们所欢迎。到了唐代以后，科举的重点便转移到了考核儒教经典内容的明经科，以及测试文学素养的进士科，后来凡是提及科举即意味着进士科。

参加科举考试,大而言之有两条道路。一条路是通过学校——即通过在设在中央的高官子弟学校国子学、太学，或者是设在地方的州县学上学来取得考试资格；另一条路是通过县试、州试及第上来的途径，这叫做“乡贡”。尚书省的礼部负责把在校学生和乡贡这两种来源的考生集合起来实施考试，负责人叫“知贡举”。

每年的考生大致在一千名到两千名之间，而合格者只有十名到二十名，因而竞争非常激烈。为此，每次发榜的当天都呈现出一片悲喜交集的情景，考上的人兴高采烈地涌向长安东南的游乐场曲江池，举办谢恩宴会，招待并感谢考官。人们也纷纷前去观看道贺，看着这些未来的国家官员候选人，姑娘们激动地心跳加速，热血澎湃。

尽管如此，这次及第却并不意味着马上就能担任官职，下面还有更加严格的吏部考试在等着他们。吏部考试的内容主要有四个项目，即“身”（体格）、“言”（谈吐）、“书”（楷书书法）、“判”（写判决书）。只有过了这一关，通往官僚的道路才会开通。为此至少需要一两年时间准备。在科举考试中，测试文学的进士科最为热门，而且在礼部考试之上，还有上述这样的考核外貌及作文能力的吏部考试，这些都和贵族主义的时代风潮有关系。于是，在这种背景下，从唐代中期前后起，贵族出身的子弟们开始积极地参加科举考试，推动了官场的主流向贵族出身者转移。

如上所述，要“入流”九品官时存在着“恩荫”和“科举”两个主流途径，通常高官都出自于此。但是除此之外，还存在着一条从“流外”获得九品官中的中等官以下官职的途径，而且实际上如果就人数而言，来自于这一途径的人其实更多。这一方面开始于武后时期，到了玄宗时期更加明显，前文提到的通过“恩宠”即通过与皇帝的私人关系而被提拔起来的人就是属于这一途径。

由此可见，唐朝在选拔人才方面既与始终贯穿贵族制的六朝时代不同，也与完全统一成为科举制的宋代相异。可以说，唐代的人才选拔乃是夹在六朝和宋代之间的一个过渡时期，其呈现出的多样性以及宽松性实际也是与唐王朝的性质一脉相通的。

村落中的日常生活

村落组织

在前一节里，我们介绍了唐代的地方行政单位中有“州”和“县”。其实严格说起来，在州县之上还有“道”，全国被分成为十道（后来变成十五

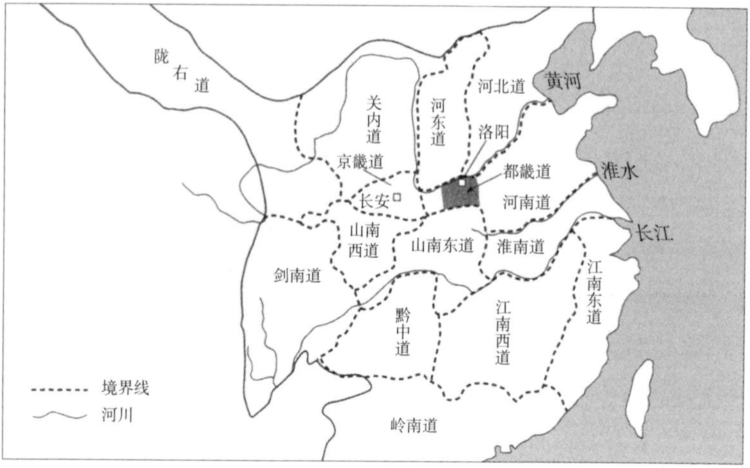

62 唐代十道（十五道）示意图

道）。道并非行政区，而近似于监察区。此外，在州一级的行政单位中，正如都城（上都）长安叫做京兆府，副都（东都）洛阳叫河南府一样，相当于都城的重要的都市及其周边被称作“府”；同时兼为军事要地的都市叫做都督府。但是，府属于特别的行政单位，总体上来说还是州县制。州的长官叫做刺史，县的长官叫县令，州变成郡以后长官变成太守。所有的地方行政——从户口管理到征税、治安、司法等都在这些由中央派遣的长官及其下属主要官僚的管理之下运行。

根据以上所述，或许读者会得到一个印象，即唐代国家的权力已经渗透到了地方的每个角落，然而实际上并非如此。其实，国家权力涉及的范围只是到县一级为止，县以下的部分实质上都是交给农民们自治。这一点可以说也适用于中国的任何一个王朝。

只是，在隋初的时候，为了应对废郡这样一个行政改革，在传统的以100户为单位（里）之上，又设置了以500户（五里）为基准的“乡”，并配备代表当权者意向的负责人“乡正”，实施乡里制（参阅本书第一章相关部分）。尽管隋朝根据这项措施，策划并建立起来了对农村强有力的统治，然而农民们对其的抵触及反弹则直接引起了隋末的大动乱。唐朝出于对此的反省，保留了乡里制，但废除了乡正，将管理乡里的权限委托给了里（村）的里正（村正），由此而建立起了国家权力与基层社会之间比较稳定的关系。这一点是支撑唐朝维系长时间统治的一个重要原因。

一般统治者为了控制农民，首先做的一件事情就是调查并把握户口的状况。而农民们则会尽可能地逃避登记，实在躲不掉的时候就谎报年龄或性别。对此统治者当然要采取相应的对策和办法。隋朝曾经正式就普查户口的结果发表过一个统计数据，以夸耀隋朝之盛世。据该数据说，在炀帝的大业五年（609）时，全国户数达到八百九十万户，人口数高达四千六百零一万。然而就在该数据公布以后不久，隋朝就走向了衰亡。从那以后又过了二十年，到唐太宗即位时，唐朝掌握的户数却仅仅只有三百万户。按说即便是遇到了隋末这样的大动乱时期，人员死亡增多，但人口似乎也不至于以千万人为单位如此迅速地减少。

所以，唐初三百万户这个数字实际表现了唐朝对户口控制

63 农耕播种图（陕西省三原县唐李寿墓壁画）
出于对隋末大动乱的反省，唐朝对于农村的统治相对比较宽松。虽说如此，在任何时代，农民的劳作和生活都非常艰辛

和把握能力的下降。此后，唐朝一直致力于增加户口人数，在经过了长达一个世纪以上的努力之后，即到了安史之乱之前的天宝十四载（755）时，唐朝掌握的户数才总算超过了隋朝的数值。通过这一件事，也可以看出唐朝对于农村及农民问题的慎重态度。

如前所述，唐朝实施以“里”为核心的乡里制。对于其他的散村叫做“村”，把人口较多的都市里的区划叫做“坊”，并分别在“村”、“坊”设置“村正”和“坊正”，规格与“里”及“里正”同样。在“里”的下面进一步还有“邻保”的组织，分四户为“邻”，五户为“保”。“保”虽然设置有保长，但似乎可以把“邻”和“保”看成是实质上同义或者一体的表现，也可以理解成为是一种相互扶助以及互相监视的五人组。

从《户令》来看，有关“里正”的职掌规定为：(一）按比户口；(二）课植农桑；(三）检察非违；(四）催驱赋役。如果将此转换成为现代语言来说，“里正”的工作内容应该主要包括：管理户籍、推广农业、维持治安、督促纳税几方面的内容。从上述这些日常性的业务内容来看，倘若不是在当地有一定影响力的人物，恐怕很难胜任“里正”这一工作。因而可以想见，在唐

年号（公历）		户数（万）	口数（万）	1户平均口数
隋	大业五（609）	890.7	4,601.9	5.17
唐	武德二（619）	200 余		
	贞观十三（639）	312.0	1,325.2	4.25
	永徽三（652）	380		
	神龙元（705）	615.6	3,714	6.03
	开元二十（732）	786.1	4,543.1	5.78
	天宝元（742）	834.8	4,531.1	5.43
	天宝十四（755）	891.4	5,291.9	5.94
	广德二（764）	293.3	1,692.0	5.79
	元和二（807）	310.3	2,055.5	6.62
	长庆元（821）	237.5	1,576.2	6.64
	宝历年间（825—826）	397.8		
	会昌五（845）	495.5		

64 隋唐间户口变迁表

代后半期开始活跃起来的地方土豪阶层之中，恐怕就有不少具有“里正”资质的各地实力派人物介入吧。

户籍与家族

唐代每三年（丑年、辰年、未年、戌年）造一次户籍。从该年的正月到三月，首先由各户提交记有家庭成员和所有田地的“手实”（申报单），然后由里正按乡为单位汇总起来，并以“乡帐”的形式提交给县里。此时如果出现疑问，就要进行家庭情况调查，称之为“貌阅”。各县将提交上来的户籍誊抄三份，一份留在县上，剩下的一份提交给州里，另一份提交给中央负责财政的户部。同时为了其他课税，里正每年还要编造一本与户籍同样形式的帐簿即“计帐”。

各县根据上述这些文件编制汇总人口动向的“乡户口帐”，以及承担赋役的人名录“差科簿”，作为课税的基本资料。

关于当时的户籍的实物资料，今天我们可以从当时的文书，即远离中央的敦煌以及位于丝绸之路上的更远的吐鲁番发现的唐代文书中看到。在这些文书中，记录了各户的家庭成员以及年龄。并根据年龄不同注明丁中[32]；以及依据家里有无成年男子（原则上是二十岁到六十岁）来决定的“课户”（承担赋税户）或“不课户”；同时，即便是“课户”，只要是该成年男子担任公职就可以“见不输”（不承担赋税）。此外，在这些文书中，根据家庭成员和资产数额而定的九个等级（户等）也得到了确认，都是最下层的九等户或八等户。而且，户籍的内容并不仅仅限于此，在户籍的后半段还记载了土地的位置和面积，以及与均田法规的关系等内容。

在户籍的有限的篇幅中竟然包含了如此多的信息，更令人吃惊的是，基于法律法规文书的行政系统即“文书行政”系统竟会如此深入地渗透到边境地带的末梢社会。说句题外话，实现这一点需要三个条件，首先是纸张的普及；与此对应的是共同的字体楷书的广泛使用；此外再加上会读书写字人口的扩大。负责书写文书的是衙门雇佣的佐、史等下级官吏；纸张则由中央定期用车装运发放给各地政府，其中也有一部分流落到民间。中国的造纸术在751年的怛逻斯战役之后首先传到了阿拉伯世界，其后又过了几个世纪才传到了西方。因而不可能想象在与唐朝同期的西方世界里，会出现像唐朝这样的文书行政系统。

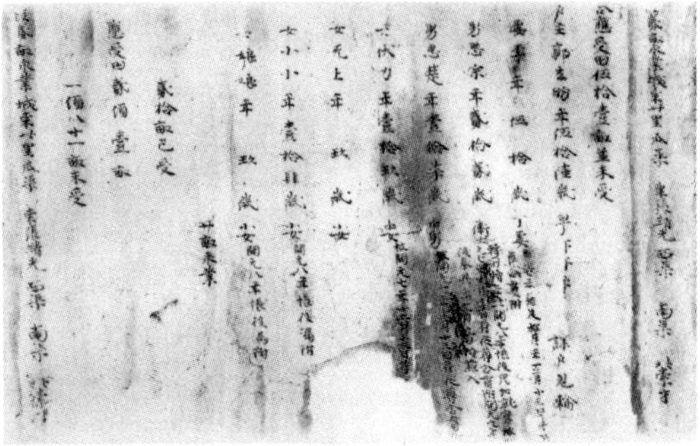

65 **唐代的户籍文书**　以户主为首，家庭成员的姓名、性别、年龄、丁中等都有记载，后段记载了一家的土地所有状况

我们再从户籍提供的信息里看看家庭的状况。大多数家庭都是由三人到五人组成，即夫妇、两个左右的孩子，或者再加上一位老人。这一点与根据当时的全国户口统计得出的数值大体一致，由此可以推测出唐代基层家庭的形态。但是，从敦煌的户籍中，我们也可以看到家庭的另外一面：即户籍里注明“逃亡”、“没落”之处有不少。另外，年轻男子的死亡出奇地多，与此相反，女子的人数则大大超过男子。根据这些记载我们可以理解为在其背后存在着弄虚作假的现象，诸如在登记户口时故意把男填写成女，或将该男子说成在达到纳税年龄之前已经死亡，或者是本人自主地迁徙到了其他地方等现象。这些都反映出了农民们面对来自国家的严酷的盘剥，一直保持着与政权严重对立的状况。

在家庭中有几代同堂的大家族。大家族乃是为儒教所推崇的事情，唐律以此为前提，条文中也设想到了这样的大家族关系。在敦煌户籍里也可以看到父母与几个儿子的家庭同在一个户籍的情况。有人认为，对于国家来说小家庭最便于统治，所以一直致力于推进普及小家庭。事实果真是如此吗？实际上，主要原因当是由于从内部维系大家族的难度太大。唐代曾有过这样一件事广为人知：说是有一个名叫张公艺的人，全家九世同堂。麟德二年（665）唐高宗为了表彰他去了他们家。高宗问张公艺何以能做到九世同堂？面对高宗的提问，张公艺没有直接回答，而是让人拿来纸笔默默地写了一个“忍”字。由此可见，无论古今中外，处理好家庭关系的确都是一件十分复杂的事情。

均田制与租庸调制

在辽阔的中国大地上，众多的民众组建起家庭，形成了地域社会，每天过着平凡的生活。他们平时很少抱怨，十分柔顺，然而他们一旦爆发之后的表现却显得非常激烈，呈现出要涤荡一切的激进和狂暴。中国王朝正是君临于这样的民众之上，构筑起了一元性的统治体制。因此，如何证明统治体制的正当性，遂成为自古以来摆在历代统治者面前的最大的一个课题。

凭借武力来压制民众，即便有短期的效果却毕竟无法持久。于是便产生了下述这样一种政治思想：即国家权力的责任就是必须要保障民众的生活，换言之要保障民众的再生产。作为这一方面的理想形态，儒家很早就提出了据说是上古的周代曾实施过的井田制——即给每家分配一百亩私田的一种土地制度。其后，在继承了井田制以来的理念和传统的基础上，中国社会又出现了

	对　象	口分田	永业田	租	调	役（庸）	杂徭
良人	丁男	80 亩	20 亩	粟 2 石	绢 2 丈、绵 3 两（布 2.5 丈、麻 3 斤）	20 日（※）	40 日
	中男 18 岁以上	80 亩	20 亩				50 日
	老男、笃疾、废疾	40 亩					
	寡妻妾	30 亩					
	丁男、中男等 18 岁以上的户主	30 亩	20 亩				
	工商人	40 亩	10 亩				
	僧侣、道士　男	30 亩					
	僧侣、道士　女	20 亩					
贱人	杂户	80 亩	20 亩				
	官户	40 亩	20 亩				

66 唐代均田制，租庸调制　此外，“良人”3 人授给 1 亩园宅地；“贱人”5 人授给 1 亩园宅地。（※）“劳役”1 日 = 绢 3 尺 = 布 3.75 尺

成型于五世纪末的北魏、整备完善于隋唐时期的均田制。

均田制究竟是一种什么样的制度？其实际实施的状况又如何呢？长期以来，关于这一方面有过各种各样复杂的议论。在这里，首先从法规层面上来看看其主要的特征。相对于北魏以一“床”（夫妇）授田一百亩的标准，隋炀帝以后改为一丁（成年男子），以及十八岁以上的中男一人授田一百亩，同时废除了给女性的授田以及赋役。一百亩又称作一顷，相当于今天的约 5.8 公顷。日本的一町步（10 反）只有大约 1 公顷，所以一百亩的面积应该相当大。在一百亩受田之中，分为“口分田”八十亩，身后需要交还给国家；“永业田”二十亩，农民可以传给子孙。

隋唐均田制的一丁一百亩的基准表现了国家对于土地把握的变化，即从夫妇转换为丁（个人）；同时也鲜明地表示了受田者即就是课税负担者这样一个原则。可以说隋唐的均田制进一步推动

67 耕耘图（陕西省三原县唐李寿墓壁画） 唐代壁画中描绘的牛耕的情景

了土地制度的简化和体系化。虽然如此，可是还应该看到这种法规上的均田制与实际的均田制之间实际上存在着差异，关于这一点，目前已经成为学术界的共识。然而最令人感到困惑的是，本来中国内地应该是实施均田制的主要地区，但却没有发现实施均田制的任何直接的痕迹。尽管在敦煌以及吐鲁番发现的唐代户籍和土地文书中，我们可以看到关系到授受土地的均田制相关的情况，但是一是其实际状况与法规的规定大相径庭，二是敦煌和吐鲁番都是处在边境地区，情况比较特殊。所以由此而引出了几种意见，诸如认为关于均田制尽管在法规上有具体规定，但在是否实施方面却值得画个问号的“具文说”；以及主张均田制乃是为了限制超过一百亩土地的大土地所有的“限田说”。

尽管有关均田制究竟是否实施一事还存在很多疑问，然而不争的事实则是，隋唐王朝都以“均田”作为国是，并在律令的《户令》中就此作了详细的规定。本来，在均田制的背后就贯穿着一种想法，即自井田制以来的土地均分以及平均的思想，而均分土地的前提则是土地的国有（公有）。只要公开打出均田制（均田法）的旗号，那么统治者就可以确保政权统治的正当性。当然，其中最重要的东西就是税收。只要土地是国有（公有）的东西，作为其代价，农民负担税役就是理所当然的事情。因此，实施均田制或是做出实施均田制的姿态都具有重要的意义，绝不能单单将其理解成为只是形式上或表面上的东西。唐朝的前半段是一个盛行这种“平均”观念的时代。

与均田制对应的是称之为租、庸、调的税制。唐代以“丁”（成年男子）为对象征收的“租”为粟 2 石；“调”是绢 2 丈、棉 3 两（或者布 2.5 丈，麻 3 斤）；“庸”指的是“丁”每年承担劳役（岁役）二十日，或者取代劳役一天纳绢 3 尺（或者布 3.75 尺）。这些税目原来都是分别实施的，到了隋初统一为正税，按照“租” = 劳役 15 日，“调” = 劳役 15 日的标准，全部可以换算成为劳役。也就是说，整个“租庸调”相当于年间五十天的劳役。

除此之外，作为地方上的劳役，还有以“中男”为对象的“杂徭”这一税目。其性质是正税劳役的一半，即劳役 1 日＝杂徭 2 日，就杂徭的义务究竟是多少天，学术界有不同的意见。然而按照一般的看法，推测其上限当为四十天。如果按照这一估算，正税五十天加上杂徭四十天，一共九十天。恰好是一年的四分之一，相当于一个季节的天数。在保证农民们再生产的同时课以赋税，上述日数恐怕是最为妥当的一个设定。

虽说如此，实际上在律令制下的赋税不仅仅只有这些。隋初，为了预备欠收等荒年之需而设置了“义仓”（也作“社仓”）。到了唐代以后，按照户等为基准缴纳的义仓米作为与土地（资产）相关的正规赋税，成为地税而固定下来。此外，还出现了与户等对应的户税，以户税充当官吏的俸禄以及被称之为“公廨钱”的政府经费。这种与资产和户等相关的非人头税，遂成为以后的两税法的滥觞。

敦煌文书与吐鲁番文书

只要是想了解律令制下民众的状况，人们肯定会举出从敦煌和吐鲁番发现的户籍及土地帐簿，本章也已经多次提到了这些文书。那么，这些文书究竟是一些什么样的东西呢？在这里稍加介绍。

根据正式的说明，敦煌文书是1900年（清光绪二十六年）农历五月二十六日，由一个名叫王圆箓的道士发现的。其具体地点是敦煌莫高窟第十六窟入口甬道右侧壁画之后开凿的一个密室。其后，该密室被编上了第十七窟的番号，通常称之为藏经洞。

知道文书发现的消息以后，首先做出反应的是外国的探险队。从英国的斯坦因[33]开始，法国的伯希和[34]以及稍迟一些的日本大谷探险队[35]、俄国的奥登堡[36]等人相继访问了敦煌，把出土文物带出了国外。后来对此实在看不过去的清朝政府也把其中一些文书运去了北京。

其结果，共计超过五万件的文书现在分别收藏在英法中日俄等国，其中英国（大英图书馆，斯坦因文书）有一万三千件以上，法国（法国国立图书馆，伯希和文书）有七千件，北京的国家图书馆（原北京图书馆）里有一万六千件，日本有一千件（卷），俄罗斯（俄罗斯科学院东方学研究所圣彼得堡分所）有一万二千件。在此基础上，被称作“敦煌学”的二十世纪的新学问宣告诞生。

关于这批庞大的文书群的年代，一般推定其下限截至十一世纪前半期。然而，究竟是什么时候，又因为什么缘故而把这些资料封存在这里的呢？实际上目前还没有获得一个确定的见解。有人认为是附近的三界寺相关的书库或者说是其堆放废弃物的处所；也有人说是为了防备外来势力的进攻，诸如躲避来自西方伊斯兰系统的喀喇汗王朝的侵略，或者是党项族的西夏的占领等等。

68 敦煌莫高窟

我们姑且不管这些，总之文书的百分之九十都是佛典佛画，剩下的百分之十里大约有一千件公私文书，本章涉及的唐代户籍也包含在这里边。纸张在当时是非常贵重的东西，因此这些公私文书大都是衙门用过以后，作为废纸下放给寺院，以便用来装裱加固经卷或者在其背面抄写佛经。多亏当时的寺院对这些文书进行了再次利用，今天的我们才得以有幸看到当时原始资料。

此外，我们再看看吐鲁番文书的情况。新疆维吾尔自治区吐

69 高昌故城（新疆维吾尔自治区吐鲁番市）大约 1300 年以前，作为丝绸之路的要冲而发展起来的高昌（西州）遗址

鲁番市以东约四十公里处，作为丝绸之路上的要冲，这里曾经存在过一个繁华的高昌国。今天我们只能根据城墙及寺院的残垣断壁来想象往日的繁荣景象，然而这一个地方很早就已经成为汉民族的移民都市，到隋代有麴氏高昌国，进入唐代以后又设置了直辖地西州。大部分吐鲁番文书都发现于该处附近的阿斯塔那以及哈拉和卓的汉族居民的墓地之中。

吐鲁番地区是一个海拔低于海平面 150 米的干燥地带。当时的居民们在把尸体埋入洞室墓穴中时，给尸体穿戴上用纸做的帽子和靴子，有时还将尸体装入纸质棺材中。关于他们为什么要这样做的理由并不清楚，很可能是出于对于纸张的某种特殊的观念或是宗教信仰，也可能是由于树木缺少，只能用纸质棺材来代替木质棺材吧。前面谈到，纸张在当时是很贵重的东西，因而这里当然也是对衙门废弃的文书以及契约书等纸张的再利用。与敦煌文书不同，在这里伴随着墓穴中的木乃伊，出土了不少反映当时的社会和行政的文书残卷。这就是所说的吐鲁番文书。

吐鲁番文书为世人所知始于二十世纪初。当时，日本的西本愿寺法主大谷光瑞[37]派遣的大谷探险队在高昌一带发掘调查墓地，将一部分木乃伊和文书残卷带回了日本。战后这些文书被移交到龙谷大学收藏，被称为大谷文书。对于这些文书进行解读的结果，发现了反映土地关系的珍贵史料，西嶋定生[38]先生基于这些史料进行了深入的研究，给唐代均田制研究注入了新的生机。

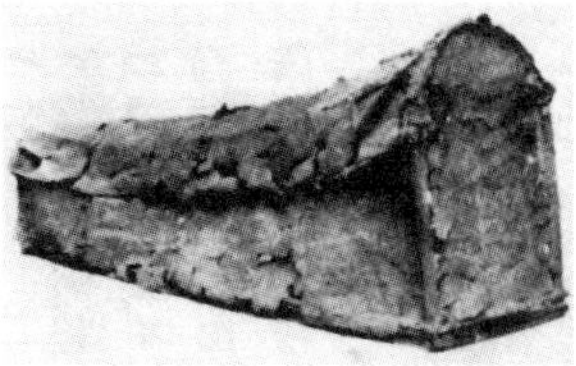

70 纸棺（吐鲁番市阿斯塔那出土）
或许当地的居民对于纸张抱有特别的观念，埋葬遗体时，给遗体穿戴上纸帽纸靴，有时还盖上纸棺

受此刺激，新中国建国以后开始在这一地区进行正式发掘调查，从1959年到1975年间，总共调查了456座古墓，发现了大量的文书和文物。包括大谷文书在内的这一庞大的资料群具有极大的意义，可能促使与敦煌学相抗衡的吐鲁番学的诞生。

节假日及岁时文化

中国历法的特征

自古以来，人类出于对神灵的敬畏以及对生活的感激之情，为了调节严酷的劳动和单调的生活的节奏，也为了面向明天增添新的活力，根据各地的情况创造出来了各种各样的节假日以及祭祀活动，并且将其固定在了历法上。众所周知，与西方世界相比较，整体上来说中国的农业生产力很高，这一点也与丰富多彩的岁时文化联系在了一起。到了隋唐时代，各种节假日及岁时文化集其大成，并且广泛地传播到了东亚各地，从而极大地滋润了后世人们的生活。

在概观隋唐时期的节假日和岁时文化之前，首先让我们稍稍看一看历法的情况。

众所周知，欧洲自从儒略历以来一直采用太阳历，而伊斯兰历法是采用太阴历。与上述二者比较，自古以来中国的历法则采用了以太阳的运行为基准的太阴太阳历（阴阳历）。大家知道，太阴历的月日是根据月亮的盈亏（朔望）来决定的，其将一个月29.5日分为大月三十天、小月二十九天，通过两者的交互配置来调整表示一年的时间。

然而如此一来，一年十二个月就变成了354天，与地球绕太阳一周的时间即一年365天出现差异，与季节也不吻合。于是，古代中国人在按照月龄决定日期的同时，把以太阳为基准的年间周期与前者加以协调，以日照最短的冬至为起点，将一年分为四季，各个季节又分为六个节气，在全年设置了二十四个节气。

节气给人以季节感。农民们主要根据节气从事农业活动，并安排全年的生活。然而，太阴历和太阳历一年产生十一天误差。倘若无视这种差距，按照三个月为单位来设定季节，一月到三月是春天，四月到六月是夏天，则季节表示和节气表示之间将出现不吻合现象。

于是，古代中国人每隔两年或者三年便设定了一个闰月，并将其适当地插进正规的月份之间，以此来调整日期和季节的关系，同时尽量使正月元日与二十四节气中最早的节气立春成为同一天。

日本在进入明治时代以后，放弃了旧历的历法，实际上也意味着抛弃了历法与季节的关系，也就是忘记了与季节同步的岁时文化的本来含义。那样做难道真的就很好吗？试想一下，在每天都被时间追赶着跑的现代社会里，倘若不时地有闰月出现的话，那或许真是一件妙不可言的惬意之事。

隋唐时期的节假日及岁时文化

在上述基础上，我们再来看看隋唐时代的节假日及岁时文化，兹列举其大要如下（括弧内是换算成新历的平均日期）：

正月一日（立春，新历 2 月 4 日）：元日

正月七日（2 月 11 日）：人日

正月十五日（2 月 18 日）：上元节（元宵节），燃灯会（观灯会）

二月十五日（3 月 21 日）：社日（春社），春分

三月一日（4 月 5 日）：清明节，两天前的二月末是寒食节，改火

三月三日（4 月 7 日）：上巳节，祓禊，曲水之宴

四月八日（5 月 13 日）：佛诞生会，浴佛（灌佛），龙华会

五月五日（6 月 10 日）：端午节，竞渡，粽子

七月七日（8 月 13 日）：七夕，乞巧节

七月十五日（8 月 21 日）：盂兰盆会，中元

八月五日（9月21日）：千秋节（天长节）

八月十五日（9月23日）：中秋节，社日（秋社），秋分

九月九日（10月15日）：重阳节

十月一日（11月7日）：立冬，新尝

十一月十五日（12月22日）：冬至

十二月八日（1月13日）：腊日

十二月二十九日（2月3日）：除夕

观察一下上列主要日程就可以发现，节假日多集中于每个月的一日和十五日（中日）这样的朔望之日，此外再加上三月三日、五月五日、七月七日、九月九日等奇数重复的重数节日（正月一日是元日，但也是重数节日）。在以上列举的节假日之中，除了八月五日的千秋节以外，都是长期扎根于人们的生活以及国家的祭祀之中的节日。

顺便说一句，八月五日是玄宗的生日。本来中国并没有为个人庆祝生日的习惯，然而开元十七年（729）这天，玄宗在长安城内的兴庆宫花萼楼举办酒宴时，根据臣子们的提议，决定以后冠以千秋节（其后改称天长节）之名加以庆祝，尔后便成为惯例。所谓千秋乐就是指在这一天演奏的乐曲名。以此为契机，这一风习逐渐传播到大臣之中，并进一步发展到民间。于是千秋节在中国遂成为贺寿的嚆矢。

唐王朝特别重视冬至和元日，冬至那天要在长安城南城外的

圜丘上祭祀天帝，正月元日的早朝于太极殿（含元殿）云集百官和皇族、朝集使，举行朝贺之仪。此外，唐朝在其他节日也举行祭天等仪式活动，并积极地参与已在民间生根的节假日。关于这一方面的显例就是朝廷给官僚们的特别休假日。例如元日和冬至分别放假七天；从寒食到清明一共放假四天；中秋、夏至、腊日分别放假三天；此外其他所有的节日几乎都最少放假一天，全部节假日加起来，全年总共放假五十天。尽管官僚们除此之外，每工作十天还有一天法定休息日，然而我们仅仅从上述特别休假日的情况，已经足以证明节假日及岁时文化在唐朝生根开花，受到国家重视的状况。可以说，节假日具有连接国家和民间，使两者具有一体感的重要意义。

重数节日：岁时文化的核心

在国家和民间同时都重视的节日中有不少重数节日。关于重数节日这一方面的情况，我们可以从民间习俗的方面来看一看。正月一日，首先燃放爆竹驱赶邪气，其后全家互相拜贺新年，一起饮用屠苏酒，食用固齿用的糖果胶牙糖，祈愿家族成员的健康和一年的丰收。并在门口贴上桃板以驱逐恶鬼，其后演变为春联。另外，当时还没有火药，所谓爆竹就是把带节的青竹放在火上烤，使竹子破裂发声，可谓名副其实的爆竹。

三月三日上巳节时正是气温变暖的春天最好的时节。最早本来是这一天人们去水边清洗身体即“祓禊”，从六朝时代开始演

71 宴饮图（陕西省长安南里王村唐墓壁画） 唐代的人们愉快地围坐于宴席四周，兴高采烈地品尝美味佳肴的情景呼之欲出

变为在水边游玩的曲水之宴，唐代继承了六朝的传统。这一天在长安，人们纷纷涌向城东南的曲江池，或者是到城外去行乐游玩。对于农民来说，这一天也是提醒人们农活就要开始了日子。

只要提起五月五日端午节，我们眼前立刻会浮现出一片春意盎然欣欣向荣的春天景象。但实际上旧历五月被视为恶月，开始进入雨季，乃是食物容易腐烂变质人容易生病的时期。正因为如此，人们遂用香气袭人的艾蒿做成人的形状即艾人放在大门口，或者做成老虎形状的艾虎戴在头上，以防止恶气的侵袭。使用菖蒲的叶子来避邪的习惯则是比唐代稍晚一些时候的事情。

另外，众所周知这一天还要吃粽子，举行划艇（龙舟）比赛。这一习惯始于南方，唐代时普及到了全国。关于粽子和赛龙舟的起源，一般被说成是为了祭奠在这一天投汨罗江而死的战国时代楚国的屈原之灵。然而我以为，正确的解释恐怕应该是为了祭祀河神及水神吧。无论北方祈雨还是南方避涝，都是出于祈求风调雨顺、五谷丰登的目的。

接下来是七月七日，即以牵牛和织女渡过银河相会的故事而广为人知的七夕。这一故事之所以假托天琴座的织女星和天鹰座的牵牛星这两颗星，是因为其代表了农耕和养蚕。根据中村乔先生[39]的研究，此乃源自于地上祭祀河神的故事，织女是人们献给河神的妻子，织女去河神处时牵着人们贡献给河神的牺牲牛，即牵牛的原意。然而到了后来，河神却被人忘记了，这件事变成了牵牛和织女每年一度幽会的故事而广为流传。实际上在对河神的祭祀中，就包含着对于秋天获得丰收的祈盼。此外，与织女的故事相关联，女子穿针乞巧，因而这一天也被看作祈愿裁缝技术进步的乞巧节。

九月九日是阳数最强的“九”这一数字的重叠之日，因而被称为重阳节。九月是秋天的最后一个月。在这一天，人们拿着好吃的食物登上高地或者其他高处，在秋高气爽的环境中登高远望，感谢大自然一年来的恩惠。春天快完时的上巳节是在水边清洗身体即“祓禊”，相对而言，秋天结束时则是在高地进行“祓禊”。在唐代，由于认为菊花有延年益寿的功效，所以九月九日还盛行饮用浸泡菊花的菊酒，因而这一天也被称作菊花节。

通过上述重数节日我们注意到，在重数节日的深层之中，蕴藏着对于丰收的强烈期待及感谢这样一种农耕祭祀观念。这些节日告诉人们，被自然环境及气象条件所左右的农业生产有多么严酷，与此同时却也给人们展现了带来丰产丰收的前景和希望。正因为如此，人们才不断地祈福健康和长寿、坚持寻找生活的乐趣，顽强地生活了下来。

上元节与寒食节：奇特的节日

下面从唐代的节假日中，再举出两个在日本不太熟悉的节假日加以介绍。这就是正月十五日的上元节和二月底的寒食节。

上元节在今天也称作元宵，乃是正月节日文化的重要组成部分。在这一天的白天，身着各种打扮的人群敲锣打鼓地涌向街头。到了夜晚，人们点亮仿照动物形状制作的各种灯笼，各式各样的彩灯高悬，供人们欣赏和娱乐。在南方，这一天本来是养蚕和祭祀女神紫姑神的日子，同时因为紫姑神和厕所有缘，也是祭祀厕神的日子。另一方面，北方大约从北朝后期左右开始，这一天则形成了一种习俗，人们喜欢在灯火通明的大街上或是在满月的月光之下，不分昼夜地嬉闹游戏。当隋朝统一了南北方以后，原来只在北方盛行的点灯笼或观灯的习俗开始占据优势地位，而祭祀养蚕的习惯则退出了表面舞台。

隋唐时期之所以盛行观灯风俗，可能出自于下述原因：在这一时期，随着长安和洛阳的城市建设的完成，要求人们必须住进被称之为“坊”（或者“里”）的区划之中，而一到傍晚坊门就要关闭，夜里不许擅自出坊。违者则被视为“犯夜”，会受到严厉的处罚。于是，一年一度的解禁遂成为人们最重要的放松机会，也成为下一年继续生活下去的动力、活力的源泉之一。为了这个日子，据说隋炀帝曾经在洛阳招待远近各地的外族酋长们，在辉煌的灯火照耀之下，让各族酋长观赏各种各样的节目，并使他们见识了人数达一万八千人的大乐团，使外族酋长们大为震惊

（参见本书第一章相关部分）。

到了唐代以后，中宗、睿宗、玄宗三朝最为热闹，据说可以连续三个晚上允许人们晚上外出，就连皇帝和宫女们也微服出宫观灯欣赏表演。表演的节目中有将许多灯笼挂在一起的灯树，例如睿宗时，长安街头曾出现在二十丈（60米）的高处悬挂五万个灯笼的场景，当时的人们形容其宛如花树一般。关于这一方面的情况，我们只要联想一下秋田县夏季祭礼的“竿灯”[40]就不难想象其情景。有人说这种点灯的风俗是由西方传来，但是其中有若干环节并不清楚。也有人说日本的“三毬杖（左义长）”[41]仪式受其影响，但也缺乏很有力的证据。

日本从唐代中国几乎接受了所有的节假日文化，但也有一些似乎并未接受的东西，这就是寒食节的风习。在唐代，从冬至开始算起，过107天以后就到了旧历三月初的清明节，而清明节的前两天就是寒食节。在包括寒食节当天在内的前后三天，人们完全断炊，停止烧火做饭，每天只食用提前准备好的干粮，如果有老人和病人需要吃热饭时，则使用阳光以及堆肥的热量来加热。度过这样艰苦的三天时间之后，接下来就到了清明节。在清明节这一天人们首先重新生火做饭，然后去郊外给祖先上坟（上墓）以及游玩。其后到了上巳这一天，人们又一起结伴去水边玩乐。

关于寒食的由来有各种说法。最流行的一说是来源于介子推焚死的故事。即春秋时代的介子推追随晋文公重耳流亡，重耳回国以后，介子推因得不到重用而隐居山林，后来死于重耳逼他出山的山火之中。人们为了哀悼介子推，于是便在这一天断火吃冷饭，其后相沿成俗。与将端午节的来历假托于屈原悲愤自杀的故事一样，关于介子推的这个故事自然也不能完全相信。有人推测其当是起源于长期以来存在于山西地区的参星（猎户座）信仰。即冬季星座猎户座（参星）出现期间，因为看不见火星（即天蝎座的“大火星”。并非作为行星的火星），所以才出现了这一期间不动火的信仰。同时，在这一地区还存在改火的习俗，即认为火用到一定时期就会变脏变弱，所以每隔一段时间就需要断火之后重起新火。这两个方面结合在一起，再假托于介子推的故事而普及到了全国。

尽管如此，寒食的风俗却并没有传入日本。不，应该说是传入了日本，却未能生根开花。改火与日本京都每年除夕的“白术火”[42]有相似之处，但无论从改火与寒食并行的季节时间、或是从参星信仰等方面来看，却都不能说日本的“白术火”习俗来源于寒食相关活动。一方面是孕育产生了寒食习俗的中国，另一方面则是没有接受该风俗的日本。通过以上所述使我们感到，关于火的观念以及围绕火的文化，中日两国似乎从根本上存在着差异。

第五章

武后与唐代的女性

不稳定的皇后及皇太子地位：武后出现的背景

武后的经历与权力宝座

武后在唐代前半时期登上政治舞台，并且成为中国历史上唯一的一位女皇。那么，她是怎样攀上权力高峰，坐上皇帝宝座的呢？在本书的第二章中，我们虽然曾就她在政治方面的行为以及政绩进行了介绍，可是并没有更多地把她作为一个女性来观察。本章在展开考察唐代女性问题之前，首先从她的经历入手观察一下其人其事。

武后名曌，父亲武士彟、母亲杨氏。作为他们的第二个女儿，生于唐武德六年（623）前后（关于她的出生年月有各种说法，本书采用此说）。当时正值国内的动乱渐趋平定，唐朝迈向统一的时期。武后的外祖父曾是隋朝的大臣，母系一族乃是与隋室有亲缘关系的名门之后。相对于母系来说，武后的父系一族则世世代代都是山西太原管辖的文水县的农民。因此，本来武氏和杨氏的联姻是没有可能的事情，其之所以能够得以实现，则是因为刚好碰上了隋唐换代之际的缘故。

武后的父亲武士彟因经营木材生意而发财，凭借财力他得以接近了太原留守李渊，并按照无名百姓谋求当官的常套做法，成功地得到了一个府兵制的下级军官“鹰扬府队正”的职务。其后加入了李渊的太原起兵，进入长安以后一跃成为唐朝创建的功臣之一。另一方面，杨氏既失去了隋朝这一后盾，而且从年龄上看，她也已经错过了最佳婚期，而此时武士彟又恰好丧偶，于是才促成了二人的婚姻。武后继承了母亲杨氏的美貌，从父亲武士彟那里则承袭了农民的强韧。

唐太宗贞观十年（636），虚岁十四岁的武曌被召入宫中，成为一名嫔妃，名曰“才人”（五品）。这一年，被誉为贤后的长孙皇后去世，朝廷决定从高官良家子女中选拔一些年轻美貌的女子填充后宫，武后就是其中一人。十四岁大致是当时平均的结婚年龄。

从那以后直至太宗去世为止的十三年间，武后一直在太宗的后宫默默地生活，几乎没有引起任何人的注意。当时后宫里有很多嫔妃，年龄小而且地位低的武曌还没有机会进入太宗的视野。从而如果一直这样下去，她将在女人最盛期的二十七岁时成为寡妇，前面等待着她的将是无声无息地度过一生的命运。然而她不甘心就这样结束，决心挑战命运，寻找新的可能性。于是，她开始接近比她小五岁的皇太子李治，并且成功地建立起了男女关系，然后在李治成为高宗皇帝以后，再靠高宗的提携而重新登场。

72 龙门奉先寺主佛　本尊卢舍那佛高 17 米。上元二年（675）武后发愿并拿出私房钱建造。据说是按照武后的长相雕刻的。这尊大佛也是日本东大寺大佛的原型

可是，此举实际是一个非常危险的赌博。因其属于“不德”，即违反了“一女不事二夫”的儒教道德。而且在太宗还在世的时候，武后与李治就搭上了关系，这更是非常严重的不义行为。后来武后还受到“牝鸡司晨”的诽谤。然而，武后经受住了世间甚嚣之上的种种非难。结果她不仅进入了高宗的后宫，成为皇后，最终还成为女皇。这一前所未闻之事之所以能成为现实，这不仅仅是因为武后是一位不服输的铁腕女人，倘若当时的整个时代充斥着坚决排斥她的气氛的话，即使她本人再能干再厉害也是无济于事的。

唐朝是这样的一个时代，即具有最终容忍武后这种人物存在下去的客观环境。在形成这种环境的要素之中，就包括贯穿于唐朝始终的浓厚的北方游牧民族风气。在北方游牧民族中随处可见的女性的泼辣勇猛等都被带到了唐朝，最后并通过武后集中体现了出来。

与上述并行，我们也不能忘记唐朝还是一个贵族化的时代，

即较之儒教的伦理观而言，文学的教养更受重视，因而唐代也是一个来自思想上的束缚相对较弱的时代。这个时代提供了女性们可以自由活动的环境，武后就是巧妙地利用了这些环境和条件，才成功地登上了权力的高峰。

唐代的皇后与后宫

武后以“昭仪”（二品）的身份再次登上了高宗的后宫这一舞台。在其后直至到达顶点的过程中，最重要的一个关口就是如何得到皇后的位置。高宗当时已经有王皇后，王氏当皇后乃是高宗的父亲太宗的决定，而且有重臣长孙无忌作为后盾。王氏虽然不能生孩子，然而有了太宗的首肯，皇后的地位当然也得到了保证。未来的蓝图是，皇太子由高宗和其他女性之间出生的皇子来充任，王氏作为皇后坐镇其后。然而，武后拉拢高宗对此加以挑战，并强行达到了目的。由此看来，皇后的地位并非坚如磐石。

鉴于上述，在此让我们稍微涉及一下唐代的后宫制度。后宫以皇后为顶点，皇后之下排列的是嫔妃的系列。一般将此称为内官、内命妇或者内职。此外后宫里还有伺候皇后以及嫔妃们的女性，其人数也是相当的庞大。按照玄宗时的记录，与后宫有关的女性竟然高达四万人之多，这一数字并非夸张。因而，为了管理这些后宫女性，就像外朝的官僚机构一样，对内也建立了一套组织系统，配备了叫做宫人或者宫女的后宫行政官吏。

后宫的体制在唐代前半期和后半期有所不同，有很多地方不清楚。若以唐代前半期为基准，则如右表所示。

根据这个后宫机构图，嫔妃121人，宫官的职位超过200人。皇后作为后宫的代表，理所当然地统辖整个后宫人员，然而实际上却并非完全如此。揣摩皇帝意思的宦官的身影无处不在，嫔妃们也直接和皇帝有联系。此外，赋予皇后的处罚权限也不足以震慑整个后宫。

这样的后宫体制遂成为武后出人头地的一个原因。可是，当武后当上了皇后以后，就一转开始强化皇后的地位。能够牢牢地拴住反复无常的皇帝的心并保持其宠爱，决非一件易事。于是武后便充分发挥其与生俱来的不服输的劲头，通过垂帘听政来操纵高宗，牢固地巩固了自己的

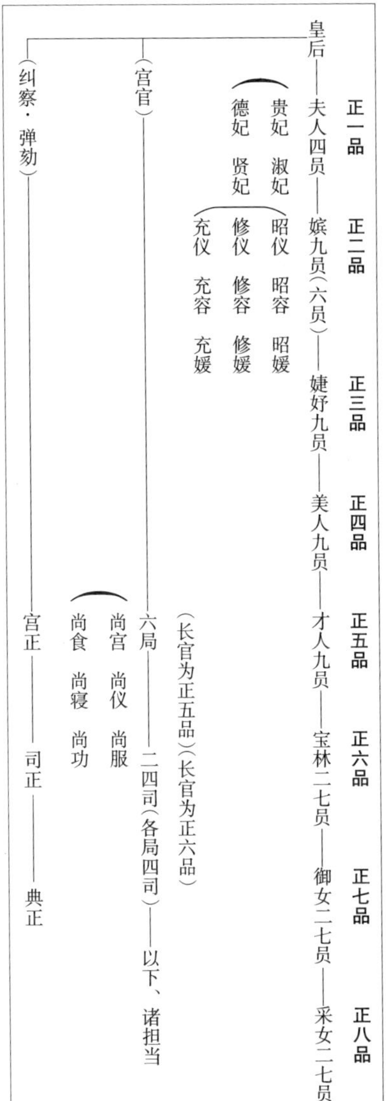

73 后宫机构图

地位。通过这些武后最终迈向了女皇宝座。

通常后宫中有数千名女性生活起居。皇后和嫔妃只占其中很小一部分，宫官的人数也很有限。人数最庞大的是众多的侍女们，她们在皇帝以及皇后、嫔妃们的身边，负责服侍其日常起居。在侍女之下还有很多奴隶（官婢）。

除了奴婢之外，进宫的女性们或选自高官及良家的子女，或从民间选拔的容姿美丽的女性。进宫以后，她们除了一年一度可以与家人见面以外，通常不能自由与外部接触。皇帝换代之际有时会解放宫人，但那些都是基于温情善心的举措，并没有制度化。进入后宫的女性为了可能会有机会接触皇帝的一线希望，或者是为了让自己的一生能在某种安逸的状态中度过，作为交换，她们必须抛弃在外界生活的自由以及普通的家庭生活。

皇后之位的长期空缺

迄今为止，下述事实似乎不太为人们所注目。即在唐朝大约三百年期间，皇后正式在位的年数仅仅只有七十二年，其余时间皇后都不在位。也就是说，有唐一代四分之三以上的时期都没有皇后。而且，观察一下皇后在位的七十二年间的情况，武后一人就有二十三年多，占全体的三分之一，其他的皇后加起来只占全体的一半以下。这一事实说明，皇后在位时间长对于武后夺权起到了很大的作用。

另一方面，进入唐代的后半期以后，几乎没有设置过正规的皇后。其中像宪宗的郭妃这样的妃子，其父是重臣郭子仪，其母

皇帝	皇后	皇后在位期间	在位年数
太宗	文德皇后长孙氏	626（武德九）8月—636（贞观十）6月	9年10个月
高宗	废皇后王氏	650（永徽元）1月—655（永徽六）10月	5年9个月
高宗	则天皇后武氏	655（永徽六）10月—683（弘道元）12月	28年2个月
	（武氏：皇太后）	（683〈弘道元〉12月—690〈永昌二〉9月）	（6年9个月）
中宗	顺天皇后韦氏	（684〈嗣圣元〉1—2月）	（1个月）
		705（神龙元）2月—710（景龙四）6月	5年4个月
睿宗	肃明皇后刘氏	（684〈嗣圣元〉2月—690〈天授元〉9月）	（6年7个月）
玄宗	皇后王氏	712（先天元）8月—724（开元十二）7月	11年11个月
肃宗	皇后张氏	758（乾元元）4月—762（宝应元）4月	4年
昭宗	积善皇后何氏	897（乾宁四）11月—904（天祐元）9月	6年10个月
		正规皇后在位年月数合计 （参考）正规、非正规皇后在位年月数合计	71年10个月 78年6个月

74 唐代正规皇后在位年数一览表

是代宗的长女。除了这样显赫的家世门第以外，郭妃还为宪宗生了皇子（即其后的穆宗），无论从哪个意义上来说郭妃都具备当皇后的资格，而且周围的呼声也很高。尽管如此，宪宗却一直没有同意立郭妃为皇后。

看起来，在唐朝，人们对于皇后之位的空缺似乎没有感到有什么特别不合适的地方。尤其是到了唐代后半期，这一状况几乎成为一种常态，皇帝也没有积极地想要改变这种状况。之所以出现这种情况，因为如果一旦成为皇后，就意味着有了置喙政治、掌握实权的机会。武后就是一个很好的先例。只要皇后和后宫制度不具备阻止皇后参政的结构和机制，皇帝或执政当局的不设置皇后的想法就不足为奇。除了上述原因以外，在这一时期，或许是受北方游牧民族影响的原因，从整体上来看，唐代的家族关系比较松散，因而朝野上下有关应设置皇后的呼声也不太高。

总而言之，唐朝并没有从制度上确立皇后的地位。皇后坐上这一位置之后，在急速地缩短了自己与政治的距离的同时，又经常为可能失去这个位子而恐惧。这一事实可以说就是这种状态的表现。本来皇后应该与皇帝同时在位，成为天下万民的父母。然而在唐代，即使没有皇后在位，却也并没有引起朝野的什么异议，到了唐代后半时期以后更是成为理所当然之事。这些情况也都说明了这一点。要言之，唐代的皇后未能树立起稳定的权威，其背后的原因正是后宫体制的不完备。而皇后和后宫体制的松弛又是与整个唐代体制的不严密或者说松弛不无关联。

无论任何时代，后宫的问题都十分微妙和敏感。近乎理想的状态是：在以皇后为中心的强有力的等级制度制约之下，形成一个稳定的后宫。然而在所有女人都环绕着一个男人的这种封闭的空间里，随着皇帝的好恶、心思的变化或是男孩子的出生，激烈的嫉妒和憎恶在女人们之间反复出现。可以说，有唐一代伴随着个性强悍的女性出现，使得隐藏在后宫中的各种问题更加明显而已。

不稳定的皇太子地位

除了上述后宫的状况之外，另一个值得注意的现象是，唐代皇后的最终结局似乎都不太妙。原因究竟何在呢？有唐一代，善终即死于病榻之上的皇后仅有长孙皇后一个人。武后最终也是被赶下皇位软禁而死。

接下来的中宗的韦后，因自己想当皇帝而被杀。其后，无论是曾帮助玄宗扳倒太平公主的王皇后，还是在安史之乱的混乱时期常常帮助肃宗的张皇后，最后的结局都不好，或是被废或是被处死。看到这些现象，一个问题自然摆在了我们的面前，这就是皇子（皇太子）的问题。

前面曾经谈到，从隋到唐，一直未能确立起长子（嫡长子）继承皇位的制度。隋朝有隋炀帝，进入唐朝以后以太宗为首，高宗、玄宗等人都是在皇太子已经有人的情况下，排除了已有的皇太子，自己成为皇太子进而成为皇帝的显例。在玄武门之变中杀死了兄弟的太宗为了不让后继者重蹈自己的覆辙，早早地将长子立为皇太子，但最后却是自己推翻了自己的决定。观察一下这一时期的各个皇帝的情况就可以知道，沿着长子—皇太子—皇帝这条道路走过来的几乎没有一个人。

这一现象意味着什么呢？意味着任何一位皇子都有机会成为皇太子。反过来也就是说，即便当了皇太子，在真正即位成为皇帝之前，绝不能有任何的松懈。其结果就形成了这样一个局面：作为皇后来说，有儿子的人就要千方百计地设法使儿子成为皇太子；倘若没有儿子，遂乞灵于送子等等各种咒术。当儿子成为皇太子以后，则要全力以赴地捍卫其地位。就在这一过程中，各种问题随之而生，或者失败下台或者成功。在这样一种如履薄冰的紧张状况下，任何一位皇后都不堪忍受重负。

贯彻皇后（正夫人）所生的嫡长子继承皇位的原则，只要不出现特别大的丑闻就按部就班地顺利交接皇位。这样一来，即使围绕后继问题有争议，也会被压制下去，皇后也可以有威严地君临于后宫之上。然而唐代既没有这一方面的制度，有关这一方面的道德观也没有深入人心。于是在这种背景下，才发生了被称之为“武韦之祸”的政治事件，也才出现了韦后在杀害丈夫中宗以后，将女儿安乐公主立为与皇太子同等地位的皇太女，从而导致推出了女性世袭制这种空前绝后计划的政治局面。

昂首阔步的女性：家庭与社会中的日常光景

女性们的日常生活状态

关于这个问题，我想首先从一幅画开始说起。这就是开元天宝时期的画家张萱的作品《虢国夫人游春图》（辽宁省博物馆藏。高52厘米，横长148厘米。）现存作品虽然是北宋时代的摹本，然而准确地再现了原画的风貌，无论是妙趣横生的构图还是人物和马匹的描绘、纤细的色彩以及流畅的笔法等等，都受到了来自于美术史方面的高度评价。另一方面，这一幅画对于从一个侧面窥视盛唐时期的气氛，尤其是在形象地了解当时的女性风姿方面也是值得十分注意的一幅作品。

虢国夫人是杨贵妃三个姐姐中的一人，也是不亚于杨贵妃的一位美人。这幅画的题材或是反映虢国夫人应玄宗之召出仕的情景，或是一家游山玩水出行的情景。如果说画中描绘的是春天游山玩水的话，不禁令人联想起他们在三月三日的上巳节，穿戴着华丽的衣饰前往曲江池游玩的情景。在画面上的八匹马中，从马鞍的装饰尤其是马鬃毛修剪为三缕的状况等来看，骑着最前面的马的人应该地位最高，其次是在后面的驮着孩子的马。

75 加彩骑马女子泥俑（吐鲁番市阿斯塔那 187 号墓出土）唐代贵妇骑马出行的样子。从武后时期开始，这种带着裙边（帽子下面下垂的绢）的帽子（帷帽）流行一时

如果再进一步发挥一下想象的话，是否可以这样说：走在最前面的人当是这一场景的主人公，即男装打扮的虢国夫人，后面间隔了一个人的男性应该是她的丈夫裴氏，最后面被乳母抱着的则是他们的孩子。后来，安禄山的军队打进长安，玄宗一行仓皇出逃至马嵬，在杨贵妃被杀时，与虢国夫人同死的裴徽或许就是这个孩子。孩子前边的两个女性是侍女，两个年轻人或是宦官，最后边的男性是侍者。

从这里我们可以看出当时的女性形象。首先是骑马的风气，女性们非常自然地骑在马上，熟练地驾驭着高头大马。唐代司空见惯的这一现象，在其他时代则完全看不见。而且，当时不管是骑马还是骑骆驼，女性们经常戴上一顶带着下垂裙边帽子，叫做“帷帽”。虽说这种帽子原来是从为了防止风沙遮脸的“幂篱”

（围巾）演变而来，但我们在这里看到的却是脸上没有任何遮挡，昂首阔步地走在大街上的唐代女性。这种景象也是其他时代所没有的。

另外，关于女性们的体型，正如武后和杨贵妃那样，唐代女性崇尚丰满，从这幅画里也可以看到这方面的一斑。关于头发和发型，只要是中等阶层以上的女性或者是她们周围的女性都是留着长发，然后在头顶上高高地盘起一个发髻。这种高发髻也是唐代的特色之一，在上述绘画中也可以得到印证。而看起来像是侍女的人物发型则有所不同，其发髻前端略微向横向弯曲。

据说虢国夫人对自己与生俱来的美貌十分自信，她不喜欢当时一般流行的化妆方法，甚至去见玄宗时也只是淡淡地描一下眉而已。由此事可推知当时的化妆非常奢华。唐代一般的化妆盛行浓妆艳抹，即在白粉上面涂上红脸蛋和口红，并且鲜明地描上各种形状的粗眉毛。不仅如此，还在额头上涂上黄粉，将此称作“额黄”，并在其上面贴上叫做“花钿”或“花子”的花纹金箔。另外还在眼角到面颊处贴上斑点或月牙形状的图案，叫做“妆靥”（靥子）。

我们将画中走在最前面的人看成是女扮男装的人物，一些读者或许对这种说法感到有些异议。实际上，穿戴胡服的这种打扮在当时的宫廷以及上流社会中非常流行，并非虢国夫人一个人的特别嗜好。

说点儿题外话，在唐代的娱乐中，盛行骑马击毬的游戏（打毬），虽然其主要参与者大都是男性，然而实际上在女性中也非

图四

图五

图六

图六　打毬图（局部 陕西省乾县章怀太子墓出土）——“打毬”即所谓骑马以杖击球的一种竞技。据说其起源于西方的波斯，后来传入中国，流行于唐代贵族之间。这幅画生动地描绘了以单手持缰纵马击毬的竞技者的姿态，以及驰骋纵横的奔马的情景。（陕西历史博物馆藏）

怕老婆，回家以后在嫉妒心极强的妻子面前总是抬不起头。有一次，太宗为了褒奖任瓌的功劳下赐了两名宫女给他。可是任瓌却不敢接受，郑重地谢恩辞退了两名宫女（有一种说法是，任瓌先是接受了太宗赏赐的两名宫女，而他的妻子醋意大发，烧掉了两个宫女的头发）。于是，唐太宗便把任瓌的妻子叫来，命人拿出一壶酒后命令她说："这是一壶毒酒，如果今后你决心改悔，不再嫉妒的话就宽恕你。否则你就必须把毒酒喝下去。"太宗预料她肯定会求饶改悔，不料她说"我绝不改悔"，然后将酒一饮而尽。其实酒里原来就没有毒，所以她当然不会死。后来太宗谈起此事还感慨地说："这个女人太可怕了。"

77 粉彩沐浴童俑（西安市东郊韩森寨唐墓出土） 珍贵的陶俑，表现了正在戏水的儿童

这件事情后来还常常被人提起。在一次酒席上人们又谈起此事时，任瓌半开玩笑地说，大家应该都清楚，老婆最可怕的时候有三时。一次是刚刚结婚时像菩萨一样端坐的时候；第二次是生养孩子时宛如母老虎一样的时候；第三次是上了年纪以后满脸皱纹像老巫婆的时候。据说听了任瓌此话以后举座大笑，都深有同感[13]。

以上谈到的关于任瓌的故事占用的篇幅或许稍显冗长。然而通过这一妒妇的具体事例，以及围绕在妒妇周围的那些惶惶不可终日的男人（丈夫）们，我们不是仿佛可以看出在这些妒妇身上所凝缩的当时女性们的缩影吗?

实际上在唐代，嫉妒心超过任瓌妻子的妒妇的事例不胜枚举。唐代中期前后，房孺复的妻子崔氏就是一个远近闻名的妒妇。据说崔氏不许侍女打扮化妆，只要她发现哪个侍女化妆，便嫉妒地像发疯了一样给该女眉毛上刺字，或用火筷子在其额头上烙上记号。狂暴至极时甚至把侍女杀死，然后埋在雪地里[44]，其嫉妒心之强令人发指。表述或许有些欠妥，人们常说女人和嫉妒总是连在一起或曰二位一体的。在中国史上，公开将女性的嫉妒问题作为一个话题来谈论，似乎是始于魏晋时代。进入魏晋时期以后，人们从东汉时代的礼教束缚之下解放出来，老庄思想等各种各样的思潮开始流行。

在这种背景下，女性们也同样开始积极表现自己。而在这种现象后面流淌着的正是北方游牧民族世界的习俗，其与中国的传统儒教伦理完全相异，所以当然关于嫉妒的表现方法也就更为直接明显。另外，在此还有一点不能忘记，那就是这些女性被视作妒妇或悍妻，也就是说他们都是家庭的主妇，那么当时的家庭生活又是怎样一种状况呢?

结婚与家庭生活

在唐代，法律规定是一夫一妻制度。正式的结婚手续按照家与家的关系为前提，分为六个阶段，称之为“六礼”：即“纳采”（男家向女家询问结婚的意向，即提亲）—“问名”（互相询问双方的姓名、生辰八字以及家世祖先等情况）—“纳吉”（男方将卜婚的吉兆通知女方）—“纳征”（即确定婚约，男方向女方送聘礼）—“请期”（确定并通知女方结婚的日期）—“亲迎”（新郎迎娶新娘）。在上述过程中，第四步的“纳征”时男方送的彩礼以及最后一步“亲迎”时女方的陪嫁则成为一个很大的问题。

首先是助长了买卖婚姻之风。唐代初年重视门阀的风气还在，因而刚刚掌握政权的新贵们为了提高自己的家门，遂积极地与山东贵族联姻。而日益贫困破落的山东贵族则为了彩礼和陪嫁，也热衷于这种联姻。唐太宗曾经对此加以禁止，然而因为身边的高官魏徵和房玄龄等人都带头违反，所以接下来的高宗不得已只好规定：三品以上之家的彩礼上限为三百匹绢。虽然我们不清楚这一规定的执行情况，但无疑这种风潮蔓延的结果，只能使没有钱的贫困阶层结婚难度增加。

与此相反，离婚以及再婚都变得比较容易起来。前文谈到的“七出”是丈夫提出离婚的理由，而“义绝”则是妻子也可以提出来的离婚理由。除此之外，性格不合以及丈夫长期不在等都成为协议离婚（“和离”）的理由，并且受到了官方的承认。此外还流传着下述这样一个故事。说是唐代后半期有一个名叫呼延冀的人携妻去外地赴任，途中被贼偷去了所有的钱财。无奈呼延冀只好暂将妻子托付给附近的民家，并说好到了任官之地以后马上就来接妻子。分别的时候，呼延冀的妻子却说：“你如果不来接我，我就马上出走，因为肯定有接受我的男人。”实际上，就在呼延冀到任以后不久，他就收到了妻子的分手信，说是她有了新的男人[45]。

谈及唐代的离婚和再婚之事，唐朝的公主们经常被当作最好的例子。正史《新唐书》中所见唐代前半期的公主大约有一百名，其中再婚的公主竟然达到三十名之多。其中也包括像前面已经提及姓名的太平公主、安乐公主等四名数度再嫁的公主。此外，还有像在丈夫之外又和僧人辩机有染的太宗女儿高阳公主那样，唐代已婚的女性与其他男人私通的例子也不乏其例。但是，进入唐代后半期以后，文献中却见不到有关公主离婚和再婚的记载。这或许是因为随着唐室权威的衰落，公主们再也不能像以前那样凡事都能随心所欲，当然同时也是由于当时社会上追求道德伦理的气氛越来越高涨的缘故。

我们得到的整体印象是，唐代女性们对于男女关系以及结婚的观念都很松弛，换句话来说是都很开放。这一点无疑和贞操观念的淡漠有关，进而可以说还反映出了当时家庭关系的淡薄。

虽说如此，若将上述问题仅仅归咎于女性方面则是片面的。为了给武后夺取皇后之位造舆论，许敬宗说过“农夫多收粮食有了一点钱，就想换老婆”[46]。在这句话后面所包含的缺乏责任心是当时男人们的通病。唐朝法律允许高官可以拥有一定数量的“媵（妾）”，如果立了功则还可以得到下赐的妾和婢女。这些规定意味着，唐代实际实行着一夫一妻+多妾制或一夫多妻制。

女性一结婚就意味着自我规定和实现了自己的立场。她们都渴望过和谐幸福的家庭生活。然而男人们不仅靠不住，而且被国家的制度所保护了起来。在这种情况下，要想熬出头来，女性们便只能以各种各样的形式强调自我，其最极端的形态便是成为妒妇。我们不能忘记妒妇产生的另外一个背景以及温床，即在家庭中妻子们一直深受着一夫多妻制的巨大压力，为了抵制减缓这种压力，维护家庭的正常秩序，于是妒妇遂应运而生。

花街柳巷的世界与男人们

长安的花街柳巷与《北里志》

只要大量的人聚集在一起生活形成一个社会时，肯定就会出现寻欢作乐的场所，出现色情和性交易。因为一方面有一些乐此不疲的男人，同时又有一些期待因提供色情服务而得到报酬的女人。唐代当然也是如此，在全国各地都存在着花街柳巷。在下文我们就以首都长安为例来观察一下这方面的情况。下面叙述的史料依据主要是《北里志》，该书是在黄巢之乱基本平定的中和四年（884），面对荒废的长安城的大街小巷，一个名字叫做孙棨的老官人回忆起昔日的繁华，用文字记载了自己以前常去光顾的花街柳巷"北里"的详细情况，这就是《北里志》。

长安城内东城的商业中心区叫东市，北里就在东市旁边的平康坊的一角，其附近有高级官僚们的居住区。到了唐代后半期，在平康坊和其北边的崇仁坊一带集中了许多进奏院，进奏院相当

78 乐舞图（三原唐李寿墓壁画）
这幅画描绘了妓女歌舞的情况。画面左侧有九个妓女正在演奏乐器

于各地藩镇驻长安的办事处。在平康坊北侧有一条横贯东西的道路，乃是连接长安城东边的正门春明门和西边的正门金光门的主要大街，人来人往非常热闹。从平康坊面朝大街的北门进去，坊左侧（东侧）大约二百平方米的四方形区划就是“北里”的所在地。大体上来说，整个唐代这里都是花街柳巷的代名词，在文献记载中可以见到玄宗的天宝年间年轻人出入此处的记录。

北里的内部按照道路分为三个部分：从北到南分别是北曲、中曲、南曲，其级别依次升高。关于“曲”的由来，或许可以说其是来自于“局”、小巷、或者是道路的入口处等意思。然而我以为，是否可以理解成为像日本的“曲轮（郭）”那样，周围都用篱笆或围墙圈起来的一个区划呢？一旦落入花街柳巷的女子，就处在严密监视之下，轻易无法逃出正是因为四周都有屏障。

北曲在坊的最北侧，恐怕是沿着坊墙排列的小小的妓馆，推测其当是供外地来京的打工者，或因贫穷而结不起婚的下层百姓解决性问题的地方。而中曲和南曲的情况就不同了，红墙绿树环绕，院内花草假山，院子四周分布着风格各异的客房，可以举行宴会。此外妓女们各自在自己的房间接客。每一个妓馆拥有的妓女从数人到数十人不等，接客情况就像日本的“置屋”和“茶屋”

合二为一的形式。可以想象，各曲分别有数十家这样的妓馆，总共大约有妓女一千名左右。

来中曲和南曲玩乐的人大都是些中产阶层。高官们并不太来这里，他们一般都纳妾，而且有专属的妓女（称作家妓），没有必要出入这些场所。因而中曲和南曲的客人主要是中下级官僚、出入进奏院的地方官以及文人墨客和一部分商人。此外来妓馆的人还包括科举的进士及第者以及进京赶考的学子们。因此，只要有擅长诗文书画、精通歌舞音律的名妓出现，妓院就仿佛变成了有教养的上流人的游乐沙龙。

妓女的世界

在今天，我们把妓院的女性叫做妓女。但正式说起来，妓女乃是一个总称，本来指精通音乐和舞蹈的女性。因其所属不同又分成若干个种类，其中，比较早的有培养女性舞蹈家和音乐家的“内教坊”；其后，玄宗为了教习当时流行的俗乐而新设了“外教坊”以及“梨园”；这些都是属于皇帝管辖下的机关，内有供皇帝宴乐的宫妓。除此之外，还有属于个人所有的家妓；属于地方官厅，与宴席相关的官妓（在节度使的军营被叫做营妓）等。与上述比较，北里等花街柳巷的女性则是作为民妓的妓女。但是她们被登录在教坊管理的“乐户”户籍上，有时也要参加宫中的宴会。在这一意义上，这些民妓也同时具有官妓的一面。

在花街柳巷的灯红酒绿背后，乃是一个人欲物欲横流的世

79 反弹琵琶图

界。妓女们多是来自于贫穷的农家姑娘。通过或是被骗或是无奈卖身等各种各样的形式，良家女子经过人贩子之手来到了这里。为了把这些女子训练成为合格的妓女，妓馆的主人在买入这些姑娘以后，就和她们结成义母（养母）和义女（养女）的母子关系，并对其待人接物等进行严格的培养训练，其中也包括从读书写字到写诗作文等教养内容。应该说，这些义母（养母）中有一些人的文化素养相当高。可是另一方面，义母又随时监视义女的行动，贪得无厌地榨取客人，因而被冠以“爆炭”的外号。同时，这些义母们为了保护自己的生意，往往嫁给住在进奏院的地方官和大商人，还有人索性嫁给黑道的地痞以求庇护。

回过头来，我们再来看看作为义女的妓女们的情况。在义母的盘剥监视之下，对于妓女们来说最大的放松就是每月逢八的三次庙会。这一天她们获准结伴去同一平康坊内靠南边的保唐寺，听取僧人的讲经说法。为了看看这些漂亮的妓女，当天在保唐寺门前聚集了大量的人群，拥挤不堪。也有妓女在此碰见熟客以后将其带回妓馆。心黑手辣的义母则在庙会这一天，向每个妓女征收铜钱一缗（一千文）。此外，当妓女想自己休息而拒绝接客时，每天也必须向义母支付一千文钱。由此可以推知，恐怕每个妓女每天的实际收入大致就是一千文左右吧。如果说当时一斗米（一个成年人五天的量）值一百文钱，那么一千文钱就相当于一个成年人五十天的伙食费。由此可知，去花街的中曲和南曲逛一天需要多么大的开销了。

颓废堕落的男性与支撑着男人们的女性：《李娃传》的世界

在娱乐活动很少的当时，对于男人们来说，最高的游乐场所就是花街柳巷。而从妓女的角度来说，在自己短暂的花季年华，忍受着义母的榨取，或者说与义母一起榨取男人，同时一边积蓄私房钱，一边摸索脱离苦海的道路。对她们来说，正式的结婚乃是可望不可企及的梦，如果幸运的话，只可能被某位官僚或商人看中成为其家妓。然而一旦有过身陷花街柳巷的经历，则从良之路谈何容易！而且随着姿色渐衰，她们未来的前景也非常黯淡。

每当说到这方面事情的时候，人们总是会举出以唐代妓女为主人公的小说《李娃传》作为例子。《李娃传》的故事梗概如下：

玄宗天宝年间，为了科举考试，一位出身地方名门的年轻人只身来到了长安。在长安他迷恋上了平康坊的妓女李娃，遂如胶似漆往来于妓馆。可是，金钱用完之际也就是情缘了断之时，本来足够两年的盘缠很快被挥霍一空，这位年轻人被赶出了妓馆，李娃也消失了踪影。一文不名的年轻人病倒于街头，幸而被丧铺的伙计救活，后来便成为一名在丧事上唱挽歌的歌手，并且很快名扬京城。但就在他与人比赛唱挽歌的当天，被来到京城的父亲发现，结果他被愤怒的父亲暴打一顿昏死在路上。后来，好容易捡回来一条命的年轻人沦为乞丐，在一个大雪纷飞的冬日他偶然走到了李娃的门口。

看到年轻人面目全非的悲惨状态，李娃的心被深深地刺痛和打动了。于是她给义母缴纳了自己的赎身费，搬出妓馆另住，开始全心全意地照顾这位年轻人。先是用了一年时间调养好了年轻人的身体，接着又给他买齐了书籍，鼓励年轻人为参加科举考试做准备。经过数年的努力之后，年轻人终于以第一名的成绩通过了科举考试。加之世间对他的人品评价也很好，所以年轻人被任命为四川成都的一名官员。年轻人准备前去赴任之际，李娃告诉年轻人说，自己的使命已经完成，现在该是离开的时候了。年轻人苦苦恳求李娃留下，李娃遂答应送他入川到剑门，结果他们在剑门遇见了已经成为成都地方长官的父亲。年轻人的父亲原谅了改过自新的儿子，并且承认了儿子和李娃的婚事。自此以后，李娃相夫教子，孝顺父母，带来了全家的兴旺昌盛。整个故事以可喜可贺的大团圆结局。

这是一个超越士人妓女身份界限的纯爱和奋斗的故事。其不单单是一部才子佳人的恋爱小说，还使我们可以看见那个时代的社会状况。作者是白居易的弟弟白行简（776—826），这一点使我们意识到，小说的背景乃是反映了八世纪后半至九世纪初期的时代状况。在小说之中，作为主人公的年轻人是肩负时代重任的科举系统的士人，他从挫折到复活，再到飞黄腾达的道路，实际上暗示了安史之乱之后社会的闭塞状况及其对前景的期待。通过小说中对士人与下层女性的交情以及对社会最底层的丧铺的描写，我们似乎感到其中假托或蕴含着一种来自于下层的城市贫民、新兴庶民们的力量。

这方面的情况姑且不论，我们再看一看李娃的情况。李娃刚毅顽强、令人敬佩。她既美丽又聪明，为了所爱的男人不顾一切、不求任何回报地奉上了自己的爱情。与唐代前半期旁若无人、昂首阔步的女性们相比，李娃完全站在了一个相反的角度。我们可以这样来理解李娃形象的意义，即李娃在成为男人们心中理想型女性形象的同时，也是一种前瞻性时代感觉的产物，其实际反映出了社会已向男性主导社会开始倾斜的状况。

在这里还有一点值得注意，这就是结婚的形态。李娃是妓女，因而登记在教坊管理之下的“乐籍”之中。唐代实行良贱制，法律严格禁止良民和贱民之间的通婚。登记在“乐籍”上的人虽然比奴婢的地位要高一些，但大体来说还是属于贱民身份。因此妓馆的妓女即便成为妾，也是作为家妓的妓女，身份并不能简单地变更为良民。然而在这个故事里，完全无视这一点，最后是两人正式结婚的幸福大结局。《李娃传》干脆利落地越过了本来不可逾越的界限，因而完全可以说，在这篇故事之中映射出下层女性们的一种理想。

与此相关，在此还想略微提一下两位有名的女诗人。一人名叫薛涛（768—831），另一人是鱼玄机（约844—871）。薛涛原来

80 薛涛制笺图（近代，张大千）
唐代最有名的女诗人薛涛正在书写信件

出身于长安的良家，父亲赴蜀任职时，薛涛也跟随父亲到了四川。但后来父亲死去后家道中落，薛涛沦为西川节度使所属的营妓。薛涛的诗文深得节度使韦皋赏识，之后便留在节度使幕府专事作诗，与当时一流的大诗人白居易、元稹、刘禹锡等人都有交往。然而因为她是营妓，所以既未能回到长安，也没有结婚，最后在成都的浣花溪畔，作为一名女道士而结束了自己的一生。

关于鱼玄机，森鸥外[47]曾写过一篇同名小说。鱼玄机乃长安人，很早就以诗才而知名于世，曾得到唐末最著名的诗人温庭筠（812—872）的指导。鱼玄机十五岁时嫁给一个名叫李亿的官僚为妾，可是却遭到李亿妻子的嫉妒和排挤，被迫出家成为道观咸宜观的女道士。鱼玄机富有个性的诗作以及她与男性之间放荡不羁的生活同样有名，最后鱼玄机因为杀害了自己的侍婢而被官府处死。有关鱼玄机的出身不太清楚，一说认为她出自于妓家。如果是普通的家庭出身，她的美貌加上诗才，很难想象她会一开始就给人做妾。因此，即便她本人不是妓女，只要她的娘家是妓家的话，就会被登记在“乐籍”之中。所以鱼玄机也是一位深受唐代的良贱身份制之害的女性。

《女则》与《女论语》

自古以来的礼制与唐代女性的“女戒”书籍

众所周知，中国自古以来礼教要求女性必须做到的条件是“未嫁从父，既嫁从夫，夫死从子”的“三从”。为了束缚夫妻关系，还宣扬“夫为妻天”、“夫妇一体”等论调。此外，作为女子必须遵守的道德规范里规定“四德”，即“妇德、妇容、妇言、妇工”。除此之外，作为已婚妇女离婚的条件，还有前文已经涉及的“七出”。

然而我们不禁要问，为什么需要制定如此具体的压制女性的理论呢？或者说为什么必须大张旗鼓地压抑妇女们呢？其理由究竟是什么？实际上迄今为止关于这些并没有一个明确的答案。尽管人们对于在儒教意识形态之下的女性地位，尤其是关于女性如何被压制虐待等问题一直十分关注，讨论也很热烈，但似乎并没有充分注意到其原因及理由。

言归正传，下面让我们来看一下隋唐时代的状况。就隋唐时代的女性而言，我们看不到她们是如何受到男人们的压制虐待的。透过隋唐时期女性骑马纵横驰骋的行为、当时男女关系的松弛现象、家庭中主妇地位之高以及女性以妒妇的形式表现出来的自我张扬等现象，我们并不能简单地断言女性一定受到了男性的压制。而且武后的统治得以实现也正是由于这样一个时代。如此看起

81 盛唐婚嫁图（敦煌莫高窟第12窟婚嫁图壁画）这幅画描绘了唐代结婚宴席的情景

来，似乎可以说隋唐时代的妇女们生活在中国古代历史上最幸福的一个时期。

但是，尽管是女性充满活力的这一时代，在男人们的主导下，还是以各种形式推出了看起来与上述时代潮流不和谐的、有关女性必须遵守的规则等，而且其多数都是通过女性自己之手编写的。如果追溯一下这种规则的起源，至少可以溯至东汉的班昭（曹大家）。在班昭编纂的由七条构成的《女诫》中，她强调女性“卑弱”，因而主张妇女只有遵守三从四德才能够生存下去。然而此书出现的背景，乃是儒教作为礼教渗透并左右人们日常生活的东汉时代，其与唐代的环境并不一样。

进入唐代以后，最早出现的这一方面的作品是唐太宗的皇后长孙氏的《女则》十卷。作为太宗最得力的贤内助，长孙皇后是一位尽量远离政治、十分谨慎的女性。她汇总古今妇女的模范事迹以及所犯过错、恶行等，作为自己的行动指针而编写了这本《女则》。

据说在长孙氏死后，太宗看了此书才了解到了长孙氏的思虑之深，为失去如此重要的伴侣而失声痛哭。关于此书的详细内容虽然不得而知，然而估计其基调不外乎是班昭《女诫》的延续吧。

以长孙氏《女则》为嚆矢，唐代出现的这一方面的书籍主要有：侯莫陈邈[48]之妻郑氏的《女孝经》一卷，王博妻杨氏的《女诫》一卷，薛蒙妻韦氏（韦温之女）的《续曹大家女训》十二章，尚宫宋氏[49]的《女论语》十篇，王琳妻韦氏的《女训》等。

此外也还出现了把上述各种著作汇总起来的书籍，其中特别值得注目的是武后的《列女传》一百卷及《孝女传（孝子列女传）》二十卷。这些书都是武后当皇后的时期出现的，估计是出自于武后的智囊团北门学士之手。

武后之所以这样做当然是有其意图的，她想装成不亚于长孙皇后的贤后，以此来掩饰自己的政治野心。唐代前半期编写的这方面的著作几乎都与皇后有着直接的关联，恐怕大多数都包含着政治的含义。

《女论语》所展现的东西

那么，安史之乱以后的唐代后半期的情况如何呢？实际上，上面所列举的书里边，从《女孝经》以下的一系列作品几乎都是唐代后半期时编写的。这一现象提示我们注意到以下问题：一是没有想到在进入唐代后半期以后，出自于女性之手的此类著作会增加这么快；二是很难认为她们编写这些书籍从一开始就是出于权力等政治目的。既然如此，那么这些女性为什么会关注这一方面呢？下面我想围绕其中之一的《女论语》加以考察。

《女论语》的编者是贝州（今河北清河）儒者宋庭芬的五个女儿，编纂的时期在安史之乱之后的德宗朝。宋氏五姐妹受父亲的影响，自幼就对儒学有浓厚的兴趣，厌恶浮华，终身不嫁，发誓以学问立身。她们五人一起筹划编写《女论语》，最后由长女宋若莘汇总、次女宋若昭加注的形式完成了全书。贞元四年（788）她们五人应召进入德宗的后宫，但不是作为嫔妃，而是作为后宫在学问和文学方面的顾问，或者是作为后宫管理事务的宫官尚宫进入后宫的。其后她们也一直长期负责担当后宫以及皇族的教育。可以推测，由于她们的特殊地位，《女论语》一书遂由宫廷进而传播到了社会各个阶层。

根据唐代文献的记载，《女论语》一共有十篇，然而后世的流传本由十二章构成。因此有人认为，该书可能曾经一度散佚，其后在参考前文提及的《续曹大家女训》等书的基础上又重新编撰而成。然而即使现存版本是后来重新编写的，应该说当然也还是反映出了原书的观点以及面貌。

现在我们所能见到的《女论语》的内容，大而言之可以分为三方面：其一，作为女人来说应有的贞淑、温和以及保持节义的生活态度；其二，照料父母、公婆、丈夫，训导子女等女性基本任务；其三，女性应该掌握的手工，待人接物方法，每天的早起以及家务，家产以及家庭安排等具体的工作内容。文章体裁采用四字一句，两句一文，全文押韵的形式，以便读者按照韵律节拍背诵全文。

谈起《女论语》一书，表面看上去该书似乎和东汉的《女诫》的基本方针相同，是《女诫》的延长线上的同一性质的书籍，历来人们对此书的理解也大致停留在这种认识上。可是，事实果真是如此吗？大家都知道，《女诫》一书原来是为待嫁的姑娘所编写的书，内容主要是关于未婚女子应有的状态以及注意事项等方面的说教。与其比较，《女论语》一书则全面地论述了女性应该具备的素质和形象，其中尤其是突出地讨论了母亲在家庭中的作用。除了要求女性必须贞淑、勤勉、服从之外，还强调女子的主要作用在于相夫，当好贤内助，以及妥善安排处理好家务、负责养育及教育孩子等。因此，《女论语》一书实际上将《女诫》以来对于女性的说教以及有关妇女的概念推向了一个新的阶段。

唐代前半期对于女性自由奔放的行动一直采取了容忍的态度，而随着安史之乱的爆发，唐朝的这一基本方针出现了很大的动摇。时代气氛和社会环境都不再容许这些现象，在这种背景下，女子们也被迫必须选择一种正视现实的生活方式。既然不能再奢望回到以前的荣华，那么只有退居家庭，依附于男人们，重新稳固自己眼前的阵地了。可是，女性的退缩并不意味着单方面地屈从于男性。这部《女论语》以及同时期的《女孝经》和《续曹大家女训》等书，不正是为这些处于转型期十字路口的女性们准备的行动指针吗？这些书籍的出现，实际上也是即将到来的儒教时代的一个预兆。

女子的教育

《女论语》一书的作者脑子里设想的读者对象主要是劳动妇女。这些勤劳的女性们每天早晨很早就起来，首先干脆利落地安排处理完全部家务，然后再抽空从事诸如养蚕、织布、缝纫等早已驾轻就熟的女工事务。

82 加彩劳动女子泥俑群（吐鲁番市阿斯塔那 201 号墓出土） 泥俑表现了女性从事家务劳动的情景。从左至右分别是擀面、用磨磨粉、用杵在杵谷物、使用簸箕在筛选谷物

为了家里的成员，她们要织布、缝衣服，并将织出的一部分布匹出售，以此换得现金收入。有时她们还要下地帮助丈夫干活或者饲养家畜。同时，她们还要致力于勤俭持家，教育并督促男孩子们的学问，并要随时注意不能失礼，如何妥善地待人接物、招待客人。

由此来推测她们所属的阶层，应该既不是一年到头日复一日从事农业劳动的一般农民，当然也不是拥有许多仆人的上流社会的高官，而应该是介乎二者之间的中下层的官僚及地主阶层。其中，在唐代后半期取代均田农民而起的土豪地主阶层中，有不少家庭最接近《女论语》中的女性形象。这些新兴的阶层与下一个时代宋代的统治阶层即地主科举官僚有着密切的联系。

如果说《女论语》是以上述阶层的女性为主要对象的话，那么《女论语》的编者事先一定清楚这些女性不仅识字，而且也能理解书中所写的内容。由此可以推知，当时的女性中具备一定程度读写能力的人应该相当普遍。前一节提到的那些花街柳巷的女子们都把写诗作文看作素养之一就是旁证。如果变换一个视角来看的话，唐代之所以涌现大量为女性而编写的、而且出自于女性之手的著作，其背景之一就是因为存在这样一个女性读者阶层。

那么，女性是在什么地方接受的教育呢？当时，不仅没有为女性而开办的官方教育机构，而且在民间也完全没有像日本的“寺子屋”[50]那样女子也可以参加的私塾。因而对她们实施教育的地方只有在家庭之内，老师就是作为家庭主妇的母亲。

譬如，以著名书法家颜真卿（709—785）为例来说，他家在当时非但算不上一流的贵族，而且在他父亲留下众多子女去世以后，家境实际上已经跌入贫困的谷底。在这种艰难的情况下，颜真卿的母亲殷氏在向娘家求援的同时，坚持加强对孩子们的教育，为颜真卿后来的崛起打下了坚实的基础。另外，唐宋八大家之一的韩愈（768—824）也是如此。他三岁丧父，长兄取代父母照顾他，但长兄在韩愈十一岁时也去世了。其后，在韩愈去长安为止的八年间的苦读过程中，代替母亲从各方面支撑他的是长嫂郑氏。

在上述这样的家庭里，能识文断字的女性相当多，而且通过她们的教育，这一传统又为下一代所继承下去。从这个意义上来说，对于唐代女性具有的知识水平，我们有必要重新加以审视和评价。

第六章

城市的发展与丝绸之路

长安、洛阳的景观及其生活

长安与洛阳的位置

隋唐两代长达三百年的首都长安坐落于大陆深处的关中盆地。关中的“关”，指的是这一地区通往东方的唯一的交通干线之上的函谷关或潼关，关中就是处于该关口的内侧之意。关中盆地的南边是东西连绵起伏的秦岭，海拔3767米的太白山是秦岭山脉的主峰。关中的北边到西边的广大区域是高低起伏的黄土高原，在其前边则是自古以来以陇山而知名的六盘山矗立于西方。关中的东侧则是呼啸的黄河奔腾南下，然后在潼关附近向东蜿蜒而去。

关中就是这样一个被天然屏障包围起来的大盆地，而且拥有可以养活相当人口的平原部分。此外还有一点不太为人所提及

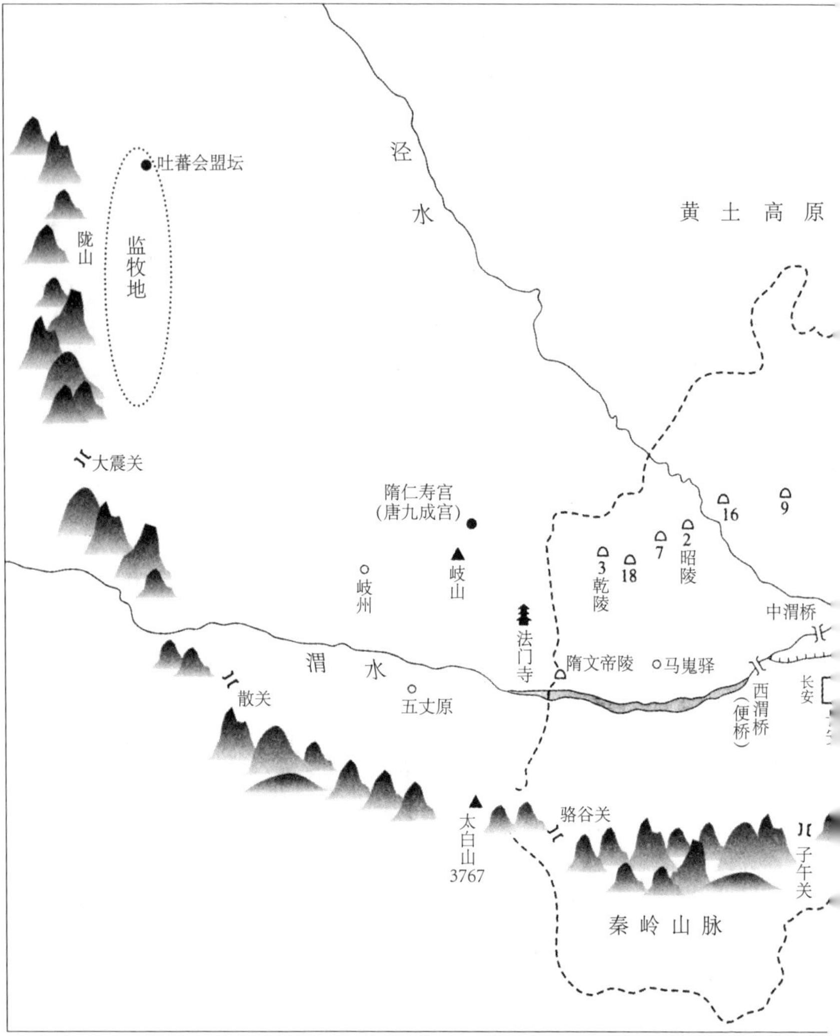

吐蕃会盟坛
监牧地
陇山
泾水
黄土高原
大震关
隋仁寿宫
(唐九成宫)
岐山
岐州
16
9
2
昭陵
7
3
乾陵
18
中渭桥
法门寺
隋文帝陵
马嵬驿
渭水
散关
五丈原
西渭桥
(便桥)
长安
太白山
3767
骆谷关
子午关
秦岭山脉

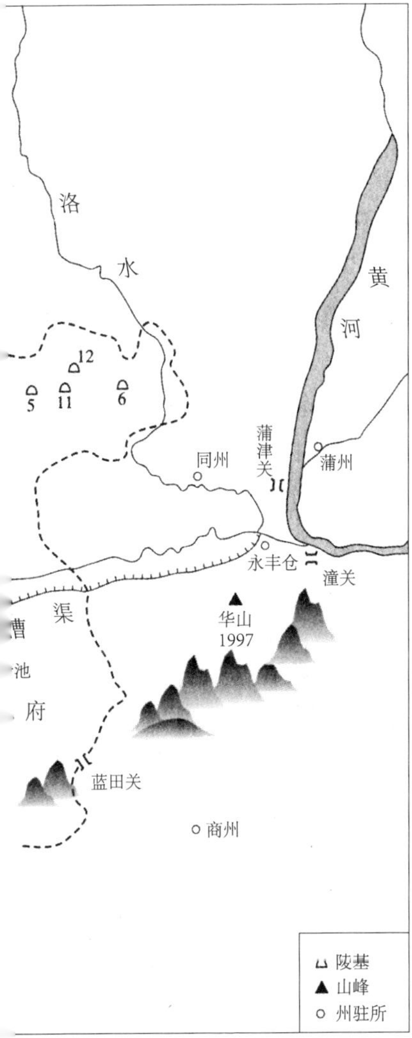

代	陵名	帝名	埋葬年代
1	献陵	高祖	贞观 9 年(635)
2	昭陵	太宗	贞观 23 年(649)
3	乾陵	高宗	文明元年(684)
		武后	神龙 2 年(706)
4	定陵	中宗	景云元年(710)
5	桥陵	睿宗	开元 4 年(716)
6	泰陵	玄宗	广德元年(763)
7	建陵	肃宗	广德元年(763)
8	元陵	代宗	大历 14 年(779)
9	崇陵	德宗	永贞元年(805)
10	丰陵	顺宗	元和元年(806)
11	景陵	宪宗	元和 15 年(820)
12	光陵	穆宗	长庆 4 年(824)
13	庄陵	敬宗	大和元年(827)
14	章陵	文宗	开成 5 年(840)
15	端陵	武宗	会昌 6 年(846)
16	贞陵	宣宗	咸通元年(860)
17	简陵	懿宗	乾符元年(874)
18	靖陵	僖宗	文德元年(888)

84 关中唐十八陵一览表

83 隋唐关中地区图　关中的“关”指面向东方的交通干线上的函谷关或潼关。“关中”的含义就是被这一重要的雄关守护着的内侧之意。关中地区乃是由天然的地形拱卫起来的战略要地，从西周至隋唐一直是政权的中心地区的地方，即关中西边陇山南麓附近有一片辽阔的国营牧场（“监牧地”），在长安近郊也有一块同样的牧场，因而很容易给长安提供大量的军马，这一点有着重要的意义。在上述环境之中，自从上古时代的周代（西周）以来，这里便成为政治权力的中心地区，并且一直持续到隋唐时代。

然而另一方面，长安作为内陆地区的要塞，在其与外部的交通以及物资的运输等方面又有着一些不利点或曰弱点。只要是首都，就必然拥有大量的消费人口，但关中地区的生产力却无法完全支撑这一方面的需求。弥补这一缺陷的函谷关及潼关交通线又路途险峻，运输困难，经常陷于停滞状态。此外如果再遇上关中发生饥荒，长安立刻就会陷入深刻的粮食危机之中。

在这种情况下，皇帝就会临时离开长安前往洛阳避难。洛阳位于华北平原的西端，从华北和江南运来的上税米都是先运到这里，然后再由此通过陆路运往关中。对于长安来说，洛阳就是其东方的桥头堡，是连接西方与东方的接点。因此，像隋炀帝和武后那样决意摆脱旧的束缚、开拓新的政治局面之时，洛阳就成了其首选的最好据点。

可是，洛阳在防卫方面却远远不像长安那样坚固，也并非位于东方的中心地带或是立足于交通要冲之地，只不过是依附于长安而存在而已。在历史上，长安和洛阳两个城市就像车辆的两个车轮一样，互相补充完善。但总的来说还是以长安为主，洛阳只是从属性质。

隋唐洛阳城

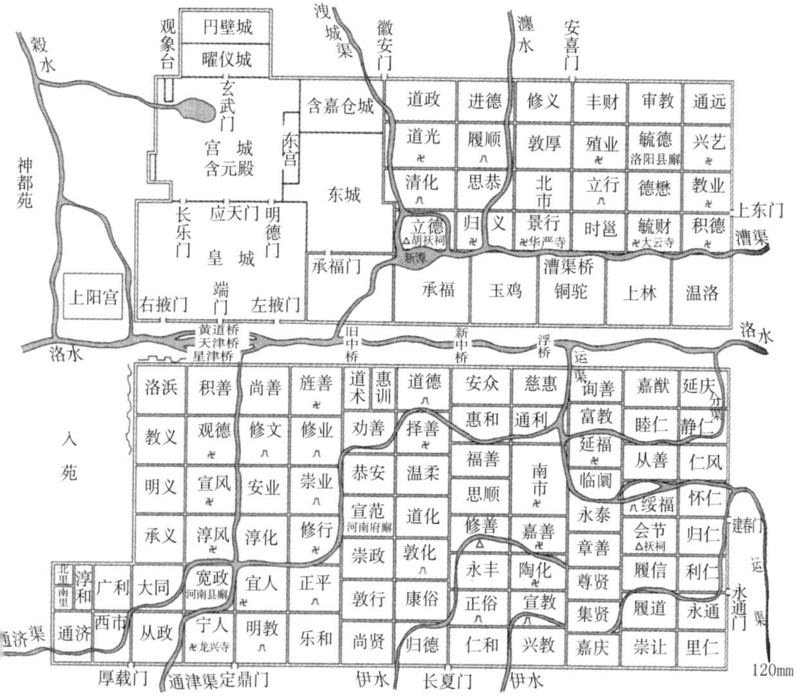

85 隋唐洛阳城（卍：佛寺，∩：道观，△：三夷寺）

谈起长安的位置问题时，还有一点不能忘记。即中国通过丝绸之路与西方世界接触时，位于西北部的长安乃是最合适的地方。自从公元前二世纪后半汉武帝开拓丝绸之路以来，丝绸之路一直作为连接东西方、进行物资和文化交流以及了解对方信息的大动脉而备受重视。到了隋唐时代也是同样，两王朝即使付出多大代价也不肯放松对于西域的经营。长安也因此而奠定了丝绸之路东方起点的地位。尽管如此，唐朝进入后半期以后，随着物资流动以及频繁的人物往来，经济中心开始转移到了经济发达地区，诸如东方的华北平原和长江下游，以及连接二者的大运河沿岸各个城市。在此期间，大食（阿拉伯）等的商人们也乘船从海上来到了广州、扬州等许多城市从事贸易，陆上丝绸之路的地位逐渐被其取而代之。于是，长安的地位遂逐步下降，最后随着唐朝的灭亡而最终退出了历史舞台。与此同时，洛阳也完成了其历史使命。因而，唐朝的灭亡也是宣告了中国历史上政治、经济以及文化的重心自西向东的大移动的一个划时代的转折点。

唐代城市的结构与特色
——以长安为中心

正如前文已经谈到的那样，长安城始于隋初宇文恺设计的隋都大兴城。其整体形状呈东西狭长的长方形，南北长 8651.7 米，东西长 9721 米。四周被用黄土夯筑起来的城墙包围起来，城墙之外环绕着护城河。城墙的周长大致和东京的山手线[51]的长度相当，城内的面积约是位于日本京都盆地的平安京[52]的 3.5

倍。由此已足以想见长安城的规模是如何之大了。

关于城墙的状况，一般推测其宽度约 9 米到 12 米，高度约 5 米左右。我们今天所见到的西安城墙的高度超过 10 米，用坚固的砖石建造而成，而且拥有高大雄伟的城门楼。若将隋唐长安城与现在所能见到的西安城墙相比较的话，显然要逊色不少。从当时城墙的构造和长度来看，如果敌人来攻城的话，要长期坚守恐怕是一件不容易的事情。唐代的李渊（高祖）之所以能兵不血刃地进入长安城，另外玄宗在听到安禄山破潼关的消息以后，立即慌慌张张地逃出了长安，恐怕都是因为这一原因。

接下来让我们再看一看长安城里边的情况吧。城内最北边是宫城，这是皇帝居住和执政的空间。宫城之南是皇城，其中集中了大量的官厅衙署。居民则生活在皇城南边被称为“坊”的区划之中。如果用城郭的术语来表现的话，宫城和皇城是“城”（内城），而将“城”围起来的整个长安城则相当于“郭”（外郭，外城）。将皇帝（天子）的所在地置于城的最北边的传统就始于这一时期。

粗略看上去，这种做法乃是古典理念中的“圣人（天子）南面听天下”的一个具体体现，然而实际上在《周礼》等文献中，宫城（内城）则是位于王城的中心。所以，我们在重视其与古代典籍的关系之前，首先有必要考虑到长安城与之前的其他都城的关联，诸如北魏的洛阳城以及东魏、北齐的邺城（位于今河北省），这些都城都是将内城即宫殿区设置在北边的先例。

另外，尽管我们说皇帝（天子）的所在位于长安城的最北边，

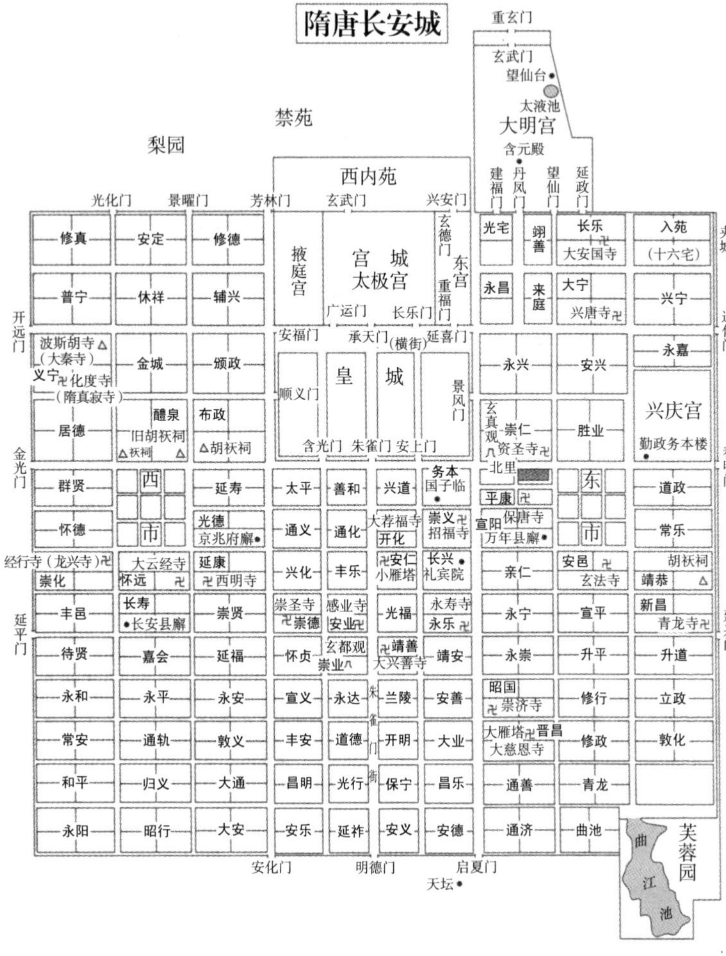

86 隋唐长安城（卍：佛寺，∩：道观，△：三夷寺）

而实际上在长安城之北到渭水之间，还有一片用城墙围起来的面积很大的禁苑（御苑）。在禁苑里边，林木茂盛，有山有水，池水碧波荡漾，其中放养着各种珍贵的动物。这里既是皇帝的狩猎场，又有保卫宫城北门的北衙禁军的兵营。高宗建造的新宫城大明宫也在这一地区。其后，教习音乐的梨园以及打马毬的毬场也都设在这里边。如果加上这片辽阔的禁苑，皇帝的所在地就正好位于整个区域的正中间。洛阳城也是同样，紧挨着内城的西边到北边的区域设置了辽阔的禁苑。隋唐的都城同时附设禁苑，这也是之前各个都城所不曾见到的重要特色。

隋唐都城还有一个明显的特征就是东西对称。从宫城的北门玄武门到皇城的南门朱雀门，再进一步向南延伸，经朱雀门街到明德门，以这一南北方向的中轴线为中心，整个长安城呈现整齐的东西对称格局。商业场所也按照这一原则，分别设置西市和东市。中轴线的起点是进入南面的终南山的谷口之一石鳖谷口，由此向正北延伸的轴线就是长安城的中轴线。这一中轴线决定之后，人们在错开自秦岭北流而上的各条河川之间的平原地带之上，按照左右对称的原则设计建造了长安城。

另一方面，由于地形等的制约，隋唐的洛阳城未能建成像长安那样的区划。然而如果按照宫城和皇城为中心来看的话，其也是以纵贯南北的中心轴形成左右对称。若将中心轴向前延伸下去，则是伊水两岸以龙门石窟而知名的西山及其对面的东山，以及作为两座山之门（门阙）的伊阙。

87 唐长安城含光门遗址　含光门是皇城南面的西侧门。在石头的门道上还残留着当时因行车而留下的车辙的痕迹

由此可见，隋唐时代的长安城乃是在继承以往的理念及形态的同时，独自创造的一座人工的都城。在这块土地上没有任何过去的建筑物等留下来的影响。其结果，认为帝都就是宇宙中心的看法受到人们的重视，长安遂被设计成为受命于天的唯一统治者即天子治下的天空之都。无论在南郊设置天坛，还是在北边的禁苑里扩充方坛等祭天设施，以及强化仪礼，使仪式更加精密化等举措，则都是为了呼应这一点。

然而，围绕帝都长安的天空观问题还有一点值得注意。这就是在这座始于隋大兴城的长安城的建造过程中，是否存在着上述那样一种始终如一的理念呢？对此我们抱有疑问。实际上，长安城的建造理念是根据各个时期的状况而不断地增加和膨胀起来的。关于仪礼、理念和实际做法之间的关系问题，仍有值得研究的余地。除此之外，对于北方游牧民族的影响也不可忽视，仅仅以中国式的理念来加以解释是不够的。总之不管怎么说，毫无疑问，在这样一座都城的精神和论理之中，必定蕴藏着唐朝这一时代的特质。

坊的结构与特色：居民们日常生活的地方

除了宫城和皇城之外，长安城内南北有十一条街道，东西有十四条街道（包括沿城墙根的道路），呈现棋盘一样的格局。最宽的大街是连接从皇城南门（正门）的朱雀门到南边的明德门的朱雀门街，路宽约150米，道路两旁设有人行道和排水沟，沿街栽满了整齐的柳树。以朱雀门大街为界，西边（街西）是长安县，东边（街东）是万年县。

在长安城内还有一条主要大街，即通过皇城前面，连接东边的春明门和西边的金光门的东西走向的大街，街宽120米。这条皇城前大街是长安城内人员和物资来来往往最繁忙的一条街，无论是出入官厅衙署的朱雀门，还是商业中心东西两市，或者说是前章谈到的花街柳巷平康坊等都是面向这条大街而开。

在这种棋盘状的街道之间则是居民居住的"坊（里）"。"坊"的四周被高约三米的土墙围起来，大坊有四个坊门，小坊有两个坊门。从坊门进去以后，经过坊内的街道和小巷，可以走到各家各户。坊门的开闭由管理各坊的负责人"坊正"负责，每天日出之前的四点左右开门，傍晚日落以后关闭坊门。因此，居民们在太阳落山之前必须回家，而到次日天亮之前不能出坊。但是，有权有势者和大寺院则例外，官方允许他们可以直接面向大街开设大门。

长安城内的街西和街东各有54个"坊"，再加上东西两市，全城总共111个"坊"。其中，大坊四周的周长4公里，其大小正好相当于被京都御所周边道路围起来的御苑的区划[53]。小坊的周长大致是大坊的一半，约 2.1 公里。整个城市被棋盘状的街道所分割。在街道之间镶嵌着许多独立性和封闭性都很强的“坊”，这也可以说是长安这一人工都市的另一个很大的特征。此外，洛阳的城市布局也可以说是同样的结构。如果换个角度来说的话，可以说隋唐的长安（洛阳）就好像是许多四方块的集合体，或者说是由许多细胞集合起来的组织。

那么，为什么长安城要采取这样的形态呢？历来的解释是，在汉代的农村，农民们聚居之地按照一百户左右设有“里”这样一级组织，而复数的“里”集合起来就形成了城郭，这种情况经过长时间的演变，最终为都城的建设所继承。然而，“坊”所收容的人数是以万为单位的，因此无论从规模还是从功能上来说，隋唐长安城的“坊”都与汉代大相径庭。

另一方面，在北魏的洛阳城以及北齐的邺城的“里”上面，却也可以见到与隋唐的“坊”有直接联系的解释。根据文献来看，北魏的“里”是每个边长一里（约 450 米）的正方形，“里”门有四个，由“里正”等进行管理，整个布局也同样按照棋盘状排列起来。这种情况与隋唐长安的小“坊”近似，其很可能就是隋唐长安城的起点。

关于北魏的“里”，我们并不清楚其到底具有多大程度的系统性和实效性。同时也不清楚各个“里”的内部情况及其相互关联。然而仔细考虑起来，无论北魏还是隋唐王朝其实都是以北方游牧民族鲜卑为主流的政权，所以在棋盘格局的里制或坊制中

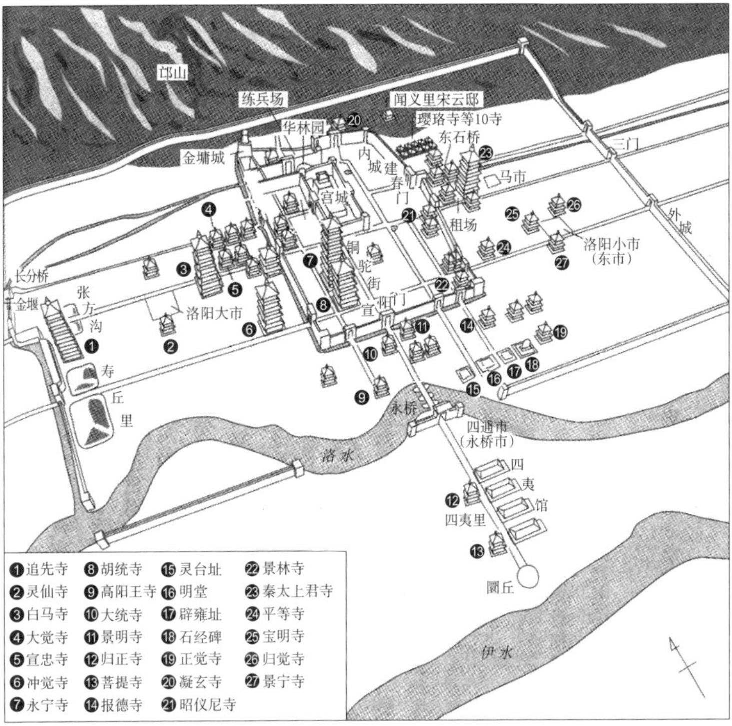

88 北魏洛阳城

包含着北方游牧民族的想法并不奇怪。由此我联想到了作为游牧世界根基的部族或曰部落的情况。部族（部落）本来就是在族长之下具有生活（生产）和军事两重机能的一个共同体，其在保留独立性的同时，效忠于王（其后的皇帝）。倘若我们仔细观察一下“坊（里）”所具有的特性及其实施的背景的话，其实不难在游牧部族（部落）中找到其原型。

构思设计隋唐长安城的当政者们，一方面意识到了中国传统的“里”这一组织形态，另一方面又很重视其与自己出身的游牧世界之间的关联。在此我想指出的是，“坊”这一形式的确十分独特，然而如果仅仅只是局限在中国史上，应该是不会产生出这种形式的。“坊”显现出来的非中国元素明确告诉我们，在隋唐的长安城和洛阳城的设计中也包含着浓郁的北方民族的特质。

从人口的动向所见到的长安

长安居住的场所是“坊”。那么，人们是怎样以这些坊为中心来生活的呢？他们又是如何度过日落以后的漫长的坊内生活的呢？在因芥川龙之介[54]的小说而广为人知的《杜子春传》[55]中（原作主人公为“周隋间人”，舞台是唐代长安。芥川将舞台改为洛阳），落魄的杜子春初次遇见老人的时间是太阳完全落山以后的傍晚，地点在长安的东市的西门前。他饥寒交迫，无家可归。根据这一描写，我们眼前不禁浮现出了日落以后在坊外也还有人走动的情景，同时也可以想象出在街上聚集的成群的流浪汉的景象。那么，当时是否真的是严格地执行了关闭坊门的做法，是否真的太阳一落山，坊外马上就回到了空无一人的静寂之中呢？

在长安城内生活的人们包括上至皇帝下到流浪汉的各种人。关于长安城的人口有各种说法：有接近于历来的通说的一百万人说，还有一百五十万人说，近年还有一种呼声很高的看法，认为长安的人口当在五十万至七十万人左右。在考虑长安这座城市的性质时，人口问题无疑是一个重要的指标，因此在这里我想结合拙见稍稍谈一下这一问题。

在这里我们以唐代最盛时期玄宗的开元天宝时期作为基准来加以观察。前文已经谈到，长安在行政方面由万年和长安两县构成，其管辖区域也包括周边的城外地区。城内城外合计，两县的户数约七万五千户至八万户，一户按照五个人计算的话，总人口当在四十万人左右。这些都是在户籍中登记过的人，也就是“编户”。在迄今为止的研究中，根据这一数据来研究城内的人口数，推断出城内的居民应该有三十几万人。从“编户”总数中减去城内居民，剩下的近十万人就是住在城外的农民。

在这里，我所注目的是这些农民的存在。大家知道，关于长安的“坊”，如果从规模上来说，一个坊的规模相当于地方上的一个县城或者与其接近的大型聚居地。如果是外地的县城，农民们也都住在县城里，白天出城下农田干农活，然而在长安的居民中却见不到农民的身影。尽管据说长安城的南部实际上是农田，但是住在坊内出城去从事农耕事实上是很困难的。

那么，是否应该把这些在长安城外生活的农民排除在城市之外呢？回答应该是否定的。无论是从居民所需粮食的生产，还是遇到危险的时候的保护，或者是日常的往来以及各种杂务的分担，城外和城内都是不可分割地联系在一起的。从这个意义上来说他们也是长安的居民。万年县和长安县之所以管辖区域包括长安城附近地区也正是因为这一原因。因此，我不同意将长安城内和城外严格分开的做法。

另一方面，再看看与朝廷有关人员的情况。中央官僚约两千六百人，下级官人以及有职务者（“内职掌人”）大约三万五千人。由此推算，加上他们的家属在内，这一部分人合起来近二十万人。另外，官僚通常都入士籍，下级官员如乐户等也都与“编户”之民不重复。此外还有皇族（包括家属在内合计当有数千人？）及后宫的女性（四万人）、宦官（三千人）以及官奴婢（一万人以上？）。除了上述之外，还有佛教和道教的僧尼约有两万到三万人、科举考生及其随从有一万数千人、至少超过一万人的外国人等等。上述这些人大概有十万人，而且都不是“编户”。如果再加上与官僚有关的近二十万人，非“编户”的居民则高达三十万人左右。

在此值得考虑的是，负责首都防卫的士兵人数是否应该计算在人口之内的问题。士兵的类型分为府兵的南衙系统和作为皇帝禁军的北衙系统。关于两者的情况，在唐代前半期是以南衙为中心，随着府兵制的衰退，北衙势力增强，到了玄宗时期以后两者的地位发生逆转，北衙占据优势地位。

过去一般认为，在府兵制起作用的时期，大约有八万到十万府兵（卫士）交替驻扎在首都长安。我对于究竟是否真的需要这么多人表示怀疑。因为首先警备的任务并不需要那么多的人。其次，仅仅保障供给这么多府兵的伙食本身就是一项十分艰巨的事情。我推测至多不过五万人到六万人左右，而且其中三分之一左右都是由首都的居民（编户）负责供给的（关于这一方面在本书下一章加以详述）。

与此相对，北衙是专业士兵，有军籍，家属也都住在长安城内或郊外。截至玄宗时代之前，北衙兵有两万人，其后又有增加，或许增加到了四万人左右。虽然不清楚他们是否全员都带家属，然而粗略估算一下的话，推测包括这些北衙兵的家属在内的有关人员当在十万人左右。当然他们都不是“编户”之民。

城市名称（国名）	人口
长安（中国）	800,000 人
巴格达（阿拉伯） （765 年时为 480,000 人）	700,000 人
君士坦丁堡（拜占庭）	300,000 人
京都（日本）	200,000 人
亚历山大（埃及）	200,000 人
科尔瓦多（西班牙）	160,000 人
埃洛拉（印度）	90,000 人
罗马（意大利）	50,000 人
巴黎（法国）	25,000 人
科隆（德国）	15,000 人

89 公元 800 年世界主要城市人口统计表（采自 T.CHANDLER,G.FOX,*Three Thousand Years of Urban Growth*）

考虑长安的人口时不能忘记另外还有一个群体，这就是包括流浪汉在内的没有登记在户籍上的人们。前文提到的杜子春的情况就是属于这一类人。尽管要统计这些人的人数非常困难，但按照某种计算方法，得出了大约十余万人的数字。进入唐代后半段以后，随着从各地流入首都的流浪汉的剧增，推测这部分人口的数字会进一步增加。

如果根据以上的推算，“编户”之民四十万人，朝廷以及与朝廷相关者合起来三十万人，士兵及其相关人员约十万至十三万人左右，户籍登记漏网的人大约十数万人，全部加起来正好一百万人左右。由此足证长安人口一百万人这一通行说法是一个恰当的估算。在当时的世界上来说，拥有百万人口的都市仅此一家。仅仅从这一点来看，唐代就无愧于世界帝国的称号。另外，通过上述长安城人口的构成来看，我们便可以知道长安城的非生产性人口非常多，是一座头大身子小、基础很不稳定的城市。我以为，我们在认识思考长安的时候，一定要随时意识到这一特点。

工商业的发展与商人及工匠

国营市场及其管理体制

谈到隋唐时代的商业，首先会举出长安的东西二市以及洛阳的三市（即南北二市再加上西市）的名字。从规定上来看，这些“市”的门与其他的坊门同样，也是从早晨到日落为止开放，然而商业交易却是随着中午的鼓声才开始，到日落之前结束。就时间而言大约是五个小时左右，并不是全天都可以自由交易。

让我们通过长安的“市”来看一看市的构造吧。关于“市”的面积在前节已经涉及，大致是与大坊同样，为一个周长四公里的正方形，周围也是被结实的坊墙围起来。只是与一般的坊不同处在于，“市”的内部街道不是十字形，而是呈现井字形，“市”的大门每边各开两门。这也是“市井”这一词汇的由来。

中央官厅太府寺所属的两个衙署“市署”和“平准署”设置

在井字形街道的中心区域。“市署”负责管理整个商业贸易。“平准署”的主要业务则是通过“市”来卖出国家不用的东西，同时买进需要的东西。随着时间的推移，长安鲜明地分为两个区域：街东变成了上流阶层的高级住宅区，街西则成为庶民阶层的聚集区。这一变化也反映在“市”上。平准署据此来调整买进卖出业务。

对于唐代的商业活动影响最大的是“市署”。市署不仅设置在长安和洛阳，而且在所有的地方州县都设置有市署。换句话也就是说，凡是没有设置市署的地方就不能进行交易。以长安的“市”为例来说，市署掌握“市”门的钥匙，实施着严格的门禁制度。同时负责监督商品质量、物价、交易是否正当等情况，为了保证使用秤的公正性，每年八月份要统一检验所有的秤。

市署的监督和管理也涉及在市里营业的商人和工匠们。一般认为他们可能登记在市籍之中。由于工商业者被剥夺了参加科举考试的资格，所以或许他们登记的地方既非市籍又非一般的户籍（编户），而是登记在别的什么地方。假如说他们登记的不是一般的户籍，那么在前节的人口计算的基础上，就需要进一步追加工商业者的人数。据记载来看，这些工商业者的资产都被登记了起来，以资产为基准征以户税，课以庸役（力役）。

在长安的“市”里，除了登记在市籍上的本地商人即坐商（坐贾）之外，还有许多从其他地方带来商品的客商（行商）。这些客商随身携带着官厅颁发的，上面记载有本人姓名和同行者姓名以及经营的商品名的身份证即“过所（公验）”旅行。到了“市”

以后，他们首先到沿着坊墙内侧排列的旅馆卸下货物，这些旅馆叫做“邸店”。邸店是兼有旅馆和仓库两种功能的设施，属于市署管辖。客商们一方面通过坐商做买卖，同时也在邸店的仓库前面摆上货物进行交易。

商店叫做“肆”或“铺”，但是并不能在坊内自由开店，而是根据经营的商品种类不同，被集中在一定的区划里，并且所有的商店都要被纳入叫做“行”的组织之中。据说在长安，恐怕是盛唐时期的长安的东西两市分别有220行（一说为120行），各个商店都要挂上自己所属“行”的标志，并通过各行的负责人即“行头”（也叫“行首”、“行老”）与市署保持联系。“行”具有同业行会的性质，与欧洲中世纪城市里出现的行会“基尔特”类似。但是，相对于欧洲的“基尔特”的自治和自立性而言，长安的“行”则是被置于国家的管理之下。

工商业者与隋唐城市的一个侧面

上述状况给人一个强烈的印象，即唐朝对于工商业者采取了相当严格的管理以及抑制措施。其象征性的表现就是坊制和市制的存在。从这一情况出发，尤其与其后的宋代对比，唐代城市的落后以及工商业的不成熟经常受到指责。但是另一方面，正如人们都知道的那样，以长安为代表的唐代城市文化又呈现出绚丽多彩的景象。城市文化与城市的封闭性以及落后性难道是没有关系的吗？

为了了解城市的工商业的状况，我们再稍微看一看作为同业行会的“行”的情况。在文献中可以确认的长安的“行”，主要有肉行、药行、绢行、笔行、秤行、铁行等。此外，还可以见到诸如米肆、面肆、饼肆、金银肆、珠玉肆、乐器肆等商店的名字。

90 遭遇盗贼的商人们（《观世音普门品》，敦煌莫高窟第45窟南壁壁画） 通过这幅画可以窥见当时商人的样子以及他们随身携带的东西、马背上负载的货物等情况

可以推测在这些商店的周围也一定有“行”的存在。而在这些众多的商店和行的背后，又活跃着与商品的生产制造相关联的大量的专业工匠以及工人们。在他们中间，有一些工匠是在官营的作坊内工作，制造朝廷（皇帝）的御用物品，诸如从酱油醋等食品到金银器的装饰品，从宫廷的仪礼用品到盔甲武器等各种物品。而此外在民间的作坊甚至个人的家里工作的工匠及工人则数不胜数。

譬如，唐代后半期的会昌三年（843）六月，当时正好在长安的日本僧人圆仁曾留下一段记录，记载了东市西半部的“十二行四千余家”被大火所烧的情况。如果按照这一记载的话，一“行”平均近四百户。然而，我们很难设想一“行”能有如此众多的商店，所以很可能其中也包含了各行相关工匠的家。长安城

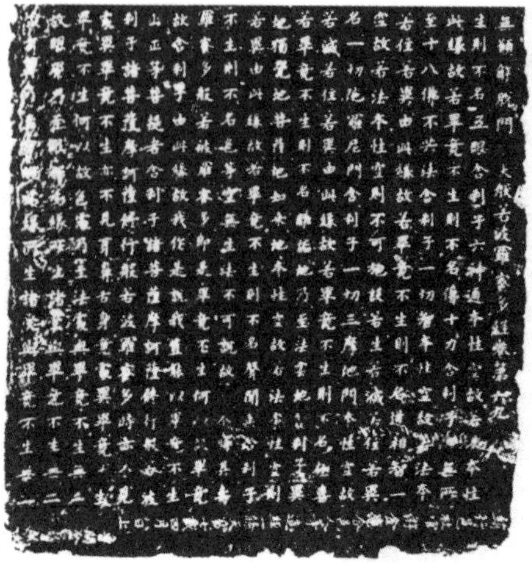

91 **房山石经拓片中的捐赠题记**　在房山云居寺的大般若经的最下端的空白处刻着捐赠者所属的肉行、绢行、绵行等行名。这是了解唐代工商业情况的珍贵史料

内当然不止十二行，由此可以推知民间的工匠人数一定相当可观。

“行”的大量出现当在玄宗时期前后。信徒们捐给房山云居寺的石经上记载的形形色色的“行”（参见本书第八章相关部分）就可以证明这一点。因为房山石经上的“行”出现于当时的地方城市幽州（现在的北京），石经上第一次出现名字的时期是玄宗的天宝初年。在房山石经上面的行名里边，除了在长安见到过的肉行、绢行等以外，还有一些以前从来没有听说过的行名，诸如大绢行、绵行、大米行、屠行、生铁行、幞头行等。这样一个地方城市居然出现如此活跃的情况，由此推知同一时期全国各地的主要城市的情况，恐怕一定还涌现了许多形形色色的“行”。

活跃的城市居民

可是，我们却不能仅仅根据大量涌现的这些“行”，就将“行”的设置一事看成是国家掌控了商业活动、并将其置于国家管理之下的一个环节。

如果说起幽州的“行”的话，其在做生意的同时，还自费从事宗教活动，以确保自己的某种自立性。所以与其说唐朝国家控制商业，倒不如说国家跟在日益活跃的工商业后面追赶更为妥当。如果上述观点可以成立的话，那么对于唐朝国家的管理立场以及将这种管理视为当然的通行看法，我们就有必要加以重新认识和评价。

与此关联，当我们稍微聚焦一下长安的人们的活动时，就可以发现当时超出坊制和市制规定范围的现象其实随处可见。有这样一个故事，说的是天宝九载（750），有一个名叫郑六的人与韦姓友人一起去新昌坊的酒馆喝酒，郑六因为有事临时去升平坊，途中遇到一位绝色女子任氏，一见钟情，俩人同床共枕度过了一夜。天亮之前郑六离开了女子的家来到坊门附近，坊门还没有开，但是门旁有胡人的饼子铺还在点着灯卖饼。郑六便与饼子铺的主人闲谈起来，当问起刚才的美女是哪家小姐时，才知道该女子是一个狐仙……

上述故事来自于小说《任氏传》[56]，由此可以窥见当时长安生活之一斑。也就是说，在长安城东南部的新昌坊里有酒馆，在升平坊里有胡人的饼子铺，而且从半夜到凌晨一直营业。另外，饭馆等各种店铺不仅东市和西市里有，而且还扩大到其他各个坊，同时在坊内也有“夜店”。

通过上述故事我们了解到，在安史之乱以后，长安城内到处都有商店似乎已成为司空见惯之事。而且，开始出现了打破坊墙将房间扩充到坊外（称作“侵街”）、坊门的开闭时间徒具形式、“市”的营业时间得不到保障、开始出现夜市和早市等等现象。后来还曾发生了下述这样的事情：咸通十四年（873）举行了三十年一度的法门寺佛舍利的开龛仪式。据说为了纪念这次活动，当时在长安城的各处都挂起或搭起了用纸糊的各种装饰，晚上彩灯高照，一连数日人们彻夜欢庆游戏。在这里，“坊”和“市”的制度几乎名存实亡。

以上，我们讨论并描述了在坊制和市制的束缚之下的唐代长安以及诸城市的状况。然而，在城市居民不断增加、工商业不断扩大，同时统治权力又不断衰退的情况下，有唐一代三百年间，人们是否一直默默地服从于这种束缚呢？回答显然是否定的。在国家与民众激烈对抗的夹缝之中，“坊”和“市”其实也一直处在动摇之中。通过这一现象，我们从一个侧面看到了城市蕴藏着的能量以及可能性。

地方城市的发展与草市的扩大

在前一小节中，我们通过幽州出现大量“行”的事例，了解到了首都长安及其工商业的发展与地方各城市的发展是一种联动的关系。这些联动关系说起来，不外是大范围的物资流动，大规模的商业交易以及支撑上述内容的形形色色的产业的出现。而且，作为促进顺畅、安全从事商业交易的一种手段，大致从唐中叶起，开始使用起汇款票据（汇票）“飞钱（便换，便钱）”。

当时的基本通货虽然是铜钱，但是其携带运输都很不方便，而且路途上也伴随着很多危险。为此，作为实物的代价，首先领取“飞钱”，然后在别的地方再用“飞钱”换取现金的交易方式开始流行起来。其后这种方式进一步发展成为纸币，其代表就是宋代的“交子”及元代的“交钞”。

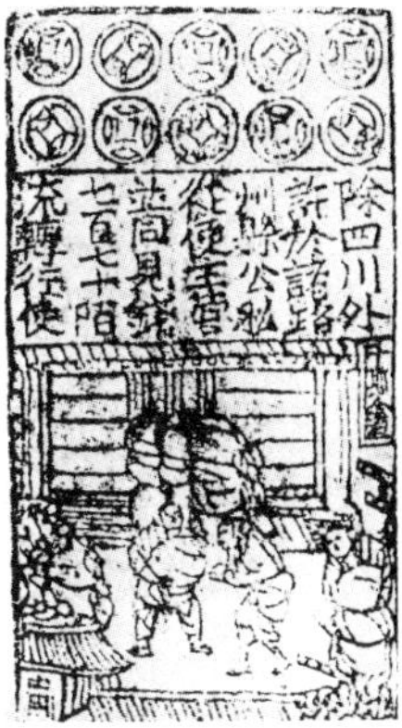

92 交子 铜钱携带不便，危险又多，所以开始实行“飞钱（票据）”的方式，进而发展成为“交子（纸币）”

伴随着大范围商业圈的建立，首先发展起来的城市代表是扬州（位于今天的江苏省）和益州（今天的四川省成都市）。当时用“扬益”或“扬一益二”来表现这种情况。两座城市分别位于长江下游和上游，可是如果从全国的角度来说，对于北部中国而言，这两座城市则都是代表着南方的都市。

开皇九年（589）隋朝平定陈朝以后，扬州旋即就取代建康（南京）成为隋朝经营江南的中心。其后随着炀帝开通了大运河，扬州进一步成为江南以及长江流域的物资必须经由的重镇或曰新兴城市。而扬州大规模的发展，则在运河真正作为南北大动脉开始发挥作用的唐代以后。到七世纪末前后，扬州已经变成了一座巨贾云集的商业都市。进入玄宗时代，不仅国内而且海外的商船也开始在扬州直接下锚。远至波斯、阿拉伯的商船，近处有新罗船、也有日本的商船，到唐末时，居住在扬州的外国商人已经达到数千人。

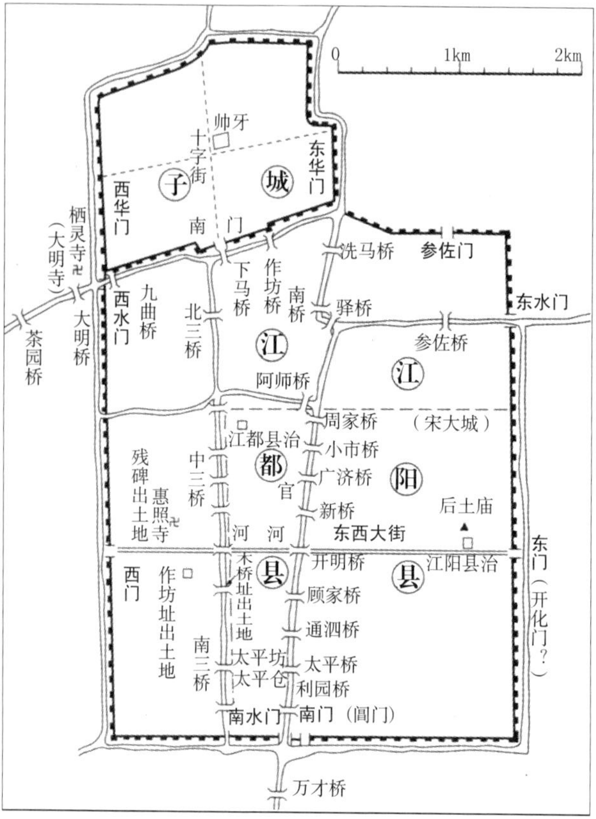

93 唐扬州城复原图　进入唐代以后，随着运河作为南北运输的大动脉而发挥起作用，扬州发展成为江南及长江流域物资的最重要的集散地。阿拉伯、新罗、日本等国为首，居住在这里的外国商人多达数千人

扬州最盛时期的规模大约相当于长安的一半左右，人口约五六十万人。顺着纵横于扬州城的运河（官河）沿岸形成了许多“市”，这里不仅是大米和食盐交易之地，而且还从事金银器、

丝织品、木材、茶叶等各种商品的交易。与长安的情况不同，扬州这些活跃的商业活动促使坊制和市制变得有名无实起来。首先，无论是从交易商品的数量，还是从接待来自四面八方商船的角度，传统的市制都已经无法对应。城内的“侵街”现象急速扩大，一到夜晚整个街道灯火通明。到了唐代后半期，夜市已经成为常态。此外，在当时的大商人周围还聚集了很多文人，使扬州又呈现出了文化都市的面貌，这也是扬州的一个特色。

另外一方面，益州（成都）也作为四川的中心发展了起来。其发展的背景之一是益州所占的地利，即与其他地区隔绝起来的地理环境。这种环境使得益州在隋末唐初中原以及长江下游地区激烈动乱之中，唯一而且始终保持了平稳安定的状态，为其在唐代的发展奠定了基础。同时，四川温暖的气候以及发达的水运也为益州的繁荣创造了条件。在这种自然条件之下，益州出现的代表性的产业是养蚕和丝织品，优质的蜀绢名扬天下。据记载说成都每年一到春天，城内各处都有叫做“蚕市”的买卖养蚕用具的“市”，人们聚集在一起从事交易。这种现象不仅反映了养蚕和丝织业的繁盛状况，同时我们也可以据此了解到以蚕市为代表的定期市的发达以及商业活动的活跃情况。

虽然成都城比扬州城要略微狭小一些，然而公称“成都十万户”，若以一户五人来计算的话就是五十万人，可见成都也是一座人口与扬州旗鼓相当的大都会。可是，当时的繁荣还不仅仅是一座城市，受其影响在这些城市周边还涌现了许多“草市”。所谓“草市”，就是指在脱离城内制约的城市近郊，具体而言在水路交通的要冲自然形成的“市”，其后人们逐渐地聚居于此，盖房建屋，筑起城墙，从而发展成为新的县城。

到了唐代中期以后，“草市”遍及到全国各地，其中心区域主要集中在从淮水到长江的水运发达的江淮地区。以缴纳现金为原则的两税法的施行以及茶绢等商品作物的普及，毫无商量地将广大农村卷入了货币经济之中。其结果导致在城市与城市之间的地带形成了“市”，农民带着农产品在这些“市”里与城市的产品进行交易。“草市”的普及反映了日益活跃的唐代经济，同时也成为农村面貌发生变化以及城市圈扩大的先驱。

纵横于隋唐世界的西域人

长安的异国文化与异域人士

现在我执笔撰写本章之时正值2004年盛夏最为暑热的时期。说起酷暑来，位于内陆盆地的西安的夏天也非常炎热。想必过去的长安人也一定曾为酷热而叫苦不迭吧。在此先介绍唐时一个相关的插曲。

盛夏某一天，爱提意见的谏官陈知节来到了正在凉殿乘凉的唐玄宗身边，他是为了向玄宗进谏而来。在他看来，身为人主的玄宗不应该一个人躲在凉殿之中乘凉。凉殿建筑的原理是让水从房子四周房檐上流下来，就像一圈水帘一样，遮断了外边的热气，从而使房间里变得非常凉快。陈知节进去以后，被赐座于放着冰块的石头椅子上，结果陈知节冻得浑身直打寒战，腹中也如雷鸣一般，十分狼狈。后来总算获准走出凉殿，他才松了一口气。而这时玄宗却在凉殿内吹着用水驱动的风扇，忙着擦拭着汗水。

这段故事原来的意思是形容长安多么热，以及玄宗是多么怕热的人。我们姑且不管这些，由此我们了解到一个很有意思的情况，即在玄宗时期有一种特别的建筑。该建筑物具有从屋顶或者天花板上往下流水的喷水功能，然后房间内还有风扇转动，十分凉快。当时的高官的邸宅之中也有叫做“自雨亭”的同样的建筑。向达先生[57]认为，这种凉殿乃是根据拂菻国即东罗马的技术而建造的。这件事很有代表性，反映了西方的技术及文化传入并扎根于当时的长安的状况。

众所周知，随着琐罗亚斯德教（祆教。五世纪传入中国，唐初传入长安）、基督教的异端聂斯脱利派（景教。635 年传入中国）、摩尼教（694 年传入中国）等三种宗教自西方传入唐代长安，波斯胡寺、胡祆祠、大秦寺等寺院也建在了胡人活动的西市附近，被统称为三夷教。另外，根据记载上述拂菻国即东罗马曾派遣高僧作为使者，于玄宗时期来到唐朝，因而可知正统的基督教应也已步入唐土。八世纪以降，通过海路来唐的大食商人之手，伊斯兰教（回教）以某种形式传入长安的可能性也很大。自不待

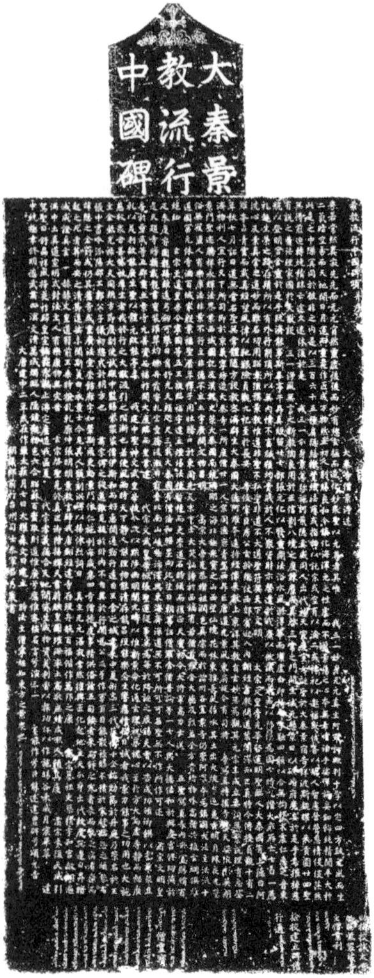

94 大秦景教流行中国碑（西安碑林博物馆藏）
公元 781 年此碑建于波斯寺（大秦寺）。下端有叙利亚文字，记载了景教传入中国的经过

言，当时的宗教还有佛教和道教。就佛教而言，当时刚刚出现于印度的密教也通过陆路和海路传到了唐朝，日本国的空海造访过的长安青龙寺就是密教的代表性寺院。总之，截至 840 年唐武宗弹压为止，长安一直是一座多种宗教并存、信奉各种宗教的各色人种共同生活的大都会。

说起包括西域各国人在内的异国人居住最多的首都，则自古以来主要有北魏都城洛阳和唐代都城长安。据说前者（北魏洛阳）总共居住了超过一万户的外国人，恐怕其中大部分都是来自于西域。另外，唐初的贞观四年（630），唐朝平定了与自己长期对立的东突厥以后，又让投降过来的突厥人中的近一万户住进了长安。当时唐朝国内还没有完全稳定，还存在各种危险性，太宗却毅然决然地采取了上述措施。十年以后的贞观十四年，唐朝又先后分别接受了来自朝鲜半岛、高昌、吐蕃等国的一千名和两千名留学生。

95 青龙寺空海纪念堂（陕西省西安市东郊的铁炉庙村北高地，唐青龙寺遗址）

此外，到了其后的八世纪后半叶的德宗时期，仅仅在相当于今天的日本外务省的鸿胪寺登记造册，也就是说生活起居均由唐朝负担的胡人就达四千人之多。而且这些胡人还都是以各国的使者或者人质等公派身份来到唐朝，然后就一直留在了长安。因而可以想见其他非公派的西域商人以及宗教人士的人数一定是数倍于此。另外，以协助唐朝平定安史之乱为契机，还有不少回鹘人开始居住于长安，通常的人数不下一千名。因而，唐代长安从一开始就是大量的异国人及其他们带来的文化交流融合、国际化色彩十分浓厚的一座城市。

隋唐王朝与西域政策

那么，为什么在隋唐这一时期，如此众多的异国人能够和平共处呢？首先可以想到的理由是，无论隋朝还是唐朝都是鲜卑或者说是近似于鲜卑的混血系统，而不是纯粹的汉人国家。汉文化以及儒教精神并没

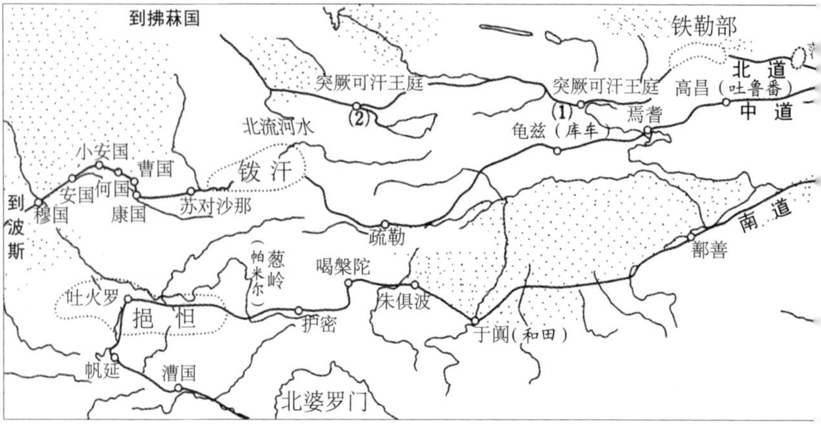

96 西域三道地图（据《西域图记》复原）

有深深根植于隋唐皇室的传统之中，他们无须一定要对其固守坚持，因而隋唐的当政者们对于异民族及其文化比较宽容。另外在对汉人的问题上，异国人与隋唐皇室处于共同的立场，没有理由要排除他们。北魏表现出来的国际性也应当是基于同样的原因。

但是，隋代的前半期由于还处在国家的建设时期，加之与突厥的对立状态的影响，因此真正的对外开放是进入炀帝治世以后的事情。当时，西域方面的商人们因担心隋朝国内的混乱，一直在张掖（位于今天的甘肃省）进行交易。于是，裴矩通过对西域商人们的采访，整理了西域诸国的国情、道路状况等，编写出附有相关地图的《西域图记》三卷呈交给了隋炀帝。以此为机缘，西域商人开始真正进入洛阳，隋与西域的交往明显增多。

到了唐代，唐太宗在解决了长期以来的悬案突厥问题以后，

旋即决定了对外开放的路线。唐太宗除了中国国内的皇帝之外，他还十分中意西域诸国进献的“天可汗”的称号。在中国历代王朝之中，唐朝是几乎从不关心长城一线防卫的一个非常少见的王朝，这一大方向其实在太宗时期业已确定。促使唐太宗这样做的背景，正是出于唐朝对于自身力量的自信。基于这一基础，唐太宗很在意与西域诸国乃至与西方国家及其文明建立直接的关系。

在这一方面最具体的表现，就是贞观十四年（640）八月太宗派遣远征军，长驱直入平定了位于新疆吐鲁番的麹氏高昌国之事。本来，唐朝与高昌之间并非深刻的对立关系。尽管如此，太宗还是使用武力平定了高昌，并且压住了臣子们希望对高昌实施间接统治的意见，而在高昌故地设置直属中央政府的西州。唐朝对于周边民族政策的基本方针是羁縻政策，即承认一定程度自治的间接统治。然而在经营丝绸之路问题上，却是不惜任何代价也要将其置于直接管辖之下。

在这一做法的背后还有一个因素也值得考虑，即太宗此举恐怕也是出于对天山北侧残存的西突厥残部以及从青藏开始扩充势力的吐谷浑及吐蕃的牵制。同时，还应该注意到的是，太宗这样做显然也与唐朝对于国际形势的基本估计有关。也就是说在唐朝看来，唐必须准确而适时地把握帕米尔高原以西的国际局势，诸如西亚的波斯与大食的抗争、印度的动静等。在当时来说，丝绸之路不单单是物资和文明交流的通道，而且也是重要的国际情报的传送渠道。因而，关于长安向西域胡人开放的问题，我们或许也可以将其与西方世界的动向联系起来重新加以认识。

粟特人的活跃

唐朝向异国人开放门户、积极地致力于西域经营的结果，使得许多西方人先后移居唐朝境内。西域南道横穿塔克拉玛干沙漠（塔里木盆地）南缘，西域中道（天山南路）穿过沙漠北部，在这个南道和中道沿途的诸城市中，自古以来居住着伊朗系统的民族。然而大致从南北朝后期左右开始，在这里出现了由此往东而去的人群，这就是从人种上来说同样属于伊朗系统的粟特人。到了七世纪中叶以后，因为伊斯兰国家的出现而被追赶过来的波斯系统的人们也由此向东方迁徙。

粟特人的出身地在帕米尔高原的西侧，大致在今天的乌兹别克斯坦的撒马尔干（Samarkand）一带的粟特地区（Soghdiana 索格迪亚那）。史籍中形容当地的居民是“深目高鼻，多须髯，善商贾”；一说认为粟特人原来在中国甘肃省的祁连山北部到敦煌附近，是被匈奴驱赶过来的月氏的后裔。粟特地区的绿洲都市的王族原来都是同姓“昭武（Chub）”，后来分为几支被称作“昭武九姓”，主要包括撒马尔干的康国（康居）、塔什干（Tashkent）的石国、布哈拉（Buhara）的安国以及米国、史国、曹国、何国等。

与生俱来的商业民族粟特人在追逐商业利益，从事贸易经商的同时，有的人还成为迁徙地的官吏，或者成为佣兵、武将，也有的人则成为农民。因为他们不仅擅长理财，而且具备为了保卫自己的利权和利益的武力以及才能，此外他们还清楚地知道，为了交易长久必须扎根于土地。他们在东突厥作为官员参与政治，然而在中国方面则又作为商人从事贸易活动，同时还建立起不少移民聚落，以定居的形象而广为人知。例如七世纪前半康国出身的康艳典率领粟特人移民到原来的楼兰王国境内的罗布泊西南，其后这里被叫做“石城镇”。此外在敦煌附近也有被称作“从化乡”的粟特人聚落。由此他们被叫做“兴胡”，既务农又经商。

进而，近年来的新发现还表明，在靠近中国内地的原州（位于今宁夏回族自治区），自从北朝末期的西魏、北周以来，曾经有一史姓粟特人家族在当地具有很大的影响。可以说，史氏之所以能有如此大的能量，取决于当地粟特人的团结以及以此为背景，粟特人与国家及军事方面的关系。史氏在北周、隋、唐时期均与府兵制的武官有关，唐朝建立之时史氏很早就带领自己的人马参加了建唐大业，玄武门之变时又积极协助太宗一方。从而奠定了其后的根基。

通过上述事例我们了解到，在唐朝统治下的中国，粟特人无论在人数方面，还是其活跃以及活动的范围都大大超出我们以前的想象，他们不仅从事商业，而且还作为军人以及地方豪强，与国家和社会保持着很深的关联及瓜葛。在粟特人的聚落里建立有摩尼

97 史索严墓志（唐显庆三年，658） 从北朝末期前后开始，粟特系统的史氏一直居住在宁夏回族自治区的原州。超出迄今为止的想象，这些西域系统的胡人曾广泛地居住在唐朝统治下的中国

教以及琐罗亚斯德教的胡祠（寺院），这些“夷教”通过粟特人广泛地传播到了中国国内。

众所周知，以粟特人为代表的西域系统的胡人给中国带来了许多新的东西，包括过去中国所没有的生活习惯和文化形式，从而极大地丰富了人们的日常生活。诸如在食物方面有面食和葡萄酒；服装方面有胡服及胡帽；此外还有西域系统的音乐和乐器、绘画方法；在娱乐方面有胡旋舞以及马毬等游戏、技艺等等，涉及方面之多不胜枚举。他们大多以本人或者祖辈们的出身地（国）名为姓，因而根据其姓名便可推知其出身地。譬如前述史氏就是属于史国系统；安禄山原来姓康，因而是康国系统等等。

驱动粟特人向东方移民的动机，自不待言主要是因为中国的富裕以及拥有高度的文化。同时还由于唐朝具有的兼容并包的博大胸怀。对于粟特人从商人到军人，从艺术、文化人到农民，各种各样的人才活跃于唐朝的现象及其意义，我们不能仅仅从粟特人的角度来看，恐怕还有必要从接受方，即唐朝的角度来加以考虑。

通过海上丝绸之路前来的人们

唐招提寺的开山唐僧鉴真为了向日本传播戒律，曾经冒着重重困难六次尝试东渡日本。其中第二次是天宝七载（748），他们从扬州出发以后很快就被风暴刮向了南方，飘至广州以后，鉴真看到了这样的情景：

“从婆罗门（印度）、波斯、昆仑（南海诸国）来的商船，满载着堆积如山的香药和珍宝停泊在港内，此外还有从师子国（斯里兰卡）、大石国、骨唐国、白蛮、赤蛮（东南亚诸国？）等来的很多商船。”[58]

其后又经过了一百三十余年，到了唐末的乾符六年（879），包围广州的黄巢在破城以后，杀害了大量坚持抵抗的居民（参见本书第三章相关部分），其中包括在广州经商的伊斯兰教教徒、犹太教教徒、基督教教徒、琐罗亚斯德教（祆教）教徒等共计十二万人。这一记载来自于同时代的阿拉伯商人艾布·载德在《中国印度见闻录》[59]中留下的记录，可信程度很高。伊斯兰教徒属于阿拉伯系统，琐罗亚斯德教（祆教）教徒则是属于伊朗以及中亚系统，由此可以断定他们就是从西方沿着海路来到中国的所谓“胡人”。

我们姑且相信十二万人这一数字属实。如果以此推断的话，那么免遭黄巢军队杀害的其他“胡人”一定还有不少。由此我们可以勾画出唐末广州的形象：这是一座充满异国情调的国际港湾城市，仅在这里生活的“胡人”就远远超过十二万人。他们和汉人分区居住，单独生活在蕃坊之中，并通过蕃坊的负责人来接受唐朝官方的管理；同时，唐朝也允许他们保持自己固有的信仰和风俗习惯。正因为这些“胡人”牢固地在广州社会里生根开花，所以在黄巢军队进攻广州的时候，他们自然地站到了保卫广州的第一线，其结果导致被大量杀害。

不管怎么说，据此我们了解到了以前并不知道的一些事实，居然会有这么多西方系统的胡人如此集中地居住在中国的一个地区。即便往来于唐长安的西域系统胡人也远远达不到这个程度。当时越过马来半岛前往印度洋的中国商船还很少，与西亚方面的交易完全由阿拉伯人掌控。在这一方面也显示了唐朝的富有以及巨大的包容力。阿拉伯商人们用商船运载着犀角象牙、玳瑁、沉香、龙脑等香料以及珠宝类前来唐朝，满载着丝绸制品、陶瓷、茶叶等唐物回去。从这一点来看，将这条海路称作海上丝绸之路并不为过。

为了从云集于广州的外国人处征税，也为了应对当时开始初露活跃征兆的南海贸易，唐朝于玄宗的开元初年（713—714）在广州设立了海关“市舶司”，负责人叫做“市舶使”。胡人们的商船一进港口，首先要接受市舶司的货物检查，由国家先购买其中的必需品，国家买剩下的部分再面向一般人出售。因为征收关税以及最初垄断式的购买会带来巨额的利润，所以宦官们都很喜欢市舶使的位子，经常出任这一职务；此外，管理商贾的广州长官们（唐代前半期是都督，后半期是岭南节度使）也很热衷于此道。南海贸易就在这些干扰之中经历了种种消长起伏、逐步发展起来，然而当其发展到鼎盛时期时，却毁于黄巢之手，从而结束了其在唐代的发展。

始于八世纪中叶的广州的全面繁荣预告了一个时代的到来。简而言之，就是取代陆路骆驼商队贸易的海上贸易，即基于海路的大量运输时代就此开始。换句话来说，即东西贸易从陆上丝绸之路向海上丝绸之路的转换。如果用位于中国两极的长安和广州的关系来比喻的话，这一变化意味着，连接陆上丝绸之路的内陆城市长安的衰落，以及面向南海开放的东南部的兴盛；也意味着历史的天平开始急剧地由大陆的西北部向东方以及东南部倾斜。实际上，以长安为根据地的唐朝的历史使命之终结，也由于上述这种变化而尘埃落定。

第七章

隋唐国家的军事与兵制

府兵制及其展开：府兵兵士的世界

军事与兵制在中国历史上具有的意义

长期以来人们往往抱有这样一个印象，认为中国历代王朝以庞大的军事力量作为背景，单方面地以强权掠夺和欺压广大民众。从这一前提出发，人们还导出了中国社会长期停滞的结论，即认为中国历史是在皇帝专制统治之下的长期处于停滞状态的社会。这种看法至今仍然有着一定的市场。然而，如果我们稍微思考一下就可以发现，一个把广大民众只看作自己进行压制和榨取对象的政权是无法持久的，即使短期内这样的政权可以存在，但要想长时期保持其命脉则是不可能的事情。

如何维持民众的日常衣食住行等基本生活，以及如何保证再生产的顺利进行，这是社会对于一种政权的最基本的要求。当上述这些方面维持不下去时，平时沉默寡言的民众们就会行动起来。不满之火一旦被点着之后，民众叛乱的威力之大及后果之严重，这是任何掌握权力的人都非常清楚的事情。皇帝的权力之所以能正常存在，则是因为对于辽阔的土地以及社会来说，皇权具有无可替代的权威，因而才有其存在合理性。而另一方面，如果一旦民众不再唯唯诺诺地服从皇帝的统治的时候，那么，在那里你所看见的则绝非是所谓停滞社会应有的状态。

让我们把话题转回到隋唐时代。在这一时期的前半期，王朝庞大的兵力以府兵制这一形态被组织了起来。自不待言，府兵制是支撑王朝统治的暴力机器，然而在另一方面，其反过来又有着连接政权（王朝）和民众世界的功能。士兵来自于民众，因而当他们成为士兵，作为国家权力的末梢站在统治压迫一侧的同时，另一方面又起到了促使自己所属的社会阶层接近国家的作用。自不待言，掌握权力的人也清楚地看到了上述现象，同时了解其在制度的运用方面的具体状态。

在中国的历史社会之中，军事与兵制以及支撑它们的士兵具有很大的意义。尽管如此，迄今为止从正面对这一方面加以考察的研究积累却不多。人们常说“好铁不打钉，好男不当兵”。或许因为受这种思想束缚的缘故，长期以来，人们往往不能以公正的目光来审视这一方面，无法灵活地、实事求是地讨论兵制以及兵士的问题。

鉴于这种情况，很长时间以来我一直很关心这一问题，考虑是否能以新的形式来探讨并描述隋唐时代的兵制和兵士问题。即不仅仅将其作为上层的统治手段以及制度上的问题来加以讨论，而且还应该从下层民众的角度，或者说从支撑其内部的兵士的侧面来进行观察和理解。在本章讨论的主题隋唐时期的兵制和兵士这一问题的背后，实际上就包含着我对此问题的关注及研究心得，敬请读者留意。

什么是府兵制？——寻求全新理解的线索

倘若对于隋唐时期的军事力量加以概括的话，可以说其前半期的兵力主要是由府兵制组成；而进入后半期，则是以神策军为中心的北衙中央军和藩镇地方军队构成。在本节中，首先看一看前半期的府兵制。

通常关于府兵制一般的理解如下：府兵制乃是始于六世纪中叶即北朝后期的西魏，完成于隋唐时代的兵制；即基于均田制而分到土地的农民（均田农民）作为回报而由国家征兵的制度。农民被置于国家的直接统治之下，不能随意移居，同时必须给国家或缴纳租庸调（再加上杂徭），或是取而代之负担府兵制的兵役。均田制、租庸调制、府兵制是三位一体的命运体，相互之间有着密切的关联，其中之一出现瓦解则会导致全盘崩溃。

然而，为了让上述解释站得住脚，则必须跨越几个障碍。首当其冲的问题就是，如果说府兵是租庸调的一种取代形式的话，那么，由府兵组成的正规军即国家军队究竟是一种什么样性质的军队呢？作为兵士的专业性和积极性，以及作为国家军队应该具有的连续性和有效性又是如何被保证的呢？

根据法令来看，到二十岁左右一旦获得府兵身份以后，按照规定一直到六十岁为止都不能摆脱这一身份。这似乎看起来很合理，二十岁到三十岁的青壮年时期担任府兵，等到体力衰退以后再回归农民身份。但实际上，府兵和农民之间并不能自由地转换身份。

让我们举例来看一下。府兵制这一制度的最大的特色就是其组织形态，即在全国设置“府”（军府）这样的单位（军团），以此为中心来集结兵力。这种集结兵力的方法始于分裂时代的三国魏的都督府，当时作为地方的军事据点，在各地设置了许多都督府。以此为嚆矢，拥兵的军府开始普遍设置于全国各地。在其基础上，再加上当时进入华北的北方游牧民族军团，两者融合的结果便产生出了隋唐的府兵制。由此我们可以知道，兵士（府兵）从一开始就和一般农民的情况不一样，二者处于不同的立场；而且，府兵制的成立背景也和直接关系到农民利益的租庸调制及均田制不同。也就是说，粗略看上去具有密切关联的三者的关系，无论从实际状况上，还是从理论上来看，其实都有着相当的差异。

尽管如此，在历来的解释中，大多数的意见却都认为府兵是农民所承担的一种役务，所谓府兵也就是等同于农民兵。的确，农民兵既老实又节省费用，但是仅凭这些，他们就能够胜任正规兵士的要求吗?

我们应该注意到：府兵们一方面看上去像是农民，但同时其又处于与国家权力末梢相连接的位置，因而府兵制对于国家来说是军事支柱，但同时其也是链接国家和民众世界的重要的管道。因此，为了弄清楚府兵制所具有的这些多种多样的作用，我们就有必要摒弃以前的固有观念，即必须从认为府兵就等于农民的所谓兵民一致的教条中解放出来，更加灵活地重新审视府兵制这一制度及其实际状况。

隋唐府兵制的建立及其展开

正如在前文提到的那样，作为府兵制的特征来说，其中心在于设置府（军府）且使兵士（府兵）隶属于这一军府，据此进行战斗和治安的动员。就狭义的府兵制而言，一般理解其只有从六世纪中叶的西魏开始到八世纪中叶为止的大约两个世纪的历史。其实府兵制的历史可以追溯至三国时代，并非突然出现的制度。也就是说，分裂时期的社会状况以及北方游牧民族的加入等因素，同时再加上时代对于国家正规军的需求高涨等因素合在一起，才导致了府兵制的出现。

长达两个世纪的府兵制的历史，以隋开皇十年（590）为界，可以分为前后两个时期。本书第一章第二节中已经提及了这一方面。简单地说，在此之前，兵士（府兵）之家与农民在户籍上是不同的，分别为兵籍和民籍，即处于所谓兵民分离的状态。相对于此，开皇十年废除兵籍，将二者合并统一为民籍，也就是说无论兵士还是农民都成为同一个户籍。但是仅仅就此是否就可以说兵士和农民合二为一了呢？事情却并不是那么简单。

让我们看一看开皇十年以后府兵制的历史，首先看一下隋炀帝时期的情况。炀帝致力于扩充府兵制，将原来主要设置在关中的军府扩展至全国各地。与此同时，炀帝又把军府名称改作“鹰扬府”，并将其命令系统改为“鹰扬郎将—鹰扬副郎将（鹰击郎将）—校尉—府兵”的形式。所谓“郎将”就是军官之意，郎将的地位只是局限于向下级传达皇帝的命令。这样一来，将军作为负责人主导军府的阶段结束，皇帝命令直达基层的新的指挥系统宣告形成。

以这样建立起来的庞大的府兵为后盾，隋炀帝于大业八年（612）为了平定高句丽而跨过了辽水，结果却惨败而归。远征高句丽的失败有各种各样的原因，但其中重要的因素之一就是府兵兵力未能有效地发挥作用。被自上而下强制征兵组织起来的府兵从一开始就缺乏战意，士气低下，因而远远不是为保卫国家而战的高句丽士兵的对手。

炀帝倾注精力打造的府兵就此崩溃。于是炀帝开始重新招募了一支叫作“骁果”的部队，作为军队的中坚力量。“骁果”人员的来源主要有两方面，一是迄今为止从现存体制中漏网的各地精壮，二是京城恶少无赖等人。他们在因为成为骁果而得到出人头地机会的同时，全家被免除了赋役，并且因战功可获得晋升奖赏。

唐太宗在重建府兵制时，充分地汲取和参考了隋朝的教训。首先在设置军府的区域上，在长安附近集中了超过占总数四成的军府，余下的一大半也都主要配置在了洛阳、太原的周边地区。这样做显然出自于对隋炀帝分散兵力政策的反省，也可以说是回到了隋文帝关中本位政策的轨道上。另外一方面，唐太宗汲取了骁果制的优点，基本上继承了隋炀帝建立的鹰扬府体制，只把军府名称改为“折冲府”。这样一来，到贞观十年（636）时，唐朝已经全面地确立起了自己的军事体制。

军府与府兵

唐代府兵制的柱石军府（折冲府）按照人数分为上府、中府、下府三个等级，人员编制最初分别定为一千人、八百人、六百人，其后又各追加了二百人。由于军府的总数约在六百所以上，因而推测唐朝的常备军人数刚开始时约为四十八万人，后来增加到六十万人左右。

军府以“折冲都尉（相当于隋朝的鹰扬郎将）”为负责人，组织系统如下所示：

折冲都尉—果毅都尉—（别将、长史）—校尉（团）—旅帅—队正、副队正（队）—火长（火）—卫士（府兵）

从折冲都尉（上府为正四品上）到队正、副队正为止都有官品，在形式上均由中央任命。军府的作用首先是从周围的居民（农民）中选拔可以成为府兵兵士的人，将其登记在册，并对其

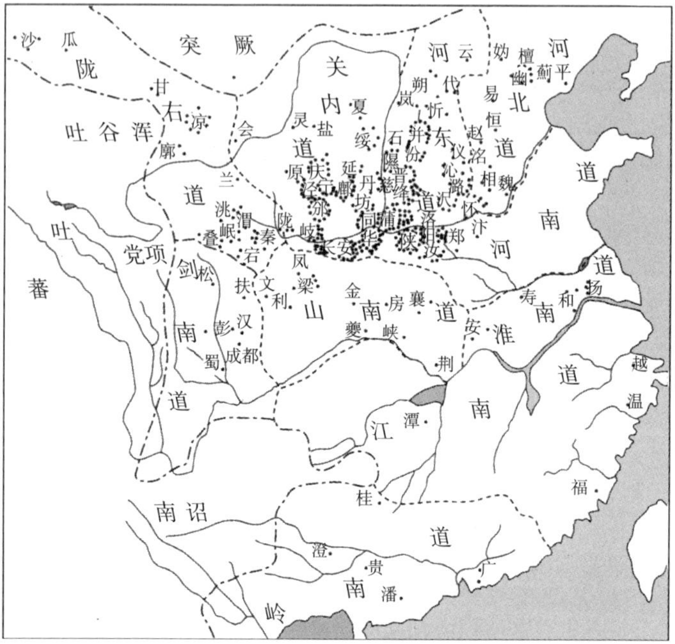

98 唐折冲府分布图　唐太宗从军事方面汲取了隋炀帝的教训，把折冲府集中设置在长安以及洛阳一带，从而确立了新的军事体制

进行战术等军事训练。在此基础上，府兵们除了去担任京城的警备或边境的防卫等任务之外，遇到战事时则上战场，有时候也担任维持地方治安的任务。

正如前面已经提到的那样，一旦作为兵士被登记注册者，一直到六十岁为止都不能脱离该身份。因而可以想象这些登记名簿同时也具有兵籍的性质，即相当于开皇十年开始的兵民一体的户籍体制中的所谓“兵籍”。

开皇十二（十四）卫府	大业十六卫府	唐十六卫
左右卫（领军府）	左右翊卫（骁骑）	左右卫（骁骑）
左右武卫（领军府）	左右武卫（熊渠）	左右武卫（熊渠）
左右武候府（领军府）	左右候卫（佽飞）	左右金吾卫（佽飞）
左右领左右府	左右备身府（后改为骁果）	左右千牛卫
左右监门府	左右监门府	左右监门卫
左右领军府（领军府）	左右屯卫（羽林）	左右威卫（羽林）
	左右御卫（射声）	左右领军卫（射声）
左右备身府（领军府）开皇18年追加	左右骁卫（豹骑）	左右骁骑（豹骑）

99 隋唐卫府表　卫府的（ ）内表示所属府兵（卫士）的名称

府兵只是一个通称，正式称呼叫做“卫士”或者“侍官”。中央一共有十六个“卫（禁卫）”，其中十二卫拥有直属的军府。如果从军府的角度来看这一情况则是，各个军府分别隶属于中央十二卫的其中之一，根据与京城的距离，譬如五百里之内的话就分为“五番（五班）”，各“番”每隔一个月（三十日）换防一次，轮流赴京城执行警备任务，称作“番上”。所谓“卫士”即指中央的“卫”所属的武士，“侍官”来源于侍卫天子的武官之意。日本用“侍”来表示武士，其词源或许就来自于此。不管“卫士”还是“侍官”都是与皇帝及中央有直接关系的荣誉称号，由此来看，很明显府兵与农民是不一样的。

由于军府直属中央各卫，所以从理论上来说无论多远都应该“番上”。根据规定，即便是超过两千里（约1100公里）的远方，若是十二番的话，各番要分别赴京执勤一个月（参见《新唐书·兵制》）；若是九番的话，则要分别入京执勤两个月（参见《唐六

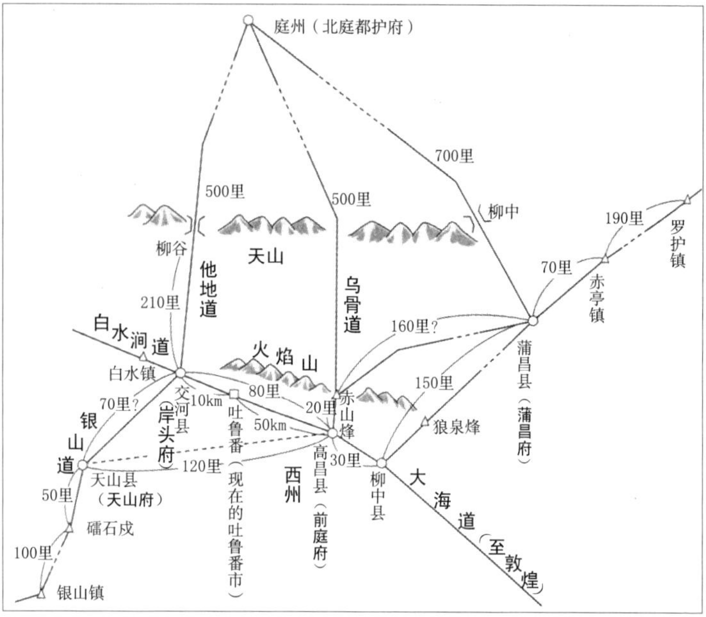

100 西州附近军府分布示意图（○ = 县城；△ = 军事据点） 隶属于西州地区四个军府的兵士们不去京城执勤，而是在西州辖区五百里以内执行防卫任务

典》)。然而这样一来，仅仅往返一次就需要很长的时日，军府的负担过重。而且，如果是驻防在边境附近的军府的话，与其让其长途跋涉到京城，倒不如使其把守边关更为重要。所以设置在遥远的边境之地西州（吐鲁番）的四个军府，兵士们虽然名为“卫士”，实际上却没有赴京城“番上”，而是专心于其防区内的“镇戍”及“烽堠”等的防卫。

根据这些情况来看，推测当时的“番上”制度在实际运用方面当存在一些灵活的做法，对于设置于地方要冲的都督府以及边境附近的军事据点来说，很可能采取了从邻近的军府“番上”的方法。如果是这样的话，即便是距离京师很远的地方，实际上的“番上”范围却并不太广，平均来说大致在五百里（约 280 公里）之内，以每“番”执勤一个月为基准，实施五番（五班）制。

但是，即便是这样，对这些府兵的称呼却未变，仍然叫他们卫士（侍官）。让这些兵士拥有中央正规军的荣誉这一做法的目的在于，不仅可以确保兵士们在地方上的优越地位，同时也可以提高他们对于中央的归属意识。表面上看上去似乎一盘散沙式的军府，实际上却有着很强的凝聚力，通过这一现象，我们可以看到存在于其后的这种政治策略的作用。

府兵兵士的状况

让我们再稍微看一看府兵兵士的状况吧。关于府兵兵士的地位负担等情况，按照历来的说法，一般的解释如下：从府兵的负担原来就比一般农民沉重这一前提出发，因而府兵兵士多来自于“高户多丁户（户等较高而且成年男子较多的家庭）”；另一方面，只要“纳资”即出钱也可以免除兵役。可是，关于这种“纳资”制度，无论是在相关制度的规定上，还是在实际的史料中都无法得到确认。

作为显示府兵兵士负担沉重的证据，经常被举出的事例主要有兵士必须自筹自备粮食及武器等，以及农闲时期的十二月份的军事演习（“季冬习战”）。然而粮食是兵士本人在军府要消费的东西，在其赴京师执勤以及守卫边关时则由朝廷另外提供口粮。即使说

101 唐代武士石俑的武装 兵士（府兵）外出以及赴京城执勤时要带上弓箭及横刀之类武器。以此向不能携带武器的一般人宣示自己的优越地位。对于府兵来说，还有获得勋官以及各种奖赏和荣誉的机会

到“季冬习战”的负担，似乎也看不出有人们形容得那么沉重。

至于谈到个人应该准备的武器装备，主要是“弓一张、矢三十支、胡簶（箭筒）、横刀、砺石（磨刀石）、大觿（大刀）、毡帽（毛织帽子）、毡装（毛织军装）、行縢（绑腿或者军靴）各一个”。这些通常的武器装备，是不允许一般老百姓拥有的。若从这一点来看，确实是一种负担，然而从另一方面来看，这些装备又是兵士们向一般老百姓显示自己优越地位的象征。日本的武士以及西洋的骑士所配备的武器装备，通常不也是自己准备的吗？

虽然军人是拿性命做赌注的职业，但只要是建立了战功，就可以获得勋官的头衔或得到奖赏。对于兵士来说，勋官乃是一种足以向地方炫耀的十分特殊的待遇及非常风光的荣誉。此外，有机会晋升为军府的军官，从而成为国家机器的一部分这一点对他们来说也很重要，很有吸引力。

府兵最基层的单位叫做“伙”，由十个人组成。但是出外执行任务则是以二百人构成的“团”或者是五十人的“队”为主。他们的所属用团名来表示，团名则取自于校尉的个人的名字。而且，校尉（从七品下）以下到副队正（从九品下）为止的军府官

的所有职位（品官）都向普通的府兵开放，干得好的兵士都有望获得晋升。

府兵从没有承担其他役务且年满二十岁的成年男子里选拔，不用说是以农民为主体。他们一旦在府兵登记，原则上其全家将被免除租庸调。府兵本人在没有出外执勤任务时从事农业，通常则在军府接受训练，大致每过五个月赴京城执勤一次即番上宿卫，有时候也去防守边关要塞。守边主要是去北方边境的镇、戍等要塞，或者是在都护府负责警备工作，但是关于其实际上到底是怎样规定的，具体又是如何运营的等问题却不甚了了。按照一般的理解来说，府兵服役期间要去履行一次为期三年的守边任务，但是也有可能原则上任期为一年。

如此看来，卫士（府兵）的根即便与农民联系在一起，但却和被束缚于土地上的一般农民在本质上不同。历来认为，府兵被强加上了比农民更沉重的负担，然而稍微深入考察一下，就会发现在制度上，府兵实际处在比农民宽松的环境之中。此外府兵还有其他一些好处，诸如有机会到其他地区接触到外边的空气以及信息，可以得到一些回报，同时还能获得自我发展的机会。只要是国家军队的士兵，得到这些都是理所当然的事情。正是因为有这种环境，国家正规军的专业素质及其积极性才获得了保障。与此同时，府兵制所具有的连接民众与唐朝官方的作用，也通过上述这些环节而自然地凸现了出来。

府兵制的变质与崩溃

从唐太宗确立府兵制起，在经过了大约半个世纪以后，作为唐朝的柱石之一、一直发挥着积极作用的府兵制终于开始出现了破绽。

进入七世纪末的武后时代以后，随着主要的关注点转移到内政方面，唐朝对于边境的控制弱化。趁此机会，已经迁徙到内蒙古的阴山山脉附近，并早已臣服于唐朝的突厥（东突厥）于永淳元年（682）再起，返回北方故地再度与唐朝对立。受这一动向的刺激和影响，东北的营州（位于今天的辽宁省）一带也动荡起来，万岁通天元年（696）契丹发动叛乱，高句丽系统的大祚荣借机逃出开始着手筹建渤海国。另一方面，西方的吐蕃也开始经常骚扰唐朝的疆域。

唐朝为了对应周边诸民族，一方面在其领地内设置了都护府，以起到军事震慑的作用，另一方面同时又给这些部族的首领授予唐朝的官职，允许部族的自治。这种政策被称作羁縻政策。在羁縻政策发挥作用的时期，唐朝无需在边境上驻扎很多军队。但到了七世纪八十年代以后，仅仅是过去的系统已经穷于应对新的动向。破绽陆续开始出现于中央、地方、边境三个方面。

这种情况首先显现在边境方面。为了对抗来自于周边诸民族的压力，唐朝逐渐后撤了漫长的国境线，取代之前的镇戍制，重新设置了“军”、“城”、“守捉”、“镇”等防御据点，并分别配备了数千甚至上万的兵员及战马。其后又增加了“军”、“城”的数量，到开元末年时扩大至四十余“军”、四“城”、十“守捉”、四“镇”。为了统辖这些急速增加的军事据点，于是又设置了节度使。节度使的设置始于景云二年（711），当时将甘肃的凉州都督府改为河西节度使。以此为开端，其后的十年间先后在边境地带各地设置了十个节度使，总兵力达到五十万人，军马近七万匹。

作为募兵被派往边关的这些兵员最初叫做“健儿”，其后又被称作“长征健儿”。作为服役的回报，“健儿”享受分配土地、安置家属、免除赋税的优惠待遇，而且他们的吃饭穿衣等也都是由官府提供。当时正值武周政权时期。在这一时期，696 年发动叛乱的契丹突破了唐朝的防线，以破竹之势开始大举南下。突厥也趁机侵犯河北，华北东部一带受到了巨大的冲击。这一地区原来设置的军府就很少，加之这些军府又长期处于兵员欠缺的状态，因而朝廷遂急忙招募农民，给予其一定的报酬，组成乡土防卫军。这些临时招募起来的地方保安部队被称作“武骑团”或“团结兵”，由于他们的存在才总算让朝廷度过了危机。

长期以来的主流看法认为，无论是边境的“健儿”，还是华北东部的“武骑团”，这两者都是在本质上与府兵制完全不同的新兵制（新兵种），系其后出现的佣兵制（募兵制）的滥觞。从而把这两者的出现视为从府兵制到佣兵制的转折点。的确，“健儿”和“武骑团”都是扎根于本地，没有像府兵那样赴京师宿卫的任务，同时他们对于自己所属部队的将军的依存度也都比府兵大。

但是，如果看一看“武骑团”的情况就可以知道，其主要是

102 六都护府、边境十个节度使所在地及其兵力分布情况

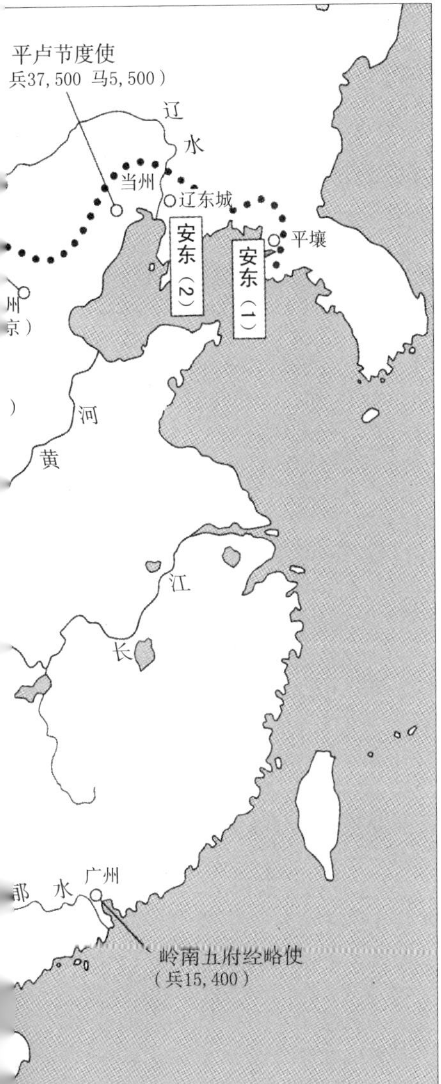

为了对应军府数量的不足以及机能低下才建立起来的武装，也就是说"武骑团"的组建是基于补充和完善府兵制的需要。至于"健儿（长征健儿）"，与其说其整天埋头于军事战阵，倒不如说其是分番执行任务，当其没有军事任务时也同样从事农耕。一说起佣兵，就会想起那种彻头彻尾被雇佣起来的士兵形象，然而我们不能忘记的是，这里所说的"健儿"却是与土地没有切断联系的兵士，同时也是与府兵制依然保留着关系的兵士。唐代后半期所见到的节度使（藩镇）属下的兵士，其实也与此类似。

综上所述我以为，新的兵制虽然向佣兵制的方向在不断靠近，其实仍然可谓是府兵制的延长。那么，另一方面对于出现在中央的兵制变化，又应该怎样看待呢？

北衙禁军的建立及其展开

北衙与南衙：中央禁卫部队

表示唐代的中央禁军（近卫军）时，经常使用“北衙”和“南衙”这两个词。所谓“衙”就是指皇帝的住处或者政府官厅。基于皇帝南面治理天下这一立场，在皇帝居所的南边配置了正式的行政机关以及官厅，并将其统称为“南衙”。提到南边，就包含着正式而且是公共的行政领域之意。

与此相对，北边则是皇帝的私密性的个人空间。南北的关系表现为表里关系，以南为表，以北为里。相当于北门的玄武门是皇帝的私密的，或者说是非正式地利用的城门。凡是正式的行幸等活动，按照规定都要使用从承天门到朱雀门等南边的正门。

南衙本来是指官厅，入唐以后在其中又加上了禁军的意思。为什么会变成这样呢？简单说起来，由于皇帝私人的军队即亲军的存在感越来越大，为了与皇帝亲军有所区别而加上了这层意思。也就是说，国家的正规军队是属于南衙管辖的中央军，所以将其称作南衙；与此相对把皇帝的亲军叫做北衙。正如名称所表现的那样，北衙守卫宫城的北门，在宫城以北的禁苑（北禁苑）中设置了军营。

所谓南衙禁军，即指中央十六卫的兵力而言。前节已经谈到，番上即赴京城宿卫的府兵根据自己所属的军府分属十六卫中的十二卫。在剩余的四卫中，左右监门卫负责宫城城门的警备并担当相关事务；左右千牛卫担当近卫队、仪仗队的工作，从府兵中选拔补充。

103 仪卫图（唐李贤墓壁画） 担当达官贵人护卫、仪仗等的近卫队及仪仗队，是府兵中的左右千牛卫的任务

谈到隋代的南衙和北衙的关系，隋文帝实际一直致力于克服二者之间的两重性。隋朝把禁军分为十二卫府，实际上也就是将北周以前的皇帝直属近卫军和地方的府兵这两个系统合二为一。而唐朝的监门卫和千牛卫属于皇帝的近卫军系统，其他的卫则是属于府兵的系统。炀帝即位以后基本延续了隋文帝的这一方针，到隋末时才创建了骁果制以及称作“给使”的近卫队，二元化兵制的苗头刚刚出现，隋朝就灭亡了。

由上述可知，隋朝基本上走的是一条一元化兵制的路线。与此相反，唐朝则从一开始就建立了南衙和北衙的二重结构。这正是在总结了隋朝灭亡的教训后，唐朝就兵制问题交出的一份答卷。

作为统一天下政策的一环，隋朝大力推进兵制的一元化，然而不料却引起了调动指挥兵力的体制僵化以及皇帝亲兵的弱化，导致无法妥善地应对和处理现实状况。唐朝出于对此的反省，遂把中央的兵力分为两个不同的系统，建立了双方互相补充制约的体系。如果说唐朝之所以能延续近三百年的命脉，关键要素之一正在于这种南衙和北衙的关系，我以为也并不为过。

从父子军到北衙四军

唐朝李渊太原起兵时的兵力总数为三万人马，主要来源于太原当地募集的士兵以及隋朝远征高句丽的逃兵。与其他地区的反隋群雄相比，三万人一点也不显眼。然而半年以后进入长安的时候，已经膨胀到二十万人马。这些都是在进军过程中，沿途不断吸收其他叛乱集团以及各个地区兵员的结果。唐朝凭借这支部队，花费十年时间重新统一了全国。

然而，统一完成以后的课题，则是如何对待和安置这些兵士的问题。唐朝让他们之中的大部分人回到了农村，成为支撑府兵制的中坚力量。除此之外，还留下了三万人在京城长安，担当负责皇帝警卫的近卫部队。三万人的人数刚好与太原起兵相同，或许就是以太原起兵时的人马为母体建立起来的近卫部队。这些人都是与唐室出生入死的同志，非常忠诚团结。在离京城不远当天可以往返的渭水北岸，朝廷给他们分配了肥沃的田地，他们驻防在设置于禁苑中的屯营中，负责担任皇室的警卫。他们的地位与江户幕府的三河时期以来的“旗本”[60]的状况类似。

刚开始时，他们被称作“元从禁军”，然而随着岁月的流逝，他们陆续退休，其职务由孩子们继承，所以也被称为“父子军”。至此奠定了相当于皇帝个人亲兵的北衙禁军的基础。其后，太宗又从中选择了一百名骑射精良的士兵，称作“飞骑”，后来又叫“百骑”，作为自己外出时的贴身卫队。到了武后时代，将“百骑”改为“千骑”，到睿宗时期进而扩大为“万骑”，玄宗开元二十六年（738）正式定名为“左右龙武军”。固守宫城北门，与皇帝的距离最近的这支部队在唐代前半期的政权交替中扮演了重要的角色，他们在诸如结束武后政治等政变中都担当了主角。

另一方面，从“元从禁军（父子军）”的内部系统来看，首先成立了北衙七营。接着，又以“左右屯营”的形式加以整合。最初是从内部选拔身强力壮者，后来由于供不应求，高宗龙朔二年（662）又从府兵中选拔骑马和射击皆优者加以补充。以此为界，其名称也改为“左右羽林军”，并很快成长为北衙的中心武装部队。

这样一来，到了玄宗朝，取代已经衰退的府兵制，“左右龙武军”和“左右羽林军”即所谓北门（北衙）四军成为正规军的中心。一军的编制为一万五千人，四军合起来达到六万人马。北衙四军采取六番制的形式，担负警备的主要任务。

南衙禁军的变质及解体

正如前节已经谈到的那样，从七世纪末期左右开始，府兵制的破绽越来越明显。其结果，在边境守备方面出现了“长征健儿”及节度使；在内地则组织起来了“团结兵”以及“武骑团”；府兵制的变质及衰退已暴露于光天化日之下。其后，边境和地方的这种变化也波及中央，到了开元年间，本来依靠府兵番上宿卫的中央十二卫也面临兵员枯竭的状态。于是，便和边境的做法一样，开元十一年（723）朝廷从府兵中招募老资格的兵士组成新的部队，称作“长从宿卫”。其后，朝廷又把“长从宿卫”的名字改成了“彍骑”，进一步加速这支部队的建设。即总编制定为十二万人，十二卫分别各一万人，采用六番执勤制度，并以京城为中心确定了提供“彍骑”的州。将历来的五番制改为六番制以及确定彍骑州这些做法，都是为了减轻负担、确保稳定的兵员，但是即便这样也很难维持下去。在表面上看起来繁花似锦的玄宗时代的背后，社会底层的阶层分化正在加剧进行，农民逃亡及流离失所现象越来越普遍，要想振兴彍骑及府兵制已几乎不可能。

这样一来，在军府名存实亡、已经无法发挥正常功能的情况下，天宝八载（749）五月，朝廷终于下诏停止了军府（折冲府）征兵的权限。至此，始于西魏的狭义府兵制的使命宣告终结。只是需要说明一下的是，停止征兵权限并不意味着军府马上就消失，军府的现役军官以及府兵们都原封不动地保留了下来。而且，即使在唐代后半期，在史料中还是可以见到折冲府及军府军官的名字，他们仍然不时地发挥着某种作用。这一现象促使我们来思考这样一个问题：即作为地域社会的一个中心，折冲府在各地有着多么深的根基。

唐长安城中的兵士们

前文在推算唐代长安的人口时，我曾论述了以前所说的唐长安百万人口这一数字应该是可信的（参见本书第六章相关部分）。同时也谈及了府兵制时期的番上宿卫兵士（卫士）的数量问题，指出了定说也有需要修正的部分。

也就是说，历来的看法认为，军府的数量六百处，若以一处军府的标准编制为一千人来计算，推测唐朝的常备军大致应有六十万人左右。由于他们都是卫士，赴京城番上宿卫是其义务。如果按照标准的五番制来计算的话，一番则有十二万人。只是并非所有地方都属于五番制的范围，考虑到这些因素，一番应该在十万人左右。另一方面，还有一种意见一直强调说，府兵存在着因“纳资”（缴纳代役钱）而躲避服役的现象。

相对于这些说法，我认为：府兵并不存在“纳资”制度。此外即便被称作卫士，也未必全员都必须赴京城番上宿卫，因而我推断认为倘若是远方军府的话，府兵则可能是就近到附近的都督府等处执行番上的任务。如果这样来加以理解，那些府兵们也和其他地区的府兵几乎处于同样的条件下，即在五百里以内实行五番制。

在上述前提之下，前往京师番上宿卫的人数是如何计算出来的呢？关于这一方面，让我们回想起前面曾经提到过的，军府的百分之四十集中在长安及其周围的关中地区这一事实，这些刚好都是在五百里圈子之内的军府。如果估算一下，其兵员总数当在二十五万人，即便多算一些也不过三十万人左右。如果把这些兵士都看作进京番上宿卫的对象的话，一次赴京师宿卫的人数当在五万至六万人左右。这一数字与迄今为止的说法相比较，明显地要少得多。

然而其后到了玄宗时期，在为了弥补已经解体的府兵番上宿卫制度而建立的“彍骑”中，总人数十二万人采用六番制执勤的方式，也就是说一番两万人。另一方面，在彍骑已经建立期间，北衙兵力大约增加到六万人左右，他们也实行六番制，一番一万人轮流执勤。除此之外再加上仍然继续进京番上宿卫的府兵们，总数合计当在五六万人左右。所以即便在玄宗时期，在兵员人数方面并没有大的变化，可以说这是守卫长安的恰当的人数。

至于赴京师番上宿卫兵士（南衙）的任务，他们主要是全天候即不分昼夜地负责保卫宫城、皇城或整个长安城的安全。具体来说，即守卫各个城门和诸官厅以及长安城内的皇亲国戚的住宅，或者在设置于街头巷尾的“铺（兵士岗亭）”监视城内的状况。此外，遇上大朝会时，兵士们则身着正装在宫殿的殿堂以及道路两边站岗，当皇帝去郊外举行祭祀等活动时则随从护卫。

在不担当执勤任务期间，兵士们在城内固定的场所进行射击和武术的训练，或者列队从事队列行进等训练。在这一过程中，武艺高强的士兵则被选拔出来，补充成为皇帝身边的千牛卫的卫士或者北衙的兵士。我们不能忘记，上述番上宿卫期间的各种各样的训练是兵士们成长为正规兵士的非常重要的机会。

神策军与藩镇兵

安史之乱后的中央军

天宝十四载（755）末，号称二十万（实际是十五万）人马的安禄山发动叛乱时，担任京城长安防卫的是由五六万人组成的北门四军和彍骑。而且，承袭元从禁军余绪的北门四军大都是由达官贵人的子弟组成，缺乏战斗意志。于是，唐朝廷急忙临时募集了一支部队担当洛阳和潼关的防守任务。然而这支匆匆组建的部队都是乌合之众，远远不是安禄山的对手。半年之后的六月份，潼关被攻克，长安也几乎没有做出任何像样的抵抗就陷落了。据说跟随玄宗逃亡四川的人仅仅有一千三百人，在赴灵武（今天的宁夏银川市）的皇太子（其后的肃宗）身边不满百人。

唐朝的中央军就这样土崩瓦解了。后来，从玄宗手中以半政变的形式取得帝位的肃宗当政以后做的第一件事情，就是着手组建自己的近卫军。于是，肃宗首先从身边臣子的子弟中选拔组织了一支叫“神武天骑”的部队。回到长安以后，又将此扩充整编为“左右神武军”。新组建的左右神武军与名存实亡的北门四军合在一起，被称作北门六军。

进入代宗时期以后，代宗建立了“左右神策军”作为自己的亲兵。其后的德宗又新设了“左右神威军”，至此北衙十军的体制宣告成立。由于玄宗以后的各朝皇帝都意识到了需要建立自己的亲信部队，于是唐代的禁军便这样迅速地膨胀至十支部队。这件事一方面是导致南衙衰退的主要原因，同时也可以从另一方面来加以理解，即此事也反映了长期受到律令制束缚而衰微的皇权的提高。

如前所述，义父义子以及恩宠等个人之间结成的关系表面化正好是从这一时期开始的。北衙的扩大与上述动向应该是同样的一个背景。在中央的权力和权威不断衰退的大趋势之中，却出现了唯有皇权反而强大起来的扭曲现象。

神策军的扩大与皇权

北衙十军正式形成于德宗的贞元年间。在北衙十军之中，玄宗朝以前的北门四军（左右龙武军、左右羽林军）几乎是一个空架子，有名无实。所以安史之乱以后的六军实际构成了中央军的主体。然而，在六军之中又只有位于中央军的最中心的神策军一直坚持到了最后。这又是为什么呢？

关于神策军出现的背景，我们已经在第三章做了介绍，这里再稍微复述一下其主要内容。神策军的前身是驻扎在防御吐蕃最前线的边防军。安史之乱爆发以后，这支边防军遵照朝廷的命令开赴河北地区的安阳（位于今天的河南省）与叛军作战，失败后撤退至陕州（位于今天的河南省）。失败的边防军在陕州遇上了同样是从安阳败退回来的有名的宦官鱼朝恩，并且愿意服从鱼朝恩的指挥。此事实际决定了这支边防部队以后的发展方向。广德元年（763）十月，吐蕃进攻长安，代宗到陕州避难，鱼朝恩抓住这一机会以这支部队即神策军护卫代宗成功地回到了京城。从此，作为代宗的亲兵，神策军牢牢地奠定和稳固了自己的地位。

代宗之后的德宗即位后，同样抱着培养自己的军队的想法而组建了左右神威军，企图以此压制神策军的势力。可是没过多久，德宗就全面转换了自己的方针。建中四年（783）朱泚之乱时，德宗被迫逃离京城。当时赶到德宗身边，为德宗复权鞍前马后尽力的正是神策军。与其他禁军不同，在神策军的核心部分有着自从边防军时期以来长期锻炼出来的强悍和团结。除此之外，再加之神策军对将自己提拔到唐军中心位置的皇帝的感恩，以及对于国家的忠诚都比其他部队更加强烈，而且神策军对于宦官的指挥也没有什么特别的抵触。上述这些特质都必然导致神策军成为国家军队的中心。

自此以后，神策军在宦官的统率以及保护之下，迅速扩大势力。到了九世纪前半的宪宗时期，神策军又吸收了左右神武军和左右神威军，整个禁军统合为神策军。与这一动向步调一致，驻防边境地区以及各地的军队要求编入神策军之下的呼声高涨，于是朝廷便将提出要求的部队改编成神策军的外围部队即“神策行营”，统一编入中央军。对于“神策行营”来说，通过此举获得了皇帝亲兵的地位及待遇，而从中央来看则是大幅度地增加了可以直接控制的兵力。其结果使得神策军兵力总数增加到了十五万人之多。

上述事实表现了北衙禁军地位的一大变化，即从仅仅驻防京城和皇帝周围的近卫部队开始发展成为全国性的军事力量。这可谓是历史性的一个大转机。已经深入展开的两税法的收入，以及地方官给皇帝的进贡“羡余”，成为支撑这一庞大军费的主要财源。通过上述过程，神策军的力量得到了极大的加强。如前所述，以神策军的兵力以及财政基础为后盾，宪宗开始抑制藩镇势力，除河朔三镇之外，成功地将几乎所有的藩镇变成了“顺地”。在唐代后半期，前半期唐朝国家的那种光彩黯然褪色，皇帝的权威下降，国力明显衰退。尽管如此，皇帝个人名下的财力和兵力的规模在这一时期却膨胀了起来，皇帝的独裁性相对得到了强化。一般认为，唐代后半期皇权的这一倾向乃是宋代君主独裁的先驱。如果以此立论的话，似乎也可以把宪宗时代——即把神策军从中央扩展到全国的宪宗时代视为佣兵制的正式开端吧。

藩镇的军事力量

如果看一下跟随安禄山叛乱的十五万兵力构成就可以知道，构成安禄山叛军核心部分的是被称作“家僮”或“部曲”的擅长骑射的数百名护卫，以及投降的北方游牧民族系统的“同罗”、“奚”、“契丹”、“室韦”等的八千名士兵。同罗等北方民族出身的士兵被称作“曳落河（胡语‘健儿’、‘壮士’之意）”，乃是与安禄山结成义父子关系的亲兵。在其外围才是安禄山在长期担任平卢、范阳、河东三节度使期间培养出来的节度使下属的士兵。节度使属下的士兵叫做“官健”。

安史之乱被平定以后，以河朔三镇为首，各地节度使（藩镇）林立，反唐气氛很浓。各个藩镇的军事力量的基本状况与前述安禄山军队大同小异。譬如代表河朔三镇的魏博节度使田承嗣作为安禄山的部下，他拥有长期培养起来的家兵。到了魏博之地以后，他又致力于把握户口，把所有成年男子都编入军队。经过数年时间，组建起来的军队增加到十万人以后，田承嗣又从中选拔身强力壮的一万人作为自己的亲兵（参见本书第三章相关部分），并将这些亲兵称作“衙兵（牙兵）”。衙兵是经过特别选拔而产生的近卫部队，但从大的方面来看，其仍然属于“官健”。

以田承嗣的“衙兵”为嚆矢，各个节度使都纷纷组建了自己的亲兵，一般称作“牙中军”或“中军”或“牙内军”。这些亲兵对于节度使（藩帅）都十分忠诚，大都与藩帅结成了私人性质的义父子关系，因而藩帅也都对他们予以特殊的待遇。在这一过程中，衙兵们奠定了自己的地位，建立了密切的团结关系。遂在藩帅换代或者废立之时，排斥或者威胁不合自己意思的人。这被称之为“骄兵”，在唐代后半期的藩镇里经常可以见到。

对于这种情况，后任节度使采取的对策分为两手，即在笼络安抚衙兵们的同时，着手组建被称为“家僮”或“家兵”的自己的亲兵。藩帅为了进一步强化自己和亲兵们联系的纽带，创造了藩帅一人对多数家兵的集团型的义父子关系。这样一来，藩镇内部的军事力量从大的方面来说划分为“家兵”和“官健”的二重构造，进而如果将“官健”分为“衙兵”和一般的“官健”的话，则可以形成三重关系。

那么，应如何理解这些军事力量呢？按照历来的解释，“官健”被认为是一种新旧方式混合的形式，即从魏博节度使下面的农民中征兵这种老方式与下一个时代的佣兵制度混合的产物。此外大多数意见还认为，家兵（家僮）是节度使的私兵，类似于家内奴隶，因而其不具有承上启下的积极的位置。

但是，正如我们在前文已经谈到过的那样，若从大的方面来看，出现于边防上的“健儿（长征健儿）”还是属于府兵制的范围。同样也不能否认，藩镇内部的“官健”即位于其中心的“衙兵”也具有与府兵制相关的性质。他们都是来自于农民，在根植于农民世界的同时，另一方面他们又是专业士兵。此外，说起“家兵”来，我以为，“家兵”身上所见到的义父子关系其实是率先预告了一个变化的时代。对于掌握权力的实体藩镇来说，所谓“家兵”乃是其从旧有的律令制迈向新的阶段的过程中，必然伴随出现的一种军事形式。也可以说，其性质与皇帝身边的神策军有着某些类似的地方。

第八章

圆仁的入唐求法之旅：唐代后期社会一瞥

圆仁的旅程及目的

“入唐八家”与圆仁

在隋唐时代，为其高度发达的文明所吸引，很多人从倭（日本）出发横渡波涛汹涌的大海踏上了中国大陆的土地。他们除了乘坐遣隋使和遣唐使的船只之外，还搭乘新罗以及渤海的商船前去大陆，积极摄取当地的先进文明并且带回日本，对于古代日本的国家建设以及“近代化”做出了贡献。

在这些访问过大陆的人群之中，占有很大比例、十分引人注目的是众多的佛教家。他们首先出现在大业三年（推古十五年，607）的遣隋使一行之中，在以小野妹子为使节的这次遣隋使团中有为学习佛法的“沙门（僧侣）数十人”。入唐以后，之前一直

104 慈觉大师圆仁像（日本栃木县壬生寺）

在大陆的僧旻以及南渊请安等人回国，取而代之三论宗的道慈和法相宗的玄昉等僧人又开始在唐朝学习佛教，为奈良佛教的兴盛做出了积极的贡献。

从进入平安时代前后开始，日本对于密教的关心高涨，于是，为了探求发源地的正统密教（即纯密）而入唐的僧人增多。其中最有代表性的人物有最澄、空海、园行、常晓、圆仁、惠运、园珍、宗睿八人，一般将此称作“入唐八家”。关于密教，我们在本书后面的章节还会涉及，这里先从入唐八家中选取其中之一人圆仁加以介绍。

圆仁于延历十三年（794）出生于日本关东的下野（今属栃木县）都贺郡，后来登上比睿山，拜最澄为师。就在圆仁进入四十五岁的承和五年（838）六月，他搭乘遣唐使船从博多[61]出发开始了前往唐朝的旅行。在当时来说，四十五岁是已经可以退休的年龄。入唐时圆仁的身份叫“请益僧”，这一身份意味着需要和使节一行同时回国。他的老师最澄当年也是这种身份。始料未及的是，当圆仁再次回到博多时，已是九年之后的承和十四年（847）九月，当时圆仁已经五十四岁。

圆仁踏上唐土的时候，唐朝无论从政治还是社会方面都是一个面临着急剧变化的转折时期。尽管碰上这样一个时期，圆仁却在经历了许多难以想象的艰难困苦的同时，详细地记录了当时的状况，回国以后，圆仁将其汇总整理成为一部旅行记，即

《入唐求法巡礼行记》四卷。这部旅行记乃是了解当时状况的最原始的史料。本章就是打算通过这位日本僧人的眼睛，来窥视一下九世纪中叶的唐代社会的各个方面。

遣唐留学生
“井真成墓志”的发现

与遣唐使之事相关联，正好在我执笔写作本章时（2004 年 10 月），媒体报道了一条消息，说是在西安也就是过去的长安发现了跟随遣唐使入唐的日本留学生的墓志。该墓志是一块单边长近 40 厘米的正方形石板，上面是一块复斗形的石盖。在墓志的盖子上面刻有 12 个篆书文字，墓志的正文则是 171 个楷书文字，两者合计一共刻有 183 个字。

墓志的主人姓“井”，名字叫“真成”。最为引人注目的是关于其出身，墓志上写作“国号日本”。根据墓志的内容来看，井真成于开元二十二年（734）正月在长安的官舍去世，二月四日被埋葬于长安的东郊，去世时年仅三十六岁。按照通行的说法认为，日本国名的正式确立是大宝元年（701）制定的《大宝律令》，次年（即唐长安二年）以粟田真人为首的遣唐使去中国大陆时，武周（武后）方面承认了“日本”这一国号。但是上述说法在以前并没有得到实物史料的支持，这次发现的墓志中所见“日本”二字，圆满地回答并证明了这一问题。

这块墓志在提供上述新事实的同时，也给我们留下了很多疑问。首先，墓志中丝毫没有涉及井真成生前的官历。尽管如

105 遣唐使船（《鉴真和尚东征绘传》，唐招提寺藏） 镰仓时代的绘画　画中描绘了渡过波涛汹涌的大海前往中国大陆的遣唐使一行的样子

此，在他去世以后，却得到了“皇上”即当时的皇帝玄宗所赠予的“尚衣奉御”这一官职。尚衣奉御的级别是从五品上，系主管皇帝生活的殿中省尚衣局的负责人，如果井真成生前担任这一官职的话，将拥有相当高的地位以及权限。可是为什么在他死后会得到如此高级别的赠官呢？这一现象使得下述看法成为可能，即认为在赠官的背后或许应该存在某种特别的原因。

此外，如果这个人物井真成正如墓志所载是一个日本人的话，那么他的老家究竟在什么地方呢？日本史研究者的主要意见有两种，一说认为井真成应该是以河内国志纪郡井于乡为根据地的井上忌寸氏系统的人物；另一种说法认为他当出自于河内国志纪郡长野乡的葛井氏系统，两种学说涉及的地点都是位于今天的大阪府藤井寺市。另外，在前文提到的圆仁参加的遣唐使团里，也有一个名叫“井俅替”的随行人员，不知他与井真成有没有什么亲缘关系？

从井真成死亡时的年龄来推算，他应当是 699 年（文武天皇三年）出生。据此，可以理解为他是在十九岁的时候，即乘坐 717 年（日本的养老元年，唐的开元五年）的遣唐使船赴唐到长安，在去唐朝以后的第十八个年头，他因病倒下，再也没有能起来，化为了异国之土。说起717年的遣唐使船来，作为唐朝官吏而终其一生的阿倍仲麻吕、回国以后活跃于奈良朝政界的吉备真备以及僧玄昉等人都在这条船上。由此，我们眼前仿佛浮现出了一幅生动的画面：在长安城中，这些同年代的年轻人互相支撑、互相勉励的景象。

106 阿倍仲麻吕纪念碑（西安市兴庆公园）

这块墓志的制作比较粗糙，在墓志里属于最小的一类。此外在墓志表面约有四分之一左右留有空白，整个志文的字数也不多。可是作为一块墓志来说，其基本要素却都具备。在当时来说，似乎也并非谁都可以自由地制作墓志，而是存在着一定的政治性及社会性的制约。在这种情况下，井真成作为一个无名的、官职地位等也都未定的异国人，却有了这样一块墓志。而且墓志的文字内容也都基本合乎常规，整个志文洋溢着对于死者的哀悼之情。从这两块石板上，我们仿佛可以体察到阿倍仲麻吕等人悼念伙伴之死的心情，寻觅出他们在朝廷游说活动的某些蛛丝马迹。

圆仁入唐求法的动机及其秘密偷渡入境

让我们将话题再次转回圆仁及其《入唐求法巡礼行记》。圆仁入唐的目的大而言之有二。其一，是去祖师最澄曾经访问过的天台宗发祥的圣地天台山参拜，到国清寺就天台教学上的一些疑

107 **现在的国清寺** 天台山国清寺是天台宗发祥的圣地，804 年入唐的最澄也访问过这里

义进行质疑请教；其二，争取前往长安学习正统密教的体系以及修法等，以便将其带回日本。

在今天而言，日本的天台宗与真言宗并驾齐驱成为密教的主流。而日本天台宗之始，则可以追溯到最澄和空海。公元 804 年（延历二十三年）两人同时搭乘遣唐使船赴华，空海在长安的青龙寺师从惠果，被传授以胎藏界和金刚界这一密教的奥旨；而最澄则仅仅停留在天台山到江南南部一带地区，尽管他在越州（今属浙江省）的龙兴寺跟随顺晓学习了胎藏界系统的密教，然而从接受包括金刚界的正统密教这一点来看，天台宗方面无疑落后于真言宗。最澄还在世时，这件事情就一直是天台宗的一块心病。从而如何克服天台宗的这一弱项，遂成为摆在最澄的大弟子圆仁面前的一大课题及使命。

然而，圆仁的愿望在其入唐以后不久就被打碎了。到达扬州（今属江苏省）以后，唐朝方面不允许他离开扬州一步，甚至对他希望去参拜天台山的愿望也不予支持。要求圆仁只能在扬州等待赴长安的遣唐使节一行完成任务回来，然后一起乘船回国。如此一来，圆仁事先所期待的目的就一个也达不到，只能黯然踏上归国之途。唐朝方面这样做的理由主要是因为圆仁只具备“请益僧”

这样的短期滞留的身份，并非长期滞留型的留学僧。然而圆仁却怎么也不甘心就此作罢。

这样一来，留给圆仁只有最后一个手段，用现在的话来说就是偷渡秘密入境、非法居留。在被迫搭乘归国船的唐开成四年（839），其间经历了一次失败以后，圆仁于当年六月在山东半岛最东端的登州文登县所属的赤山浦登陆，躲入当地的一所寺院赤山法华（花）院。在该寺院里度过了大约八个月左右的时间以后，他开始行动起来，首先到青州，几经波折拿到了“公验（即旅行证明书）”。然后立即北上前往五台山（山西省）。五台山圣地巡礼结束以后，圆仁经由太原，于开成五年（840）八月二十二日终于来到了向往已久的长安。

圆仁本来打算在长安最多停留一年时间。可是结果却一直待到会昌五年（845）五月为止，前后加起来一共有六年之多。在这一期间，他碰上了历史上有名的大事件“会昌毁佛”。其后在离开长安到回日本为止的岁月里，圆仁还遇到了其他的各种各样的事情，他在被卷入这场正在发生巨大变化的中国社会激流之中的同时，也以自己的双腿以及信仰使自己成为经历了这段历史的一个证人。

圆仁之旅的整个行程

日本僧人圆仁赤手空拳只身一人遍历九世纪中叶的唐朝，并将自己的足迹记录了下来。到了二十世纪，美国人埃德温·赖肖尔先生在阅读了圆仁的这些旅行日记之后认为，作为人类的旅行记录来说，若从详细而

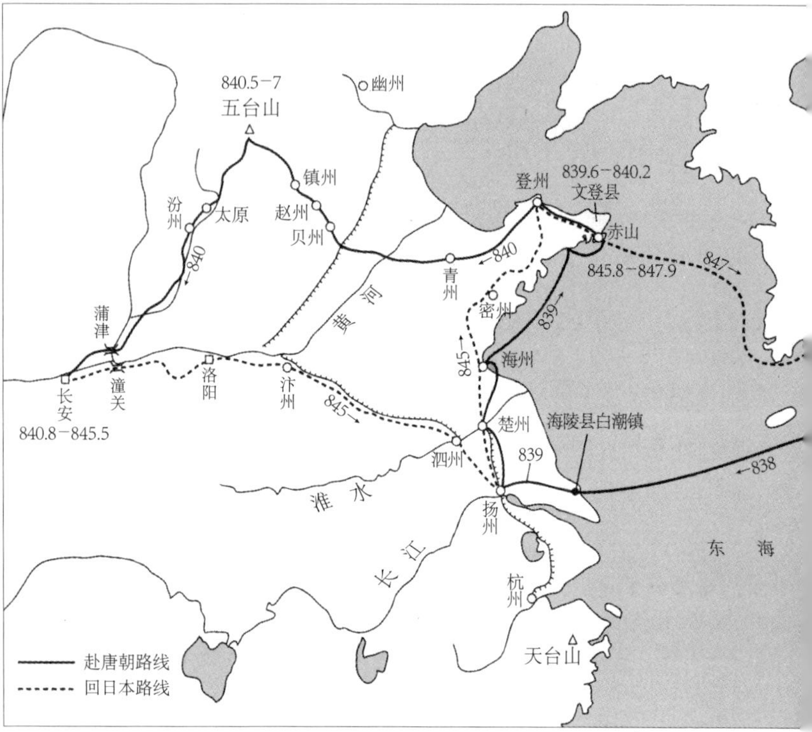

108 圆仁行程示意图

且生动地记录了所访问过的土地的角度这一点来看，圆仁的记录胜过玄奘的《大唐西域记》，若从深入中国社会内部详尽地加以描述这一点来看，圆仁的日记则超过马可·波罗的《马可·波罗游记》，遂向世界介绍了这本“圆仁日记”。自此以后，长期以来只为日本的一部分学者了解的这本全四卷共计七万字的著作，始作为世界史上的代表性的旅行记之一而广为人知。在这个意义上也可以说，围绕这本书的研究乃是二十世纪后半叶正式兴起的一

门新的学问领域。

如果整理归纳一下圆仁在唐代中国的行程，大致如下所示：

838年（日本承和五年，唐开成三年）

六月十三日：于博多乘船，三天后出发；

七月二日：在扬州海陵县白潮镇桑田乡东梁丰村登陆；

七月二十五日：抵达扬州城。至次年二月二十一日为止在扬州（停留期间大约八个月）。

839年（开成四年）

二月二十一日：从扬州出发，经过楚州，四月五日：在海州东海县下船，到宿城村的新罗人家里休息。被官府抓获。四月十日：再度搭乘日本船。

六月七日：船停靠于山东文登县青宁乡赤山村（赤山浦），八日：下船进入赤山法华院（新罗院）躲避。（七月十五日：圆仁所乘坐的遣唐使船出航；七月二十二日：后来的遣唐使船出航）；截至次年二月十八日一直在该寺院（在赤山共停留约八个月）。

840年（开成五年）

二月十九日：离开赤山法华院，经文登县、登州，三月二十一日：抵达青州；四月一日：拿到“公验（旅行证明书）”。

四月三日：从青州出发；五月一日：进入五台山（竹林寺）；五月十六日：移居大华（花）严寺（五月二十日至二十三日：五台山各处巡礼）；七月一日：离开大华严寺（在五台山共停留两个月）。

七月十三日：抵达太原（北京）；其后经过汾州、晋州，在河中府（蒲州）渡过黄河上的蒲津关，进而渡过渭水的东渭桥；八月二十二日：进入长安城内，入住大兴善寺。

从八月二十五日开始居住在资胜寺。其后不久发生了“会昌毁佛”，被强制要求还俗，并于会昌五年（845）五月十五日被赶出长安（在长安的停留时间近五年）。

845 年（会昌五年）

五月十五日：离开长安；六月九日：抵达郑州；后经汴州、泗州，六月二十八日：抵达扬州。其后，通过楚州、海州、密州，八月十六日：抵达登州；八月二十四日：到达文登县，回到了整个旅行的出发地。

其后直至 847 年（大中元年）九月二日从赤山浦出航为止，为了寻找便船，一直在山东、江苏一带海岸地区来回奔波徘徊。

在上述求法之旅中，圆仁究竟移动了多少距离呢？从山东赤山浦登陆开始，经过青州前往五台山巡礼，然后又转向长安，再从长安到扬州，最后在山东赤山浦搭乘新罗船回国。在这一过程中，尽管途中也曾骑过驴，在运河以及海岸线上也坐过船，但大部分则都是靠圆仁自己两条腿走路。粗略估算一下其走过的路程至少应该有五千公里。虽然比不上玄奘和马可·波罗，但也可谓是非常了不起的路程。在旅行期间，圆仁以与其他人同样的视线对于当时的社会进行了观察，下面就让我们略微窥视一下其中的一部分状况吧。

新罗人社会与山东、华北的农村

圆仁和山东地区新罗人社团的邂逅

自从计划偷渡秘密入境以来，圆仁在唐代中国结识了许多新罗系统的居民，并且得到了他们的不少帮助。可以毫不夸张地说，正是由于这些新罗人的存在，圆仁鲁莽的行动才有可能得以实现。

圆仁与新罗人的正式接触始于开成四年（839）三月，当时遣唐使一行在楚州雇用了九艘新罗船，六十余名新罗船员分属各条船。当时在楚州有新罗人的聚落（新罗坊）。其后，圆仁带着三名随从偷偷地在海州（今江苏连云港）下船时，碰上的正是从山东往楚州运输木炭的新罗系统的船老大们。圆仁被这些新罗船员带到了附近的新罗人聚落，受到了新罗村长的询问。圆仁一行冒充自己是新罗求法僧，结果被看穿，又被送回了遣唐使船。在这一过程中，根据圆仁的记录和描述，当时在楚州到海州一带有很多新罗人居住，而且他们中间有不少人都是贩运木炭的新罗商人。

新罗系统的居民远远不止于此。后来，圆仁乘坐的遣唐使船沿着风浪较小的山东半岛南岸向东北方向前进，沿途停泊的港湾等处也有新罗人。而且，圆仁一行在赤山浦登陆时，圆仁所见到的也是耸立在高台之上的新罗寺院——赤山法华院，以及在寺院下面的新罗人聚落。圆仁的日记了也记述了在该寺院里有三十多位僧人，以及新罗聚落的数百名居民简朴安详的生活情况。

这座寺院由新罗人张宝高（唐名叫“张保皋”，朝鲜名叫“弓福”）所建，是根据他捐赠的年产五百石的寺庄来维持寺院的运营。一石约等于六十公升，若按照当时一个人一年吃掉五石粮食来算的话，五百石粮食则可以养活一百人。张宝高依靠从事日本、唐、新罗三国之间的贸易而发财致富，并以据守清海镇（位于朝鲜半岛南端的莞岛）讨伐海盗而闻名，在这一时期张宝高已经深深扎根于新罗政界。张宝高在唐朝的据点就是在赤山，推测新罗系统的居民大致就是从赤山附近向南扩展。

这些新罗人何以离开新罗前往唐朝居住呢？作为其背景来说，既有始于八世纪后半的新罗国内的权力之争，以及由于权力斗争带来的社会性动荡、饥荒等新罗国内的问题。另一方面，从中国的情况来看，可以说安史之乱以后的地方统治的松懈，以及控制山东的平卢节度使李正己是高句丽出身等因素，也都导致当地社会对于接受这些新罗人持宽容的态度。同时，关于当时将东亚海域连接在一起的新罗商人的影响力，恐怕也不容忽视。在新罗国内动荡不安的情况下，新罗商人借机积极地向外谋求发展，于是走向了海外和其他国家。当时的新罗人最为国际化，圆仁也正是借助新罗人的网络才实现了自己的目的，并且平安无事地回到了祖国日本。

新罗人的生活与岁时文化

从开成四年（839）六月初离开遣唐使船，到次年二月十八日为止，圆仁在这座赤山法华院里一共生活了八个多月时间。在这一期间，他不时参加寺里的各种活动，并且对其情况和样子进行了记载。在相关岁时文化中有下面这样一些活动：

八月十五日：新罗节（中秋节。寺院准备馎饦、饼食等。这一天同时也包括纪念新罗战胜渤海〈高句丽〉的寓意）

十月十五日：月食（寺院的僧人都走出来高声喧哗、敲打木板）

十一月九日：冬至节（僧侣们互相寒暄致意，并且到堂前拜佛）

十一（十二？）月十六日：法华会（从清早到半夜讲《法华经》，对诸佛礼忏。到正月十五日为止的期间，附近

居住的新罗僧俗男女老幼在寺院集会）

十二月二十九日：除夜（新罗院的佛堂以及经藏历点灯供养，其他各房用柴草烧灶，彻夜礼佛）

正月一日：年始（早朝礼佛结束以后，各自回到自己的房间里吃粥，然后到堂前礼佛。其后僧俗一起互相拜年之后散会）

正月十五日：法华会的最后一天（参加者：前一天二百五十人，当天二百人。结束后给参加者授菩萨戒，然后散会）

除此之外，作为该寺院的大型岁时文化活动来说，除了冬天的法华会以外，夏天好像也有法会（夏安居，讲八卷本《金光明经》），但圆仁没有参加。总之，通过寺院上述岁时文化活动我们可以了解到，赤山院（新罗院）及其相关人们的生活非常朴素简单。此外，赤山院深深扎根于这一地区的新罗人社会，成为他们的精神支柱这一点也给我们留下了深刻的印象。圆仁后来在遗言中提到要在比睿山的山麓建造赤山禅院一事，恐怕也是基于他在山东赤山院的感受吧。对于圆仁来说，在赤山一带的生活无疑是单调和枯燥的。因为他一年前还在号称天下第一的扬州。在繁华并洋溢着活力的扬州城里，圆仁置身于开元寺以及龙兴寺这样的大寺院，与许多僧众有着交往，还经常应邀参加寺院举行的各种各样的岁时活动以及盛大的斋会，几乎每天都充满了新鲜的刺激。

不仅如此，圆仁还在扬州城目睹了在冬至节的时候也和正月同样，人们连续三天兴高采烈地举行各种纪念活动的情况。从年末到正月初三，人们烧纸钱、放爆竹、敲除夜钟、互相拜年。街上到处都是各种各样的小吃。而且，从正月十五日起连续三天不分昼夜，观灯会、元宵节接踵而至。大街小巷灯火通明，寺院的佛像前也都点上了灯火，男女老幼结伴前来参拜，非常热闹，人们高兴地享受着从夜晚解放出来的感觉。

领取“公验”

圆仁到中国以后的一年半左右的时间里，分别在扬州和山东赤山浦这两个完全不同的地方度过了两个新年。与扬州相比，赤山不仅是穷乡僻壤，而且还是新罗人的社会，因而其岁时文化活动也与扬州有相当大的差异。可是，前后加起来在赤山的九个月时间，对于圆仁来说，却是他以后展翅翱翔的一个重要步骤。

在这里，圆仁结识了一位积极帮助自己的地方官员。这就是作为文登县的派出机构的官员，负责管辖赤山一带的新罗人社会的“勾当新罗押衙”张诚。张诚恐怕是汉人，他处在赤山院的圆仁和文登县之间，为了成全圆仁的求法之梦，积极地向文登县做工作，争取让县里给圆仁发放“公验”。不仅如此，后来当圆仁衣衫褴褛地再次回到赤山浦时，张诚还在那里工作，他为圆仁平安无事而感到由衷地高兴，安慰圆仁让其放心住下来。而且，在大中元年（847）九月，圆仁搭乘新罗的商船离开赤山浦时，依依不舍地为圆仁饯别送行的人还是这个张诚。

109 斋僧食品（敦煌莫高窟第236窟东壁门） 画中的人们正在给僧人布施食物。然而，随着民众自身的贫困化，给旅行的僧人施舍饭菜及住宿的余力也随之丧失

多亏有了这样的地方官员的全力帮助，圆仁才终于改变了偷渡者的身份，成为一名正常的旅行者。张咏为什么会如此尽力帮助圆仁呢？除了圆仁对于求法的热情以及人品打动了张咏之外，恐怕还因为在圆仁的背后存在着一个新罗人的社会。张宝高也曾从侧面帮助过圆仁。换句话说就是山东的新罗人社会实际成了圆仁的保证人。对于没有背景的圆仁来说，如果是在扬州的话，要想找到一位能够如此帮助自己的人肯定会非常困难的。

终于，圆仁与随从共计四个人离开了赤山院。他们在文登县领取了到青州为止的“公验”之后，动身前往青州。管辖山东地区的平卢节度使的幕府设在青州，只有青州颁发的“公验”才可以全国通用。三月二十一日他们抵达青州，仅仅十天之后的四月一日就领到了“公验”。长时间的辛苦之后，一下子放松了下来。这方面恐怕也是张咏事先疏通的结果吧。圆仁一行接受了官府资助给他们的粮食以及其他物资，驮在途中人们捐赠给他们的毛驴背上，精神饱满地踏上了北上去五台山的旅途。

衰微凋零的山东、华北的农村

在圆仁一行从赤山浦出发之前，寺院以及村里的人们都纷纷给他们以忠告。说目前在青州方面，蝗虫肆虐庄稼，灾情十分严重，人们没有吃的东西，盗贼横行。如果一定要去的话，等到秋收时节再走比较好。而且即使秋天走，也最好避开山东地区。

圆仁等人开始踏上旅途以后，才发现蝗灾之严重完全在想象之上。蝗虫的集中发生与旱灾有关，从数年前开始，山东为首的华北东部地区就为蝗灾所困。关于蝗灾的情况，圆仁写道："比年虫灾，百姓饥穷，吃橡为饭"（开成五年三月二日）[62]；"黄虫满路，及城内人家，无地下脚。……黄虫满路，吃粟谷尽。百姓忧愁。"（开成五年八月十日）

当地人们艰难困苦的生活状况，必然要波及影响到旅行者的身上。对于所到之处吃饭和住宿都靠布施的圆仁一行来说尤其是如此。在请求借宿时或被冷言拒绝或是被人训斥，经常要走好多家才能找到借宿的人家。至于每天化缘吃饭更是历尽艰辛，经历了诸如"一撮盐、一匙酱醋，非钱不与"[63]、"乞酱、醋、盐、菜，专无一色。汤饭吃不得"[64]等情况。另一方面，至于当地的寺院的状况，或是佛殿被毁坏，或是僧房变成了俗人也可以住宿的旅店，本来应该有的寺院活动都变得无影无踪。这一景象与赤山法华院及其周边地区宁静的田园生活形成了巨大的反差。

但是，尽管在这种艰苦的条件下，圆仁一行最终并没有像事先人们担心的那样，遇见盗贼或抢劫。他们在沿途众多人的布施周济之下，顺利地度过了每一天，继续坚持着他们的旅行。在他的日记里并没有出现诸如在旅途中目击路旁的乞丐或饿死的人，以及食人等悲惨的状况的记载。

圆仁经常使用“道心”这一词语来评价判断他所接触到的人们。所谓“道心”的本意是指精进皈依佛道之心，然而在圆仁看来，能给一个来自异国的旅行僧施舍一碗粥时表现出来的人的本性，以及包含于其中的善意和好心就是“道心”。以此为基准来看，他在日记里使用“有道心”的地方非常之多，可谓比比皆是。在被蝗灾及旱灾折腾得疲惫不堪的人们的“道心”里，圆仁作为佛教家来说，无疑真切地感受到了佛教思想的博大精深和其深入人心的程度。

唐代的旅行、道路与旅行者：五台山之旅

赴五台山的沿途

开成五年（840）四月三日早晨，拿到“公验”的圆仁一行四人从青州出发，八天后就到了药家口的黄河渡口。对岸很远，眼前黄浊的河水汹涌翻腾，奔流而下。渡船每人五钱（文？）、一头驴十五文钱。圆仁他们都是第一次经历渡河，想必十分紧张。到了北岸以后，饥肠辘辘，到某家化缘，每人各吃了四碗“粉粥”，让这家的主人大吃一惊。

渡过黄河以后，就进入了河朔三镇之一魏博节度使的辖区。经过该辖区的贝州向成德军节度使的赵州进发，再北上过镇州（恒州）。过了镇州以后顺路向左行，进入太行山脉的山谷之中，沿着山谷大约走了十天，到五月一日终于到达圣地五台山境内的大寺院竹林寺。从青州到五台山大概有六百公里路程，圆仁他们不到一个月就走到了。

当时，在干线道路上每隔三十里（约 17 公里）就设有一个驿站，配备有服务人员驿长及驿家，同时还配备有马以及驴。驿站里面有驿馆可以住宿，但是这些都是供执行公务的人员使用的，原则上民间人士不能利用这些设施。而且到了唐代后期以后，由于地方和中央的使者往来以及军事方面的传达命令等都越来越频繁，导致驿馆、马匹以及负责服务的驿家的大量增加，驿传制逐渐开始瓦解。或许是因为这一背景，在圆仁的日记中完全没有关于驿传的相关记载。

可是，在这一段行程中，离开大路走近山里以后，开始出现了一些以前不知道的设施，名曰“某某（地名）普通院”。圆仁一行首先到的是位于河北曲阳县的一座寺院——八会寺里所设置的“上房普通院”。以此为开端，圆仁的日记中一共提及了赴五台山巡礼道路上的二十一处“普通院”的名字。作为佛教用语来说，所谓“普通”就是不分僧俗之意，在寺院去世的僧侣以及在旅途中倒下的旅行者火葬以后，将其骨灰合在一起的石塔叫做“普通塔”就是显例。

110 五台山南禅寺大殿　圆仁造访此地时，五台山信仰十分兴隆，在巡礼路的沿途，根据各地的有权势者以及一般老百姓的捐赠而设置了许多“普通院”，给参拜者提供食宿

圆仁在日记中关于“普通院”这样写道：“不论僧俗，来集便宿，有饭即与，无饭不与。不妨僧俗赴宿，故曰普通院。”[65]

尽管这样说，这种“普通院”并非全国随处可见，而是都集中在与五台山相关的圈子之内。沿着五台山巡礼的道路，大致每间隔相当于半天路程的10至15公里左右处就设置一所“普通院”。院内住有僧侣，院主负责管理和接待，原则上食宿免费。为了支撑这种运营管理方式，在其后边存在着经常进行捐赠的各地有权势的人家或者一般庶民以及从上述这些人群处募集捐赠，被称作“供养人”或“供养主”的从事职业劝化的人。

圆仁投宿一座叫做“解脱普通院”的处所的时候，曾与某“供养人”率领的僧尼、妇女一行百余人同宿一院。像这样募集大量的信徒的送供人，实可谓是五台山信仰的传教者。

从这一事例可以推测出，到了夏季，上述这样的大型参拜团以及像圆仁这样的人数较少的巡礼小团体肯定会更多，五台山上一定非常热闹。总之，通过这一事例，五台山信仰的盛况给人留下了深刻的印象。

五台山信仰与圆仁

刚刚入唐的时候，圆仁的愿望是拜访老师最澄去过的天台山。然而后来的方针却变成了去赤山法华院，并到五台山巡礼。这是因为从山东去五台山比去天台山近，加之听说天台山的高僧志远这时正在五台山。此外，这也是因为圆仁到中国以后，才了解到五台山信仰竟是如此兴盛，从而做出了决断。实际上，离五台山越近，圆仁越是深切地感受到了巡礼团等参拜人群对五台山的信仰之深。

位于山西省东北部的五台山自古以来就是一个佛教圣地。其主峰有五座，峰顶上都没有树木，呈现平缓的台状，故名五台。其中海拔在三千米左右的北侧四峰（西台、中台、北台、东台）连绵相接，与稍微间隔开的南边的南台之间形成一个山谷。唐代有超过一百座寺院建在这一山谷之中。

关于佛教何时进入五台山有多种说法，一般认为其始于北魏孝文帝的时候。到了北魏后半期，五台山作为掌管智慧的文殊菩萨（文殊师利）的圣地的认识才逐渐明确起来。因为根据《华严经》的记载来看，文殊菩萨的住处在东北方的清凉山，而其所记载的清凉山与五台山的景观以及神秘性非常相似。

随着隋唐时期佛教的昌盛，五台山的文殊信仰也越来越普及。尤其是到了玄宗朝以后，密教的不空（不空三藏）作为佛教界重要人物而名扬四海，他在五台山建立金阁寺，将文殊信仰和密教紧密结合了起来，此举对于宣扬五台山的文殊信仰有很大的作用。据说为了建立金阁寺而动用了亿万钱财。不空利用五台

111 文殊变（安西榆林窟第25窟西壁门北） 从北魏前后开始，五台山开始被当作文殊信仰的圣地，进入玄宗朝以后，其与密教结合的结果使得这种信仰更加普及，成为整个东亚的佛教圣地

山佛教加强了自己的权威。另外一方面，通过在各地建造的文殊阁（文殊师利菩萨院），文殊信仰也得以在全国普及。

作为文殊信仰的麦加，五台山的声名甚至远播印度。曾有这样一个故事，据说一位名叫佛陀波利的密教的印度僧人为了参拜文殊，曾于仪凤元年（676）访问五台山，碰见了化身为老人的文殊，老人委托他将救苦救难的《陀罗尼经》从印度带来。七年后，佛陀波利果然从印度取来了《陀罗尼经》，在该经被译成汉文《佛顶尊胜陀罗尼经》之后，佛陀波利便带着经典的原件进入五台山的金刚窟入定坐化了。

此外，正如西藏的吐蕃王曾为了访求五台山绘图而来到五台山，作为留学僧曾活跃于长安的日本僧人灵仙，也将自己的后半生贡献给了五台山那样，五台山俨然已经成为东亚的佛教圣地。在圆仁的日记里记载了这样一件事：灵仙住金阁寺期间，曾从自己手臂上剥下一块长四寸、宽三寸的皮肤，在上面画上佛像然后供养起来，以此表示自己的信仰之坚定[66]。

从五月一日到十五日，圆仁住在竹林寺，休养调节了旅途的劳顿。从五月十六日开始圆仁移居志远禅师所在的大华严寺，在那里一直住到六月底为止，除了跟从志远受教以外，圆仁还抄写了志远书斋里的藏书。圆仁在深深为五台山的自然以及文殊信仰带来的灵验而感动的同时，也获得了重新学习天台宗的机会。在这一期间，从五月二十日至二十三日的四天时间，圆仁还遍访了除南台以外的四座山峰。

“公验”与“过所”：五台山信仰的背后

如上所述，在五台山达到了所预期的目的之后，就像觉察到了秋天即将来临一样，圆仁于七月一日离开大华严寺，造访由不空开创的金阁寺，并越过剩下的一座山峰（南台）以后，终于踏上了赴长安的旅途。

尽管圆仁在其旅行中并没有特别谈到沿途关卡的情况，然而实际上当时在交通、军事的要冲均设置有关卡，并在各个关卡配备“令”和“丞”等官吏，负责检查来往的行人与物资。就这些关卡而言，除了陆地上的“关”以外，在江河上还有控制桥梁和船只的“津”，其总数在唐代超过一百六十处（包括被废除的关津）。

如果谈起与圆仁的旅途有关的代表性的关卡的话，则首先可以举出“石岭关”，这是他们从五台山下来前往太原途中通过的一座拥有坚固城墙的关隘。此外还有八月十三日他们一行从蒲州（河中府。今属山西省）渡黄河时的“蒲津关”。蒲津关的两岸设置着铁牛及铁柱，从铁牛和铁柱拉出的铁锁将若干艘船只链接在一起，上面再铺上木板，从而形成浮桥，同时两岸都有人进行监视。

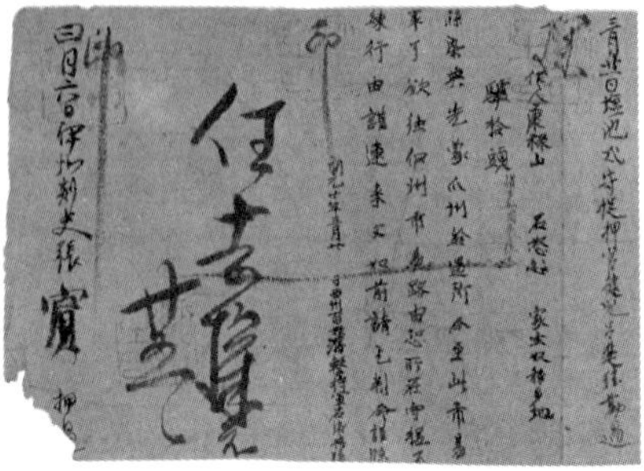

112 西州百姓石染典过所（吐鲁番文书，唐开元二十年［732］） 据说“过所”的起源可追溯到汉代

对于通过这些关卡时的情况，圆仁的记载都非常简单。之所以如此，恐怕是因为都是平常的日子，所以他们通过这些关卡的时候都很顺利的缘故吧。当然，这一切又都取决于他们随身携带着的身份证明书。多亏在青州拿到了平卢节度使颁发的“公验”，圆仁一行才得以一路顺利地继续他们的旅行。

在上文中，我们一直把“公验”比作身份证明或者旅行证明，其实当时还有另外一种同样的证明文件，叫做“过所”。在当时来说，凡是带有执行公务性质的旅行，国家都会发给叫做“传符”及“敕符”的证明书，而“公验”和“过所”则是民间人士进行私人性质旅行时的证明文件。原则上来说，“公验”是由地方州县衙门发行，在其辖区内有效的证明文件；而“过所”则是为了对应跨越州县范围的长距离移动，由中央的刑部（相当于今天日本的法务省）或者地方的州府发行。

就两者的关系而言，本来具有旅行证明书性质的只是“过所”，“公验”乃是后来形成的东西。关于“过所”的起源，可以追溯到汉代称之为“棨”的通行证，到了魏晋南北朝以后出现了“过所”之名，并一直延续到隋唐时代。与此相对，“公验”进入唐代才出现，从安史之乱以后的藩镇割据、各地独自行动的时期开始正式流行起来。为了适应人们自由移动逐渐活跃的趋势，也是为了从旅行者处征收通行税，藩镇开始灵活地发行起“公验”来，不知不觉间“公验”就变成了与“过所”起同样作用的旅行证明。圆仁领到的“公验”就是这样的一种通行证明。

唐代后半期“过所”和“公验”一直并存。其后进入五代以后“过所”退出舞台，统一称为“公验”，到了宋代，进一步改名为“公凭”。这两者的位置互换不外是说明了下面这样一个事实：旧时代向新时代的转换，即在“过所”身上所集中反映出来的国家将人民束缚于土地，进行一元化管理的时代的结束，而代之以随着人和物资大规模流动，由各地进行松散管理的新阶段的到来。

从这一意义上来说，“过所”可以说是从魏晋到隋唐这一大时代的产物。换个角度来说，尽管不及参拜伊势之盛况[67]，唐代赴五台山进香参拜这一现象，实际上也正是与“公验”取代“过所”的这一发展趋势互为表里，两种现象在背景上是相通的。

会昌毁佛及其背景

圆仁在长安

圆仁一行于开成五年（840）八月十三日渡过蒲津关，进入了久已向往的关中地区。接着九天以后的八月二十二日，他们从长安城东边的春明门进入长安城内，在位于长安中心的大兴善寺卸下了旅行的行李。第二天，圆仁他们就去了左街的功德巡院，申报了一行的姓名以及来长安的目的，并请求安排在长安期间的寄宿之处。其结果，位于崇仁坊的资圣寺被指定为他们的借宿地，此后到圆仁离开长安为止，他们一直都住在这里。

左街指长安城内的中心轴朱雀门街之东侧，其西侧则是右街。本书前文曾经提到，长安城内及其周边合起来东边叫万年县，西边是长安县。首都的行政就通过这两个县（万年、长安）来实施。但是，安史之乱以后，首都的行政体系瓦解，于是唐朝便在两县之外另行设置了“功德巡院”，以总揽京城整个行政，并由宦官来担任功德巡院的负责人功德使。这样一来，与已经掌握的神策军的权限加在一起，到八世纪末为止，宦官已经从军事和民政两个方面完全控制了首都长安。

其后，功德使向宗教方面也开始发展势力，插手宗教方面的人事。圆仁一行抵达长安以后之所以首先到功德巡院，就是因为这个缘故。由于刚开始借宿的大兴善寺在左街，此外或许和他们来自于东方也有关系，所以他们向左街提出了申请，并被安排住进了左街的资圣寺。当时的左街功德使就是在甘露之变中登场的宦官头目仇士良。具有讽刺意味的是，仇士良又是一位热心的佛教保护者。正因为如此，武宗毁佛行动从仇士良去世的会昌三年（843）六月才正式开始。

到长安以后，圆仁便精力充沛地开始行动起来。圆仁在长

113 不空金刚像（李真画，京都东寺藏） 北印度出身。八世纪中叶在唐翻译《金刚顶经》等，推动了密教的兴盛。

安的最主要目的就是要修习并掌握正统密教，同时打算整理备齐相关的曼荼罗图像和法具，以及佛典等。于是，圆仁跟随大兴善寺的元政学习金刚界法；同时在空海曾留学过的青龙寺，从义真学习胎藏界法和苏悉地法；另外也师从玄法寺的法全修习胎藏界法。并完成了曼荼罗图。进而又学会了修法、教说所必需的悉昙（梵字）学。本来打算一年以后的八月就申请回国，然而拖拖拉拉地日子耽误了下来，从那以后一拖又是四年光阴。

所谓密教本来是指秘密佛教、佛教秘密教义之事。始于印度的佛教在与民间的供养法及咒文（陀罗尼）等结合的同时不断壮大，佛典里也渗透了这方面的要素，通常将此叫做“杂密（杂部密教）”。与此相对，印度在公元700年左右开始的大约半个世纪之中，受印度教发展等的影响，佛教中的密教的要素被作为大日如来的教说加以体系化并且急速发展普及起来。其传播到东亚，便成为深入人心的密教即“纯密（纯粹密教）”。密教在本质上与基于释迦之说的小乘、大乘佛教不同，属于新兴新来的佛教。

代表性的密教经典有二：讲说胎藏界的《大日经》和讲说金刚界的《金刚顶经》。前者由中印度的善无畏自陆路带入唐朝并译成汉文，其后由弟子一行继承。后者则由南印度出身的金刚智与其弟子印度人（一说斯里兰卡人）不空（不空三藏）从海路传入唐朝并翻译成了汉文。将胎藏界和金刚界所说的佛的世界分别用图表现出来就叫做“曼荼罗”。玄宗朝的前期，这两种新的密教先后传入唐朝。其后，不空在玄宗、肃宗、代宗三朝都深得皇帝信任，从而带来了密教的黄金时代。空海、最澄以及圆仁等人到唐代中国的目的，就是学习并掌握这种密教。

零距离所见到的“会昌毁佛”

佛教自从传入中国以后，曾数次受到弹压。其中，如果抛开像三阶教那样某一宗派瓦解的事例（参见本书第一章相关部分），使整个佛教面临存亡危机的大规模弹压前后一共有四次：第一次是北魏太武帝的毁佛（446年）；第二次在北周武帝的时候（574—577年）；第四次是后周世宗的毁佛（955年）；第三次就是圆仁被卷入其中的这次唐武宗的“会昌毁佛”。上述这些排斥镇压佛教的事件，根据当时的皇帝名被总称为“三武一宗法难”。

根据正史《旧唐书》以及《资治通鉴》的记载，会昌毁佛发生于会昌五年（845）的四月到八月间。其结果使得天下的寺院（敕额寺）四千六百所、兰若（小寺）四万所被毁，僧尼两万五千人还俗，属于寺院所有的肥田数千顷（一顷相当于5.8公顷）、奴婢一万五千人被国家没收。在这一过程中，佛教以外的外来宗教摩尼教及琐罗亚斯德教（祆教）也作为邪教被摧毁。在这一时期全国各地都席卷起了废佛毁释的风暴。

然而，会昌毁佛并非突发事件。其实在此之前，朝野上下一直蕴藏着一股反佛教的气氛，到这时最终爆发出来而形成了这场毁佛的风暴。圆仁身临其境地切身感受到了这种日益紧张的空气，观察着事情的动向和发展。根据圆仁的记录，废佛的第一步是在会昌二年三月，当时宰相李德裕奏请严密加强对僧尼的管理；到了十月以后，朝廷下诏，命令逃兵、罪犯、娶妻等而有僧籍者必须还俗，禁止僧尼走出寺院之门，此举使长安城内大约三千五百人还俗。

进入会昌三年，唐朝对于外国僧人的监视强化起来，要求在长安的外国僧人必须申报姓名以及留在长安的理由。当时还留在左街的外国僧人有天竺（印度）僧、师子国（斯里兰卡）僧、新罗僧、龟兹僧等，加上圆仁等日本僧人一共有二十一名。很可能大部分的其他外国僧人都已经感知到了危险而离开了长安。圆仁当初在山东领到的“公验”一到京城就已经失效，没有新的“过所”或者“公验”发下来，他就一步也不能离开京城。

进入会昌四年（844）以后，取代佛教，朝廷向道教方面的倾斜越来越明显。武宗在宫中设置了九天道场祭祀道教诸神；七月份佛教的盂兰盆会时，武宗却在道教的兴唐观祭祀天尊（道教神）。此外，为了制作可以成仙的仙药，武宗又让人在宫中建造了望仙台。望仙台高一百五十尺（约 45 米），据说从长安城内的大街上也可以看得见。在上述一系列排斥佛教、尊崇道教行动的背后，起主要作用的人物是道士赵归真，李德裕则从侧面加以支持。

在圆仁的日记里，记载了这样一段插曲，说望仙台建成以后，当有人问起如此一来是否就可以成仙时，赵归真却“低头不语”[68]。

会昌毁佛的背景及其意义

会昌毁佛是一场在历史上留下重大痕迹的镇压佛教的大事件。有唐一代，深深地渗透到社会各个角落、而且拥有着强大教团的佛教界就这样轻易地被摧垮了。根据正式的记载来看，毁佛的风暴只是在会昌五年的数月之间展开的。而圆仁的记录却告诉我们，冰冻三尺非一日之寒，实际上在毁佛正式爆发的数年以前，朝野已经有着各种各样的反佛行动。假如可以离开长安自由行动的话，圆仁无疑会充分发挥自己的好奇心，更加详尽地记录毁佛的状况的。

关于会昌毁佛，如果只是将其归结为倾心于道教的唐武宗与赵归真等道士的合谋的话，那就过于简单化了。李德裕就未必是一个反佛教主义者，他却也加入了排佛的阵营。

作为牛李党争的一方领袖，李德裕本是一位热衷于改革现状的人物，皇帝期待他在重建国家财政方面能发挥作用，因而他于开成五年（840）九月重新回到了宰相的位子。李德裕在当地方官时亲眼目睹了佛教界的腐败状况，所以他着眼于藏匿在寺院中的人与财产也是很自然的事情。也就是说，佛教自身也存在着招致反对的原因。

除此之外，武宗成为皇帝以后，唐朝周围陆续发生了一系列的大事件。首先是在840年，北方的回鹘在遭遇内讧和天灾之后，又因突然受到了黠戛斯人的袭击而瓦解。到会昌二年（842）末左右，回鹘残余势力的行动也被成功地压制了下去。几乎就在同一个时期，另一个重大的消息也传入了唐朝，这就是吐蕃国王达玛的死讯。达玛王对佛教进行镇压的结果，导致他被反对他的僧侣所暗杀。以此为契机，吐蕃陷入内乱的状态。由此，唐朝一举从一直为之头疼的两大外压之下解放了出来。

114 唐武宗端陵全景　在中国大规模镇压佛教一共有过四次。其中第三次就是唐武宗的“会昌毁佛”

在这种情况下，作为和蕃公主降嫁给当时的回鹘可汗的太和公主（宪宗的女儿，武宗的姑姑）于会昌三年（843）三月回到了长安。唐朝当局遂于四月开始对回鹘人信奉的摩尼教进行打压，毁坏摩尼教寺院、没收其财产，并给摩尼教僧侣剃头，让其穿上佛教的袈裟，打扮成佛教僧人的形象，然后加以杀害。就此事圆仁写道：“四月中旬，敕下，令煞天下摩尼师。剃发，令着袈裟，作沙门形而煞之。”[69]

成立于波斯的摩尼教于七世纪末传入唐朝，安史之乱以后，摩尼教又从长安传入回鹘社会，并被回鹘尊为国教。自此以后，摩尼教与在唐朝声名狼藉的回鹘人重合起来，变成了唐朝人憎恶的对象。随着回鹘的瓦解，摩尼教在唐朝便自然成为人们雪恨的目标。不仅如此，如果从上述将摩尼教僧侣打扮成佛教僧侣这一事实来看，实际上也预告了同是外来宗教的佛教的命运。唐朝当局对于摩尼教的镇压，我们可以理解为是镇压佛教的一次前哨战，或者也可以说是点燃了整个排外行动的烽火狼烟。

武宗是一位完全倾心于道教的反佛强硬派，而且佛教界的腐败、过度膨胀，给唐朝国家财政造成困难都是当时的现实。可是仅凭这些条件，并不能轻易地导致毁佛行动的发生。佛教已经非常广泛深入地渗透进了社会的各个阶层，而且在宫中还有像仇士良那样的坚定的佛教信徒。可以说，在这种情况下能够强有力地把局势推向毁佛的力量，正是回鹘和吐蕃的瓦解。其结果，以国内高涨的排外势力为动力，局势终于突进发展到毁佛的地步。在这个意义上，会昌毁佛是一次民族主义的行动，也是迈向宋代的第一步。

圆仁虽然饱尝了动乱年代的辛酸，但是另一方面，他又十分幸运地有着曾经站在中国历史上，不，应该说是站在整个东亚历史的关节点上的一次珍贵体验。在唐朝发展繁荣起来的佛教，包括密教以及五台山信仰都以这次毁佛为转折点而急速走向了衰退。圆仁作为一名佛教家，身临其境经历了在毁佛之前唐代佛教大放异彩的回光返照，并亲眼目睹了佛教崩溃瓦解的情景。作为把上述史实传达给后世的活生生的证人,《入唐求法巡礼行记》的记录值得我们永远珍视。

毁佛风潮中的寺院——以法门寺、云居寺为例

法门寺与供养舍利

圆仁进入长安以后，在毁佛运动表面化之前，吸引他注目的寺院活动之一是供养佛牙纪念活动的相关情况。所谓佛牙，就是指被视为释迦的遗骨的佛舍利。根据圆仁日记会昌元年（841）二月八日的记事来看，长安城内的大庄严寺（永阳坊）、荐福寺（开化坊）、兴福寺（修德坊）、崇圣寺（崇德坊）四座寺院里供养有佛牙，其中荐福寺的佛牙收藏在佛牙楼里，三月八日[70]佛牙开龛时吸引了大量的僧俗前来，供养活动非常盛大。

关于佛牙，圆仁还留下了一段珍贵的记载。在毁佛运动已经开始的会昌四年（844）三月，朝廷下达了一道敕令，禁止供养佛牙，同时严禁赴五台山和法门寺等拥有佛指（舍利）的四大寺院巡礼供养佛指[71]。通过这件事情，我们不仅可以了解当时关于舍利信仰的狂热程度，窥见在五台山巡礼背后的舍利信仰的影响，同时还可以让我们注意到在唐代佛教之中也存在着这样一种信仰的形态。在这里提到了法门寺的名字，下面让我们就法门寺的情况加以介绍。

时间跳跃到二十世纪后半的1987年春天，在西安以西约一百二十公里的一个乡镇——陕西省扶风县法门镇，考古工作者正在发掘调查一座倒塌的寺塔，结果在塔基部分发现了一个地

115 倒塌的法门寺塔（陕西省扶风县法门镇） 这座塔倒塌以后，发现塔基部分有地下室，从中发现了大量金银器等珍宝

宫。打开地宫的门以后，发现里面堆放着以金银器及陶瓷器为主的大量珍宝，其中包括装有四个指骨形佛舍利的舍利函。所幸在地宫里还发现了两块碑文，一块是叙述埋藏宝物的原委经过以及寺院简史的《真身志文》碑，另一块是相当于埋藏珍宝目录的《衣物帐》碑。

通过对两块碑文的解读，首先确认了这里就是唐代法门寺的所在地。在此基础上，还弄清楚了几件事：其一，咸通十四年（873）法门寺的舍利曾被运至长安供养；其二，以当时皇帝懿宗为首的相关人员捐赠的物品就是眼前这些珍宝；其三，这些珍宝最终埋入地宫的具体时间是在次年即咸通十五年正月四日。同时也判明自从874年封存以后到这次发现为止，这些珍宝一直保持着封存时的状态，从来没有人动过。基于上述认识，人们对这些宝物一件一件进行仔细清理，许多新的事实陆续被发现，诸如这些金银器都是在宫中作坊制作的一流制品，其中还包括当时刚开始流行的一套茶具等。至此，法门寺地宫珍宝作为“中国的正仓院[72]”之秘宝受到了人们的高度重视。

116 法门寺舍利及其舍利容器　1987 年的发掘调查时发现的舍利及舍利容器。自从公元 874 年封存以来，经历了约一千一百年以后首次亮相的“中国的正仓院”——法门寺地宫的珍宝

法门寺的历史虽然始于西魏末期的555 年前后，然而其真正的发展则是进入唐代以后的事情。法门寺有两件看家宝：其一，寺内的舍利是真身，也就是说是释迦的真正的遗骨；其二，舍利每隔三十年从地宫里请出来开龛一次，有缘拜见舍利的人可以得到巨大的利益。法门寺基本保持了每三十年开龛一次的原则，并接受唐朝的各个皇帝的皈依。有唐一代，法门寺也因此而作为舍利信仰的代表性的寺院而受到人们的尊崇。这种状况一直持续到圆仁记录的会昌四年（844）为止。在这一年或者第二年，恐怕法门寺塔以及地宫就被彻底破坏，真身舍利也可能同时被毁坏掉了。

但是，法门寺当局并不承认这一点，宣称从被破坏了的地宫的地下再次发现了舍利，并于咸通十四年（873）举行了供养舍利的活动。这时距离会昌毁佛刚好三十年。由于法门寺与皇帝有着直接的联系，所以有时也被卷入政治漩涡之中，元和十四年（819）供养舍利之际就有一段很有名的故事。当时韩愈写了《论佛骨表》，认为崇拜夷狄的佛骨即法门寺舍利毫无意义，结果惹恼了宪宗，韩愈因而被贬官发配到了南方。圆仁站在与韩愈相反的立场上，只注视并记录了法门寺的舍利被安置的状况。

地方的毁佛与房山云居寺的石经

以法门寺为首的关中地区诸寺院因直接受到武宗毁佛的影响，而蒙受了巨大的损害。法门寺在毁佛的风暴平息后约三十年以后，终于再次举行三十年一度的供养舍利活动，总算勉勉强强地得以复兴。然而，除此之外其他几乎所有的寺院恐怕都还依然处在毁佛之后一片废墟的状况。

1985 年，在位于西安以东临潼县的唐代大寺院——旧庆山寺的所在地，发现了藏有精美的金银舍利函以及财宝函的地宫遗址。由于在会昌毁佛时，该寺院只有地宫幸免遭到破坏，而其后该寺院又未能再度复兴，所以这座地宫也就被人忘却了。

说起关中以外地区的情况，曾经香火是那样旺盛的五台山各个寺院都变得面目全非、惨不忍睹，在其中间就可以看到这一方面的代表性事例。正因如此，今天我们在五台山几乎看不到任何可以传达往日的建筑物。在毁佛的狂潮之中，据说五台山的僧侣们为了避难曾前去附近的幽州（现在的北京），但是幽州方面却紧闭门关拒绝接受他们。所谓幽州，指的是从唐朝来看处于半独立状态的河朔三镇之一的幽州节度使。按道理说，幽州应该与毁佛运动保持一定的距离，但实际上却似乎并非如此。

与此事相关，我在此还想谈一谈这个幽州节度使辖区内的一座寺院。这就是从今天的北京往西南方向走，位于距北京直线距离大约六十公里左右的山区里的房山云居寺，该寺是离五台山比较近的寺院。前面曾经提到，这座寺院之所以有名，是因为该寺的刻经事业即房山石经非常有名。

房山云居寺的开创始于七世纪初期。当时，位于隋代幽州的智泉寺僧人静琬率领弟子及信徒进入这片山中，开凿洞窟，开始着手将佛典刻于岩石之上，由此揭开了云居寺的历史。他们开凿的洞窟一共有九眼，在其中心的第五窟，即通称为“雷音洞”前留下的碑文中，静琬说道：末法之世到来已久，民众们失去佛法之灯，在黑暗之中备受煎熬。因此，面向未来，在末法的劫火无法烧掉的石头上留下经典，乃是自己的使命。

117 菩萨比丘像椰及须弥座（陕西省临潼县新丰镇庆山寺遗址出土，临潼县博物馆藏） 庆山寺因武宗毁佛而遭到了破坏，但舍利椰安置在了寺塔的地宫之中

静琬虔诚护法的决心也为其弟子们所继承，有唐一代他们一共凿刻出了4200 块石经经版（此外还有 780 块残石）。其中的压卷之作就是三藏法师玄奘从印度、西域回来以后首次翻译出来的最大的佛典《大般若波罗蜜多经》六百卷。该石经的大部分都完成于唐代（只有最后一部分完成于辽代），石经刻成距离玄奘翻译该经还不到一个世纪。石经都是高 2 米、宽 60 厘米左右的石板，其表里两面密密麻麻地刻满了经文。刻经大概是从玄宗的开元末年左右开始着手，到了天宝年间（742—756）大规模展开。此后，即使在安史之乱达到高峰的时期，刻经事业也没有间

断，一直延续到唐代后半期。其间共计刻出1117块石经，粗略估算一下，一年平均大约凿刻七块石经。

房山刻经事业与会昌毁佛

在将《大般若波罗蜜多经》刻成石经这一巨大的事业中，在幽州节度使辖区内快速成长起来的幽州（范阳郡）的商人们给予了积极的协助。作为工商业的同业组合，他们组织了许多“行”。而且在各“行”里又结成了有着共同信仰的“社”，并以“社”为单位募集善款送往云居寺。寺院在收到商人们的捐赠以后，便在预先留好的《大般若经》石板的空白处刻上捐赠者的“行”及“社”以及筹集人的姓名，然后再装入山里的洞窟之中。

为了使刻经事业能够长久地持续下去，寺院方面注意到了新兴的商人阶层。从六世纪中叶前后开始，在以河北和山东为首的华北各地，刻经事业广泛展开，可是除了云居寺以外，各地都是短时间的昙花一现。而云居寺自从静琬以来就一直十分重视与当地社会的联系，这样才使得刻经事业有可能持续展开下去。当地的商人们之所以热衷于支持云居寺的刻经事业，也正是因为云居寺平时努力的结果。总之这样一来，一方面寺院方面确保了刻经事业可以继续下去的资金，而另一方面商人们也借此将自己信仰的印记留在了石经这样一个可靠的媒体之上。因而云居寺的石经向后世传达了两层意思，一是当时的佛教信仰之盛；二是当时商业活动的实际状态。

但是，这样一个巨大的事业，在进入会昌年间以后却戛然而止。整个云居寺也以此为转折点而走向了衰落，云居寺再次引起世人注目则是到了十一世纪以后，即进入辽代被编入燕云十六州以后的事情。顺便提一句，在辽朝的统治之下，云居寺的石经事业得到国家的资助而获得了长足发展，但是经典的底本却是传说中编纂于辽代的大藏经《契丹大藏经》。由于刻成的石经数量太庞大，原来山里的九个洞窟已经远远装不下，于是云居寺便在寺内修建了地下室，以便收藏这些石经。根据今天已经确认的部分来看，辽代以及其后的金代加起来，一共刻有 10 082 块石经。

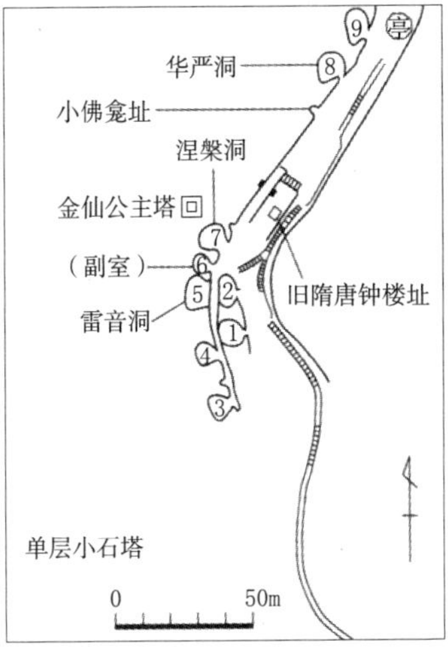

118 石经山藏经洞位置示意图

这一方面的情况姑且先不论，总之，进入会昌年间以后云居寺的刻经事业停滞了下来。究其原因而言，应该说也是由于受到了从中央开始的武宗毁佛的影响。正如五台山信仰的状况那样，信仰问题往往越过政治的境域而相互作用。更何况接近九世纪中叶以后，河朔三镇虽说是半独立状态，却一直在加深强化与唐朝中央的关系。对于幽州方面来说，会昌的毁佛也绝非隔岸观火之事。

法门寺和云居寺是两所对比很鲜明的寺院，两者无论是祭祀的对象还是支持他们的基础都不一样；就地理位置而言也是一西一东，一个是在接近中央所在地的繁华的关中，另一个位于华北的东端。可是两者却都是诞生于隋至唐的时代之中，都同样在取得大的发展以后，又以会昌毁佛为转折点而衰落。从这个意义上来说，两座寺院的信仰形态显然都是由隋唐这一时代的性质所规定的。我以为，所谓隋唐佛教正是存在于这种包括多彩多姿、有个性的信仰之中。

第九章

东亚各国的动向

隋唐王朝与东亚诸国

东亚的民族迁徙

当欧洲因受“匈人(Huns)”西迁的刺激而出现日耳曼民族大迁徙时，几乎在同一时期，东亚地区实际上也正处在一个激烈程度绝对不亚于欧洲的民族大迁徙的高峰时期。然而，这一方面的情况似乎并不太为人们所熟知。

关于“匈人(Huns)”的源流，今天的人们已经基本上取得了一个共识，即认为其与最早出现于北亚的游牧民族匈奴有关，具体而言其与公元一世纪中叶前后分裂为南北匈奴两部的北匈奴一方有关系。留下的南匈奴才是四世纪的“五胡”时期率先进入中原即华北地区的匈奴。在这种情况下，华北地区的汉民族也开始大规模地向长江流域迁徙，而早先就住在江南的越系以及其他的原住民则在压力之下，迁往南方以及深山之中。

民族迁徙的浪潮也从北方波及了东方。首先，五世纪初，东方大兴安岭以北的柔然（蠕蠕，茹茹）进入了匈奴离开之后的北亚草原地带，并且控制了这一地区，蒙古系统的民族正式登上历史舞台。到了六世纪中叶，住在西方的阿尔泰山西南麓的突厥强大起来，又取代柔然成为北亚的统治者。关于后来活跃于欧亚大陆中部的突厥系诸民族的渊源，就可追溯于突厥从柔然的统治下自立出来的这一时期。总之，上述北亚地区一系列的动向，都与匈奴消失之后的诸民族的重新整合联系在一起。

让我们再将目光从东北转向东方。“五胡”带来的中国国内分裂的结果，引起乐浪郡以及带方郡等中国王朝据点的撤退；另一方面，五胡政权之一的后燕则乘机进入东北地区。受到这一动向的刺激，东北地区的高句丽大举南下，将势力扩展到朝鲜半岛北部。为了对抗这一趋势，朝鲜半岛南部的韩族也开始活跃起来，出现了百济和新罗，最终形成了朝鲜半岛三国鼎立的局面。与上述动向相关，随着大陆、朝鲜半岛的人员及文化流入日本列岛，促使了日本列岛从弥生时代向古坟时代的发展，并为其后的国家（王权）奠定了基础。

另外，推动发端于匈奴这一民族大迁徙浪潮进一步升级，并且最后跃升为主角者，则是居住在大兴安岭南部的鲜卑系统的诸部族。刚开始时先是鲜卑系统的慕容部和宇文部动了起来，其后，拓跋部进入华北地区建立了北魏政权，接下来鲜卑诸部族再进一步经过与汉族的融合，开辟了通向隋唐王朝的道路。另一方面，一部分鲜卑族向西挺进，在陇西（今甘肃省）、青海（今青海省）一带，慕容部的一个分支将当地的藏族居民纳入统治之下而建立了吐谷浑。所以，吐谷浑的建国也是民族迁徙的产物。

从五胡时代开始，经过几个世纪民族迁徙的结果，在中国本土由隋朝完成全国统一的同时，隋朝周边各个民族及国家的配置及整合也随之大致确定了下来。也就是说，由于隋朝这一轴心的确立，才导致了周边诸国位置的确立。这样一种整体连动构造在进入其后的唐代以后更加明晰化，其结果便导致了东亚世界这样一种大的区域世界的形成。隋唐国家正是在上述民族大迁徙的基础之上登上了历史舞台，如果我们了解到了这一点，那么隋唐国家具有的浓郁的国际性也就不言自明了。

羁縻与册封

自从汉代以后，中国王朝为了稳定自己的统治，也为了形成一种国际性的秩序，与治下的诸民族以及周边的各国之间，广泛地结成了一种称之为“羁縻”和“册封”的关系。而且，这种关系（政策）最大限度地发挥作用的时期正是隋唐时代。唐朝灭亡以后，伴随着不断高涨的民族意识，这种关系也就随之失去了其政治性和国际性的效用。从这一意义上来看，也可以说“羁縻”和“册封”乃是只适用于隋唐时期的一种系统。

119 隋朝成立前后的东亚民族分布示意图

所谓“羁縻”，指的是拴在牛和马鼻子上的缰绳，人类借此驾驭操纵牛马。其意思也就是说，承认牛马（异民族）在缰绳长度容许范围内的自由，然而一旦牛马（异民族）超越可容许的界限时，就要受到驭手（中国王朝）的强有力的制约。在羁縻政策

已经确立的唐代，唐朝当局采取了承认各族首领及其属下部族民的统属关系的同时，在形式上任命部族首领为都督、刺史、县令等职的做法。一方面将各个部族纳入唐朝的统治体制之下，一方面又允许其固有的习俗以及自治，同时在其上面设置都护府这样的机构，以实施从军事方面进行牵制的间接统治。都护府的设置，因各种情况以及时期不同而有所变化，最终在唐朝的周边总共设置了六个都护府。

根据记载来看，唐代设置的羁縻州有 856 个。与此相对，一般的州只有 358 个，由此足见当时的羁縻州数量之多。这一现象不仅表现了唐朝当局在处理异民族问题上的细致入微，同时也是唐朝对异民族实施分断统治以防止其坐大措施的一个结果。在这种情况下，只要各个部族不出现强有力的铁腕领袖，就很难将兵刃指向唐朝当局。

下面再看一下“册封”的情况。本来“册封”就是指用册书

（任命书）来委任（封建）王位或者高官。但是这里所说“册封”的意思是，中国皇帝根据周边诸国君长的领地状况，在以王号的形式来承认该君长对于其领土的独立支配权的同时，又给该君长授予中国王朝的爵位（王公侯伯子男等爵位）等，以此来使诸国君长与中国皇帝结成君臣关系。隋唐时代以中国为中心的东亚国际关系，正是由这种基于册封的国际秩序原理所规定的。西嶋定生先生[74]曾系统地论述过这一课题。西嶋先生特别着眼于隋唐王朝和朝鲜三国的册封、朝贡关系，在阐述倭（日本）位于这一册封圈外的过程中，全面系统地展开论述了有关册封体制论和东亚世界论的相关问题，向研究者提示了这一研究课题。

那么，“册封”与“羁縻”又是什么样的关系呢？一种理解认为，“册封”的对象主要是农耕、定居系统，而“羁縻”则是以游牧民族系统为主要对象。但是实际上，在突厥、吐蕃等游牧系统中也有“册封”的情况，而在高句丽灭亡以后的朝鲜半岛也曾设置过羁縻州，显然并非所有的情况都可以用此模式来套用。因此，不如说可以考虑的标准当是根据各个异民族与隋唐王朝的距离感觉。即从隋唐王朝的角度而言，对自己臣服程度高的地方实施羁縻政策，而在其外围独立性强的地方则适用于册封。也就是说，中国王朝在开土扩疆的过程中，将众多的内附异民族以羁縻的形式置于间接统治之下，而将无法收入圈内的地方则用册封的形式。如果这样说来，中国王朝本来所追求的目标应该是羁縻关系，册封关系则是对羁縻关系的一个补充和完善。

东亚的标识：宗教与文字

西嶋定生先生在以册封体制来解释和说明贯穿于东亚世界普遍原理的同时，另一方面也提示了东亚世界具有共性的一些标识，即：汉字、儒教、律令制、汉译佛教（中国化的佛教）。然而这样一来，所谓东亚就成了中国、朝鲜、日本，以及酌情再加上南边的越南这一地区；除此之外的其他地域则都基本上不包括在这个范围之内。但是，实际上在隋唐时代，在隋唐周边的北方以及西方还有很多的国家，存在着多种多样的国际关系。在整个国际关系之中，可以说隋唐与朝鲜、日本的关系所占比重并不大，只是属于少数派。

在把所有的周边国家都纳入视野进行整体思考时，我们就可以注意到，不仅共同点，而且非共同的方面其实也都是构成这个东亚世界的重要标识。周边诸民族一方面要与隋唐这样一个具有强大的国力及高度的文化，而且有着深不可测的巨大包容力的王朝做邻居打交道，同时一方面又要顽强地努力避免使自己完全卷入其体制之中。实际上，这些异民族的做法以相反的形态，让人意识到了其与隋唐国家之间的密切联系。

以汉字为例来说，北方的突厥王庭里就有不少汉人，用汉字书写的碑文在其领域内也有发现。可是其公共语言却使用着始于粟特文字的突厥文字，其后又成为回鹘文字。另外一方面，吐蕃也从很早的时期开始就和中国王朝接触，派出了大量留学生在唐朝学习，同时也接受了不少唐人以及唐文化。可是，吐蕃的初代国王松赞干布（弃宗弄赞）却派遣部下到印度，以印度文字为母

120 粟特文摩尼教徒书信（新疆维吾尔自治区吐鲁番市柏孜克里克出土） 回鹘文是根据粟特文创制的文字，以表音的方式书写回鹘语言。这篇残卷写着有关摩尼教的内容

体创制了藏文。上述突厥和吐蕃都是尽管知道并了解汉字，却最终都没有采用汉字的例子。

突厥以及吐蕃之所以做出了上述选择，一般认为其原因之一是因为作为表意文字的汉字是农耕定居民族的文字，需要长时间的学习才能够掌握。而突厥以及吐蕃都是游牧民族，因而更容易接受表音的粟特系统的文字。同时，恐怕另一个原因也是由于，在汉字所具有的文化力量面前，欠缺独自的文化积蓄的他们缺乏自信，恐惧被汉字完全吞没。他们采取了不接受汉字的做法，反而使得他们在这个文化圈中有了自己的一席之地。

同样的情况也反映在宗教方面。突厥的信仰原来虽然是萨满教，其后北齐的佛教僧人惠琳传入佛教，后来道教也传入了突厥。然而佛教和道教都没有能深入渗透进突厥社会。到了继突厥而起的回鹘时期，正如前（参见本书第八章）所述，自从回鹘八世纪后半从唐朝引入了摩尼教，并且将其作为国教加以尊崇以后，摩尼教瞬间就普及全境。这是在佛教及道教传播普及中所见不到的现象。另一方面，吐蕃的宗教原来是萨满教系统的苯教，伴随着唐文化的传入，中国佛教在很早的时候也传入了吐蕃。可是，吐蕃却同时又引入了印度佛教，形成中国佛教和印度佛教并存的局面。而且到了八世纪末，双方的高僧在当时的吐蕃王赤松德赞面前公开辩论，最终中国佛教失败。其结果使得印度佛教在吐蕃取得了国教的地位，从而开辟了向藏传佛教即喇嘛教发展的道路。

无论是回鹘的摩尼教，还是吐蕃的印度佛教，都是不愿意在宗教也就是精神领域中被卷入隋唐体系之中，在上述现象的背后，不正是反映着这样一种强烈的意志吗?面对一种远远高出自己的、具有强大的传播力的高度发达的文化，上述做法也是他们所能够做到的最大的抵抗。当时一方面存在着力图使自己能与唐朝拥有共通文化标识的朝鲜、日本等国；另一方面又存在着总想与唐朝保持一定距离的突厥、回鹘、吐蕃等；然而如果从大局着眼来看，以上两种形态的表现方式虽然不同，其实都表现了他们与隋唐王朝的密切关系。我以为，对于上述这样一个以隋唐王朝为中心而形成的世界，应当在广义的东亚文化圈这样一个范围之内来进行理解。

和蕃公主政策及其意义

周边的游牧国家在从文化及精神层面抗拒被隋唐同化的同时，可是另一方面又热衷于和隋唐王朝保持密切的联系。之所以如此，因为希望从中国

121 王昭君（安田靫彦画。日本足立美术馆藏） 嫁给匈奴呼韩邪单于的王昭君的传说，以各种版本代代相传

分得更多的财富这一想法在整个游牧世界中占据上风的缘故。而在建立这种紧密的联系方面起到重要作用的人，则是从中国王朝下嫁到游牧世界的公主（皇帝的女儿）们。这种因中国王朝的公主下嫁而建立起来的婚姻关系，往往在暗中规定着东亚国际社会的动向。

从中国下嫁到外国的公主称作“和蕃公主”，取自于与蕃族和亲之意。其滥觞可追溯至公元前200年。是年汉高祖刘邦在平城（今山西省大同）的白登山被匈奴包围吃了败仗，作为议和的条件，匈奴方面要求汉朝必须把宗室的女子作为匈奴的阏氏（单于之妻）送往匈奴。在西汉时期，为了达到牵制匈奴的目的，汉室曾两度将公主嫁给乌孙；到了西汉后期，下嫁给匈奴呼韩邪单于（东匈奴）的汉元帝后宫的女性王昭君也是和蕃公主中的一人。在汉代之后，作为周边民族对策之一环，和蕃公主政策备受注目的时期主要是北朝的后期以降，尤其是隋唐时代。

首先看一看隋代的情况。由于吐谷浑自西而来不断向东扩充势力，隋朝便把光化公主下嫁给了吐谷浑；隋朝北方东突厥的沙钵略可汗一直让隋朝感到很头疼，于是隋朝遂将北周时代下嫁给沙钵略可汗为妻的千金公主改封为隋朝的大义公主，以图改善关系。其后，隋朝又把安义公主嫁给了最靠拢隋朝的东突厥启民可汗，安义公主死后，隋朝又下嫁义成公主给启民可汗，以强化关系。对于西突厥的处罗可汗（曷萨那可汗），隋朝则以下嫁公主为诱饵对其进行策反离间，直到最后才将信义公主嫁给了内附隋朝的处罗可汗。不仅如此，隋朝在丝绸之路以及对西突厥政策方面也十分注意，将华容公主嫁给了当时还保持着独立地位的高昌国王麹博雅。总之，隋朝积极地推行和蕃公主政策，笼络北方及西方的诸强国，从而成功地建立了自己的优势地位。

唐太宗也是一位十分重视和蕃公主政策所起作用的君主。他即位以后不久，突厥（东突厥）就瓦解了。为了在乘隋末混乱发展起来的吐谷浑中培植亲唐派势力，太宗于贞观十三年（639）将弘化公主嫁给了诺曷钵可汗。这其实是为了计划于下一年平定高昌而做的一个布局准备。其后，吐谷浑逐渐衰落，被新兴的吐蕃驱赶至青海，直到逃入唐朝境内才总算保存住了命脉。

吐蕃自从在唐太宗时期与唐朝开始接触以后，自始至终一直向唐朝提出要求，希望将唐朝公主嫁给吐蕃王。其结果，贞观十五年（641）唐朝将文成公主嫁给了吐蕃王松赞干布（弃宗弄赞）；到了中宗的景龙四年（710），唐朝又将金城公主嫁给了吐蕃王尺带朱丹（弃隶蹜赞）。后来，突厥（第二汗国）再度兴起以后，让唐朝感到很头疼，于是唐睿宗遂决定将金山公主嫁给默啜可汗，后因睿宗退位，这一婚事才告吹。另外，在玄宗时期，东北部的契丹以及奚脱离羁縻关系开始活动，玄宗便将与皇族有亲戚关系的外姓女子作为公主下嫁给两个部族的族长，这也可以算作和蕃公主。

隋唐王朝与周边的国家及民族之间，在册封与被册封、君臣关系之上，再加上由于下嫁和蕃公主带来的舅甥关系，从而呈现出一幅复杂的关系图。而这些关系本身却正反映了隋唐时代的一个特征，因而我们有必要对和蕃公主存在的意义进一步加以关注。

和蕃公主的出身

从隋代到唐代中叶为止，和蕃公主有一个共同的特点，这就是她们都并非皇帝的亲生女儿。与此相对，进入唐代后半期以后，凡是提到和蕃公主几乎只是限定于回鹘一处，而且全都是皇帝的亲生女儿。前后计有：嫁给回鹘第二代葛勒可汗的宁国公主（肃宗的女儿），嫁给第四代天亲可汗的咸安公主（德宗的女儿），嫁给第九代崇德可汗的太和公主（宪宗的女儿）三人。

那么，为什么到这个阶段以后，迄今为止的名义上的公主（假制公主）变成了真公主（真制公主）呢？根据日野开三郎先生[75]的解释，唐代公主下嫁的时候都要带着大量陪嫁嫁妆，但是如果下嫁的公主是皇帝的亲生女儿的话，唐朝就更要准备与其身份相应的更多的巨额陪嫁。而回鹘之所以要求真公主，正是冲着这些巨额陪嫁而来的。此外，加之在绢马贸易中，回鹘一直希望唐朝能稳定持续地向其提供绢帛，在这一意义上真制公主对回鹘来说也十分重要。

在假制公主的阶段，以隋唐方面的权威为前提，重点是放在通过公主这一存在表现出来的国际关系上。然而，当回鹘就公主的出身门第直接向唐朝提出要求时，显然已经是既没有顾忌国际关系，也没有考虑到唐朝的权威问题。

在唐朝的衰退日益明朗化的唐代后半期，早先不断地向唐朝提出希望下嫁公主的吐蕃也渐渐不再提及此事。这是因为随着各族的民族意识高涨以及唐朝权威的低落，基于婚姻而带来的国际关系的好处已经大大减弱。于是，在进入下一个时代即五代、宋代以后，和蕃公主出场的必要性以及舞台已经完全消失。或许可以这样说，所谓真制公主，就是已经完成使命的和蕃公主的最后亮相。

然而，为什么在和蕃公主问题上，假制公主的形式会通行一时呢？关于这一方面，历来的解释主要都是从出嫁一方的情况来进行考察，例如除了陪嫁嫁妆的原因之外，还提出了许多理由如：从皇帝亲情的角度来考虑，皇帝不愿意将自己的骨血送往蕃夷之地；皇帝担心把亲生女儿下嫁会让蕃夷产生出对等的观念，或者担心亲女儿成为蕃夷的人质等等。我以为，关于这一问题还可以更进一步加以探讨。

从本来的意义上来说，朝廷要求和期待和蕃公主能担负起连接不同国家以及民族的责任。如果认为和蕃公主只是单纯嫁人的话，那就大错特错了。和蕃公主肩负着体察本国的意向、了

122 文成公主像（西藏自治区拉萨，布达拉宫） 传说她是一位丰腴的唐代美女，给西藏带去了中国的制度及文物，为和平做出了贡献

解打探对方的国情，或牢牢抓住结婚对象的国王或可汗之心，或以文化、习俗的力量等来感化对方等使命。根据情况有时候还必须具有可能被本国抛弃的思想准备。

对于深闺中养尊处优长大的皇帝女儿来说，显然无法胜任上述这样一种角色。于是必然需要从皇族中选拔具备上述资质以及容貌的女性。之所以在皇族里选拔，不仅因为其要作为公主出嫁，而且也是为了避免该女性嫁出去以后背叛本国，因而有必要保证其父母的门第血统纯正。可以说，和蕃公主当是经过相当仔细的筛选才决定下来的。

关于和蕃公主都是优秀的人才这一点，我们只要看一看下嫁吐蕃的文成公主及金城公主的事例就可以明白。文成公主给吐蕃带去了中国的制度及文物，终止了吐蕃以赤土涂面的习俗，她还通过把吐蕃有地位人物的子弟送去长安游学等方法，致力于推动唐蕃之间的相互交流，使得唐蕃之间不再发生军事冲突。据说文成公主身材丰腴，是一位典型的唐代美女。金城公主则在玄宗年间唐蕃持续对立的形势下，为和平而尽力，努力地致力于唐代文化的传播。

此外还有一位人物也值得注目，这就是隋朝下嫁突厥的义成公主。关于义成公主，史籍里只有她是“宗女”（皇室的女性）的记载。但就是这位宗女在开皇十九年（599）下嫁于启民可汗以后，成为连接隋与突厥的纽带，促使启民可汗臣服于隋朝，并两次迎接隋炀帝到突厥。后来，启民可汗去世后，按照突厥的习俗，她又成为启民可汗之子始毕可汗、处罗可汗、颉利可汗三兄弟的妻子。在这一期间，大业十一年（615）在雁门（今属山西省）隋炀帝被始毕可汗包围，正是义成公主出面救了炀帝。在隋末动乱期间，她又接受了隋炀帝的萧皇后等人，为隋朝尽到了最后的忠节。贞观四年（630）义成公主死于唐军之手。义成公主扎根于突厥，为了生养自己的祖国尽心尽力的形象，可谓是和蕃公主的典型。

突厥系的游牧国家：突厥与回鹘

突厥第一汗国[76]与隋唐王朝

中亚的阿尔泰山脉在中国文献中叫做金山，自古以来便作为金银以及铜铁等矿物资源的产地而知名于世。公元552年，在其西南侧的山麓从事锻铁生产的阿史那部族推翻统治民族柔然而独立，这就是突厥系民族最早的正式国家——突厥。

突厥的第一代可汗伊利可汗（552—553年在位）时期，将根据地迁徙到了位于蒙古高原的中心区域的游牧民族的圣山乌德鞬山[77]一带，其势力扩展到整个蒙古高原。而且到了第三代可

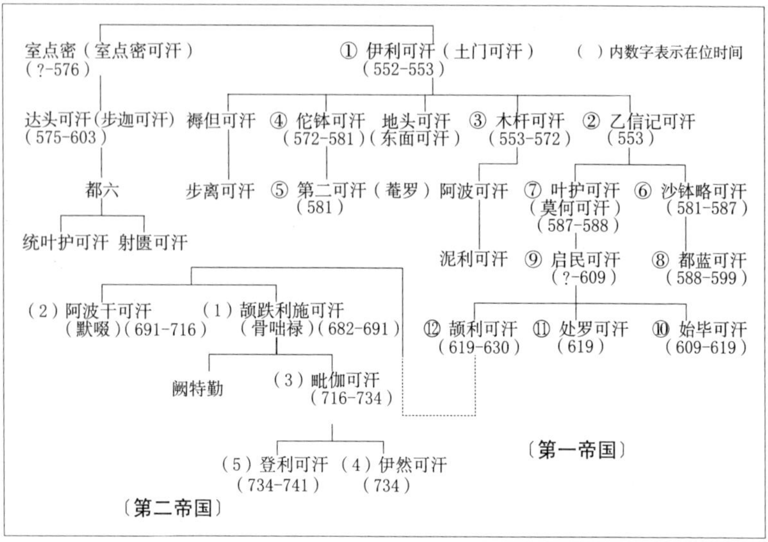

123 突厥帝国世系图

汗木杆可汗（553—572 年在位）的时期，突厥进入中亚的粟特地区（索格迪亚那），与波斯萨珊王朝开始接壤。应该说，突厥之所以能够如此迅速地扩张势力，背景之一正是由于其掌握锻铁技术、拥有铁制武器的缘故。

从柔然统治时期开始，突厥就涉足于东西方的贸易。独立以后他们进一步迅速向西方发展，将中国的绢帛直接运往东罗马，从而独占了这一方面的利润。当然，这些商业活动仅靠游牧民族的突厥人是完不成的，他们广为吸收了擅长贸易的粟特人加盟，这方面也可以说是其势力扩大的要因之一。

突厥的迅速扩张建立在下述基础之上：以推出可汗的阿史那

氏和其妻可敦所属的阿史德氏为中核，从突厥系统的诸部族到非突厥系部族，吸收各方力量而形成了一个庞大的部族联盟。在诸部族的统治方面，没有采取中央可汗（大可汗）的一元化领导方式，而是将阿史那氏出身的可汗像封建领主一样配置到各地。在这些可汗中，以天山北麓为根据地，控制了从丝绸之路到粟特地区一带区域的西面可汗势力最强，其结果到隋开皇三年（583），伊利可汗的侄子达头可汗宣布独立，突厥建立仅仅三十年就分裂为东西两部分。

正好就在这一时期，隋取代北周掌握了政权。隋朝为了完成全国统一，如何削弱突厥遂成为他们的最大课题。于是，隋文帝看准了突厥内部不团结的弱点，在对沙钵略可汗（581—587年在位）实施军事打击的同时，强化对小可汗的离间工作，促使其相互对立，最终导致了突厥的东西分裂。此事可谓隋朝对突厥政策的一大胜利，由此隋朝开始居于优势地位。开皇十九年（599），隋朝又将公主下嫁给前来投降隋朝的突利可汗，并授予其启民可汗的称号，使其成为突厥的大可汗。如前所述，由于安义公主已经去世，所以当时下嫁的公主是义成公主。

启民可汗以大利城（位于今内蒙古自治区呼和浩特以南，和林格尔附近）为据点，借助隋朝的援助整合了突厥各部。其结果，在进入炀帝时期以后，北方终于迎来了和平，隋炀帝遂得以将全部精力用于大运河的开凿。然而好景不长，强大的隋朝国力却因远征高句丽的失败而急速开始萎缩。启民可汗之后的始毕可汗于大业十一年（615）突袭正在雁门（位于今山西省）巡游的隋炀帝，并因此脱离隋朝而自立。在这一时期，隋朝内部的分裂正在加剧，随着突厥势力的再次兴起，两者的攻守关系出现了变化。

处于优势地位的突厥开始着手干涉华北地区，挑动隋末割据华北的群雄之间互相争斗。甚至唐李渊也于太原（位于今山西省）起事之前，不仅向突厥通报了准备举旗起兵的情况，而且还接受了兼有监视任务的突厥部队的支援。总之，我们不能忘记，在隋末唐初的长期动乱以及大规模的叛乱爆发的背后，其实都有突厥的影子。

只是，突厥占优势地位的时间并不长，其随着唐朝国内战争的胜利而宣告结束。李世民（太宗）发动玄武门之变以后不久，颉利可汗便率领大军来到渭水之滨。颉利本打算给立足未稳的太宗新体制一点儿颜色，不料结果反而强化了太宗的基础（参见本书第二章相关部分）。其后，唐太宗介入颉利可汗与始毕可汗之子突利可汗的对立之中，同时联络活跃于蒙古高原的铁勒诸族向颉利可汗施压，最终，唐太宗于即位四年后的贞观四年（630）俘获了颉利可汗。至此，突厥第一汗国的历史宣告终结。

突厥第二汗国

突厥第一汗国灭亡以后，降唐的突厥诸族被迁往黄河以北的内蒙古一带，通过云中都护府（其后为单于都护府）接受唐朝的羁縻统治。同时另外一方面，刚开始时唐朝把蒙古高原交给了以薛延陀部为盟主的铁勒诸部，然而唐朝在龙朔三年（663）又将瀚海都护府（其后为安北都护府）迁至乌德鞬山附近，将铁勒诸部也置于羁縻之下。所谓铁勒，乃是从贝加尔湖之南到阿尔泰山脉一带的突厥系部族的总称，阿史那氏的突厥就是其中的一个氏族（部族）。此外，后来兴起的回鹘也是这个铁勒中的一个部族。

124 突厥石人　新疆维吾尔自治区的突厥墓前放置的石像。上面刻着突厥文字

在突厥第一汗国瓦解半个世纪之后，永淳元年（682）承袭阿史那氏系统之余绪的阿史那骨咄禄摆脱单于都护府的控制，在阴山附近起兵反唐。在名军师阿史德氏的暾欲谷的谋划之下，骨咄禄收复了北方的乌德鞬山故地，自立为颉跌利施可汗（682—691 年在位），由此开创了突厥第二汗国。他们的这次起兵，乃是乘着武后上台带来的羁縻统治弱化的机会，也是长期被唐朝压抑的民族意识的一次总爆发。

颉跌利施可汗去世以后，其弟默啜掌握了大权，自称阿波干可汗（691—716 年在位）[77]。乘着当时契丹进犯中原之际，他不断攻击取代唐朝的武周王朝；同时又发兵远征西突厥内氏族之一的突骑施统治的西突厥，企图恢复过去的疆域。可是，长期征战招来了内部的背叛，导致默啜即阿波干可汗命丧黄泉。

阿波干可汗阵亡以后，颉跌利施可汗的儿子毗伽可汗在弟弟阙特勤以及暾欲谷的帮助下继承可汗之位（716—734 年在位）。

125 矗立在蒙古草原上的《阙特勤碑》（西面） 位于蒙古鄂尔浑河上游。唐开元二十年（732）建立。碑的西面为汉文，其他几面都是突厥文。碑高3米多，1889年发现

暾欲谷等人在致力于修复和唐朝关系的同时，对于反叛的突厥国内部族进行了镇压，从而带来了突厥的全盛时期。关于这一时期的情况，可以通过当时遗留下来的一些突厥碑文来加以了解。这些碑文主要有：被通称为“和硕柴达木碑”[78]的《阙特勤碑》（732年建立）、《毗伽可汗碑》（735年建立）；以及被称之为“巴颜楚克图碑”的《暾欲谷碑》（716年建立）。

这些碑文是用从粟特文字发展而来的突厥文字（古代土耳其文字）来书写的，恐怕都是出自于暾欲谷之手。在长达半个世纪的唐朝羁縻统治之下，唐朝的影响无孔不入地渗透到了突厥社会的各个角落。暾欲谷撰写的这些碑文时的主旨，就是在承认这种现实的基础上，呼吁如何不忘游牧民引以为自豪的风俗习惯，怎样在精神和文化方面能够自立起来。然而，开元二十二年（734），把突厥各部族凝聚在一起的毗伽可汗被臣子杀害。而此时，阙特勤和暾欲谷也都已经过世。在失去了强有力的铁腕领袖之后，突厥旋即陷入了内乱之中，天宝三载（744）突厥被回鹘所取而代之，阿史那氏的突厥从此退出了历史舞台。

回鹘汗国[79]的兴亡

回鹘作为铁勒部族之一，在怀仁可汗的领导之下统合了铁勒诸部即九姓铁勒，将整个蒙古高原置于了自己的统治之下。没过多久，唐朝爆发了安史之乱，被迫逃出京城，穷途末路的肃宗无奈向新兴的回鹘提出了派遣援军的请求。回鹘第二代君主葛勒可汗接到唐朝的求援以后，命令太子率领精兵四千人马赴唐支援，将唐朝从窘境中挽救了过来。作为回报，唐朝答应每年送给回鹘的绢帛高达两万匹（一匹绢宽一尺八寸、长四丈。一尺大约相当于 30 厘米，即一匹绢的大小等于宽 54 厘米 × 长 12 米）。

虽说是为了平定安史之乱，然而唐朝将回鹘引入国内一事却留下了很大的隐患。作为岁贡的绢帛姑且不说，超过千人的回鹘将士及商人们住在长安城里，不仅他们的衣食住行均由唐鸿胪寺负担，而且这些回鹘人还在长安街头及市场耀武扬威、惹是生非。此外回鹘还不时侵入唐朝北方。更有甚者回鹘还自己把马匹运送到唐朝，强行要求用马换绢。其价格即“马价绢”是一匹马等于三十到四十匹绢帛。有一次，回鹘把两万匹马运到唐朝，要求换“马价绢”五十万匹，唐朝方面实在拿不出这么多绢帛，经过与回鹘反复交涉才减至半额，好不容易了却了此事。

为了使这种“绢马贸易”能够持续下去，也为了与唐朝建立起更加牢固的而且对等的关系，回鹘要求唐朝公主下嫁回鹘。这就是前文所述，由皇帝的亲女儿即真制公主充任的和蕃公主。此外，还有一件有趣的事情，安史之乱结束以后，回鹘部队回国时，唐

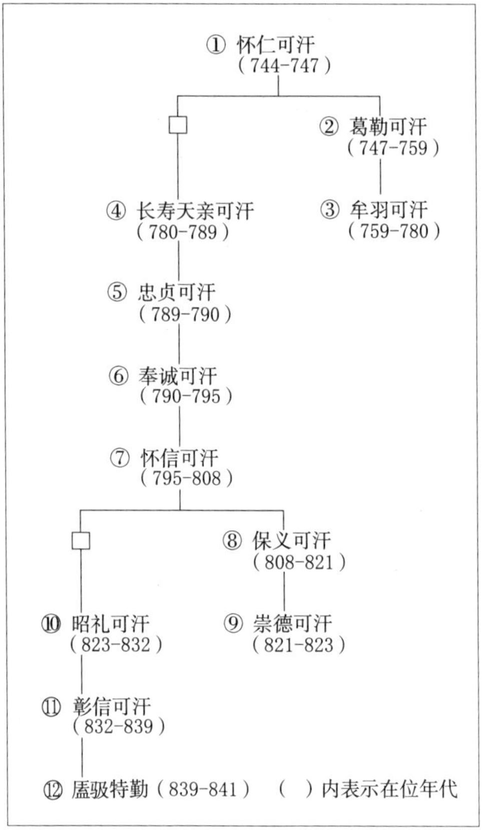

126 回鹘汗国世系图

朝的摩尼教高僧也同行前去了回鹘。以此为开端，摩尼教在回鹘人中间迅速普及传播，到了后来，摩尼教又随回鹘商人一起，反过来传入了唐朝，在长安以及各个地方城市建立了摩尼教寺院大云光明寺。

在上述这样的过程中，唐朝与回鹘的关系逐渐进入了稳定时期，到了回鹘第七代君主怀信可汗（795—808年在位）到第八代的保义可汗（808—821年在位）时期，回鹘迎来了全盛期。回鹘的都城被称为“斡尔朵八里”，今天位于鄂尔浑河上游的“哈喇巴喇哈逊”遗址就是当时的汗庭所在地。回鹘都城四周被城墙环绕，城内建造有宫殿、定住集落以及摩尼教的寺院，是一座充满了国际色彩的游牧文化都市。通过当时遗留下来的壁画，我们可以了解到当时王侯们的豪华生活状况。

从游牧走向定居：世界史上罕见的民族

突厥为了捍卫自己的民族性，固守游牧生活方式，煞费苦心地要与中国文明划清界限。与此相对，回鹘则转而实行对唐朝开放的方针，选择了一条在致力于从物质和文化两个方面摄取唐文化的同时，建设独自的游牧商业国家的路线。回鹘的这种做法成为其后辽、金、元等征服王朝[80]的先驱，也可谓是通往这一方向的一个过渡阶段。

那么，为什么回鹘会持续地向唐朝要求那么多的绢帛等丝织品呢？他们所消费的自然只是其中很少的一部分，大部分当是经由回鹘商人和粟特商人之手流入了西方。然而，仅就他们所消费的绢帛而言，如果说都是用于服饰等方面，那数量也未免太多了。在这里需要注意到绢帛的另一个功用，即作为货币的功能。

在中亚的交易中，从一开始使用最多最广泛的是萨珊王朝波斯的银币。唐朝进入这一地区以后也带进了铜钱。刚开始的时候铜钱只是辅助性的货币，到了八世纪以后，唐朝的铜钱取代波斯银币成为主要通货。只是，在远距离以及高额的交易中铜钱并不方便。于是，中国产的绢帛便受到了人们的重视。绢帛价格既高又轻巧，而且因为囤积起来就会受损，因而广泛地流通起来。这样一来，回鹘从唐朝得到的绢帛除了本身就是交易品之外，还作为高额的通货以及结算的手段，为回鹘带来了巨额的财富。

如此一来，回鹘游牧社会的性质随之产生了很大的变化。这种质变的结果，使得过去的游牧民族的痕迹越来越淡化，生活方式转向了游牧都市生活，大量的人们走向定居，开始经商。于是，开成五年（840），黠戛斯利用回鹘内讧之机，对其发动了突然袭击，回鹘国破城毁，宣告灭亡。亡国以后的大多数回鹘人没有选择返回游牧世界的道路，而是流向了三个方向。一部分人南下进入中国的农耕世界，开始了定居生活；另一部分人前往河西地区（今天的甘肃省一带），成为甘州（张掖）回鹘以及沙洲（敦煌）回鹘。

更多的回鹘人西迁至天山方面（今天的新疆维吾尔自治区），广泛分布于从北庭（别失八里）到高昌（吐鲁番），进而到龟兹（库车）等地。他们被统称为“西州回鹘”或者“天山回鹘”，在促使了这一地区的回鹘化的同时，也确保了越过帕米尔高原向西发展的突厥系民族的立足点。

仅仅用百年时间，回鹘就从一个游牧骑马的民族转变为了商业、定居民族，这是世界历史上罕见的现象。在促使这种转变成为可能的背后，乃是由于回鹘依附着唐朝这样一个国家，因为唐尽管开始衰落却依然拥有着高度的文化和物质力量。从这个意义上来说，回鹘的历史乃是安史之乱的产物。这里让我们再次真实地感受到，安史之乱给整个东亚带来的巨大影响。

古代藏族政权吐蕃的强盛与挫折

吐谷浑的历史

四世纪后半，鲜卑族慕容部之一支进入青海（今青海省），在藏族原住民之上建立了一个征服王朝，这就是吐谷浑。南北朝时期，吐谷浑控制了从青海经柴达木盆地连接西域南道即所谓丝绸之路近道的地区，由此东进可以到达北朝，往西南方向经由四川则可以与南朝相连。吐谷浑依靠在这一地区的转手贸易获利而繁荣起来。不仅如此，在南朝与柔然携手以对抗北朝（北魏）的过程中，吐谷浑也通过扮演连接两者的政治上的中介角色，而显示了自己的存在。

其后，当北魏统一华北地区，紧接着向西方扩充势力之际，吐谷浑在北魏的压力之下暂时屈服。但随着北魏衰退，吐谷浑再度兴盛起来，一直到隋代。

隋初，由于全力对付突厥，因而顾不上吐谷浑。然而炀帝即位以后，隋朝刚刚解决了突厥的问题，便于大业五年（609）长驱直入攻入吐谷浑的大本营伏俟城（位于今青海省），并在其统治区域内设置了鄯善、且末、西海、河源四郡。炀帝本来打算以此为契机全面出击经营西域，然而远征高句丽失败，经营西域的计划也因此而受挫。

在隋军攻击下远逃西方的吐谷浑可汗伏允（596—635年在位）乘着隋朝陷入动乱状态之际，再次返回故地，恢复了势力

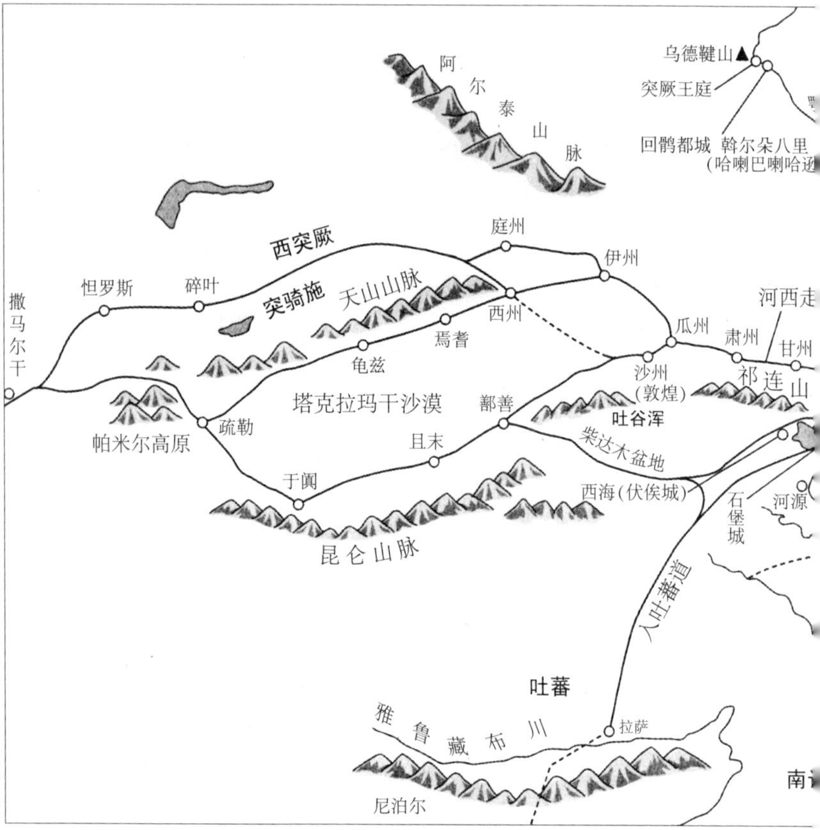

127 吐谷浑、吐蕃地图

范围。对此，唐朝也跟隋朝同样，在俘获颉利可汗、解决了突厥问题之后（630 年），贞观九年（635）以李靖为统帅的唐军攻陷伏俟城。伏允在唐军的追击之下死于逃亡途中，其子慕容顺投降唐朝。自此以后，吐谷浑被置于唐朝的羁縻之下成为一个傀儡国家。

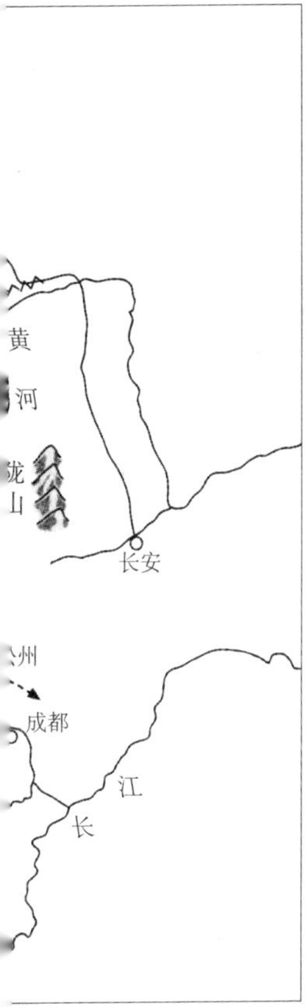

对于吐谷浑来说，从青海经柴达木盆地通往西域南道的东西交易之路是整个国家的生命线。可是，这一条线路海拔高、地形起伏多、气候寒冷，因此冬天通行很难。同时也没有连接沿途各段路线的城镇等体制。因而明显比河西走廊的条件要差得多。

为此，等国内的形势稳定以后，隋唐王朝开始真正地致力于西域经营之际，当然是使用从河西走廊出西域的路线。企图阻挠妨碍隋唐这一动向的吐谷浑自然首先成为需要排除的对象。加之吐谷浑内部存在着由于作为征服王朝而存在的种种问题，一旦失去向心力，其治下的藏族诸部就会揭竿而起。新兴的吐蕃抓住了吐谷浑这一软肋，公元 663 年(唐龙朔三年)，最终灭亡了吐谷浑。

在中国处于分裂的状态之下，在北亚与中国世界对立的时代的间隙之中，吐谷浑长达三百年的时间里自立于青海地区，最后在唐朝和吐蕃的夹缝之中被撕裂而最终消失了踪影。然而，在这样一个地区，吐谷浑为什么竟然能够存续三百年之久呢？关于这一段历史，至今还没有被充分地解释清楚。

吐蕃与唐

青藏高原是平均海拔四千米的世界屋脊。七世纪初期，兴起于这片高原南部的雅砻地区的吐蕃在松赞干布的领导之下，统一了青藏高原，与唐朝的建立几乎同一个时期，以逻些（拉萨）为首都建立了藏族最初的王国吐蕃。松赞干布为了和吐谷浑对抗，也为了让周围承认新王朝的存在，遂于贞观八年（634）抓住机会向唐朝派出了使者，请求唐朝下嫁公主。唐朝则基于笼络吐蕃这一蛮荒之国、保持西部的稳定安宁的考虑，于贞观十五年（641）同意了吐蕃的请求，其结果便是文成公主的入藏。

藏族人原来一直是游牧生活，没有定居定住的习惯。然而为了迎接文成公主，吐蕃修筑了城池房屋，统治阶层之间开始流行定居生活。另外，以此为契机，唐朝的丝织品等传入吐蕃，吐蕃的上流社会子弟也纷纷去唐朝留学，唐朝的文化开始真正大规模地传入吐蕃。但是与此同时，松赞干布又迎娶了尼泊尔国王之女为妻，并从印度引进了文字及文化，始终不忘保持双方的平衡关系。此外，吐蕃的政治体制和军事制度都是确立于这一时期，松赞干布可谓是吐蕃创业名副其实的英主。

进入八世纪以后，在赤德祖赞（弃隶蹜赞，704—754 年在位）和赤松德赞（乞黎苏笼腊赞，754—797 年在位）两位赞普的治世，吐蕃迎来了全盛时期。这一时期始于唐中宗的景龙四年（710），这一年唐朝的金城公主嫁给了赤德祖赞。唐朝希望以此来换取与吐蕃之间的和平，其后还把原来为金城公主准备的嫁

128 步辇图（阎立本画。北京故宫博物院藏） 吐蕃使者谒见唐太宗的情景。在画面右边，端坐于侍女们抬着的舆（轿子）上的人物是唐太宗。画面从左边数第三人，留着浓密的胡须的人物是吐蕃使者禄东赞

妆——肥沃的河西九曲之地（即鄯州，今青海省西宁市之南的黄河南岸一带）割让给了吐蕃。所谓嫁妆即相当于陪嫁钱，即这片土地的所有权在唐朝手中，每年土地的赋税给金城公主，现在应吐蕃的要求将这片地区让给了吐蕃。

那么，其后结果又如何呢？吐蕃以这片地区为据点开始不断地进犯唐朝，成为让唐朝非常头疼的一个问题。当时的唐朝也正好是玄宗治世，国力正处于强盛时期，因而唐与吐蕃之间一进一退，一直处于拉锯状态。而吐蕃一旦受挫，就会马上通过金城公主向唐朝提出议和要求。金城公主夹在吐蕃与唐朝之间，进退维谷，非常辛苦。由此看来，或许金城公主可以作为和蕃公主政策的一个失败的事例。

其后唐朝爆发了安史之乱。赤松德赞恰好在此时继承了父亲的赞普之位，他没有放过这一好机会。乘着神策军等部署在唐

蕃边境的唐军减少的机会，赤松德赞出兵夺回了河西九曲以及石堡城（位于今青海省）等地，攻陷了鄯州及洮州（位于今甘肃省）等，并乘势于广德元年（763）十月占领了长安。吐蕃占据长安的时间虽然不长，但其后却将陇右、河西为首的甘肃一带划入了自己的疆域，吐蕃的国力因此而臻于鼎盛。

吐蕃王朝的灭亡

在进入全盛时期以后，赤松德赞开始正式地致力于佛教的接受与普及问题。西藏原来就有着基于萨满教而形成的土著宗教“苯教”。虽然后来苯教与佛教交融发展成为喇嘛教即藏传佛教，但在这一时期，苯教的反佛教色彩很浓，吐蕃有权势的诸侯们多和苯教有关，成为政界内讧的火种。于是，赤松德赞打出了以佛教为国教的旗号，企图通过佛教来强化王权、统合国内势力。遂开始从中国、印度以及尼泊尔引进佛教僧侣，建立寺院。

在这一过程中，吐蕃面临着一个无法躲开的问题，即究竟以中国佛教还是以印度佛教为轴心这样一个课题。当时，通过从敦煌请来的摩诃衍，禅宗在吐蕃广为普及。印度佛教主张“渐悟”，即认为要达到最高境界的“悟”需要经过长时期的艰苦修行；相对于此而言，以禅宗为代表的中国佛教则立说无需经过长时期的修行就可以达到的“顿悟”。于是吐蕃赞普遂于公元 792 年至 794 年前后从印度请来了高僧卡玛拉希拉，使其与摩诃衍在御前同台公开辩论。其结果，以印度方面取得胜利的形式了结了这场

【多民族的登场】

进入唐代以后，汉代开通的丝绸之路得到了更大的发展，来自于中亚、西亚，甚至于遥远的东罗马的各种各样的人物及物资都流入了唐都长安。在中国各地的隋唐时期遗址中，发现了不少表现隋唐与各民族交流的壁画以及人物俑。

图六

图七　突厥与粟特首领会盟图（北周安伽墓石屏。西安出土）——上段为两位首领骑马互相寒暄，下段是在粟特聚落的祆教寺院会盟的情景。左侧长发的是突厥人，右侧戴帽子的是粟特人。

图八

图八　胡人骑马俑——唐永泰公主墓出土，该俑虬髯满腮，头戴四檐毡帽，鞍座后携带圆卷物品，有学者认为很可能是西域贡使。（陕西历史博物馆藏）

图九　黑人百戏俑——不仅埃及开罗附近的遗址中出土有中国唐代以后的陶瓷器的碎片，来自于西方的象牙、香辛料等也输入到了唐代中国，可见唐代中国当与非洲等地也存在着交流关系。在中国各地的遗址中也出土有像图上这样的黑皮肤、卷发、厚嘴唇的黑人陶俑。（新疆维吾尔自治区博物馆藏）

图十　胡人俑——高鼻、深目、蓄须、身着胡服，呈现出典型的阿拉伯人的形象。据说从玄宗时代开始，在长安、扬州、广州等地居住着数以万计的阿拉伯人。（陕西历史博物馆藏）

图九

图十

公案，从而确定了与密教以及曼荼罗密切关联的藏传佛教的大方向。抗拒被纳入中国文化圈的政治性考虑，对吐蕃形成这一结论也应该产生了影响。

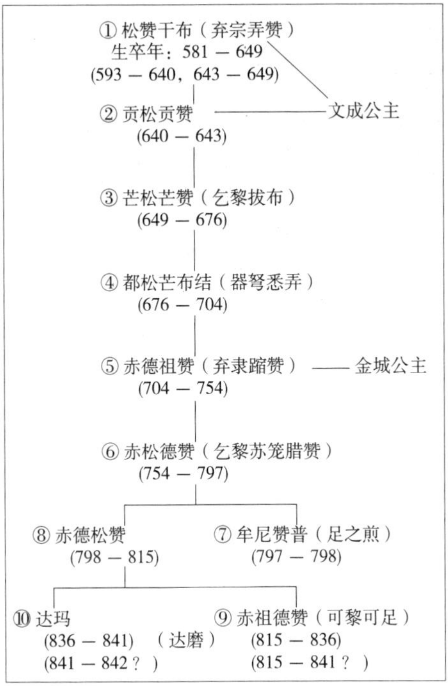

129 吐蕃世系图

到了赤松德赞治世的后半期，随着唐朝方面以武将郭子仪为首的防卫态势逐渐强化，吐蕃对唐的进犯变得困难起来。同时，在吐蕃统治下的云南方面南诏也开始出现反抗的迹象。在这种情况下，唐蕃双方都出现了议和的愿望，于是德宗的建中四年（783）在清水县（今属甘肃省）唐蕃缔结盟约，约定双方以六盘山（陇山）为界，史称“建中会盟”。当然，双方的对立并不因此而完全解消，但其后吐蕃的动静确实再也没有像以前那样激烈。

而且，穆宗的长庆元年（821）在长安，次年在逻些（拉萨）双方又进行了最后的会盟。这次会盟史称“长庆会盟”，作为纪

130 **唐蕃会盟碑（西藏自治区拉萨）** 吐蕃在八世纪中叶曾经占领过长安，拥有强大的势力。后来对立逐渐和缓，到了九世纪的唐穆宗时期，双方举行和平的会盟，并且建立了纪念碑

念，并建立了用汉文和藏文书写的唐蕃会盟碑。我们今天还可以在拉萨看见这块纪念碑。

以此为界限，长期以来持续不断的唐蕃战事宣告结束。当时的吐蕃赞普赤祖德赞（可黎可足，815—836年在位）开始向佛教方面倾斜。与之相反，赤祖德赞去世以后，下一任赞普达玛（836—841年在位）则实行了压制佛教的政策，最后结局是在混乱之中，达玛王被暗杀。至此，统一了西藏地区并一直和唐朝激烈争斗的吐蕃王朝终于灭亡。就在同一时期，唐朝也因武宗的会昌毁佛，整个时代的气氛开始发生变化。

吐蕃的进出西域与统治敦煌

纵观吐蕃二百余年的历史，首先让人感觉到的是这个王国并不清楚自己何以会立国，以及建国以后应该向什么方向发展等问题。吐蕃自从建国以后，就几乎一直与唐朝保持着关系。可是，在吐蕃和唐的关系中，除了短时期的和平交流以外，大部分时期呈现出的都是侵袭和战争等形态。吐蕃从一开始就向唐朝提出下嫁公主的请求，其结果唐朝将文成公主和金城公主嫁到了吐蕃。按照通常的情况，在由于这种联姻而出现了被称之为“舅甥”的姻亲关系的情况下，处理双方关系时，理所当然地应有所自制以及变化，然而对于吐蕃来说这一方面却似乎未必通用。其典型事例就是由于金城公主的下嫁，反而给吐蕃提供了侵犯唐朝的借口及契机。

吐蕃一方面进入甘肃南部到四川西部一带，与唐朝正面冲突，另一方面又北上击垮吐谷浑，走出了西域南道。吐蕃的行动还不仅仅限于此，他们在攻陷于阗（和田）、疏勒（喀什）以后，进而与天山北侧的西突厥联手，沿天山南路东进，于咸亨元年（670）四月占领了龟兹（库车）。唐朝自从太宗以来，一直通过设置在龟兹的安西都护府以确保丝绸之路的安全，致力于直接保持与西方世界的联系。然而，唐朝的态势却因为吐蕃的上述行动而受到了打击，唐朝设置的安西四镇（龟兹、于阗、疏勒、焉耆）因此而废止。

其后，唐朝为了恢复这条路线多次派遣大军征讨，并最终于长寿元年（692）成功地在龟兹重新恢复了安西都护府。可是，吐蕃却又和取代西突厥的突骑施联合起来向唐军发动攻势，为此一直让唐朝感到十分恼火。吐蕃之所以如此咬住西域不放，首先可以举出的理由乃是与吐谷浑同样，为了争夺东西贸易的主导权。然而在观察此事时，总感到吐蕃对于西域的执著的方式有些不同寻常，因而不由得促使我们考虑这样一个问题，即吐蕃如此执著于西域是否仅仅是为了独占东西贸易呢？

唐朝一爆发安史之乱，吐蕃旋即占领了安西都护府以及西

131 吐蕃时期敦煌农民图　从八世纪末期吐蕃占领敦煌至九世纪中叶为止，敦煌由吐蕃统治。吐蕃并非偏僻之地的野蛮人，其也具有统治汉族这一农耕系民族的能力

州（吐鲁番）等天山南路沿线的战略要地，实现了多年的夙愿。另外一方面，吐蕃又从凉州北上攻陷河西诸都市，最后占领了敦煌（沙洲）。关于吐蕃占领敦煌的年代有各种说法，恐怕当是在上述建中会盟（783年）以后的事情，即在贞元二年（786）前后。由此开始一直到848年（唐大中二年）为止的六十多年时间，敦煌处在吐蕃的统治之下。

汉人居住的敦煌是一座从事贸易及农业的城市。对于这座城市，吐蕃从中央派遣了大臣前来敦煌，在其主导的议会监督之下，行政官负责征税以及其他业务；同时设置有吐蕃武将指挥的军团（千户军），后来也设置了汉人军。

就吐蕃统治期间的军政情况而言，吐蕃当局并没有只把藏人放在最重要的位子上，汉人也作为军人或者中下级的行政官协助吐蕃的统治。同时，佛教受到保护，僧侣都得到了很好的待遇。虽然在经济方面，货币流通停止，代之以实物经济交易。然而吐蕃当局推行藏文作为公用语言的文书行政，当地的汉人也都致力于学习藏语。

上述吐蕃对敦煌的统治究竟意味着什么呢？首先，此事证明当时的吐蕃已经具有统治农耕系统的汉民族的力量。因而决不能认为吐蕃只是一个居住在青藏高原的未开化野蛮人的集合体。他们一方面被唐朝高度的文化及强大的国力所吸引，另一方面又不肯屈服于其压力，坚持自己与唐朝对抗的决心。吐蕃之所以执拗地进入西域骚扰阻碍唐朝进路之事，恐怕也与吐蕃的上述想法不无关系吧。除此之外，说明吐蕃对统治农耕地区也抱有兴趣。因此，可以说吐蕃也和前述回鹘同样，其也可谓是尔后出现的征服王朝[81]的先驱之一。

三韩分立与隋唐的东亚政策

隋朝的建立与朝鲜半岛三国

开皇元年（581）隋朝建立时，朝鲜半岛上已经基本形成了北方的高句丽、南方的百济和新罗这一格局。其中首先是百济于当年十月就向隋朝派出了使节以表示祝贺之意，紧接着高句丽也在十二月向隋朝派遣了使者。而新罗首次向隋朝遣使，则是在之后过了相当长时间的开皇十四年（594）。然而从那以后又过了八十年左右，到了七世纪后半，朝鲜半岛上剩下的只有当初动作最迟缓的新罗，而百济和高句丽早已消失了踪影。

就朝鲜半岛三国的状况而言，在从隋朝到唐初这一时期，最强盛的国家可以说是高句丽。高句丽的领域从朝鲜半岛的北半部到中国东北部的南半部，西边隔辽水与隋唐相望。尽管如此，这个强大的国家却未能存留下来。其最大的原因，正如前面已经看到的那样，因为高句丽在和隋唐王朝的长期激烈的抗争之后，终于败给了隋唐王朝的缘故。那么，为什么隋唐王朝要与高句丽兵刃相见呢？为什么隋唐王朝不惜付出巨大的代价也要把高句丽压下去呢？为了弄清楚隋唐王朝与朝鲜半岛的关系，首先有必要梳理一下这个问题。

我们在观察高句丽和隋唐王朝的关系时，实际上有很多搞不清楚或者说很难理解的地方。隋朝建立以后，高句丽第一次去隋朝朝贡时，隋朝册封高句丽王高阳（平原王）以“高丽王”的称号，正式承认其具有独立的领土和国家。在此基础上隋朝又同时授予高句丽王“大将军（散官）、辽东郡公（爵位）”的散官及爵位（参见本书第一章）。相对于高句丽而言，隋朝对先于高句丽遣使的百济王扶余昌（威德王）则授予了“百济王、上开府仪同三司、带方郡公”；而对很晚才遣使的新罗王金真平（真平王）授予“新罗王、上开府（上开府仪同三司）、乐浪郡公”。如果比较一下隋朝给朝鲜三国的封号，王号和爵位虽然都相同，但是散官却不太一样。授予高句丽的“大将军”是正三品，而授予百济和新罗的“上开府仪同三司”只是从三品。也就是说，在隋朝的体系之中，高句丽的地位比其他两国要高。

这样看起来，高句丽似乎本来应该一直与隋朝保持良好的关系。不料到开皇五年（585）时，高句丽却与隋朝已处于半断绝关系的状态，高句丽一转开始向南朝陈遣使朝贡。在这一时期，陈朝是最后的皇帝即平庸的陈叔宝（陈后主）的治世，明显地处于衰亡状态，只要是明眼人谁都可以预见陈朝终将受制于隋朝。尽管如此，高句丽却选择了相反的道路。后来，高句丽为了修复因这一选择而与隋朝破裂的关系，则需要一直等到隋朝灭陈的两年后，即开皇十一年（591）正月高句丽遣使入贡的时期才得以成功。

此后，双方的关系看上去好像已经趋于稳定，然而到开皇十八年（598）年初，高句丽却率领其北部的靺鞨部侵犯了辽水以西之地。高句丽的进攻似乎很快就被隋朝击退了，隋文帝却为此而十分震怒，他旋即命令以儿子汉王杨谅为统帅，率领水陆三十万大军讨伐高句丽。然而这一次远征的结局却十分凄惨，隋朝的陆军碰上大水和瘟疫，此外再加上粮食不足；而水军又遭遇了暴风的袭击，所以最后回来的人仅仅只有十之一二。这次战役遂成为隋唐时期连续数次高句丽远征的开端。

在远征高句丽的背后

第一次远征高句丽在各种层面上都极具象征意义。那么，为什么高句丽在这一时期要通过靺鞨来侵袭隋朝呢？所谓靺鞨，乃是当时力量颇为强大的通古斯系统的种族，分为粟末、伯咄、安车骨、佛涅、号室、黑水、白山等七部，其中粟末和白山与高句丽接壤，因而与高句丽的行动也一致。而在靺鞨诸部东北部势力的西侧，存在着与他们有着各种联系的突厥（东突厥）。就在这一时期，突厥因隋朝巧妙的离间计等策略，力量大为削弱，隋朝的安义公主下嫁的突利可汗（启民可汗）以隋朝为后盾而自称大可汗，并且于开皇十七年（597）确立起统一突厥各部的基本方针。倘若联系这些情况综合起来考虑，高句丽次年之所以侵袭辽河以西，或许就是出自于高句丽企图阻挠上述趋势的意图。

另外一方面，隋朝当局则像是看穿了高句丽的想法一样，反应也非常迅速。按照通常情况来说的话，应该首先派遣使者质询对方，如果有必要的话再采取实际行动。然而隋朝却并没有这样做。而且，对于统领三十万大军的总指挥这样一个重要职位，却让毫无出征打仗经验的汉王杨谅来担任，尽管同时以宰相高颎来辅佐杨谅，但实际上高颎本人并不赞成这次出兵。因而只能说隋朝的这次行动计划相当草率，过分轻视对手。

到了最后，远征失败的所有责任都推给了高颎，并且这一条也成为日后让高颎下台的理由。本书第一章里已经介绍过，高颎的下台实际意味着隋朝的大政方针的转换。换句话来说，就是从重视内政的关中本位主义向企图成为东亚盟主的对外扩张路线的转换。其后隋炀帝的一连串的政策就是建立在这条路线的延长线上。如果更进一步来说，后来的唐朝反复发动的远征高句丽之举也与此紧密相连。开皇十八年出兵高句丽，标志着在这一方面迈出了第一步。

其后的远征高句丽一共有多少次呢？炀帝时期有三次，唐太宗时期三次，进入高宗时期以后，显庆五年（660）首先与新罗联手灭掉了百济。以此为开端，对高句丽的用兵几乎没有间断过，最终在总章元年（668）九月，由李勣率领的唐军控制了平壤，终于给长期以来唐朝与高句丽的抗争画上了句号。在此期间，百济灭亡三年之后的龙朔三年（663），倭（日本）为了援助百济而出动的援军在白江（白村江）受到了毁灭性的打击，复兴百济的希望完全被摧毁。前后加起来，隋唐方面发动的入侵高句丽的战争总共超过十次。

隋唐王朝对朝鲜半岛的基本方针，就像隋朝前半期给朝鲜三国授予的高丽王（高句丽王）、百济王、新罗王的封号所显示的那样，首先是要维持三国鼎立的状态。为此，在分别承认各国的独立统治权的同时，给其以隋唐的封爵以及散官的称号，将三国纳入隋唐统治的框架之内。一般将这种关系叫做册封关系。但是，爵位及散官的授予一事与隋唐的官僚体系相关，因而这种情况让人感到其中也包含着羁縻统治的因素。正是因为如此，唐朝在灭百济以后，旋即任命百济王族扶余隆为熊津都督，并在其下面设置了州县；此外，除了设置安东都护府于平壤之外，又在高句丽的故地实施了羁縻统治的方式，设九都督府、四十二州、一百县，并委任旧高句丽系统的人员来进行管理。

在三国鼎立的框架之内，半岛三国分别接受了隋唐王朝的带有册封色彩的羁縻统治。三国之中为此而受损失最大的是高句丽。高句丽的南下政策因此而受阻；由于百济和新罗受到唐的保护，使得高句丽的南部始终无法摆脱不稳定的局面。同时，由于高句丽与隋唐接壤，也促使高句丽能够敏锐地嗅出隐藏于隋唐王朝的东亚政策中羁縻统治的气味。高句丽虽然不断地摸索着和平路线，可是另一方面，他们也深知如果仅仅止于此的话，自己将会面临存亡的危机。高句丽本来最早向隋唐王朝遣使朝贡，到后来却戛然而止，并反过来加强军备，最终走上与隋唐王朝对立的道路。高句丽之所以这样做，恐怕正是因为上述背景。我们应将高句丽的行动放在上述总体构造之中来加以理解。

新罗与渤海

如上所述，自从隋代以来反复受到隋唐王朝征讨的高句丽，最后耗尽气力终于灭亡。在当时来说，像这样激烈抵抗隋唐王朝的国家，除了高句丽之外再没有第二个。其结果，朝鲜半岛上只剩下了出手较晚却奉行亲唐路线的新罗。但是，新的严峻的课题却在前面等待着新罗，这些课题包括：怎样排除或者甩掉唐朝积极推进的羁縻统治方式，以及如何收复过去百济、高句丽的领地等。于是，新罗遂以前高句丽王室系统的安胜（安舜）作为高句丽王，与唐朝设置的都护府对抗，同时又寻找时机侵入百济故地，于咸亨元年（670）夺得八十二城，次年又攻陷了百济故都泗沘城。

新罗的上述行动自然惹怒了唐朝，咸亨五年（674）唐朝派遣了以先前曾参与征讨百济的刘仁轨为统帅，率领大军开赴新罗远征，并且利用靺鞨以水军从新罗的后边形成夹击之势。于是，陷于困境的新罗文武王法敏急忙向唐派出了使者，表达谢罪之意。这次唐朝很爽快地原谅了新罗，并且撤回了远征军。对于唐朝来说，一方面长途跋涉远征十分疲惫，同时当时正值武后当政时期，唐朝的重点已经转移到内政方面。这些或许都是唐朝当局采取上述做法的原因。

通过上述这一过程可以看出，唐朝的想法是力图避免出现像以前远征高句丽那样，陷入战争的泥沼。同时另一方面，新罗方面扩张及恢复领土的决心也很强烈。在这种情况下，上元三年（676）二月，唐朝将安东都护府从平壤迁至辽东城（今辽宁省辽阳市），此外又让原来设置在百济故地中心区域的熊津都督府后退至建安城（今辽宁省盖州市），明确表示要从朝鲜半岛撤退出来，将半岛交给新罗统治。可是其后，以统治朝鲜半岛为目的而设置的安东都护府在名义上还是一直保留了下来。安东都护府从 676 年迁至辽东城，其后先后辗转迁徙于各地：677 年迁至新城；698 年至 704 年之间暂时废置；704 年又设置于幽州；714 年迁至平州；719 年迁至营州；723 年迁至燕都；743 年迁至辽西城；758 年到 761 年前后废置。从这一情况来看，可以看出唐朝的意图是，希望借此继续保持在名分上统治朝鲜半岛。

不管怎么说，通过这一时期的攻防，高句丽从历史舞台上消失了踪影，留在新罗境内的傀儡高句丽王不久也被废掉。可是，新罗的领域却并非是原来的朝鲜半岛三国面积之和，高句丽故地的北半部即相当于中国东北南半部分的区域被划了出去。尽管唐朝开始重新在这一地区建立起据点，然而唐的统治只是停留在点的层面，当时并不存在一个能从整体上控制这一片辽阔区域的

132 渤海东京城的石灯笼

势力。在这种情况下，渤海应运而生。

渤海的建国最早可以追溯至万岁通天元年（696）。当时，乘着营州附近爆发契丹族李尽忠和孙万荣的叛乱之机，被强制移民到营州（今属辽宁省）附近的高句丽遗民和靺鞨民在据称是粟末靺鞨的乞乞仲象、乞四比羽两人的率领之下，逃出营州，奔向东边的故地。回到东方以后，他们企图与东北方面的高句丽系统、靺鞨系统的势力汇合，但没过多久就被唐军击溃。可是，乞乞仲象之子大祚荣重新集结高句丽遗民打败了唐军，并将据点迁徙至东牟山（今属吉林省），于698年建立了震国（振国）。

自此以后，大祚荣脚踏实地地整顿内部，致力于奠定自己的统治基础，聚集团结高句丽系统和靺鞨系统的民众，促使震国的存在为周边国家所认知，在此基础上，大祚荣利用接受唐朝邀请的机会，于玄宗的先天二年（713）将儿子作为人质送往长安，被唐册立为渤海郡王。通过此举，震国在表面上采取了加入唐朝的册封体制的形式，而在实际上使唐朝承认了其对东北统治的事实。他们号称渤海国也始于此时。

总之，在这一时期，朝鲜半岛上有统一的新罗，东北出现了渤海，并且分别确定了各自的范围。其后，他们虽然也有过短时间和唐朝对立的时期，然而从八世纪中叶开始，这一区域大致保持了稳定的局面。不仅如此，这一时期还有不少新罗系统的居民移居山东地区，双方关系越来越密切，并且一直持续到唐末。通过上述过程，唐朝也终于确立起了稳定的东方政策。

第十章

隋唐文化百态

唐诗

隋唐文化与唐诗

与隋唐政治和社会同样，从文化方面来说，隋唐时代也是中国历史上的一个高峰时期。诸如在诗歌方面有王维、杜甫、李白、白居易等人，在书法方面有颜真卿，绘画方面有吴道玄，文章方面有韩愈和柳宗元等人，大凡我们脑海里立即能浮现出来的人名全都是唐代的人物。北宋的代表性文人苏轼曾经非常恰如其分地说："诗至于杜子美（杜甫），文至于韩退之（韩愈），画至于吴道子（吴道玄），书至于颜鲁公（颜真卿），而古今之变，天下之能事尽矣。"

唐代文化不仅水平高，而且涉及文学以及思想、宗教、绘画、书法、雕刻、音乐等等各种各样的领域，因而很难一一加以介绍。然而，如果要说起这个时代最有代表性的文化是什么的话，那么还是当举出文学领域。唐代文学又尤其以诗歌为中心，关于这一点，通过人们常说的“汉赋、唐诗、宋词、元曲”这句话就可以反映出来。因此，在这里我们主要以诗歌为中心来思考一下隋唐文化的特质。

如果从中国历史的角度来概观一下中国文学的发展情况，大而言之可以划分为三个阶段。第一阶段是从春秋战国到秦汉的时期，属于文学还没有成熟的阶段。其后，经过东汉到魏晋以降，文学这一分野形成，出现了被称作“骈俪体”的注重对仗工整辞藻华丽的文章以及五言七言的定型诗，开始出现了自觉、有意识的创作活动。在这一时代，诗歌占据了文坛的中心位置，后来的唐诗就位于其发展的延长线上。因而，对于经过东汉的过渡期，从魏晋到唐代为止的这一时期，可以总括起来视为第二阶段。其后，始于宋代的口语体的戏曲和小说占据了文学史的中心位置，文学的受众中增加了占社会大多数的庶民阶层，这就是第三个阶段。如上所述，中国文学史与中国史的分期几乎重合，第二阶段的顶点就是唐代文学。

下面让我们看一看唐诗的情况。在此之前的隋诗似乎没有什么值得特别提及的地方，或许可以视为通往唐初作品的过渡。通常把唐诗大体上分为四个阶段，各个时期有着独具的特色。下面列举各个阶段有代表性的诗人姓名，以供参考。

初唐：武德元年（618）—太极元年（712）

魏徵、上官仪、王绩、王勃、杨炯、卢照邻、骆宾王、宋之问、陈子昂

盛唐：开元元年（713）—永泰元年（765）

王维、孟浩然、岑参、高适、王昌龄、王之涣、李白、杜甫

中唐：大历元年（766）—大和九年（835）

韦应物、韩愈、白居易、张籍、元稹、柳宗元、李贺、薛涛

晚唐：开成元年（836）—天祐四年（907）

杜牧、李商隐、温庭筠、皮日休、韦庄、鱼玄机

初盛唐时期的唐诗

关于上述唐诗的四个阶段，换言之也可以说成是“形成”—“兴盛”—“展开”—“衰退”的四个时期。粗略地划分起来，包括安史之乱在内可分为前半期和后半期，也就是说，初唐、盛唐是前半期，中唐、晚唐算作后半期。其中，包括隋朝在内的初唐时期是确立诗歌发展方向的时期。在这一时期，或接受或抵制南北朝尤其是南朝的文风的同时，相对于之前的古体诗而言，确立了被称之为近体诗的律诗（五言、七言）的形式，从而决定了唐诗甚至中国诗歌其后的大方向。代表当时诗坛的人物之中，就有被称为“初唐四杰”的武后时期的诗人王勃、杨炯、卢照邻、骆宾王。他们都才华横溢却在政治上十分坎坷，怀才不遇的悲愤之情在其诗文之中随处可见。其中，骆宾王（640前后—684）参加李敬业反对武后的起

133 李白（采自《历代古人像赞》）

134 杜甫（采自《新刻历代圣贤像赞》）

事，在其执笔的讨武檄文中猛烈地批判了武后，并以脍炙人口的“一抔之土未干，六尺之孤安在？（高宗的坟土尚未干透，而继承人皇太子究竟在哪里？！）”的名句而闻名于世。

盛唐时期恰好相当于玄宗时代。在这个绚丽辉煌的时代之中，涌现了许多独具个性的诗人，从而将初唐的诗歌推向了一个新的高度。唐诗专家小川环树先生[82]曾这样来形容这一时期说：“初唐时期诗人们之间萌发的新文学动向，在这一时期形成美丽的花朵，一时间争相怒放，大量杰出的作家比肩接踵而出。”诗人们走出宫廷，在过去无人涉足的众多领域，诸如下层百姓的生活、异国风情、边塞的风物以及山川风光等中选取素材，以诗歌的形式来加以表现。其中，在众多的诗人中最为耀眼的人物，自不待言就是杜甫（712—770）和李白（701—762）。

两个人显示出了完全不一样的诗风和生活方式。比杜甫年长十岁的李白喜欢饮酒，性情以及生活方式都很豪爽奔放，堪称辉煌的盛唐时期之代言人。而杜甫则着眼于严酷的现实以及民众的苦难。两者的这种不同来源于许多方面，诸如李白出生于从事西域贸易的大商人之家，经济条件优越，无需为生活发愁；而杜甫则出身于一个中下级的官僚之家，科举失败以后，不得已过着流

135《长江积雪图卷》（传王维作） 在官场有着很高的位置，因倾心于佛教而被称为“诗佛”的王维在绘画方面也很有成就，将大自然描绘得充满了诗情画意

浪和贫穷的生活等。另一方面，他们两个人也有共同之点，这就是他们都是仕途的失败者，而且都因为安史之乱而改变了人生。人们所熟知的杜甫《春望》的“国破山河在，城春草木深”就是吟咏被安禄山叛军占领后的长安的名诗。

杜甫被称为“诗圣”，李白被叫做“诗仙”。与此相对，王维（701—761）则因倾心于佛教，且开辟了独自的诗歌境界而被称作“诗佛”。他和前两者有所不同，他的家世门第来自太原王氏一脉，而且科举及第，置身于官场。虽然也有过贬官以及流浪的经历，但是其官至接近宰相的“尚书右丞”。他在经历政界沉浮的过程中，远离政治以及党派，格调高雅地吟咏山川自然，代表了盛唐时期的另一个侧面。与日本国的阿倍仲麻吕有着亲密交往的唐人中间就有王维。

此外，王维的绘画也很有名。他在长安的东南方向，即终南山山麓建造有别墅“辋川庄”，以这个别墅的生活为题材的山水

136《饮中八仙》 明杜堇绘，把贺知章、李琎、李适之、崔宗之、苏晋、李白、张旭、焦遂等各种醉态，按诗意毕露于白描之中

画《辋川图》就是他的代表作。王维还被看作将诗情融入自然景观中的文人画“南画（南宗画）”的鼻祖。附带说一下，名作《辋川图》的原本毁于会昌毁佛之时，今已不存。

与此相关，在这一时代还有李思训（651—718），他在山水画的山川着色方面描绘细微，将山水画发展到了圆熟的境界，与其子李昭道一起，被誉为“北画（北宗画）”之祖。此外，前文提到的吴道玄（685—758）作为玄宗喜欢的画师，在人物画、山水画、佛画等方面都留下了生动且极具艺术价值的名作，被后世尊称为“画圣”。据说吴道玄曾经随擅长狂草的书法家张旭学习书法，并在其画作中加以体现。总之，在盛唐时期，不仅唐诗，而且在绘画方面也达到了一个高峰。此外，这一时期无论诗人还是画家、书法家间都经常互相交流切磋，是一个具有高度艺术水平的时代。

中唐时期的唐诗与古文复兴运动

绚丽多彩的盛唐时期随着安史之乱的爆发而枯萎凋零以后，诗坛进入了中唐时期。就中唐时期的诗人而言，首先要举出来的人物就是白居易（772—846）。白居易出身于一个世代做官的中坚官僚之家，他本人科举及第以后，作为一名锐意革新的官僚而受到了唐宪宗的青睐。然而，其时恰逢宦官专权以及牛李党争笼罩中央政界的时期，白居易因此而受到了贬官的处分。经历了这种挫折以后，白居易从此对于政治谨小慎微，而将全部精力倾注到诗作之中。白居易诗的特征在于平易及明快，除了吟诵玄宗和杨贵妃的情感的《长恨歌》为世人所熟知之外，他还承袭杜甫之余绪，留下了许多描写社会底层生活的作品。

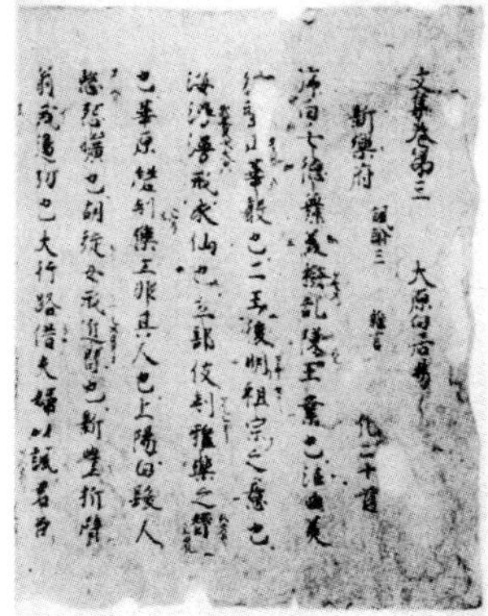

137 古钞本《白氏文集》(文集卷第三) 汇集白居易作品的《白氏文集》经遣唐使之手传入了平安时代的日本

白居易的诗歌表现平易明快、情感丰富，因此而获得了大量的读者。根据记载，据说在公元800年前后，民间已经有人将他的诗作通过雕版印刷出售。这是中国的木版印刷史上划时代的事情。白居易在生前已将自己的作品汇编成为《白氏文集》，该书经遣唐使等之手传入了平安时代的日本，此外还很早就传入了新罗。特别是在日本，白居易的诗歌有很大的影响，相对于盛唐时期具有个性的诗作而言，日本更喜欢中唐时期的诗歌。

中唐时期与白居易比肩的还有韩愈(768—824)。其诗风与白居易截然相反，以豪放和难解而著称，虽然很多诗人都出自于其门下，然而他留下的诗却不太多见。较之诗作，使得韩愈广为人知的则是他的文章。当时盛行六朝以来的四六骈体文(四六句式，讲究对仗工整、平仄韵律、注重用典的美文），韩愈批判骈体文流于技巧和形式主义，陷入靡弱之风的现实，主张回归六朝之前的自由健全的文体。他还著有《原道》等文，批判佛教和道教，强调应该回归儒教的出发点，返回中国原有的时代中去。

对韩愈的古文复兴运动发出共鸣的是柳宗元（773—819），世人将其并称为“韩柳”。但是，在诗作方面，柳宗元乃是承袭王维的自然派诗人。柳宗元的人生的后半期几乎都是在贬官之地的永州（今属湖南省）这样一座地方城市度过的。其发端是因为他参加了贞元二十一年（805）在顺宗时期的一次政治改革即所谓永贞革新，改革受挫以后被贬黜到永州。而当时韩愈站在镇压革新派的一方。

韩愈所提倡的古文运动以及回归儒教的复古主义，如果换个角度来说，其也就是站在反贵族主义的立场以及民族主义的立场之上。贵族们写作四六骈体文以夸示自己的教养，通过声援文学和佛教来与儒教保持距离。此外，佛教同时也是唐代的国际性的代言者。这种贵族性和国际性正是唐朝的特色。针对唐朝的贵族性和国际性，率先从正面提出问题加以质疑的人物就是韩愈。以此为起点，关涉到其后的会昌毁佛，在进入下一个时代即宋代以后，韩愈提出的问题终于得以具体实现。总之，从文化的层面来说，中唐时期也是一个十分引人注目的阶段。在这一时期之中，人们重新审视并改正之前唐朝的积弊，并为下一次的变革进行了准备。

唐诗与科举

唐诗在唐代文化中占据着中心地位。为什么到了唐代以后，人们会对诗歌这么关心，诗坛会呈现出如此活跃的盛况呢？若从历史发展潮流来说，似乎可以指出下述因素，即在六朝以来文学高度发展积累基础之上，入唐以后产生了新的诗歌形式（近体诗），从而给唐诗以巨大的刺激。无论隋炀帝还是唐太宗都经常作诗，上行下效，皇帝的这种做法势必会影响到下面。除了上述原因以外，还有一点也不能忘记，那就是与科举的关系。

关于始于隋代、在唐代发展起来的科举（正式来说应叫做“选举”）的大致情况，本书的第四章中已经有过介绍。其中，在当时最热门的乃是进士科，竞争率达到数十倍甚至上百倍。当时的俗语中曾有“三十老明经，五十少进士”这样略显夸张的说法，由此可见进士科之难。明经科以及明法科、明算科等都是为了选拔特定的领域以及实务方面的优秀人才，而进士科与上述各科不同，进士科则是为了选拔具有广博学识、能够成为未来的朝廷官僚的候补人员，这就是进士科火爆的主要原因。此外，由于进士科并不考核特定专业的技能技巧，谁都可以参加考试，这也是考生众多的原因之一。而在进士科的考试内容中，就有作诗的问题。

从唐代科举制大致固定下来的武后时期以后来看，当时，通过地方考试上来的人（乡贡）和中央的学校考试（监试）过关的人两种人可以参加中央考试（省试、礼部试），通常每年正月左右连续三天举行考试。进士科在这三天期间，要考“贴经、杂文、时务策”三门。所谓“贴经”的试题即是将儒家经典取出一部分进行填空；所谓“时务策”试题就是要考生论述关于时政的对策等；而称之为“杂文”的考试内容则是诗赋，也就是说“诗（唐诗）”和“赋（韵文，四六骈体文）”。就这样，唐诗成为正式的考试科目，为此考生们都要为此而做准备，位居要职的高官们也都会作诗。

而且，汇集在进士科的人多出自于非门阀系统的家庭。从隋朝到唐代前半期，关陇系统的贵族掌握着政权，另一方面，山东贵族尽管已经衰落，却继续炫耀着自己的门第家世。虽然后来旧贵族也开始转向通过科举进入官场的方向，然而在通向仕途的道路上恩荫的特权仍然继续发挥着作用。于是，出身寒门的才俊以及抱有政治野心的人们必然涌向进士科。他们多方打点关系，拜访有权势的达官贵人并呈上自己的作品，或是参加一些社交沙龙，努力使达官贵人们知道自己的存在。王维就曾经常出入于玄宗之弟岐王的府邸，从而最后成功地一举登第。与王维形成对比的是杜甫，杜甫在事前尽管也同样地进行了活动，但结局却未能及第。

如上所述，在唐代诗歌的推广普及上面，科举尤其是进士科起了很大的作用。作诗已经不仅仅是一部分诗人们的事情，而是具有现实的意义，成为统治阶层的共同的教养。进而言之，我们注意到，诗人们或者为了消除在官场受挫的内心伤痛，或为了磨砺对于诗的感性，他们经常到各地旅行，投靠各地有权势的人物以及大商人们。此举广泛地提高了社会上对于诗作的关注，从而在一个广阔的层面上将唐诗推向了顶峰。在此基础之上，在唐代形成了一个共识，即包括诗作在内的文学乃是最高的教养，也是成为当政者的最重要的条件。如果对此进一步追根究底的话，也可以说，在这里我们同样也遇到了贯穿于唐代的贵族性这一问题。

唐代文化与金银器

何家村窖藏

前节通过唐诗介绍了唐代文化的一个侧面。在本节中，我们再从物质文化的角度，主要以人们关注的金银器为中心来思考一下唐代的文化。

在中国的“文革”风暴席卷全国的1970年10月初，从西安市南郊何家村的建筑工地上相继发现了两个同样形状的甕（高65厘米、腹径60厘米）和一个银罐（高30厘米、腹径25厘米）。调查的结果令人吃惊，两个甕内装满了堪称为稀世珍宝的各种物件。在总数超过1000件的器物之中，包括金银器皿270件、板状银块（银铤、银饼、银板等）90件以及大量的钱币、矿物药材、玛瑙器、琉璃器、宝石等。其后举世瞩目的何家村唐代窖藏遗宝就这样问世了。

关于这些器物究竟是什么时候，为什么埋藏的这些问题，没有任何直接能说明这一点的文字资料。唯一的线索是，在板状银块类中的银饼上刻有“开元十年（722）、开元十九年（731）”的

类　别	总数量	金	银	金银类合计
食　器	118	3	115	118
饮　器	22	5	12	17
药　具	51	3	46	49
盥洗器	14	2	12	14
日用品	32		32	32
装饰物	233	25	15	40
小　计	470 件	38 件	232 件	270 件
药　物	13（＋13,225g）	(787g)		(787g)
板状银块	90		90	90
货　币	478	31	427	458
其　他	4（＋4,514g）	（4,514g）		（4,514g）
合　计	1055 件 （＋17,739g）	69 件 （＋5,301g）	749 件	818 件 （＋5,301g）

138 何家村出土文物一览（括弧里的数值表示在清点时无法计算的粉末等的重量）

字样，此外还发现了五枚“和同开珎”银币。大家都知道，这里所说的“和同开珎”就是指日本最早的货币。铸造“和同开珎”的时期是在元明天皇的和同元年（708）五月到次年之间，仅仅有一年多时间。能将这样珍贵的东西带来唐朝的人，只能认为是遣唐使这样的正式使节。而在最接近上述年代的时期里，开元五年（717）的日本第九次遣唐使，以及下一次的开元二十二年（734）遣唐使都有可能性。

那么，窖藏遗宝的时间下限在何时呢？换句话来说，这批遗宝是什么时候埋入地下的呢？只要弄清楚了这一点，关于其为何埋藏的原因也就自然容易知道了，可是要确定这一点却相当困难。何家村的所在地相当于唐代长安城内兴化坊的西南部。根据记载

139 银饼　唐怀集县（左）和溱安县（右）的庸调银饼。西安市南郊何家村出土

来看，玄宗时期，在这一区域附近有玄宗堂兄邠王李守礼宽阔的邠王府。于是，历来的解释认为这些遗宝当是邠王府的东西。推测很可能是天宝十五载（756）六月，安禄山叛军攻克潼关，即将进入长安的前夕，邠王府的家人匆忙之间将这些珍宝埋入了地下。然而经过仔细地勘察以后，却又注意到何家村窖藏和邠王府的位置稍微有些错位，而且在出土器物之中还混杂着一些看起来应该是安史之乱以后才制作的金银器等。于是，一种新的可能性又浮出了水面，即这批遗宝很可能是德宗建中四年（783）发生朱泚之乱（参见本书第三章）时埋藏的东西。

总之，目前关于这批遗宝埋藏经过及其原因都还没有弄清楚。所能确切知道的就是：这批金银器的制作水平非常之高，细微之处的制造工艺十分精细和华丽，其制作年代可以限定在以玄宗时期为中心、从七世纪后半开始的一个世纪左右的时期。也就是说，这些遗宝都是唐朝国力最为充实的盛唐时期的作品。可以推断这些遗宝的所有者即便不是邠王，也会是类似级别的达官贵人。之所以这样说，是因为在出土的银饼上刻有“（广州）怀集县庸调”的字样。也就是说，这些银饼是作为正规税收租庸调的一部分，换言之即庸调以银饼的形式缴纳给了国库。而其后该银饼可能又被皇帝赐给了臣子。同时，从金银器的精湛的制

140 和同开珎（西安市南郊何家村出土） 日本最早的银币为什么会在何家村出土呢？是哪位遣唐使带去的呢？

作技术来推测，这些金银器当是出自于中央少府监下属的作坊（金银作坊院）。而能够拥有上述珍贵宝物的人，只能是地位接近中枢的高层人物。

何家村遗宝与唐代的物质文化

一般认为，何家村的遗宝当是唐朝某位有权势的人物，在八世纪后半的某个时期，碰上了迫不得已的紧急事态，于是，便把日常最在意的身边用品以及珍贵的宝贝等汇集起来，装入了两个大甕。由于甕的容量有限，所以里面小型的器物占了大半，但是这样一来，反而使得我们更容易据此来窥视盛唐时期物质生活及文化之一斑。

让我们再来看一看前面提到的“和同开珎”银币吧。何家村窖藏的主人拥有五枚“和同开珎”一事，可以理解为这位人物与遣唐使或者来自日本的长期留学生有着很近的关系。而且，他还同时拥有西方的东罗马金币、波斯萨珊王朝的银币各一枚。加之还拥有春秋时代的“即墨之法化”刀币（位于山东省的齐国货币）为首的历代货币，以及从未在社会上流通过的唐朝开元通宝的金币及银币 451 枚。很明显这位人物还是一个钱币收藏爱好者。真没想到在这位窖藏遗宝的主人身上，中国文明与东西文化竟然如此精彩地纵横交织在一起。

这位人物还给我们传达了另外一个信息。在何家村出土金银容器里面装有大量的矿物：金粉以及紫砂、丹砂、石英、珊瑚、琥珀等。此事反映出了当时人们对于长生不老的渴望。所谓丹砂就是硫化汞，乃是制作长生不老的仙药（金丹）的主要材料。据说通常是把锅放在炉子上面，在锅内放入丹砂为首的上述各种各样的矿物，此外再加上金或银，然后进行加热，最后的结晶就是长生不老丹。一般所说的炼丹术就是指此。在何家村出土器物中有银制的锅，可以理解为当是炼丹的工具。

141 波斯萨珊王朝科斯洛诶斯二世银币（西安市南郊何家村出土）
唐都长安是荟萃西方的波斯、罗马人及其物资的世界性大都市

唐代的很多皇帝都服用丹药。虽然是为了祈求长生不老，然而长期服用之后，身体自然要垮掉，变得喜怒无常，最后一命呜呼。唐太宗因为服用丹药，晚年丧失判断能力，躺在病榻之上听任药物侵蚀身体，御医也毫无办法。宪宗为此而变得脾气暴戾，最后被身边感到危险的宦官杀害。皇帝们沉溺于丹药的风潮，自然也要影响到下面。何家村遗宝的主人能够拥有如此之多的材料及用具，其本人恐怕也是既炼丹制药又自己服用，双方兼而有之吧。炼丹与道教有着密切的关系，或许他就是一位狂热的道教信徒。

另一方面，何家村遗宝给人印象最深的地方，还有一点就是

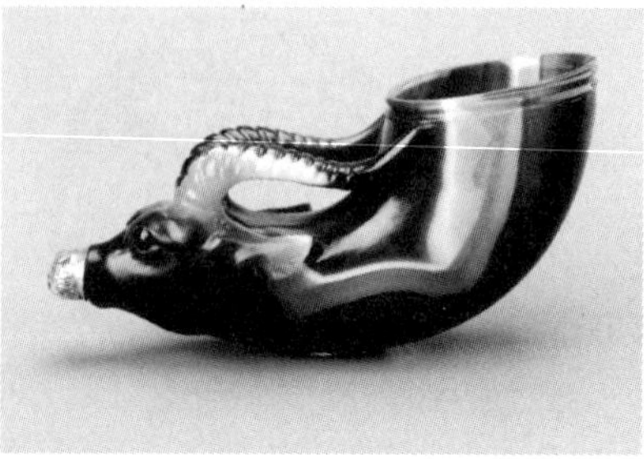

142 玛瑙牛首形杯（西安市南郊何家村出土）
嘴部镶嵌金帽，艳丽精美的西域风格的玛瑙杯

来自于西方的影响。除了前面提到的西方的货币之外，还有琉璃碗、玛瑙杯（牛首形杯）、水晶杯等西域系统的器物。如果看一看金银器的情况，虽然几乎所有的金银器都可以说是在唐朝国内制造的，然而在器皿上的唐草纹、连珠纹，舒展的动植物图案以及器物的外形中，仍然可以看出西方的影响。这一方面典型地表现了当时的唐人的开放和柔软的感受性。与此相反，作为珍宝来说，本来应该有的玉璧等传统的玉器等宝物，在何家村如此众多的器物中竟然连一件都没有（虽然有作为首饰的玉片）。倘若是在汉代的话，毫无疑问是会以玉璧等为中心。因而可以说，在何家村遗宝的身上也凝聚着唐代新的价值观。

唐代的金银文化与贵族趣味

那么，唐代为什么会如此重视并盛行金银的文化呢？关于这一方面，迄今为止举出的主要理由有诸如当时人认为饮食使用金银器餐具可以长寿，此外制作丹药也需要用金银器皿等。除此之外，我还想指出如下原因，即通过丝绸之路传入的西方金银文化的影响，使得中国人也已经意识到了黄金白银所显示的华贵及持久的特性。

促使金银文化盛行的必要前提条件是金银的数量增多。进入隋唐时期以后，因为仰慕隋唐高度发达的文化，周边国家的金银开始流入隋唐时代的中国。譬如，前述圆仁等人求法之旅所需要的经费就出自从日本带去的沙金。遣唐使也是同样，购物等大都是使用沙金。吐蕃等给唐朝的贡品中，也有许多金银器。此外，唐代的金银产量有了飞跃性的发展，也是盛行金银器的一个重要的因素。据文献记载，当时黄金的产地达七十处（州），白银产地也有六十七处（州），其中饶州乐平县（今属江西省）年产“银十余万两”（一两约合 40 克，即年产 4 吨以上）。

这样一来，金银的大量生产以及其他国家的金银流入唐朝的结果，极大地促进了当时的经济活动。开元年间以降，外地远方原来以实物形式缴纳的税，这时逐渐变成了用银饼或者银铤的形式缴纳。节度使上交给朝廷的“羡余”里就有银饼或银铤（参见本书第三章）。何家村窖藏的银饼正是属于上述这些赋税之类。而且，社会上充斥着大量的金银，势必会推动金银器的制造，进而又刺激了购买这些金银器产品的消费者人数的扩大。需求一旦增加，又会推动中央以及民间的制造工艺技术的提高。这些环节相辅相成，最终在盛唐时期高度精美的金银文化中开花结果，而何家村的遗宝正是体现了其最高水平。

一说起黄金白银来，马上很容易令人联想到暴发户等低俗浅薄的嗜好。然而，以何家村遗宝为代表的唐代金银器里，却散发着一种完全不同的高雅风貌及厚重之感。这一现象反映出，承载这些金银文化的主体即当时的上流阶层，他们的品位及其欣赏水平的确不同于暴发户以及普通庶民。换言之，正是由于他们的品位及悟性，即应该称之为贵族趣味的那些因素才导致了这些作品的出现。所以，即便是在属于唐代物质文化范畴的金银器中，也投射有贵族性这一问题的影子。

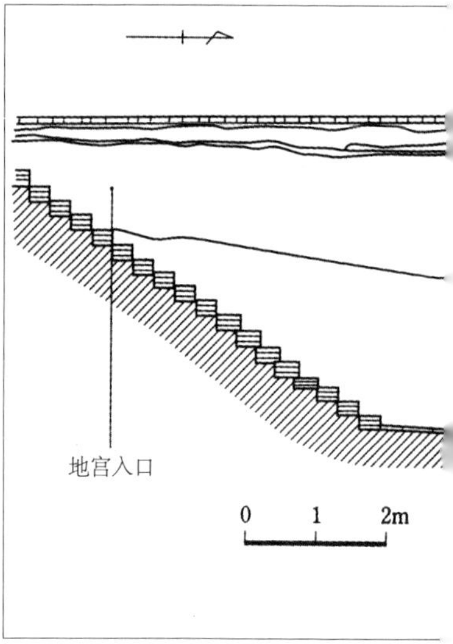

143 法门寺塔基地宫断面图

中国的正仓院：法门寺的珍宝群

正仓院[83]的珍宝乃是从奈良时代到现在，不间断地保存至今的圣武天皇[84]的御物。与此相比较，中国的每次改朝换代几乎都要经历激烈的战乱。在战乱过程中，前朝的建筑物等或被破坏或被烧毁，珍宝或被掠夺或散佚。由于中国历史的变动比日本历史更加剧烈，为此，像日本的正仓院那样，超越时代持续保存文物遂显得非常困难。但是，在中国却有着另外的方法将文物传至后世，这就是地下或土中的世界。

说起地下的世界，首先是墓葬。在日本仅仅是将遗体埋葬或者火葬就算完事，而被视作现世之延长的中国墓葬，则完全是日本墓葬所无法比拟的，有着非常丰富的内容。在中国的墓葬之中，

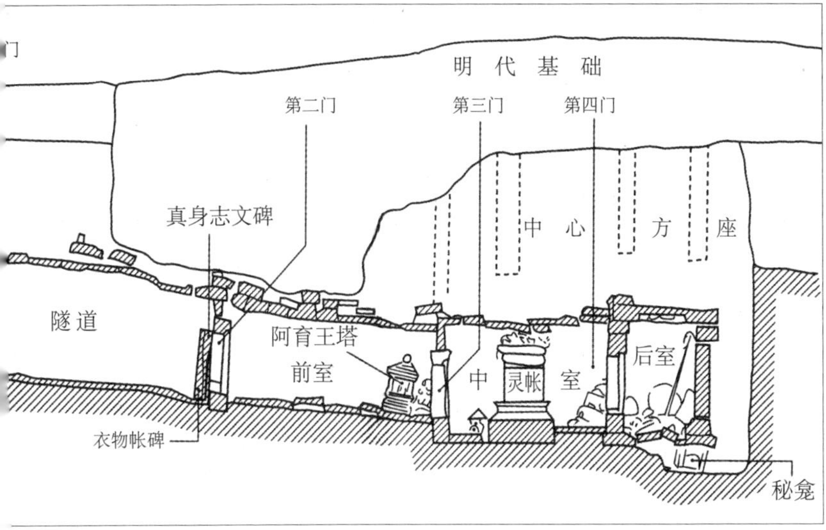

尸体（墓主人）的周围摆放着许多陪葬品。此外还有介绍墓主人的墓志，墓壁以及墓顶上描绘的壁画，有时候还有书籍以及文书之类一起陪葬。如果能发现幸免被盗以及没有被腐蚀风化的墓葬，就会给我们提供不可估价的珍贵史料。除了地下的墓葬以外，还有像保存了大量的文书和经典的敦煌藏经洞那样的埋藏在土中的例子。

下面要谈到的法门寺塔的地宫也是令人难忘的一个地下世界。关于这座位于西安以西一百二十公里处的法门寺的基本情况和 1987 年从寺塔（真身宝塔）的地下发现大量珍宝之事以及这些珍宝乃是咸通十五年（874）正月四日埋藏的唐代文物，而且是皇帝懿宗及其子僖宗牵头捐赠的当时最高级的物品等情况，我们在

144 法门寺塔基地宫衣物帐碑（部分） 记载埋藏在地宫中的所有珍宝的名称、数量、功能等的珍贵的目录

本书第八章已经有过简单的介绍。由于法门寺珍宝的年代比前述何家村遗宝晚一百多年，属于晚唐时期的东西，而且法门寺珍宝也是以金银器为主。因而若将双方加以比较，就可以更加清楚地了解盛唐时期和晚唐时期文化的差异以及各自的特点。

法门寺珍宝与何家村遗宝的第一个不同点，这就是法门寺在埋藏珍宝时，还有一块详细记载所有珍宝的捐献目录，即通称《衣物帐》的石碑同时放进了地宫。因为全部珍宝都是埋藏时的原样，所以几乎所有珍宝的名称以及功能都可以根据该《衣物帐》碑来加以了解和确认。此外，在金银器上刻有制造工匠以及负责人的姓名，同时还有捐赠者的姓名以及重量、制造日期等，这与几乎没有任何文字的何家村金银器形成了明显的对比。我们通过这些文字记载，了解到了当时宫中制造金银器的作坊叫做“文思院”，其负责人叫“文思院使”，是由宦官担任的等情况。而这个文思院则是盛唐时期所没有见过的机构。

145 银制茶碾和茶碾轴（法门寺塔基地宫后室出土，法门寺博物馆藏） 使用这个茶碾将茶叶碾成粉末以后饮用。从法门寺塔基地宫中发现了各种各样的银制茶具，反映出饮茶之风已经扎根于宫廷之中

146 文思院铭 图 145 的茶碾的底座下面，刻有表示制造的作坊是文思院的铭文

第二个不同点，自不待言，一方是归个人（或家庭）所有的东西，而另一方则是以皇帝为首的各种人物出于对法门寺这样一个寺院的舍利信仰而捐赠的东西。因此，后者虽然不像前者那样表现出了人的个性，但却传达出了对佛教的热情。他们把法门寺舍利视作释迦的真骨，也就是说将其看作就是释迦本人，从而给其奉献了各种供养品，诸如在金银器中就包括锡杖、香炉以及与仪式相关的钵、皿等器物。

另外一方面，与舍利所包含以及代表的人格重合，法门寺珍宝的捐赠者们还捐献了一系列的银制茶具、琉璃茶碗、茶托以及袈裟等衣服类，此外还有双陆、首饰等装饰物、生活用具等。另外，在捐献的珍宝中还发现了宋代以后才正式出现的青瓷的前身

进奉者	全部件数	其中的金银件数	金重量	银重量
A 法门寺的供养品	7 件			
B 懿宗的恩赐品	122 件	64 件	71 两 1 钱	941 两 6 钱余
C 僖宗的恩赐品	754 件	14 件		333 两
D 皇后嫔妃进奉品	7 件			
E 宦官、僧尼进奉品	9 件	7 件		252 两 4 钱
F 合计	899 件	85 件	71 两 1 钱	1527 两余
H 大兴善寺智慧轮喜捨	11 件	11 件	28 两	155 两

147《衣物帐》碑所载的珍宝件数以及金银重量统计表

“秘色青瓷”。这些多样性都是何家村所没有的地方。

说起茶叶来，陆羽的《茶经》完成于八世纪后半叶，这是一本基于民间流行的饮茶习惯，对于茶具以及饮茶的方法、茶叶的产地及其历史等方面进行整理汇总的著作。通过法门寺的上述珍宝我们则可以了解到，在陆羽《茶经》问世后的一个世纪之中，饮茶之风广为普及，宫中已经养成了饮茶的习惯。总之，无论从质还是量的角度来说，毫无疑问，法门寺的地下世界都当之无愧堪称是“中国的正仓院”。

法门寺的金银器及其时代

在以上对比的基础上，下面我们再从金银器的问题入手，看一看何家村和法门寺分别代表的盛唐时期和晚唐时期的物质文化的特质。法门寺地宫里共计有 96 件金银器，这个数字虽然远远赶不上何家村的 270 件，但是法门寺的金银器多为大型器物，根据《衣物帐》显示的重量合计 1781 两多（1 两约 40 克）。实际测定的结果，其重量超过 70

公斤。虽然不太清楚何家村金银器的总重量，然而估计法门寺在金银器的重量方面绝不逊于何家村。

可是，当我们把目光转向个别的金银器时，就会感觉到在何家村金银器上所见到的那种端庄美丽以及厚重感减退了。工艺技法虽然精妙，但是不可否认的是，在整体印象上总觉得其有什么地方不足，显得有些单薄脆弱。法门寺塔的地宫最后一次封闭是咸通十五年（874），这一年正是山东方面爆发了王仙芝的叛乱，并随着黄巢加入其中而发展成为黄巢之乱的关键一年。以这一年为转折点，唐朝无可挽回地开始走向了下坡路。因而可以说，法门寺的金银器正是步入晚期的唐朝竭尽最后余力完成的东西。从法门寺金银器上得到的上述印象，似乎也可以用当时的这种时代状况来加以解释。

关于法门寺金银器的工艺技法在此姑且不论，其之所以给人以上述印象，我以为还有一个直接的原因当是因为唐朝拥有的金银数量减少。制造金银器的金银，主要来源于各地以金银“饼”、“铤”的形式上交给国库的金银。到了唐末以后，在各地缴纳金银的数量明显减少的同时，军费等方面的支出却显著增多。加之金银的产地八成以上都在南方，其中广东、广西等岭南地区又占了一半以上。这些地区上交金银出现困难，势必造成制造金银器的金银也受到限制。其结果便出现了法门寺珍宝里所见到的单薄的做法。在这一点上，法门寺金银器遂和拥有充足金银来源的何家村金银器形成了决定性的差异。

但是，在法门寺的金银器中，也存在着一些给人似乎有点儿放错地方之感的器物。这就是在《衣物帐》里写作“银金花盆一口，重一百五十两”的大型盥（盆）。该盥（盆）的大小为高14.5厘米、上面的直径46厘米、重量6265克，银底上镀金，美轮美奂，夺人眼目。盥的两侧用铆钉固定住兽形的铺首，铺首上面插入一个圆环，圆环上再装上把手，以便于搬动，这些也全部都是以银制成。其中最让人感到赞叹的是，该盥除了外形柔和美妙之外，而且盆内外所有的地方都精心刻画着鸳鸯以及花的纹饰。我以为，这件器物不仅是法门寺以及晚唐时期的出色作品，而且与盛唐时期的何家村作品比较也不逊色。

那么，为什么这样一个银制的大型盥会出现地宫里呢？实际上，这件器物并非是在宫中制造出来的东西。之所以这样说，是因为在盥底的圈足的内侧，用毛笔写着“浙西”两个字。所谓“浙西”就是指浙西（浙江西道）观察使，治所在润州（今江苏省镇江）。长庆四年至五年（824—825）前后，时任浙西观察使的李德裕曾将当地制作的许多金银器进献给朝廷。在浙西观察使辖区内，设置有使用南方出产的金银、且拥有高超的制造工艺技术的金银器作坊。前述大型盥应该就是在该作坊里制作出来后，由李德裕或者其后的浙西观察使带入京城的器物之一吧。

进入唐代后半期，尤其是到了晚期以后，江南方面开始发挥起超过中央的力量。而且其不仅仅停留在生产力和经济能力方面，还涉及了文化的水准及其影响辐射力方面。这件银制大型盥正是这一趋势的一个体现。总之，法门寺的金银器在反映出晚唐时期中央文化水准的同时，也明确了以江南为代表的地方物质文化的高涨及上升，从而也暗示出了其后唐朝摸索发展的方向。

隋唐精神文化的一个侧面：历史编纂及其认识

为了观察隋唐时代的文化特质，首先我们讨论了唐诗及其周边的文学及文化活动，接着又围绕金银器所表现出来的物质文化进行了考察。按照这样的顺序的话，接下来应该以精神文化方面作为考察对象。这里我们稍稍变换一下视点，以隋唐时代的历史认识以及史学作为一个切入点，来观察一下这一时期的精神文化。实际上，隋唐时代作为中国史学史上一个划时代的时期而广为人知。那么，为什么会呈现出这种状况呢？当时的历史认识都有一些什么样的特征？其与该时代的特质又是如何重合在一起的呢？

唐初史部的成立及其意义

自古以来，没有其他任何国家像中国那样留下如此众多的文字记载。也没有其他任何一个国家，能像中国那样热心地致力于记录历史。对于中国人来说，历史不单单是过去发生过的事情，也是可使自身置身于其中、在生活中赖以倚靠的一个对象。当然，对于历史的看法以及关涉和切入的方法因时代而变化，不可一概而论。通过其变化的痕迹则可以管窥一个时代及其特质。隋唐时期就是中国史学史上这样一个引人注目的时代。

我们知道，中国史学著作的出发点乃是《春秋》，继其之后就到了汉代，先后出现了司马迁的《史记》和班固的《汉书》。但是，在汉代之前，历史尚未形成一个独立的领域。随着时代的推移，在迎来了隋唐统一以后，情况则出现了很大的变化。其最具象征意义的事情，就是在唐初编纂的《隋书·经籍志》这一当时的图书目录中，所有的书籍被分成了四部，即：经部（儒教）、史部（历史）、子部（诸子）、集部（文集及其他）。其中，“史”部成为单独的一类。

隋朝在建立以后不久，便开始以“赏绢”形式，大规模搜集天下的异书孤本，共得典籍达三万卷。隋炀帝将这些书籍运至洛阳并继续收集充实，同时把收集到的大量的典籍分成甲、乙、丙、丁四类加以保存，这就是上述“经史子集”四部的前身。隋朝灭亡以后，唐朝用船将这些书籍运到了长安。据说在运送途中，由于运书船翻船，书籍的十之八九都被黄河的激流所吞没。即便是这样，剩下的书籍仍然有一万五千部，共计约九万卷。由此可以推知隋代收集的书籍数量之巨。其后，人们从这些书籍之中选取重要者约半数，按照四部分类加以配置，便形成了上述《隋书·经籍志》。今天我们整理汉籍[85]时使用的四部分类法的起点，实际上就可以追溯至这部《隋书·经籍志》。

史部的独立是魏晋以降人们对史学的关注高涨的结果。在这一时代，从汉代的礼教（儒教）的束缚之下解放出来的人们，在审视自身进行思索的过程中，将目光转向历史，撰写了大量的历史著作。其中包括自叙传以及家传、家训或地方史、地志之类，进而对以前刊行的史书以及史实等施以注记的“史注”或者对其加以评论的“史评”等著作也开始盛行起来。陈寿《三国志》的附注“裴松之注”就是史注的代表。此外，相关史实及古代传闻等的论述也与史学的发展息息相关，这一时期还出现了被称之为“类书”的百科辞典一类的史籍以及形形色色的“博物志”。上述这些学问及著述的执笔者都是贵族，这一时期史学的兴盛，正是由于贵族们的存在才得以出现。

顺便说一下，魏晋以降的人们之所以开始积极地写作，并将记录留存了下来，其原因之一应该说是由于纸张的普及。纸张虽然贵重却十分轻便，作为便于保存的材料，在四世纪以后已经完全取代了之前的竹木简以及帛（绢布）书，成为书写材料的主角。只是，通常只要提及书籍，我们马上就会想起线装书的样子。而当时用纸张写成的书籍则都是卷子本，线装书还没有出现。

唐初的正史编纂与史馆的成立

如上所述，在魏晋南北朝时期积累的各种史学著作的基础之上，唐初出现了独立的史部。而包括史部的独立在内，推动唐代的史学蓬勃发展，并将其落实为具体形式的关键人物则是唐太宗。

魏晋南北朝时代是一个众多王朝交替兴亡的时期，然而到唐朝成立时，以晋史为首的这些王朝的正统的历史即正史几乎都还没有编纂。唐太宗认为，应该尽快把这些欠缺的史书都补上，遂决定发布敕命促使其尽快完成。这就是所谓“奉敕撰”。其结果，不仅《晋书》，南北朝后期的《北齐书》、《周书》、《梁书》、《陈书》也都完成于太宗朝，《隋书》也实际上完成于同一时期（最终完成是在高宗的显庆元年〔656〕）。围绕编修正史，唐太宗确立了一整套体制：让担当编修工作的机构史馆独立出来，任命宰相或相当于宰相的人物充当“监修国史”总体负责，关于实际执笔者，则以“史馆修撰”的头衔召集著名文人进行分工编撰。众所周知，正像《史记》以及《汉书》或者是《三国志》那样，之前编纂史书都是担任史官的个人或者其一家的工作，编纂成书以后受到公认便成为正史，即都是作为“家学”的正史。即使到了魏晋南北朝以后，继承其余绪，仍然是由个人继续尝试着编纂各个时代（王朝）史。可是，其所编纂的东西多高不成低不就，达不到正史所要求的高度。其原因不仅在于没有合适人选担任史官，而是因为在魏晋以降，随着时代的发展，历史的素材及相关著作大量增加，仅凭个人之力已经无法胜任编纂正史的工作。太宗明确地认识到了这一点，所以他采取的措施便是设立史馆。

唐初实行的新的编纂手法曾受到了批评，有人认为其失去了作为家学的史书所具有的那种个性。然而，说其完全没有个性则有些言过其实，其实在唐初编纂的这些史书里，随处都可以看到负责撰述的编纂官们个性的显露。唐太宗自己就曾修改过《晋书》中的部分内容，在书中加入了他的意见。此外，由史学家李大师、李延寿父子编纂而成，作为正史而闻名于世的记述南朝历史的《南史》、记述北朝历史的《北史》（两者均完成于高宗显庆四年〔659〕）实际上仍然属于继承家学传统的史学著作。另外，尽管以前的正史也都采用了纪传体（由皇帝的编年纪《本纪》、个人传记《列传》以及叙述制度文化的《志》为中心构成的历史叙述体裁）的形式，但是以每个王朝为单位，分别进行编纂的方针却并不明确。随着在太宗时期一举编纂齐全了之前的全部正史，此后，一个王朝一部正史，而且由下一个王朝来进行编纂的原则才固定了下来。

另外，关于史馆的作用问题，唐朝规定史馆除了编纂史书以外，另一个重要的职掌则是系统地收集和保存史料。历来，在皇帝的身边有负责记录其言行即《起居注》的官员（起居郎、起居舍人），为了收集、编纂史料，唐朝在秘书省内还设置了著作局。可是，上述这些官员的地位都很低，他们虽然作为记录者或编纂史书的人，却不能出席一些重要的场面，也没有被赋予系统地收集相关记录的权限。史馆的设置正是为了克服这一方面的问题，唐朝规定各个方面的重要记录以及使用完毕的公文书等资料都要送到史馆。如此一来，在史馆的主持之下，遂形成了一个编纂王朝历史尤其是皇帝纪（实录）和国史（正史）的系统体制。而这一体制也为宋代以后各个时代所继承。

从太宗的历史认识到刘知几的《史通》

太宗对于历史的热情，从前述正史的编纂以及史馆的成立等问题上可以明显看出来。而这种热情并非只来自于个人角度——诸如历史上将如何评价玄武门之变，以及历史会如何将自己和隋炀帝加以比较等问题。众所周知，李唐王朝是一个具有浓厚鲜卑北族色彩的王朝。如何在中国史上给唐朝这样一个王朝以合适的定位？这是唐太宗主要的关注点。

唐太宗对于《晋书》的编纂特别关注。究其原因，一个目的是从皇族之间的争斗即八王之乱造成晋朝（西晋）的衰亡及分裂的事例之中，找出对唐朝来说应该汲取的教训。然而同时他也是基于下述这样一种认识：对于既是异民族（五胡）的出发点，同时也和李唐王朝相联系的这一时代，有必要系统地加以追根溯源。其结果在《晋书》里，五胡的历史并没有埋没于汉族的历史之中，而是以《载记》的形式并列出现，被认真地个别汇总了起来。

如此一来，唐太宗通过历史或者说在历史上明确了唐朝存在的正统性，并以设立史馆的形式表明了历史叙述的重要性。可以说，在这里反映出来的是唐太宗对于历史的一种乐天主义以及从历史出发期待现实以及未来的一种观念。此与自魏晋以来不断高涨起来的史学潮流具有共同的基础。其后大致经过了半个世纪，在根底上与太宗的这一立场一脉相承的人物及其著作终于出现了。这就是从理论的层面讨论史学以及史书应有的状态，在史学史上值得大书特书的成果——刘知几的《史通》。

刘知几（字子玄。661—721）的本贯为徐州彭城（今属江苏省）人，据说属于西汉王朝刘氏一脉的后裔。尽管不是所谓山东系统或关中系统的一流贵族，但也是出身于近乎名门的文人之家。他二十岁进士及第后进入官场，当时正逢武后开始向女皇之路迈进的时期。在这种情况下，刘知几在官场里虽然不入主流，但他从青年时期便避开儒学，对史学抱有浓厚的兴趣，其结果使得他在长达三十年间一直从事国史以及《起居注》的编纂工作。在这样一种史学积累的基础之上，中宗的景龙四年（710），刘知几五十岁时完成了可谓是集其毕生之力的大作《史通》一书。

《史通》由《内篇》十卷三十九篇（其中三篇已佚）、《外篇》十卷十三篇，全书二十卷五十二篇构成。在《内篇》中，从史书的文体（史体）及史书的形式、史料采集方法、实证方法、表现方法等入手，展开讨论了史书究竟应该如何写作等问题。《外篇》则起到了中国最早的史学史、史学概论的作用，其系统论述了史官的变迁、历代正史以及古典史籍概要、源流等问题，并且毫不留情地指出了前人的错误以及矛盾之处。

该书内容涉及的方面很广，很难简单地概括其全部。其中心内容，我以为大致应是如下几个方面：历史（记述）的目的、史实的重视、历史记述的方法、以及关乎上述所有各方面的史官（史学家）的立场。根据刘知几的意见，所谓历史，即是以人为对象，将过去的事实传达给现在的学问。为了做到这一点，必须劝善惩恶，善于分辨选择史料，不因权力及私情而歪曲事实，秉笔直书最为重要。也就是说，最重要的问题是史学家的资质，刘知几将史学家应该具有的资质概括为以下几点：不阿谀权贵的道义良心、博通古今的高度见识、能够精密地研究史实并加以表达的能力[86]。

从魏晋以降到隋唐，在形形色色的史学著述以及记载大量蓄积的情况下，时代要求有必要对于之前的史学加以总结和梳理。刘知几的工作就是响应了时代的这种呼唤。他的尊重事实的姿态也与今天的实证主义史学一脉相通，他提出的作为史学家的上述资质条件，即使在今天原封不动地提出来，也不会让人有不协调的感觉。《史通》之所以具有如此的前瞻性和合理性，这也是因为其诞生于唐代的缘故，换言之只有在唐代的氛围中其才可能出现。刘知几为了阐明事实的重要性，不仅对于历代正史，甚至对于包括《春秋》、《尚书》在内的经典都进行了批判。要做到这一点，首先需要在儒教系统的束缚之下获得一定程度的自由。从这个意义上也可以说，《史通》乃是唐朝这一时代孕育的成果。

杜佑的《通典》及其历史意识

在代表唐代的史学成果之中，与《史通》并驾齐驱的还有杜佑的《通典》。如果说《史通》是总结史学的理论著作的话，那么《通典》则为历史著作提示了新的形式，并成为后世的范本。

关于杜佑（735—812），作为唐代后半期的代表性财政官僚，本书在前文已经提到过他的名字（第三章）。杜佑的出身（本贯）

为京兆万年（长安），其直系祖先乃是西晋的政治家、以为《春秋左氏传》作注而闻名的杜预，属于关中系统的贵族，因恩荫而进入官场。杜佑曾协助杨炎实施两税法，在德宗时期到宪宗时期先后担任淮南（今江苏省一带）等的节度使以及中央的宰相，对稳定唐代后半期的国家财政多有贡献。在繁忙的政务之暇，杜佑花费三十五年的岁月，于德宗的贞元十七年（801）完成了《通典》二百卷。

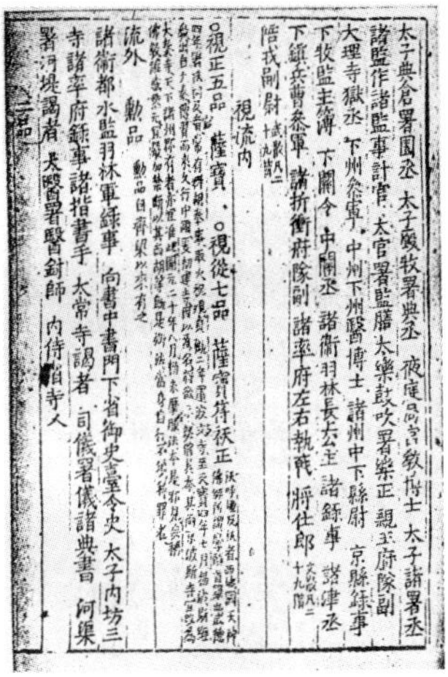
太子典倉署園丞 太子廄牧署典丞 掖庭局宮教博士 太子諸署丞
諸監作諸監事 計官 太官署監膳 太樂鼓吹署樂正 親王府隊副
大理寺獄丞 下州參軍事 中州下州醫博士 諸州中下縣尉 京縣錄事
下牧監主簿 下關令 中關丞 諸衛羽林長上 公主諸錄事 諸律丞
下鎮兵曹參軍 諸折衝府隊副 諸率府左右執戟 將仕郎
陪戎副尉
視流內
視正五品 薩寶 視從七品 薩寶府祆正
流外 勳品
諸衛都水監羽林軍錄事 尚書中書門下省御史臺令史 太子內坊三
寺諸率府錄事 諸指書手 太常寺謁者 司儀署儀 諸典書 河渠
署河堤謁者 太醫署醫針師 內侍省寺人

148 北宋版《通典》（宫内厅书陵部藏本） 此为现存最早的版本

《通典》是一部记述从上古到唐代天宝时期安史之乱之前的制度以及文化变迁的通史，相当于一部超越历代王朝的界限、通观历代正史中的《志》（《史记》中作《书》）的著作。在杜佑之前，开元末期的时候，刘知几之子刘秩曾经编著了《政典》三十五卷，并得到了各界好评。可是《政典》也存在很多不足的地方。于是，杜佑便以《政典》为基础，将全书分为《食货》（十二卷）、《选举》（六卷）、《职官》（二十二卷）、《礼》（一百卷）、《乐》（七卷）、《兵》（十五卷）、《刑》（八卷）、《州郡》（十四卷）、《边防》（十六卷）九个部门，分别进行了论述。如果说刘秩的《政典》中有其父影响的话，那么，可以说杜佑的《通典》则通过刘秩与刘知几联系了起来。

《通典》在上述九个部门之下，进而又列出了与唐朝的政治及制度有直接关系的若干小项目，分别论述了其历史的沿革情况。从这一点来看，类似于“类书（百科辞典）”或“政书（现实政治入门手册）”。然而，由于其内容里加入了大量详尽的唐代资料，因而从唐人的角度来说则相当于近现代史。在此之前，从来没有过这样一种尝试，在一部著作中通过正史的《志》的部分来通观这个历史。以此为契机，宋代以后出现了同样类型的书籍，南宋郑樵的《通志》、元初马端临的《文献通考》与《通典》并列，合称为“三通”。

可是，为什么在唐代后半期的这一时期会出现这样一部著作呢？与这一问题相关联，首先引起人们注目的是，《通典》的开篇第一部分是《食货》部门。所谓“食货”就是指经济、财政领域的情况，这一方面虽然是一个王朝能否成立的最重要的柱石，然而如果按照以前的想法是绝不会将其放在开篇部分的，因为其涉及金钱及计算等内容。但是，进入唐代后半期，重建财政问题成为当务之急。《通典》对“食货”的定位正是顺应了时代的要求，反映了杜佑的时代感觉。通过此事可以知道，《通典》所追求的目标在于，总结过去的历史，以便明确如何面对新的时代。

与此关联，内藤湖南（虎次郎）[87]曾经指出，《通典》承认，从古至今随着时代的推移，文明程度越来越高。如果从以古代为理想社会这一当时的一般认识来说，《通典》的想法实际上是一个破天荒的新见解。的确,《通典》表现出的进步史观值得注目。然而不能忘记的是，实际上，无论是通过批判前人而尝试给史学著作指出方向的刘知几，还是意识到了历史记述的现代意义的唐太宗，都在根底上面与《通典》是一脉相通的，即对于历史的乐观论。由此出发，我将杜佑的进步史观理解为是唐代人共有的一个特征。

另外,《通典》九个部门的比重很不平衡。《礼》达一百卷之多，相当于全书一半的分量。在一百卷《礼》中，三十五卷是转载开元二十年（732）成书的《开元礼》，其余六十五卷则是论述“礼”的沿革。从分量上来看，杜佑一定对《礼》这一部分下了很大的力气。然而，杜佑为什么要如此在乎“礼”呢？所谓“礼”就是仪礼，其规定着国家的权威和秩序，具体而言是国家的精神性依托。唐朝也一直特别看重“礼”的秩序。但是，安史之乱以后，在国家的祭祀以及仪式中不可或缺的“礼”却开始土崩瓦解，这一切都摆在了杜佑面前。因此，在编纂这本《通典》时，杜佑的思想中恐怕一定包含着想要改变现状、尽可能地接近原来的体制的愿望吧。

在杜佑身上所见到的进步史观和对于“礼”的秩序的想法，来自于唐朝这样一个时代以及杜佑的出身等因素，也可以说是基于杜佑的贵族式的品位及感受。其后不久，由韩愈和柳宗元发起的古文复兴运动逐渐兴起，主张回归汉代以前的文体或者思想。此与截至杜佑为止的历史认识大相径庭，乃一百八十度的大转弯。因此，我给《通典》的定位是：《通典》是一部典型的唐朝化的著作，进而言之，其是一部对魏晋南北朝以后的学问作出最后总括的思想、文化以及历史著作。

末　章

如何理解“唐宋变革”

理解隋唐历史的关键

本书的立场

将中国史上的“绚烂的世界帝国”隋唐王朝作为一个整体的历史展开过程，加以把握、追寻及探索，并且分别刻画勾勒出其在各个阶段所显示出来的状况以及姿态，这样一种工作对我来说是第一次，然而却是非常珍贵的体验。在这一过程中每天都有未知的东西在等待着你。

从581年隋朝的建立开始到907年唐朝灭亡为止，在这总计三百二十七年间，中途加上隋末的动乱和安史之乱两次大的动乱时期以及武后的夺权等大事件，其发展历程绝非一帆风顺。唐初的玄武门之变、唐后期的宦官专权及牛李党争等等也都是其并非坦途的例证。尽管如此，这些动乱或变动究竟在什么程度上改变了隋唐这一国家以及时代的本质呢?

在隋末的动乱时期，激烈异常的叛乱在史无前例的广阔范围之中反复展开。可是，其结果，这场大动乱却以与隋朝在本质上没有变化的唐王朝上台而告终结。即便武后的武周革命，也只能说其不过是在唐朝铺设好的路线之上的、一次主导权的短期转移。安史之乱是一次真正晃动了唐朝根本支柱的大震荡。由于安史之乱，支撑皇权的基础发生质变，地方上也出现了从未有过的藩镇势力割据的局面。尽管如此，唐朝在其后却并没有迅速地走向衰亡，而是发挥了极强的生命力，又继续坚持了一个半世纪之久。也就是说，时代还继续需要唐朝的存在。

反过来也可以说，上述这些大事件其实都是隋唐王朝固有性质中的一部分。非隋唐固有性质的东西仍然是下层民众的集结，也就是说伴随着激烈的杀戮、破坏、流动的唐末黄巢之乱。倘若根据这些情况来综合考虑，应该说，把隋唐时期作为一个大时段来加以理解具有积极的意义。本书的论述，正是基于此种认识。

律令制与贵族制

在考察隋唐这一时期历史的同时，我尽量使自己能去接近并感受这一时代的气氛，并努力地使自己的意识向这一方面集中。若用略微有些装腔作势的讲法来说就是，我希望能从内侧来聆听这个“绚烂的世界帝国”的心脏搏动。近年来，运用电脑搜集史料建立数据库，并据此来构建历史的倾向越来越强，在这种情况下，我的上述想法不免显得有些落伍于时代。可是，对于一个从事历史研究的人来说，研究历史不正是在于努力从内部去刻画或凸显该时代的状态以及氛围吗？我以为，只有这样，历史才会变得更有意思。

当我们思考隋唐这一时代的气氛以及特质的时候，会得到下述这样的印象：例如，相对于宋朝官僚体制的严密有序，隋唐时期则给人以宽松、散漫、柔软的印象。就其统治体制而言，无论是容许武后夺取政权，还是在玄宗朝个人之间的恩宠关系左右起政治，抑或是最后让宦官专权成为可能等等，这些都是这种体制所具有的特质带来的结果。说严重一点就是，隋唐制度的漏洞太多、体制过于落后。

然而另一方面，就隋唐时期而言，迄今为止受到人们很大关注的一个课题是律令制或者律令统治体制的问题。律令制乃是基于“律”和“令”这一双驾马车式法体系的体制，近年来在其中再加上仪礼秩序这一视点，进一步补充强化了人们对于律令制的理解。由此而推导出的结论或者说形成的印象就是，当时存在着一种完整的官僚制，隋唐国家正是立足于这种官僚制之上，并建立起了更为坚固的体制。可是，这一印象与前述体制中的宽松、散漫、柔软的印象却正好相反。

过去，在解释说明从魏晋南北朝到隋唐的时代特质时，常常使用贵族制这一术语。可是，就隋唐时期而言，由于后来人们的注意力转向了律令制，在这一过程中，官僚统治系统成为一个问题，贵族这一存在就反而不为人们所注意了。这是因为人们把贵族看作从属于皇权的、寄生式的官僚，认为贵族并非时代的主要角色的缘故。然而，我在写作本书的过程中，在隋唐时期的政治、制度、社会、文化等各个方面，都明显地觉察到了其中包含的贵族制的特质，这让我感到十分吃惊。我以为，应当重新考虑贵族制这一概念所具有的有效性问题。

隋唐国家与贵族制

这种情况促使我开始反省，这就是，无论是对于律令制、贵族制，或者在其之上再加上官僚制，我们以前是不是有些过于强调从对立构造的视点来看待或把握它们的关系了？所谓贵族制，也就是说站在门阀士族的立场上，从世袭及制度的角度承认一部分人在政治、经济、文化等方面的特权及地位，并且这种特权及地位也为社会所认知的一种状态。在南北朝时期，贵族拥有凌驾于皇权之上的影响力，人们经常以此作为贵族制的典型事例。然而即便是这种贵族，他们也只有和官场结合在一起的时候，其门第及影响力才能得以维持。根据这一现象，我们很容易想象贵族制和官僚制的表里关系。

从隋至唐，贵族们的力量在逐步衰弱。其发端乃是隋文帝实行的一系列的中央集权化政策，贵族们被逐渐从政界排除出去。隋文帝还开创了科举制，开辟了不是凭借门第，而是根据个人的资质来选拔人才的道路。武后为了巩固自己的政权基础，也进一步推进了科举制。那么如果要问起，在这一过程中，门阀主义是否被抛弃、统治阶层的出身以及观念是否发生了根本性的变化？回答则是否定的。

唐太宗命令编纂反映家世门第顺序的目录《贞观氏族志》，其结果，由于山东贵族的博陵崔氏成为第一位，唐室的李氏（陇西李氏）只是第三位，太宗听说以后大怒，下令重新编纂的故事早已脍炙人口（参见第二章）。在这个故事中有三点很重要：其一，在唐初，甚至皇帝也未能摆脱家世门第的观念；其二，山东贵族虽说离开了政治的主流，但当时对其评价依然很高；其三，已经出现了当政者用权力可以改变等级（门第）的状况。同时，这个故事还暗示出，即便到了唐代，贵族（制）的影响也并非可以简单地消除。

关于科举制也是这样，一般给人的印象似乎是随着科举制的实行，官场的面貌也为之一变。而实际上却并非如此。从考试科目来看，科举制的中心进士科要考核文学的才能，此外即便正式的礼部考试合格以后，还必须要通过考核“身言书判（唐代选拔官吏时的四个条件：体貌、言辞、书法、文章）”的吏部考试。而吏部考试的内容都涉及贵族的素养。在以恩荫的形式进入官场的路子变窄以后，贵族子弟之所以能够顺利地转移到科举考试方面，其实也关系到科举的性质问题。坦言之，虽说都是科举，实际上隋唐的科举和宋代以后的科举在本质上是不同的。在隋唐时代的科举制中，依然带有浓郁的门阀主义的气息，因为隋唐的科举制乃是隋唐选拔录用人才的制度。

在从隋到唐的这一时代中，的确，旧贵族系统的人们逐渐地走向了衰落。可是另一方面，随着岁月的推移，执政的关陇系统的人士却又走向了门阀化、贵族化的方向。他们站在唐室或曰命运共同体的立场上，为了维护统治体制而发挥财务等方面经世之才。推行括户政策的宇文融以及实施了两税法的杨炎等人都属于关陇系统。由于他们在文学性的素养方面稍显不足，因而他们进入政界的道路没有走科举的路子，而是选择了恩荫。其实，不管是谈论恩荫还是科举，都不能脱离唐朝这一共同的土壤。

“唐宋变革论”

作为一种柔性结构的贵族制

让我们还是回到前面的话题吧。从整体上通观隋唐史的结果，我们可以得出一个结论：即在隋唐时代，与贵族制或者说贵族式的特质相联系的情况及状态，仍然相当普遍地存在。由此出发我产生了一个感想，为了全面地解释说明这个时代，对于贵族性所具有的意义，我们是否应该更积极地去加以看待呢？

谈到这一点时，就要涉及的贵族制与律令制以及官僚制的关系问题，通过前面的分析我们已经了解到，它们之间并非相互对立的关系。贵族系统的子弟们以恩荫、科举以及其他的各种各样的门路维持着与官场的联系；另一方面，作为官僚来说，为了置身于官场，也不能不拥有贵族式的教养及观念。凡是处在当政者立场上的人，无论是武人，还是像安禄山那样的暴发户，或是宦官，都不能不受到政界以及宫廷中弥漫的贵族式的氛围的影响。

我在前文里谈到，隋唐时代给人的印象中有“宽松、散漫、柔软”的方面。为了说明这一点，我们概略地眺望了隋唐时期的若干特质，未尽之言想必读者也能心领神会。也就是说，笼罩于这个时代的贵族性以及由此而来的统治权力的不彻底性、暧昧性与上述印象密切相关联。这样看上去政权似乎很虚弱，然而仅仅就唐朝而言，其竟然保持了近三百年的命脉。中途的各种大变动及大事件摇晃得唐朝的大厦支架嘎吱嘎吱作响，唐朝却并没有立即倒下。这是因为唐朝拥有一种可以承受大震荡的柔性结构的体制。而这种柔性结构的形成，正来自于贵族性（贵族制）这一无形的特性。这就是我的结论。

以魏晋至隋唐作为一个大时段来加以观察的视点

说起贵族制来，贵族制在中国是贯穿整个魏晋南北朝时代的柱石。而且，即使到了隋唐时代，依然有必要继续意识到这种贵族制的存在。我想，关于这一点已经得到了读者们的理解。当然需要说明的是，隋唐的贵族制与魏晋南北朝的贵族制情况是不太一样的。

如果从这一视角来看问题的话，以贵族制为媒介，我们可以将自三世纪的魏晋到隋唐时代为止的这一时期划分成为一个大的时段。关于这一方面，自从内藤湖南[88]以来已经多有讨论。承袭以前的诸研究，我在本书第七章论述军事与兵制时，进一步尝试考察了表现大时段特质的问题，指出：构成府兵制中核的“府（军府）”，实际上不仅仅是西魏北周至隋唐时期的府兵制独有的形式，而是自魏晋直到唐代后半期为止的军事上的核心形式。其与贵族制平行，乃是一种互相补充完善的关系。

由于黄巢之乱的爆发，长期延续的隋唐时代宣告寿终正寝。经过五代十国的分裂，宋代以后，无论国家的构造还是时代的状态都发生了很大的变化。据此我们将这一时代变化称之为“唐宋变革”，时至今日这一问题仍然作为一个新的课题成为人们的话题。“唐宋变革论”是一个既古老又新鲜的问题。与以上论及之处相关联，虽然我自己也有着对此问题的系统见解，然而论述这一问题却并非本书的任务。

所谓历史，就是人类每天的行为及活动的积累。正是在这一过程中，时代以及社会的状态随之而出现各种变化。仔细想起来，历史真是不可思议、真是一个充满了魅力的世界。

结　语

作为世界帝国的隋唐时期，是以中国为中心的东亚世界形成的时代。促使这一现实成为可能的力量，乃是称雄于东亚的隋唐王朝的高度的财力、军事力以及文化的力量。在那个时期，日本还是一个相当落后的国家，无论国力还是文化的底蕴及其普及程度都与隋唐存在着巨大的差距。为此，我们的祖先认真地面向大陆，致力于文化的摄取，同时也培养对于外交的感觉。在日本史的研究者中经常有一种想法，即认为当时日本处于古代国家阶段，因而隋唐国家也应该同样算作古代的范畴。可是，很明显这种想法属于只看局部、忘记整体、只对内部的一种狭隘论调。

另一方面，若从这一时期的隋唐方面来说，隋唐王朝以柔软富有弹性、具有包容力的姿态与外国接触，并没有单方面的耀武扬威。即便是对周边诸国及民族实施“羁縻”和“册封”，也是以各国各民族的独特性以及多样性为前提而建立起来的一种关系。此外，隋唐王朝还积极地为这些地区出身的人，包括其他许多外国出身的人才，不论武人还是文人，提供了可供其施展才能的活动舞台。我以为，在东亚正处于微妙国际关系的今天，我们在回顾上述日中两国的过去的同时，似乎应该更进一步互相尊重、互相尊敬，并且各自冷静地确认自己的立足点。

附录

译注

[1] 日本天台宗的大本山，位于日本京都府东北部，京都府和滋贺县交界处。

[2] 即“回纥”。公元 788 年（唐德宗贞元四年）前后“回纥”改称为“回鹘”。在不造成误解的情况下，本书的译文中均统一称作“回鹘”，不再另作说明。

[3] 吐蕃王朝的末代赞普（国王），亦称“达磨”或“朗达玛”。

[4] 新罗统一时代指自 668 年新罗统一朝鲜半岛至 935 年高丽建国为止的时期。

[5] 弓福（？—846），新罗时代后期的武将。清海镇位于全罗南道莞岛。

[6] 承和之变是日本平安时代（794—1185）前期的一次政变，因发生在承和九年（842）故名。一般认为这次政变由伴健岑（参见下注）和橘逸势（参见下注）发动，最后以失败告终。结果导致皇太子恒贞亲王（参见下注）被废，藤原良房（参见下注）妹妹的儿子道康亲王（即其后的文德天皇）成为皇太子，为其后的藤原氏专权铺平了道路，

[7] 嵯峨上皇即日本平安时代初期的嵯峨天皇（786—842），809—823 年在位，退位以后成为上皇。博学多才，精通诗文书法，被誉为平安时代三大书法家之一。

[8] 伴健岑，生卒年不详。平安时代前期中央贵族大伴氏一族。842 年承和之变失败后被流放到隐岐岛。

[9] 橘逸势（？—842），平安时代前期政治家。804 年曾随遣唐使入唐留学。与嵯峨天皇、空海一起被誉为平安时代三大书法家之一。842 年承和之变失败后被流放至伊豆国，途中病死。

[10] 恒贞亲王乃嵯峨天皇的弟弟淳和天皇之子，当时被嵯峨天皇之子仁明天皇立为皇太子。842 年承和之变以后被废。

[11] 仁明天皇（810—850），嵯峨天皇之子，833—850 年在位。

[12] 藤原良房（804—872），平安时代前期政治家。利用外戚的身份强化地位，为平安时代藤原氏专权奠定了基础。

[13] 摄关政治是日本平安时代中期的一种政治形态。“摄关”指“摄政”和“关白”二官职。自从 858 年藤原良房以外戚身份担任摄政以后，至十一世纪中叶前后

为止，藤原氏一族长期利用摄关之职把持朝政，史称“摄关政治”。

[14] 中文相关论著中一般把魏晋南北朝至隋唐时期的门第出身高贵、社会地位显赫的社会群体称为“士族”、“中古士族”、“世家大族”、“门阀士族”或“士族门阀”，而日本史学界则习惯将此称作“贵族”以及“贵族制”。本书译文根据原著将其统一译作“贵族”或“贵族制”。

[15] 陈寅恪（1890—1969），中国著名历史学家。历任清华大学教授、岭南大学教授、中山大学教授等。中国科学院学部委员。主要著作有上世纪中期出版的《隋唐制度渊源略论稿》、《唐代政治史述论稿》等十三种。三联书店 2001 年出版的《陈寅恪集》均已收录。

[16] 关于“贵族制”及“贵族”的含义，参见本书序章部分的译注 [14]。

[17]《隋书》卷四十二《李德林传》原文曰：“此事臣本以为不可。然置来始尔，复即停废，政令不一，朝成暮毁，深非帝王设法之义。”

[18]“烝”的原意是下淫上，即指与母辈通奸之意。《左传·恒公十六年》：“卫宣公烝于夷姜。”杜预注：“夷姜，宣公之叔母也，上淫曰烝。”

[19] 作者王薄，即“不要去辽东白白送死”的诗歌。

[20] 自从日本京都大学教授、著名东洋史学家内藤湖南（1866—1934）于二十世纪初提出“唐宋变革论”以后，经过百年来的研究讨论，认为唐宋之际的中国社会发生了巨大的变革或变化的观点已经成为日本史学界以及欧美学界的主流意见，在中国史学界也产生了很大的影响。但是，研究者们关于唐宋变革的性质却又有一些不同的看法，目前日本史学界代表性的观点主要有两种：一种意见认为唐宋之际是由“中世”向“近世”的变革；另一种意见则认为其是由“古代”向“中世”的变革。因而本书作者在此作如此表现。有关日本史学界所说的“唐宋变革论”的具体内容，中文论著可以参照刘俊文主编的《日本学者研究中国史论著选译》（中华书局 1992 年）。此外，本书作者在末章里也简略地涉及这一问题，可一并参照。

[21] 参见《资治通鉴》卷 198，贞观十六年四月条。

[22] 即魏徵《十渐不克终疏》。

[23] 在日本最为流行的称呼是“则天武后”，本书原著的大部分地方包括小标题也都使用了这种称呼。但鉴于这一称呼并不符合中文读者的阅读习惯，所以在本书译文中主要使用“武后”这一叫法。

[24]《资治通鉴》卷 213 开元十七年十月条原文为“卿等皆言融之恶，朕既贬之矣，今国用不足，将若之何？”

[25] 日语“必要恶”的意思一般指出于社会的某种需要，不得已而为的坏事、恶习或不得不出现的恶人、坏人。此处为了行文简洁，姑且借用这一表述。

[26] 关于唐末的黄巢以及其他的民变暴动等，在中国大陆的相关论著中，多以“起义”、“农民起义”来加以表述。译文按照原著的表述翻译。

[27] 原文参见《资治通鉴》卷 249，宣宗大中十二年秋七月条："丁卯，右补阙内供奉张潜上疏，以为：'藩府代移之际，皆奏仓库蓄积之数，以羡余多为课绩，朝廷亦因而甄奖。窃惟藩府财赋，所出有常，苟非赋敛过差，及停废将士，减削衣粮，则羡余何从而致！比来南方诸镇数有不宁，皆此故也。一朝有变，所蓄之财悉遭剽掠。又发兵致讨，费用百倍，然则朝廷竟有何利！乞自今藩府长吏，不增赋敛，不减粮赐，独节游宴，省浮费，能致羡余者，然后赏之。'"

[28] 关于“贵族制”的含义，可参见本书的译注（14）。

[29] 桑原骘藏（1871—1931），日本著名东洋史学家。历任东京高等师范学校（筑波大学前身）教授、京都帝国大学（京都大学）教授。代表作收入《桑原骘藏全集》全 6 卷（岩波书店 1968 年）。

[30] 仁井田陞（1904—1966），日本著名中国法制史学家。历任东方文化学院东京研究所研究员、东京大学东洋文化研究所教授。主要著作除了上揭《唐令拾遗》（东方文化学院 1932）之外，还有《唐宋法律文书研究》（东方文化学院 1937）、《中国法制史研究》全 4 卷（东京大学出版会 1959—1964）等。

[31] 池田温（1931—），日本著名东洋史学家。历任北海道大学文学部副教授、东京大学东洋文化研究所教授、创价大学文学部教授。主要著作有《中国古代籍帐研究》（东京大学出版会 1979）、《唐研究论文选集》（中国社会科学出版社 1999）、《东亚文化交流史》（吉川弘文馆 2002）以及上揭《唐令拾遗补》（东京大学出版会 1997）等。

[32] “丁中”指丁男和中男。唐代一般将 21 岁至 59 岁的男子叫做丁男，主要承担赋役；年龄低于丁男的男子叫中男，一般部分地承担赋役。

[33] 斯坦因（Mark Aurel Stein, 1862—1943），匈牙利裔英国中亚探险家。1900 年至 1916 年间三次赴新疆、甘肃等地考察发掘。

[34] 伯希和（Paul Pelliot, 1878—1945），法国汉学家、中亚探险家。1906 年至 1908 年间赴新疆、甘肃等地考察发掘。

[35] 大谷探险队是日本西本愿寺法主大谷光瑞派遣的考古探险队，1902 年至 1914 年间三次赴敦煌、吐鲁番等地考察发掘。详细可参见后文。

[36] 奥登堡（Oldenburg Sergei Fedorovich, 1863—1934），俄国中亚探险家。1909 年、

1914 年先后赴敦煌、吐鲁番等地考察发掘。

[37] 大谷光瑞（1876—1948），日本宗教家，探险家。净土真宗本愿寺派第二十二代法主,法号镜如。曾组织大谷探险队赴中国西北为中心的中亚以及印度探险。

[38] 西嶋定生（1919—1998），日本著名东洋史学家。历任东京大学文学部副教授、教授。有关中国史以及东亚史方面的著作很多，其主要论著可参见《西嶋定生东亚史论集》全五卷（岩波书店 2002 年）。

[39] 中村乔（1936—），日本著名中国民俗史学家。日本立命馆大学文学部教授、名誉教授。主要著作有《中国的年中行事》（平凡社 1988）、同上续集（平凡社 1990）、《中国岁时史之研究》（朋友书店 1993）等。

[40]“竿灯”是日本东北部的秋田县秋田市每年八月五日到七日举行的活动。当天人们纷纷举（抬）着挂满灯笼的竹竿（竖竿高约 8 米，上扎横竿数根，悬挂 60 余个灯笼）涌向街头，用肩膀及额头顶竿进行各种表演。

[41]“三毬杖（左义长）”指日本各地在正月十五前后举行的一种燃烧竹子的习俗。具体做法是用数根竹子架成三角形，上面悬挂上扇子、写着诗词等的纸片、松枝等，然后点燃。有的地方还用这种火来烤糯米饭团，据说吃了以后可以无病息灾。另外,“三毬杖”之名据说源于搭成三角形的燃竹;而“左义长(sagityou)”则是竹子燃烧破裂时发出的声音的拟声词。关于这个习俗还有其他的表现如拟声词“tondo”。

[42]“白术火”指每年从除夕到元旦，在日本京都的八坂神社举行的祭礼“白术祭”时烧白术枝干而形成的火。作为一种仪式，参拜神社的人们从“白术火”里取得“净火”带回家里成为元旦做饭（煮“杂煮”）的火种。

[43] 上述任瓌妻子事可参见张鷟《朝野佥载》卷 3,《太平广记》卷 248《任瓌》、卷 272《妒妇》。

[44] 崔氏事可参见段成式《酉阳杂俎》前集卷 8《黥》,《太平广记》卷 272《妒妇》,《旧唐书》卷 111《房孺复传》。

[45] 呼延冀事可参见李隐《潇湘录》,《太平广记》卷 344《呼延冀》。

[46] 参见《新唐书》卷 223《许敬宗传》:“帝将立武昭仪，大臣切谏，而敬宗阴揣帝私，即妄言曰：‘田舍子胜获十斛麦，尚欲更故妇。天子富有四海，立一后，谓之不可，何哉？’帝意遂定。”

[47] 森鸥外(1862—1922),本名森林太郎。日本明治、大正时代的著名作家、翻译家。代表作有《舞姬》、《阿部一族》等。他写的以唐代女诗人鱼玄机为主人公的短篇历史小说《鱼玄机》于 1915 年 7 月首次发表于《中央公论》杂志,后收于《森

鸥外全集》第 5 卷（筑摩书房 1995 年版）。

[48] 侯莫陈邈的“侯莫陈”是复姓（三字姓）。详可参见《宋史》卷 206《艺文志》以及《四库全书总目提要》。

[49] 尚宫宋氏的“尚宫”是负责管理宫廷事务的宫官。“宋氏”指宋氏姐妹。参见本书后文。

[50]“寺子屋”是日本江户时代（1603—1867）的民间教育机构，类似于中国的私塾。通常以寺院或民家为校舍，由僧侣和医生等担任教师，学生叫做“寺子”，系六岁至十三岁的男女儿童，授课内容主要是读写以及算盘等基础知识。

[51]“山手线”是日本东京的 JR 铁道线路的名称。大体路线是从品川经过新宿到田端，再经上野、秋叶原、东京站等处，环绕东京一周。

[52] 平安京是八世纪末至九世纪初仿唐长安城而建造的都城。东西约 4500 米，南北约 5300 米，位于京都盆地。其以日本平安时代（794—1185）的首都而知名于世，但实际上一直到 1868 年迁都东京为止，平安京一直是日本皇室的所在地。

[53]“京都御所”是日本皇室迁都东京为止的旧皇宫。“御苑”指包括京都御所在内的东西约 700 米、南北 1300 米见方的园林，位于日本京都市上京区。

[54] 芥川龙之介（1892—1927），日本大正时代的著名作家。代表作有《罗生门》、《河童》等。1920 年发表的《杜子春》是芥川根据唐代同名传奇改编的小说。

[55]《杜子春传》，唐代传奇小说，李复言作（一说郑还古作），收于《续玄怪录》中。

[56]《任氏传》是唐代沈既济（约 750—800）编著的传奇小说。

[57] 向达（1900—1966），中国著名历史学家。历任北京大学教授、中国科学院学部委员等。主要著作有《唐代长安与西域文明》（哈佛燕京学社 1933，三联书店 1957）、《蛮书校注》（中华书局 1962）等。

[58] 原文可参见真人元开撰《唐大和上东征传》，汪向荣校注本（中华书局 1979）74 页：“江中有婆罗门、波斯、昆仑等舶，不知其数。并载香药、珍宝，积载如山。其舶深六七丈。师子国、大石国、骨唐国、白蛮、赤蛮等，往来居住，种类极多。”

[59] 本书中文译本可参见苏莱曼（Sulayman）、艾布·载德·哈桑·西拉菲（Abu Zaid Hassan al—Sira—fi）著，穆根来、汶江、黄仲汉译《中国印度见闻录》（中华书局 2001）。

[60]“旗本”指江户时代直属德川幕府将军家的武士，俸禄一般在五百石至一万石之间。“三河”是日本史上的旧国名之一，大致相当于今天的爱知县中部和东部一带，乃是江户幕府创始人德川家康的老家及发迹之处。“三河时期以来的

旗本”即指从江户幕府建立之前就跟随德川家康的直属武士。

[61] 日本九州岛北部面向博多湾的港口，也是古代中世纪日本的主要商业城市之一。大致相当于今天的福冈市一带。

[62] 原文。按圆仁《入唐求法巡礼行记》以汉文撰述而成。本书因系普及性读物，所以原著凡是引用汉文史料时均以现代汉语来表现。译者翻译时则逐一核对了原文。以下同此，不另出注。

[63] 原文。《入唐求法巡礼行记》卷二，开成五年三月二十日条。

[64] 原文。《入唐求法巡礼行记》卷二，开成五年二月二十七日条。

[65] 原文。《入唐求法巡礼行记》卷二，开成五年四月二十三日条。

[66] 参见《入唐求法巡礼行记》卷三，开成五年七月一日条。

[67] 指日本室町时代以后尤其是江户时代民间盛行的每年春天参拜伊势神宫的热潮。伊势神宫是祭祀日本神话中的太阳神即天照大神、也就是日本皇室主神的神社，位于日本中部即今天的三重县伊势市。在江户时代据说每年春天都有大量的老百姓从日本全国各地出发，徒步前往伊势神宫参拜，规模十分壮观。参拜伊势神宫需要相当的财力和时间，从日本东北等远处来参拜者仅路途上就要花费数月时间，因此当时被视为终生只有一次的大旅行。

[68] 参见《入唐求法巡礼行记》卷四，会昌五年三月三日条。

[69] 原文。《入唐求法巡礼行记》卷三，会昌三年四月中旬条。

[70]《入唐求法巡礼行记》抄本原作“三月八日”，小野胜年校本认为此处当为二月八日之误。

[71] 参见《入唐求法巡礼行记》卷四，会昌四年三月条。

[72]“正仓院”原来是日本奈良时代（710—794）东大寺收藏珍宝的木结构仓库，由南仓、北仓、中仓三仓组成，现由日本宫内厅管理。正仓院中收藏了奈良时代的大量文书、珍宝以及从唐、西域乃至波斯传入日本的各种美术品、乐器、用具等，作为研究日本古代以及东西文化交流的资料宝库而闻名于世。从1946年以来，每年秋天其一部分藏品都要在奈良国立博物馆进行短期展出，称之为“正仓院展”。

[73] 关于西嶋定生（1919—1998），可参见本书第三章的译注。“册封体制论”和“东亚世界论”是西嶋定生先生于二十世纪六十年代初首次提出的著名学说，初出可参见1962年版《岩波讲座日本历史》第二卷以及1970年版《岩波讲座世界历史》第四卷收录的西嶋定生氏的相关论著。此外这一方面比较系统的论述也可参见氏著《中国古代国家与东亚世界》（东京大学出版会1983年）一书。

[74] 日野开三郎（1908—1989），日本著名东洋史学家，尤以研究唐宋社会经济史而知名于世。历任九州大学教授、久留米大学教授。其代表性的研究论著均已经收入《日野开三郎东洋史学论集》全 20 卷（三一书房 1980—1996 年）。

[75] 中文相关论著中一般习惯将六世纪五十年代至七世纪三十年代的突厥汗国称之为“突厥”或“突厥汗国”,而将七世纪八十年代重建的突厥汗国称作“后突厥”或“后突厥汗国”、“后汗国”、“突厥第二汗国”及“后突厥政权”。本书作者以及日本学术界则将前者称作“突厥第一帝国”；后者称作“突厥第二帝国”。在此按照中文习惯将此分别译作“突厥第一汗国”、“突厥第二汗国”。

[76] 突厥文作“Ötükän”，是古代中亚北亚游牧民族的主要根据地及圣地。在隋唐史籍中多作“乌德鞬山”或“于都斤山”。此外还有“郁督军山”、“乌都鞬山”等许多异译名。关于“Ötükän”的具体所指及其方位，一般认为乃是指位于今天的蒙古鄂尔浑河上游杭爱山脉中的森林草原牧场地带。

[77] 即其后武后所封的“迁善可汗”，“立功报国可汗”。

[78]“和硕柴达木”以及下文的“巴颜楚克图”都是石碑首次发现地的地名。俄国探险家雅德林采夫等人 1889 年于蒙古鄂尔浑河上游的和硕柴达木地区发现了《阙特勤碑》以及《毗伽可汗碑》；1897 年于蒙古图勒河上游的巴颜楚克图地区发现了《暾欲谷碑》，故名。

[79] 原书作“回鹘帝国”。鉴于中文论著习惯表述为“回鹘”“回鹘汗国”或“鄂尔浑回鹘汗国”，译文统一译作“回鹘汗国”。

[80]“征服王朝（Dynastiy of Conquest）”是二十世纪中期（1949 年）由美国德裔历史学者魏特夫（K）A）Wittfogel）和中国学者冯家升（Feng chia—sheng）合著《中国社会史：辽》（*History of Chinese Society: Liao*）一书的导言中提出的一种观点。即认为中国古代诸北族王朝入主中原时有两种不同的方式及形态，一类可称之为“渗透王朝（Dynastiy of Infiltration）”，如十六国、北魏等；另一类则可称之为“征服王朝”，如辽、金、元、清。此说是在欧美、日本历史学界影响很大的一种学说。关于该书导言的中译文可参见《辽金契丹女真史译文集》第一辑（吉林文史出版社 1990）。

[81] 关于“征服王朝”的含义请参见前节（回鹘部分）的译注。

[82] 小川环树（1910—1993），日本著名中国古典文学研究家。历任日本东北大学、京都大学教授。其主要著作可参见《小川环树著作集》全 5 卷（筑摩书房 1997 年）。

[83] 关于正仓院的情况，可参照第八章最后一节的译注。

[84] 圣武天皇（701—756），日本奈良时代的天皇（724—749 年在位）。

[85] 这里说的“汉籍”，并非指汉代的典籍。在日本所说的“汉籍”的含义是指以汉文撰写的典籍。广义上其既包括中国古代典籍，也包括日本、朝鲜半岛等汉字文化圈诸国过去以汉文编著的所有典籍。

[86] 此处所说当为刘知几在《史通》中提出的史学家必须兼备的“三长”论点，即：“史识”、“史学”、“史才”。

[87] 内藤湖南（1866—1934），日本著名东洋史学家。本名虎次郎，字丙卿，号湖南。历任新闻记者、京都帝国大学教授。系战前日本东洋史学界代表人物之一，提出了“唐宋变革论”等许多著名的学说。本书的末章里对其还有提及，请参阅。内藤湖南的主要著作后均收入《内藤湖南全集》全 14 卷（筑摩书房 1969—1976 年出版）。

[88] 关于内藤湖南，参见本书第十章的译注。

主要人物略传

隋文帝（541—604，在位：581—604）

隋朝的第一代皇帝。名杨坚，据说为弘农华阴（今陕西省渭南市）人，然而似乎像是出身于近乎北族系统的汉族。西魏、北周时十二柱国大将军杨忠之子。杨坚作为北周宣帝的外戚而掌握实权以后，于581年建立隋朝，定年号开皇，589年灭南朝陈而一统天下。与此同时，重用高颎等西魏、北周系统的人士，首先整饬律令（开皇律令），从中央到地方实施一系列的行政改革，并创设了科举制。同时建造了新都大兴城（即唐代的长安城），奉行关中本位政策，将政治、军事的基础置于关中地区。文帝时代的初期充满了朝气，生机勃勃，被誉为“开皇之治”，后半期则出现了后继者问题以及高句丽的问题。晚年崇尚佛教。最后据说被皇太子杨广（其后的隋炀帝）所杀害。

高颎（？—607）

隋朝主导“开皇之治”的名相。出身于渤海郡蓨（今河北省）高氏，其父高宾从北齐逃往北周，成为独孤信的幕客。高颎字玄昭，本来在北周官场默默无闻，然而在杨坚掌握实权以后，通过杨坚之妻独孤氏的关系，高颎成为杨坚的幕僚，为隋朝的创建立下了汗马功劳。隋朝建立后高颎出任尚书左仆射，参与了从编纂开皇律令到营造首都大兴城、平定陈朝以及与突厥的攻防等一系列重大活动，在隋朝的统一事业中起到了重要作用。高颎近二十年居于政界的中枢，但到了后半期，由于独孤皇后、晋王杨广（其后的炀帝）、杨素为首的路线占据上风，599年高颎离开了宰相职位，607年因为批判炀帝的政治而被处死。高颎信奉三阶教，是一位虔诚的佛教徒。此外，作为日本第一次遣唐使的回礼而派往日本的使节高表仁是高颎之子。从开创隋朝基业，并给后世带来了深远的影响这一点来说，应给予高颎这一人物以更多的关注。

隋炀帝（569—618，在位：604—618）

隋朝的第二代皇帝。名广，隋文帝的次子。隋朝建立后成为晋王，在防备北方以及平定南朝陈方面均颇有建树、表现不凡。后与母亲独孤氏以及杨素等一起谋划，设法废黜了兄长皇太子杨勇，600 年成为皇太子，604 年即位成为第二代皇帝。即位以后大兴土木，强行营造东都洛阳、开凿大运河等。并经常行幸在外，席不暇暖。自 612 年开始，连年的远征高句丽均以失败告终，于是在席卷全国的叛乱声中，炀帝在江都（今江苏省扬州）度过了最后一段颓废的生活之后，于 618 年被宇文化及所杀。隋炀帝的政治虽然成为暴政的代名词，然而，开凿大运河等各项政策实际都需要有强力来推动，因而不能简单地用暴君或暴政来对其进行盖棺定论。其实，若与被称为明君的唐太宗相比，无论是关于政治的想法、洞察能力以及实行能力，还是在个人的资质方面，隋炀帝或许都在唐太宗之上。

窦建德（573—621）

隋末动乱期间的农民领袖代表。贝州漳南（今山东省平原县）农民。因行侠仗义，而成为里长（百户之长）。远征高句丽期间，因被官府怀疑与发动叛乱的群盗勾结，反而促使窦建德投奔了高士达的起事部队。其后，其宽容、重义的人品为人们所倾慕，窦建德的势力迅速壮大，617 年自称长乐王，618 年以河北、山东为根据点建立了夏国。以后数年间致力于夏国的治理，据说其辖区之内夜不闭户。系隋末群雄的中心人物。621 年与唐朝李世民在虎牢关作战时被俘，其后被杀于长安。

唐太宗（598—649，在位：626—649）

唐朝的第二代皇帝。名世民，高祖李渊的次子。协助李渊起兵，在攻克长安、平定群雄、击退突厥等方面均一马当先，立下了赫赫战功。唐朝建立以后，任秦王、尚书令。与其兄太子建成、弟弟齐王元吉形成对立，626 年发动玄武门之变，杀死兄与弟，迫使高祖让位。同年八月，二十九岁的李世民成为皇帝。其后，630 年灭东突厥，被周边诸部族的首领奉为“天可汗”。在内政方面，致力于律令的整备以及民政的安定，虚心倾听臣下的谏言，其治世被称为“贞观之治”。另一方面，通过编纂《贞观氏族志》以重新梳理门第，为了奖掖入学而编纂《五经正义》；同时又通过编纂《隋书》等正史以及设立史馆等，表现出对于历史的高度关心。可是，晚年三次远征高句丽都以失败告终，继承人问题也让他感到很头疼，最后立第九子李治为太子，从而为其后的武后登场开辟了道路。

魏徵（580—643）

唐代代表性的谏官。钜鹿曲城（今河北省邢台市）人。字玄成。隋末先为李密的书记，后随李密投降唐朝，跟随皇太子李建成任太子洗马。太子建成与秦王世民形成对立以后，曾向李建成建议肃清秦王，却未被建成采纳。玄武门之变后被捕，其后又被释放。唐太宗即位之后，魏徵被提拔为谏议大夫。因直谏而著名，促成了“贞观之治”。太宗的出兵高句丽以及皇位继承人问题都发生在魏徵死后，更加突出了魏徵作为谏官的存在感。

玄奘（602—664。生卒年有异说）

中国佛教史上最重要的人物之一。陈留（今河南省偃师市）人。俗姓陈。三藏法师。被尊为法相宗、俱舍宗之祖。十三岁时入洛阳净土寺学习经论，隋末唐初时为躲避战乱，曾先后在长安、成都钻研佛教。之后 629 年为了访求佛教原始典籍而偷渡出国。由麹氏高昌国（今吐鲁番）经龟兹，从天山北路前往中亚，历经三年进入印度。在那烂陀寺跟随戒贤修习瑜伽唯识论，其后又在各地游学获得大量佛典，645 年回到长安，次年撰述旅行记《大唐西域记》。之后在唐太宗的庇护下，于玉华宫从事译经事业，先后翻译出了以《大般若波罗蜜多经》600 卷为首的七十五部 1335 卷佛经。其翻译佛经采取逐字逐句的译法，以忠实原文而著称，相对于之前的旧译，玄奘翻译的佛经被称为新译。

文成公主（？—689）

嫁给吐蕃王的唐朝和蕃公主。唐朝皇族出身。应统一了青藏高原的吐蕃的强烈要求，同时考虑到维护唐朝西部的稳定因素，唐朝于 641 年将文成公主嫁给了吐蕃的松赞干布。松赞干布为此非常高兴，专门为公主建造了城堡，并且废止了往自己脸上涂抹赭土的习俗。另外，以此为契机，吐蕃王开始喜欢起唐朝的丝织品，并让吐蕃上层子弟去长安留学，致力于吸收中国文化。作为连接中原王朝与西藏的政治以及文化的纽带，文成公主至今仍然受到人们的尊崇。

武后（624—705，在位：690—705）

中国历史上唯一的女皇。名武曌（则天文字作“曌”）。父亲为武士彟，并州文水（今山西省文水县）人。十四岁时进入唐太宗的后宫，太宗死后武曌出家为尼，然后又重新进入高宗的后宫。在清除掉高宗的皇后王氏及宠妃萧氏，并于 655 年成为皇后以后，取代懦弱的高宗处理朝政。668 年平定高句丽，解决了多年来的悬案。

高宗死后，武后遂以女皇之位为目标，采取了设置信箱“铜匦”以奖励告密，使用酷吏以清除政敌等手段。另一方面，武后又致力于以科举制来选拔录用人才，并新造则天文字，又将唐朝的“道先佛后”方针改为奖掖佛教的“佛先道后”。经过上述准备以后，690 年改唐为周，史称“武周革命”。在武后关注内政的同时，东突厥以及契丹、震国（渤海）等周边诸民族乘隙而起，律令体制的质变加速进行。705 年武后因政变被迫退位，不久在软禁期间死去，被合葬于高宗的乾陵。

唐玄宗（685—762，在位：712—756）

唐朝的第六位皇帝。名隆基，睿宗第三子。710 年铲除毒杀中宗的韦后及其女儿安乐公主，使父亲睿宗复位，自己成为皇太子。712 年睿宗退位后成为皇帝。713 年清除姑姑太平公主的势力，给“武韦之祸”这一女性专权的时代画上句号，并且开始亲政。玄宗治世的前半期，起用姚崇、宋璟等人为宰相，致力于稳定国内政治，促成了被称为“开元之治”的唐代全盛时期的出现。可是，逃户的增加等对体制的侵蚀日益严重，宇文融的括户政策也未能改变这一趋势。进入后半期以后，玄宗沉溺于杨贵妃，把国政交给李林甫和杨国忠，结果导致 755 年爆发的安史之乱，毁掉了唐朝的繁荣局面。756 年 6 月，在安禄山叛军攻入长安前夕，玄宗逃出长安前往成都，其后让位于儿子肃宗。

宇文融（？—729）

括户政策的推动者。玄宗开元时期的政治家、财务官僚。长安万年县人。承袭北周宗室的关陇系统贵族出身。因祖辈的恩荫而进入官场，720 年出任监察御史，针对激增的流民以及逃户的现状，上奏要求加以控制。723 年，宇文融在担任勾当租庸地税兼覆田使以后，立即开始实施括户政策，对于逃亡并沦为大土地所有者的客户的农民，按其所在土地重新登记户籍并进行课税。此举遭到了代表大土地所有者利益、科举系统出身的张说的反对，并由此种下了恩荫系统与科举系统的党派之争的火种。729 年宇文融成为宰相，但旋即因科举系统官僚的反对而被贬官，其后去世。

杨贵妃（719—756）

玄宗的爱妃，独占唐玄宗之爱的女性。杨玄琰之女，幼名玉环。蒲州永乐（今山西省永乐县）人，生于四川。幼时丧父，成为叔父的养女，继而成为玄宗之子寿王瑁的妃子。当时，武惠妃刚刚去世，高力士遂将杨玉环推荐给了玄宗，杨玉环的丰腴美貌及才智立刻让玄宗为之倾倒。于是，玄宗便先让杨玉环去了道观，接受了杨太真之名，745 年将其迎进后宫，封为贵妃。其后，杨贵妃的三位姐姐成为国夫人，堂弟杨国忠成为宰相，享尽荣华富贵。杨贵妃收安禄山为义儿（义子）就是这一时期之事。安史之乱爆发后，杨贵妃跟随玄宗逃往蜀地（四川），行至马嵬驿（今陕西省兴平县）被绞杀。

李白（701—762）

盛唐时的诗人，立于唐诗顶峰的“诗仙”。字太白，号青莲。据说生于绵州彰明（今四川省江油县），然而不明之处甚多。年轻时就喜欢与游侠之士以及道士等交游，喜好饮酒，性格豪放磊落。数次上京尝试入仕均未成功，到 742 年才终于成为翰林供奉。玄宗很欣赏李白的诗才，然而因为李白酒后开罪了高力士，三年后辞官。其后曾到河南与杜甫相会，并辗转流浪各地。安史之乱爆发以后，因被卷入肃宗之弟永王的谋反案而被捕并处以流刑。其间因熟人郭子仪的相救而获得赦免，投靠亲戚当涂县令李阳冰，六十二岁时去世。李白一生留下了大量作品，尤其擅长以自然和人生为主题的自由、率直而且雄大的绝句。是中国历史上最有名的一位诗人，被尊称为“诗仙”。

杜甫（712—770）

盛唐时的诗人，立于唐诗顶峰的“诗圣”。字子美，号少陵。祖父杜审言是唐初的诗人。原籍襄阳（今湖北省襄樊市），生于巩县（今河南省巩义市）。二十三岁时进士落第后，游历各地，与李白、高适等交游。751 年因给玄宗献赋而成为集贤院待制，终于涉入梦寐以求的官场。然而旋即安史之乱爆发，756 年杜甫在前去灵武（今宁夏回族自治区银川市）投奔肃宗的途中被叛军拘捕。以“国破山河在”开头的名诗就作于此时。其后，杜甫逃亡出来并被肃宗任命为左拾遗，然而耿直的性格使得杜甫被贬黜为地方官。从 759 年开始的数年间，杜甫在成都剑南节度使严武的帐下度过，765 年又转至湖南。在辗转各地之后，770 年在从岳阳乘船溯湘水而上时死于船中。被尊称为“诗圣”，是一位着眼于社会底层的社会派诗人。

郭子仪（679—781）

安史之乱时期唐朝的名将。以武举（选拔武官的科举考试）及第，在作为武将镇守边关时逢安史之乱爆发。旋即被起用为朔方节度使，与河东节度使李光弼一起和安禄山叛军作战。当潼关被攻陷，肃宗在灵武（今宁夏回族自治区）即位以后，郭子仪出任兵部尚书，率领回鹘援军收复了长安和洛阳。其后一个时期，因为宦官的谗言而被削去兵权，然而代宗即位后，郭子仪再度出山，打退吐蕃对长安的进攻、平定仆固怀恩的叛乱，挽救了唐朝的危机。郭子仪先后在玄宗、肃宗、代宗、德宗四朝为官，被德宗授予“尚父”的称号。他是一位人望很高的武将，但却淡泊地位以及名利，对参与政治十分慎重，因而得以八十五岁高寿而度过一生。唐朝之所以能够度过安史之乱这样最大的一次危机，也正是因为有郭子仪的存在。

颜真卿（709—785）

唐代最具代表性的书法家、刚正不阿的政治家。以《颜氏家训》而闻名的颜之推的五世孙。本贯琅琊临沂（今山东省），生于长安。父亲早逝，在母亲娘家殷氏的资助下完成学业，开元二十二年（734）二十六岁时进士及第，进入官场。后被杨国忠排挤出京师，出任平原（今属山东省）太守时遭遇安史之乱，颜真卿在河北一带坚持抵抗叛军，最后失败。这一时期与颜真卿前后呼应、携手抵抗叛军而被安禄山所杀害的颜杲卿就是颜真卿的堂兄。其后，颜真卿逃到在凤翔（今属陕西省）的肃宗处，继续为恢复唐朝而积极活动，但始终没有进入权力的中心。建中四年（783）淮西节度使李希烈发动叛乱，颜真卿奉朝廷之命前去说服，因不屈服李希烈的威胁利诱，最终被杀害。与王羲之典雅的书风相比，颜真卿擅长舒展强劲的楷书以及草书，在书法史上揭开了新的一页。

杨炎（727—781）

两税法的创始者。凤翔天兴（今陕西省宝鸡市）出身。字公南。其家庭被当时评为三代忠孝之家，本人被视为代宗朝的宰相元载的接班人。然而随着元载下台，杨炎也被贬为湖南的道州司马。779 年，德宗即位后，杨炎立即被提拔为门下侍郎、同中书门下平章事。次年初，开始实施两税法，代替已经丧失机能的租庸调制。由于两税法的实行，中央的财政得到了恢复，但也引起了藩镇的不满，加之围绕如何对藩镇的政策问题，杨炎与德宗的意见相左，因而被贬黜到海南岛的崖州，途中被杀害。杨炎也和宇文融同样，属于恩荫系统的财务官僚。

杜佑（735—812）

唐代后半期代表性的财务官僚，《通典》的作者。出身于关中系统的名门京兆万年（长安）杜氏之家。字君卿。因恩荫而进入官场，杨炎任宰相以后，杜佑从工部、金部郎中迁为江淮水路转运使，负责两税法的实施。781 年随着杨炎下台，杜佑也被贬黜为苏州刺史。后因其温厚的人品以及对财务的精通，历任岭南节度使、淮南节度使等职，尤其是担任唐朝财源地带的淮南节度使长达十四年之久。803 年回到京师，在宪宗朝曾出任宰相。在繁忙的政务之暇，杜佑花费三十五年的岁月，于 801 年完成了《通典》二百卷。该书是自上古至唐的制度、文化通史，也是中国史学史上值得特别注目的著作。

韩愈（768—824）

推动古文复兴运动的文人、政治家。字退之，谥文公。自称昌黎（今河北省易县）人。早年失去父亲及兄长，在嫂子的帮助下坚持完成学业，792 年进士及第。最初时任藩镇的幕僚，三十五岁时成为中央的四门博士。其后历任内外的要职，然而最终并没有能成为宰相。他在 803 年担任监察御史时，曾因揭露京兆尹李实的腐化而被贬官，819 年任刑部侍郎时，又因为极力劝阻宪宗奉迎法门寺的佛骨（舍利）而被贬官至潮州（今属广东省）。韩愈著有《顺宗实录》十卷，严厉批判了王叔文等人的永贞革新，与柳宗元的政治观点相反。然而他却始终站在古文复兴运动的前列，乃是北宋时代的学问的先驱。韩愈是唐宋八大家之一，也是与李白、杜甫、白居易并驾齐驱的唐代代表性的诗人。

柳宗元（773—819）

唐宋八大家之一、古文复兴运动的主要倡导者。本贯河东（今山西省永济市）。字子厚。793 年进士及第，经校书郎成为监察御史。作为刘禹锡以及吕温等新进官僚中的一人，柳宗元加入了太子近侍的王叔文、王伾等为中心的改革派中。805 年顺宗即位后，被任命为礼部员外郎，开始致力于从宦官手里夺回兵权、重建财政等被称之为“永贞革新”的改革。然而，顺宗在位仅仅八个月就让位于儿子宪宗，王叔文等人下台，柳宗元也被贬黜为永州（今湖南省永州市）司马。十年以后又被迁至柳州（今广西壮族自治区柳州市）出任刺史，死于柳州刺史任中。柳宗元也是被视为唐宋八大家之一的名家，他与韩愈同样致力于回归骈俪文之前的古文等复古运动，但在政治上却和韩愈的立场相反。

白居易（772—846）

唐代后半期代表性的诗人、政治家。本贯太原（今山西省）人，生于新郑（今河南省新郑市）。字乐天，号香山居士。800 年进士及第以后，由翰林学士升至左拾遗。其后因上书主张应该搜捕暗杀宰相武元衡的犯人而遭忌恨，被贬黜为江州（今江西省九江市）司马。在这一时期，他在香炉峰（庐山）山麓建立了草堂。821 年虽然复归中央，但他厌恶中央严酷的牛李党争，历任杭州刺史、苏州刺史，827 年再次回到中央，刑部尚书为其最后一个职务。七十一岁时隐退至洛阳。晚年笃信佛教，死后被埋葬于龙门东山的香山寺。白居易的诗平易明快，深受大众的欢迎，《长恨歌》在当时就被广为传诵。其弟白行简也是文人，以小说《李娃传》而闻名。

鱼玄机（844 年前后—877 年前后）

生活在炽热爱情中的女诗人。长安人，出身于花街之家。自幼以聪慧和美貌而闻名，其诗才为晚唐代表性的诗人温庭筠所欣赏，并接受了其指导。十五岁时成为补阙李亿之妾，然而因为遭到李妻的嫉妒而被赶出家门，成为长安的道观咸宜观的女道士。鱼玄机以富有个性的诗作与很多诗人交游，在和许多男人来往的这种生活中，因为怀疑自己的侍婢与自己交往的男人有染而杀死了该侍婢，最后被处以死刑。鱼玄机作为与薛涛（768—831）齐名的唐代后半期女诗人而闻名于世。

历史关键词解说

开皇之治

在隋文帝统治时期的开皇年间（581—600），尤其是在其前半期，为了结束长期的分裂状态，实现新的统一体制，隋朝实行了一连串的改革，给后世带来了很大的影响，史称“开皇之治”。具体来说，上自律令制的制定（开皇律令）、三省六部制度的确立、科举制的创设等，下至地方行政制度的改革以及基层乡里制的施行等，几乎涉及所有的方面。此外还有诸如营造新都大兴城、整备禁军（中央军）以及府兵制等方面的内容。在中国历史上，近代以后的情况另当别论，能在如此短时期之内集中系统进行制度改革的事例，近代之前的历史上几乎见不到其他的事例。推动这些改革的主要是以高颎为首的旧北周系统的年轻官僚们，他们敢想敢做，其思想及实际行动能力都值得注目。

隋末动乱

以隋炀帝统治时期的610年正月开始的弥勒教之乱为先驱，到612年远征高句丽开始全面展开，并导致隋朝灭亡的叛乱状态一般称之为隋末动乱。在613年的杨玄感之乱以后，全国先是出现了数百个叛乱集团，到618年隋炀帝倒台前后形成二十个左右的群雄割据状态。从621年河北的窦建德和洛阳的王世充先后败给唐朝的李世民（即其后的唐太宗）以后，形势一气发展到向唐朝倾斜的状态，到623年才大体平息下来。像上述这样在全国范围内同时出现如此众多的叛乱集团，并且从民众中迸发出这样巨大能量的时期，即便是经常出现叛乱的中国历史上也很少能见到其他事例。正是在这场动乱的基础上，才出现了三百年之久的唐王朝。

玄武门之变

具体指626年六月在长安宫城的北门玄武门之外，秦王李世民（唐太宗）袭击杀害兄李建成和弟李元吉的事件。唐朝的创建主要有赖于李氏兄弟，其中次子李世民在平定国内的战争中尤其活跃，功勋卓著，从而引起了李建成一方的危机感。在全国统一完成后，有关继承人的问题也就提上了日程，两派都分别强化了自己的阵营，虚虚实实地开展各种较量及周旋，以备可能出现的事态。在这一过程中，集结于两派之下的人才也各不相同，李建成派主要是关中系统，李世民派则主要是山东系统。所以，玄武门之变不仅仅是后继者之争，也与当时的路线方针问题有关。

隋唐远征高句丽

581 年隋朝建立以后，高句丽立即派出了使者至隋，接受了高丽王的册封，与隋朝开始保持良好的关系，然而随着 589 年隋朝统一中国，两者则开始陷入了对立的关系。其结果，在隋文帝治世的 598 年，隋朝首先出兵高句丽，在其后的七十年间，隋炀帝自 612 年到 614 年三次出兵；进入唐朝以后，唐太宗时期从 645 年到 648 年间前后出兵三次；到了高宗时期，唐朝先是在 660 年灭掉了百济，继而从 661 年到 662 年间开始侵犯高句丽，667 年唐朝乘着高句丽的内部分裂而攻入高句丽，于 668 年九月成功地制服了高句丽。隋唐时期对于高句丽的远征前后超过十次，尽管每一次都有着相应的理由，但为什么隋唐王朝会如此执著地一定要制服高句丽呢？一方面固然是因为有着高句丽方面放弃妥协的机会、一直进行顽强抵抗这一背景，但是除此之外，在理论以及根源方面还有其他什么原因呢？关于这些问题至今仍然不太清楚。

武韦之祸

从武则天成为唐高宗的皇后、并掌握实权的 660 年左右开始，到 710 年中宗的韦后及其女儿安乐公主的诛灭，进而再到 713 年武后的女儿太平公主倒台的大约半个世纪之间，女性掌握着政治的实权，也是女性最活跃的时期。后世站在批判的角度上称此时期为“武韦之祸”。这一时期的中心，乃是从 690 年武后当皇帝到 705 年因政变而被迫退位的武周政权时期，接下来的韦后时期乃是其尾声。在女性登上政治舞台的背景方面，主要是儒教的滑坡、贵族性以及北族因素的影响等交织在一起的隋唐时代的特质所导致，但同时需要注目的是，这一时期也是科举系统出身的官僚兴起、开始取代旧贵族（关陇系统、山东系统）的转换时期。

开元之治

指玄宗治世的开元年间（713—741）的政治状况而言。玄宗即位以后，立即开始强化因“武韦之祸”而松弛的政治管理，致力于民政的稳定。支撑玄宗政治的主要是姚崇和宋璟等科举系统出身的官僚，与太宗贞观之治的“房杜”（房玄龄和杜如晦）对比，姚崇和宋璟也被称为“姚宋”。另一方面，玄宗也同时启用了关陇贵族系统出身的宇文融，推行括户政策，致力于重建财政。而且，在737年还进行了律令的改订，整顿了礼制。在这一时期，首都长安作为国际性的繁华大城市而知名，涌现了李白、杜甫等诗人，进入了唐代的极盛时期。可是，科举系统与关陇系统出身官僚对立的结果，导致科举系统出身官僚被排除出政界，因逃户的增加等因素，统治体制的基础被侵蚀和削弱；在这一背景下，年号也从开元改成了天宝。

来往于西域、印度和中国的佛僧们

因北周武帝的毁佛（574年，577年）而遭受重创的佛教界，在隋代进入了恢复期。其结果，促使人们追究佛教的本义以及原始经典的意欲高涨，玄奘率先于唐代初年违反国家禁令直接去了印度。并将带回来的多达75部1335卷的佛典翻译成为汉文。此外，671年，义净从海路赴印度，历经二十余年巡礼各地，获取大量经典带回了中国。义净翻译的《华严经》的新译对于华严宗的成立产生了很大的影响。在义净回国以后不久，印度佛教界发生了很大的变化，之前的佛教衰退。取代旧佛教而兴起的新佛教即密教于八世纪传入了唐朝，给东亚佛教带来了很大的影响。密教不是由中国人，而是由善无畏（中印度人）、金刚智（南印度人）、不空（北印度人）等印度僧侣传入了唐朝。

安史之乱（安禄山之乱）与河朔三镇

安禄山与史思明发动的叛乱。安史二人都是营州柳城（今辽宁省朝阳市）出身，安禄山（705？—757）的父亲是粟特人的康氏，母亲是突厥人；史思明（？—761）也是同样，父母都是“杂胡”即胡人和突厥人出身。同时二人在经历方面也大致相同，诸如通晓六种语言，担当负责交易的“互市牙郎”，并因这一缘故成为幽州节度使张守珪的部下等。751年，安禄山发展到同时兼任平卢、范阳、河东三个节度使。在宰相李林甫死后，安禄山与后任宰相杨国忠形成尖锐对立，755年十一月，以清除君侧奸雄杨国忠为名，安禄山与史思明发动了叛乱。叛军旋即占领洛阳，次年（756）六月攻陷长安，其后至763年为止整个华北一带都卷入了战火，繁华一时的唐朝的根基受到了毁灭性的打击，史称安史之乱。在安史之乱的最后阶段，由于唐朝急于安抚叛军的降将，在叛军的根据地河北地区保留了魏博（田承嗣）、卢龙（李怀仙）、成德（张忠志，又名李宝臣）三节度使。这三个节度使相互勾结，到唐朝灭亡为止一直保持半独立状态，史称河朔（河北）三镇。安史之乱使得唐朝的状态为之一变，而继之而起的河朔三镇则成为唐后半期对唐朝最大的威胁。

牛李党争

玄宗朝以后，政界开始形成了两个党派：其一是靠着门第以及祖辈的官位而担任官职的“恩荫（任子）”系统，其二是通过考试而任官的科举系统。到了九世纪前半，官场一分为二，两派开始正面展开冲突，这就是“牛李党争”。其直接的发端是808年的“制举”（特别选拔考试），当时牛僧孺（779—847）及李宗闵（？—846）严厉地批评了时政，引起了时任宰相李吉甫的憎恶，二人被长期置之不用；然而后来到823年牛僧孺成为宰相以后，又将李吉甫之子李德裕（787—849）贬黜到外地。此后从穆宗到武宗时期，大约三十年间，两派将政界的三分之一卷入其中，开展了激烈的主导权之争。关于两派的政治基础，大而别之，李吉甫、李德裕父子属于恩荫系统；牛僧孺、李宗闵则是科举系统出身。然而这些又与如何对待藩镇、财政以及周边民族的方针政策等联系在一起。需要注意到的是，当时政治的实权掌握在宦官手里，在其之下同时又有上述官僚们之间的冲突，从而导致了政策的频繁变动，使得唐朝的权威扫地、民力减退，最终促使了唐朝的加速灭亡。

黄巢之乱

促使唐朝灭亡的民众大叛乱。叛乱始于874年末王仙芝在滑州长垣县（今河南省长垣县）的举兵，稍晚一些时候又加入了黄巢。两个人都关涉走私贩盐，走私贩盐网络使得叛乱很快扩大起来。当时的民众被食盐的专卖税以及其他的各种重税压迫得苦不堪言，加之山东地区连年遭遇饥荒，所以火种一旦点燃，立刻就发展成为燎原大火。尽管叛乱部队也拥有与唐朝正面交锋的实力，然而由于叛乱的主力都是贫苦的农民，所以采取了转战各地的流寇主义方式。在这一过程中，王仙芝在唐朝的怀柔政策之下脱离了叛乱。黄巢则率军南下，并于879年占领广州。随后黄巢转而北上，于880年攻陷洛阳、长安，自称大齐皇帝。可是，从这时开始，黄巢的力量开始削弱，加之得力部将朱温（朱全忠）投降朝廷等原因，883年黄巢撤离长安，在河南一带与唐军激战之后，884年六月，黄巢在山东泰山东南的狼虎谷自杀，持续十年的黄巢之乱宣告结束。经过黄巢之乱的打击，唐朝的权威和基础完全崩溃。

粟特人

指以今天乌兹别克斯坦的撒马尔干为中心的粟特地区出身的人。自汉代以来，粟特人就开始参与东西贸易，到了南北朝至隋唐时代以后则垄断了丝绸之路的交易。在这一过程中，粟特人中一些人则成为北亚的突厥以及回鹘的官吏。此外，六世纪以后，粟特人开始进入定居生活，在中国各地出现了许多粟特人的聚落。他们在被称为“萨宝”的首领率领之下，信奉祆教（琐罗亚斯德教），在从事经商的同时，也从事农业以及畜牧、手工业等。有时他们还成为佣兵或者府兵兵士，在他们中间也出现了作为军人而关涉唐代政界的人物，其代表就是父亲为粟特人的安禄山。居住在中国的粟特人根据其出身地城市等的汉文名称，分别采用了“康”、“石”、“史”、“米”等姓氏，乃是构成唐代社会的重要组成部分。

“过所”与“公验”

无论“过所”还是“公验”都是发给民间人士的一种身份证明书或曰旅行证。如果要对二者加以区别的话，“过所”是在跨越州的范围旅行时，由中央机关或者地方的州衙签发的证明，而“公验”则是在州内旅行时由州衙以及县衙签发的证明。从历史上来看，“过所”的名称出现于魏晋以降，一直持续到唐代为止；“公验”则是在安史之乱以后，随着地方自立程度的强化及人口流动的加剧，作为取代“过所”的旅行证而逐渐占据优势，到了宋代以后则统一为“公验（公凭）”一种。在这两种证明书的上面，一般写着签发官府的名称、旅行者以及同行者的姓名、目的地以及旅行事由等内容，旅行者在通过关津（关卡以及渡口等）之时必须向相关人员出示。关于其实物，在传世文书中，当时赴唐的日本僧人最澄、圆珍曾经带回来“过所”和“公验”保存至今，除此之外，在敦煌和吐鲁番文书中也发现了数件实物。

“义父子”关系

在隋唐五代时期，与权力的形成关联而出现的一种采取“义父”和“义子（义儿）”形态的虚拟血缘关系。这种结合关系最为盛行的有三个时期：即隋末唐初时期、玄宗的开元年间（712—756）为首的八世纪这一时期、唐代末期至五代的时期。第一时期在幽州（现在的北京）形成的由高开道等数百人组成的“义儿”集团，以及在第二时期作为安禄山的亲兵、由八千人组成的“曳落河”等都是这种关系，正如上述两例所代表的那样，这是以一个集团从属于“义父”一个人，从而构成核心兵力；而到了第三时期以后，则主要是在武将之间形成的一对一的个人关系。为什么这样一种义父子关系在隋唐时期会如此突出呢？历来的解释认为，这种关系是在国家力量衰弱时期出现的一种私关系，也是一种旧的家内奴隶式的关系。可是，如果再进一步考虑一下其何以集中显现于隋唐时期的问题，似乎也可以将其理解为是链接下一个时代的新统治及人际关系的前奏。

“羁縻”与“册封”

围绕隋唐王朝的国家可以大致划分为两类：一是朝鲜半岛三国（高句丽、百济、新罗）为代表的农耕系统的国家；另一个是北亚以及西方的游牧系统的国家。其中，隋唐王朝对于农耕系统的国家，在容许或认可其具有自立性的基础上，给其国王授予官爵，目的是将其纳入中国的官僚体系之中，这种情况叫做“册封”。另一方面，隋唐王朝对游牧系统则是一方面承认其作为一个民族或部族的集团关系及其习俗，同时却采取更加直接的方式，即将其编入称作羁縻州的行政单位之中来加以统治，这种方法叫做“羁縻”。只要提起东亚国际关系，通常都以前者即册封体制作为问题来加以讨论，然而观察一下隋唐与周边国家的关系就可以知道，隋唐对外的着力点是在羁縻统治，而册封所占的比例是不大的。唐朝在平定高句丽以后，于平壤设置安东都护府，在一个时期内实施了羁縻统治。通过这件事情也可以反映出，对于唐朝来说，羁縻乃是其最重要的支柱。

参考文献

(一)有关整个隋唐史的参考文献

通史、概论

近年来，以隋唐时代为中心的通史等概论性质的论著多有出版，而且，还有不少以袖珍文库本等形式不断再版。这些论著各有各自的特点，都是了解隋唐时代值得参考的文献。这里仅就笔者所涉猎的范围，从中选择一些比较通行的论著列举如下。

(1) 石田幹之助、田中克己,《大唐之春》,《大世界史》第 4 卷，文艺春秋，1967 年。
(2) 山田信夫编,《波斯与唐》,《东西文明交流》第 2 卷，平凡社，1971 年。
(3) 塚本善隆编,《唐与印度》,《世界历史》第 4 卷，中央公论社，1974 年。
(4) 日比野丈夫,《华丽的隋唐帝国》,《图说中国历史》第 4 卷，讲谈社，1977 年。
(5) 尾形勇,《东亚的世界帝国》,《插图版世界历史》第 8 卷，讲谈社，1985 年。
(6) 宫崎市定,《亚洲史概说》，中央公论社，1987 年。其后收入《宫崎市定全集》第 18 卷，岩波书店，1993 年。
(7) 宫崎市定,《大唐帝国——中世纪的中国》，中央公论社，1988 年。其后收入《宫崎市定全集》第 8 卷，岩波书店，1993 年。
(8) 陈舜臣,《中国的历史》第 7 卷《隋唐之兴亡》，平凡社，1981 年。
(9) 藤善真澄编,《亚洲的历史与文化》第 2 卷《中国史—中世纪》，同朋舍出版，1995 年。
(10) 冈崎文夫,《隋唐五代史》，平凡社东洋文库，1995 年。
(11) 池田温等编,《世界历史大系·中国史 2·三国至唐》，山川出版社，1996 年。
(12) 布目潮渢、栗原益男,《隋唐帝国》，讲谈社学术文库，1997 年。
(13) 砺波护、武田幸男,《隋唐帝国与古代朝鲜》,《世界历史》第 6 卷，中央公论社，1997 年。
(14) 尾形勇、岸本美绪编,《中国史》,《新版世界各国史》第 3 卷，山川出版社，1998 年。

（15）熊本崇编，《中国史概说》，白帝社，1998 年。
（16）外山军治，《隋唐世界帝国》，《中国文明的历史》第 5 卷，中央公论社，2000 年。
（17）堀敏一，《中国通史——作为研究课题来加以观察》，讲谈社学术文库，2000 年。
（18）爱宕元、富谷至编，《中国历史》上，昭和堂，2005 年。

专业性较强、并且涉及整个隋唐史的著作

（19）《岩波讲座世界历史》，《古代》第 5 卷，岩波书店，1970 年。
（20）《岩波讲座世界历史》，《古代》第 6 卷，岩波书店，1971 年。
（21）桦山紘一等编，《岩波讲座世界历史》第 9 卷，《中华的分裂与再生：3—13 世纪》，岩波书店，1999 年。
（22）谷川道雄编，《战后日本的中国史论争》，河合文化教育研究所，1993 年。
（23）谷川道雄编，《魏晋南北朝隋唐史的基本问题》，汲古书院，1997 年。
（24）D. 崔瑞德编，《隋唐史（589—906）》，《剑桥中国史》第 3 卷，英文版，剑桥大学出版，1979 年；中译本，中国社会科学出版社，1990 年。
（25）山根幸夫编，《中国史研究入门》上、下册，山川出版社，1983 年。

（二）与本书各章相关的文献

第一章（隋史）

（26）浜口重国，《隋朝的天下一统与君权的强化》、《关于所谓隋朝废除乡官事》，同氏《秦汉隋唐史之研究》下册收录，东京大学出版会，1966 年。
（27）宫崎市定，《九品官人法研究：科举前史》，同朋舍，1974 年。另见《宫崎市定全集》第 6 卷，岩波书店，1992 年；以及中央公论社，1997 年。
（28）谷川道雄，《隋唐帝国形成史论》，筑摩书房，1971 年；增补版，1998 年。
（29）陈寅恪，《唐代政治史述论稿》，三联书店，1956 年（再版）。
（30）阿瑟 · F · 莱特著，布目潮沨、中川努译，《隋史》，法律文化社，1982 年。
（31）山崎宏，《中国中世纪佛教之展开》，清水书店，1942 年。
（32）牧田谛亮，《宝山寺灵裕传》，《中国佛教史研究》第 1 卷，大东出版社，1981 年。
（33）气贺泽保规，《隋仁寿元年（601）的学校削减与舍利供养》，《骏台史学》第

111期，2001年。
(34) 西本照真,《三阶教之研究》，春秋社，1998年。
(35) 藤善真澄、王勇,《天台之流传 ——从智顗到最澄》，山川出版社，1997年。
(36) 宫崎市定,《隋炀帝》，中央公论社，2003年。
(37) 谷川道雄、森正夫编,《中国民众叛乱史1·秦—唐》，平凡社东洋文库，1978年。
(38) 金子修一,《隋唐的国际秩序与东亚》，名著刊行会，2001年。

第二章(唐前半期)

(39) 布目潮沨,《隋唐史研究 —— 唐朝政权的形成》，东洋史研究会，1968年。
(40) 布目潮沨,《〈贞观政要〉的政治学》，岩波书店，1997年。
(41) 内藤乾吉、大阪市立大学法学会编,《中国法制史考证》，有斐阁，1963年。
(42) 筑山治三郎,《唐代政治制度之研究》，创元社，1967年。
(43) 气贺泽保规,《则天武后》，白帝社，1995年。
(44) 砺波护,《隋唐的佛教与国家》，中央公论社，1999年。

第三章(唐后半期)

(46) 外山军治,《颜真卿 ——刚直的生涯》，创元社，1964年。
(47) 藤善真澄,《安禄山——觊觎皇帝宝座的男人》，中央公论新社，2000年。
(48) 藤善真澄,《隋唐时代的佛教与社会——在弹压的夹缝之中》，白帝社，2004年。
(49) 船越泰次,《唐代两税法研究》，汲古书院，1995年。
(50) 青木场东,《唐代财政史研究(运输编)》，九州大学出版会，1996年。
(51) 堀敏一,《唐五代变革时期的政治与经济》，汲古书院，2002年。
(52) 藤本胜次译注,《中国印度见闻录》，关西大学东西学术研究所，1976年。
(37) 谷川道雄、森正夫编,《中国民众叛乱史1·秦—唐》，平凡社东洋文库，1978年。(前揭)

第四章(律令制、日常生活、岁时文化)

(53) 仁井田陞,《唐令拾遗》，东京大学出版会，1964年(复刻)。
(54) 仁井田陞、池田温等编,《唐令拾遗补》，东京大学出版会，1997年。

（55）中村裕一，《唐令逸文之研究》，汲古书院，2005 年。
（56）滋贺秀三编，《中国法制史——基本资料之研究》，东京大学出版会，1993 年。
（57）关尾史郎，《从西域文书所见到的中国史》，山川出版社，1998 年。
（58）桑原骘藏，《支那的孝道、尤其是从法律上所见到的支那的孝道》，《桑原骘藏全集》第 3 卷收录，岩波书店，1968 年。
（59）池田温，《中国古代籍帐研究——概观・录文》，东京大学东洋文化研究所，1979 年。
（60）池田温编，《中国礼法与日本律令制》，东方书店，1992 年。
（61）池田温，《敦煌文书的世界》，名著刊行会，2003 年。
（62）榎一雄编，《敦煌的历史》，《讲座敦煌》第 2 卷，大东出版社，1980 年
（63）堀敏一，《均田制研究——中国古代国家的土地政策与土地所有制》，岩波书店，1975 年。
（64）日野开三郎，《唐代租庸调研究》1—3，自行出版，1974 年、1975 年、1977 年。
（65）唐代史研究会编，《律令制——中国、朝鲜的法与国家》，汲古书院，1986 年。
（66）中村乔，《中国的年中行事》，平凡社选书，1988 年。
（67）中村乔，《中国岁时史研究》，朋友书店，1993 年。
（68）李斌城等，《隋唐五代社会史》，中国社会科学出版社，1998 年。
（69）刘晓峰，《古代日本对中国岁时文化的容受》，桂书房，2002 年。

第五章（武后、女性）

（70）外山军治，《则天武后——女性与权力》，中央公论社，1966 年。
（71）崔令钦、孙棨著，斋藤茂译注，《教坊记・北里志》，平凡社东洋文库，1992 年。
（72）陈东原，《中国妇女生活史》（1928 年初版），上海文艺出版社，1990 年再版。
（73）邓小南主编，《唐宋女性与社会》上、下册，上海辞书出版社，2003 年。
（74）山崎纯一，《女四书・新妇谱三部书全释》，明治书院，2002 年。
（75）大泽正昭，《唐宋时代的家族・婚姻・女性——强势妇女》，明石书店，2005 年。
（76）井波律子，《百花缭乱・女性们的中国史》，NHK 人间大学，1998 年。
（77）高世瑜著，小林一美、任明译，《大唐帝国的女性们》，岩波书店，1999 年。
（78）原田淑人，《唐代的服饰》，（财团）东洋文库，1970 年。
（79）岸边成雄，《唐代音乐的历史研究・乐制篇》上、下册，东京大学出版会，1960 年、1961 年。

（80）斋藤茂，《妓女与中国文人》，东方书店，2000 年。
（81）盐卓悟、河村晃太郎编，《译注太平广记妇人部》，汲古书院，2004 年。

第六章（城市、丝绸之路）

（82）石田幹之助，《长安之春》，平凡社东洋文库，1967 年（增补版）。
（83）足立喜六，《长安史迹之研究》，东洋书林，1983 年（重印）。
（84）佐藤武敏，《长安》，“世界史研究丛书”8，近藤出版社，1971 年。后收入讲谈社学术文库，2004 年。
（85）徐松撰，爱宕元译注，《唐两京城坊考——长安与洛阳》，平凡社东洋文库，1994 年。
（86）京都文化博物馆编，《长安——绚丽辉煌的唐都》，角川书店，1996 年。
（87）小野胜年，《中国隋唐长安·寺院史料集成》，《史料篇·解说篇》，法藏馆，1989 年。
（88）《花都·长安——前往唐代的跨时间旅行》，《月刊しにか》，大修馆书店，1996 年第 9 期。
（89）妹尾达彦，《长安的都市计划》，讲谈社，2001 年。
（90）渡边信一郎，《中国古代的王权与天下秩序——来自日中比较史视点的观察》，校仓书房，2003 年。
（91）桑原骘藏，《隋唐时期往来于支那的西域人》，《桑原骘藏全集》第 2 卷收录，岩波书店，1968 年。
（92）向达，《唐代长安与西域文明》，三联书店出版，1957 年。
（93）魏明孔，《隋唐手工业研究》，甘肃人民出版社，1999 年。
（94）刘玉峰，《唐代工商业形态论稿》，齐鲁书社，2002 年。
（95）张泽咸，《唐代工商业》，中国社会科学出版社，1995 年。
（96）阎崇年，《中国都市生活史》，文津出版社，1997 年。
（97）日野开三郎，《唐代邸店研究》正、续集，《日野开三郎东洋史学论集》第 17 卷、18 卷，三一书房，1992 年。
（98）伊濑仙太郎，《中国西域经营史研究》，严南堂书店，1968 年。
（99）岛崎昌，《隋唐时代的东土耳其斯坦研究——以高昌国史研究为中心》，东京大学出版会，1977 年。
（100）池田温编，《敦煌的社会》，《讲座敦煌》3，大东出版社，1980 年。

第七章（军事、兵制）

（101）浜口重国,《从府兵制到新兵制》,《秦汉隋唐史研究》上，东京大学出版会，1966年。
（102）谷霁光,《府兵制度考释》，上海人民出版社，1962年。
（19） 菊池英夫,《府兵制度的展开》,《岩波讲座世界历史》,《古代》5，岩波书店，1970年,（前揭19）。
（103）何永成,《唐代神策军研究——兼论神策军与中晚唐政局》，台湾商务印书馆，1990年。
（104）气贺泽保规,《府兵制研究——府兵兵士及其社会》，同朋社，1999年。
（20） 栗原益男,《安史之乱与藩镇体制的展开》,《岩波讲座世界历史》,《古代》6,（前揭20）。
（51） 堀敏一,《唐末五代变革时期的政治与经济》，汲古书院，2002年,（前揭51）。
（105）日野开三郎,《唐代藩镇的支配体制》,《日野开三郎东洋史学论集》第1卷，三一书房，1980年。

第八章（圆仁、旅行、佛教）

（106）杉本直治郎,《阿倍仲麻吕传研究——朝衡传考》，育芳社，1940年。
（107）古濑奈津子,《遣唐使所见到的中国》，吉川弘文馆，2003年。
（108）小野胜年,《入唐求法巡礼行记之研究》全4卷，铃木学术财团，1964年、1967年、1969年。
（109）E·O·赖肖尔著，田村完誓译,《圆仁的唐代中国之旅——〈入唐求法巡礼行记〉研究》，讲谈社学术文库，1999年。
（110）青山定雄,《唐宋时代的交通及地志地图研究》，吉川弘文馆，1963年。
（111）程喜霖,《唐代过所研究》，中华书局，2000年。
（112）砺波护,《唐代的过所与公验》,《中国中世纪的文物》，京都大学人文科学研究所，1993年。
（113）日比野丈夫、小野胜年,《五台山》，平凡社东洋文库，1995年。
（114）爱宕元,《唐代地域社会史研究》，同朋舍出版，1997年。
（115）东野治之,《遣唐使与正仓院》，岩波书店，1992年。

（116）东野治之，《遣唐使船——在东亚的视域之中》，朝日新闻社，1999年。
（117）玄奘撰，水谷真成译，《大唐西域记》，“中国古典文学大系”22，平凡社，1971年。
（118）荒川正晴，《绿洲国家与沙漠商队交易》，“世界史小丛书”62，山川出版社，2003年。
（119）早岛镜正等，《印度思想史》，东京大学出版会，1982年。
（120）金冈秀友、清水乞，《密教——最后的佛教》，“亚洲佛教史·印度编”4，佼成出版社，1974年。
（121）镰田茂雄，《新中国佛教史》，大东出版社，2001年。
（122）冢本善隆，《石经山云居寺与石经大藏经》，《冢本善隆著作集》第5卷，大东出版社，1975年。
（123）气贺泽保规编，《中国佛教石经研究——以房山云居寺石经为中心》，京都大学学术出版会，1996年。

第九章（东亚诸国）

（124）护雅夫、神田信夫编，《北亚史》，“世界各国史”12，山川出版社，1981年（新版）。
（125）护雅夫，《古代土耳其民族史研究》1，山川出版社，1967年。
（126）石见清裕，《唐的北方问题与国际秩序》，汲古书院，1998年。
（127）森安孝夫编，《中亚出土文物论丛》，朋友书店，2004年。
（128）《“移动与交流”——2003年夏季研讨会特集》，《唐代史研究》第7卷，2004年。
（129）佐藤长，《古代西藏史研究》上、下，东洋史研究会，1958年、1959年。
（130）山口瑞凤，《吐蕃王国成立史研究》，岩波书店，1983年。
（131）藤泽义美，《西南中国民族史研究——南诏国历史研究》，大安，1969年。
（132）滨田耕策，《渤海国兴亡史》，吉川弘文馆，2000年。
（133）武田幸男编，《朝鲜史》，“世界各国史”17，山川出版社，1985年。
（134）李成市、早乙女雅博编，《古代朝鲜的考古与历史》，雄山阁，2002年。
（135）东潮、田中俊明编，《高句丽的历史和遗迹》，中央公论社，1995年。
（136）西嶋定生，《古代东亚世界与日本》，岩波书店，2000年。
（137）李成市，《东亚文化圈的形成》，“世界史小丛书”7，山川出版社，2000年。

（138）西嶋定生,《6—八世纪的东亚》,《岩波讲座日本历史》第 2 卷，岩波书店，1962 年。
（139）堀敏一,《中国与古代东亚世界——中华世界与诸民族》，岩波书店，1993 年。
（140）堀敏一,《东亚之中的古代日本》，研文出版，1998 年。第十章（文化）
（141）兴膳宏编,《为了学习中国文学的人们》，世界思想社，1991 年。
（142）小川环树,《唐诗概说》，"中国诗人选集"别卷，岩波书店，1958 年。
（143）小川环树编,《唐代的诗人——传记》，大修馆书店，1975 年。
（144）高岛俊男,《李白与杜甫》，讲谈社学术文库，1997 年。
（145）平冈武夫,《白居易——生涯及其岁时记》，朋友书店，1998 年。
（146）松浦友久编,《校注唐诗解释辞典》，大修馆书店，1987 年。
（147）松浦友久编,《（续）校注唐诗解释辞典（附）历代诗》，大修馆书店，2001 年。
（148）植木久行,《唐诗的风景》，讲谈社学术文库，1999 年。
（149）入谷仙介,《王维研究》，创文社，1976 年。
（150）米泽嘉圃,《中国绘画史研究：山水画论》，东京大学东洋文化研究所，1961 年。
（151）铃木敬,《中国绘画史》上，吉川弘文馆，1981 年。
（152）镇江市博物馆、陕西省博物馆编,《唐代金银器》，文物出版社，1985 年。
（153）池田温翻译、补注,《西安何家村发现的唐代窖藏文物》,《史学杂志》卷 81—89，1972 年。
（154）冈崎敬,《中国的考古学：隋唐篇》，同朋舍出版，1988 年。
（155）樋口隆康编,《世界的巨大遗迹 9・古代中国的遗产》，讲谈社，1988 年。
（156）气贺泽保规等编,《中国的正仓院法门寺地下宫殿的秘宝"来自唐朝皇帝的礼物展"图录》，新潟县立近代美术馆、朝日新闻社、博报堂，1999 年。
（157）《布目潮沨中国史论集》下卷，唐史篇 2、中国茶史篇，汲古书院，2004 年。
（158）藤枝晃,《文字的文化史》，讲谈社学术文库，1999 年。
（159）西胁常记译注,《史通内篇》，"东海大学古典丛书"，东海大学出版会，1989 年。
（160）西胁常记编译注,《史通外篇》，"东海大学古典丛书"，东海大学出版会，2002 年。
（161）内藤湖南,《支那史学史》,《内藤湖南全集》第 11 卷收录，筑摩书房，1969 年。

末章（唐宋变革、贵族制）

（162）内藤湖南,《内藤湖南全集》第10卷，筑摩书房，1969年。

◆《内藤湖南全集》第10卷中收录有《支那上古史》、《支那中古的文化》、《支那近世史》。

（附记）

以上所列举的参考文献，主要是迄今为止曾给笔者以许多知见及启迪，在写作本书过程中直接参考过的相关研究成果，并且相对而言是以近年来出版的日文论著为主。因而，其中一定遗漏了不少本来应该提及的论著。另外，我原来计划围绕以上列举出来的各个研究成果与本书内容的关联之处，分别加以个别评价介绍，但由于涉及面较大，最后没有进行这项工作。在本书中，我基于自己的视角和学术关注点，努力地对于隋唐时代的特质及其时代进行了勾画。由于水平及能力所限，究竟能够在多大程度上接近并揭示出这一时代的本质，我自己也没有自信。然而可以说，我以上述诸先行研究成果作为宝贵的指南，并已经将其充分消化融汇进了本书之中。

历史年表

公元	年号	中国	日本·亚洲·世界
581	开皇元	2月 杨坚即位，建立隋朝。宣布恢复“汉魏之旧”任命高颎为尚书左仆射 10月制定《新律（开皇律）》	
582	二	7月颁布《开皇令》	
583	三	3月迁往新都大兴城。收集天下遗书孤本。确立租庸调制 11月取消郡（改为州、县两级行政区划） 12月再次修订新律，《开皇律》确定	突厥东西分裂
584	四	隋为与沙钵略可汗睦和，将千金公主改封为大义公主	
585	五	5月设置义仓。实施貌阅	在此前后，东西突厥分立
587	七	1月隋令诸州每年贡士三人，科举制度开始；后梁并入隋	
589	九	1月灭陈，南北统一；2月设置乡里制	
590	十	改编府兵制（向后期府兵制发展）。明确表示将奉行关中本位政策	
592	十二	颁布均田令	
593	十三		（日本）圣德太子摄政，建四天王寺
594	十四	为统一音乐而实施新乐。三阶教的信行死去	
595	十五	1月文帝登泰山封禅。废止乡官，停止九品官人法	

596	十六	1 月设置社仓	
597	十七	7 月安义公主下嫁突利可汗。天台智顗死去	
598	十八	6 月—9 月远征高句丽失败 7 月制举开始。为智顗建国清寺	
599	十九	8 月高颎下台	4 月突厥的突利可汗内附于隋；10 月改名为启民可汗，义成公主下嫁启民可汗
600	二十	10 月废皇太子杨勇；11 月立杨广为太子；12 月禁止毁佛、毁天尊；打压三阶教	
601	仁寿元	1 月任命杨素为尚书左仆射；6 月废止学校；舍利分给 31 个州，建舍利塔	
602	二	8 月独孤皇后死去	
603	三		启民可汗降服达头可汗，东突厥再度统合
604	四	7 月文帝驾崩，炀帝即位。8 月汉王杨谅叛乱；11 月炀帝移至洛阳，洛阳成为事实上的首都；停止对妇女、部曲及奴婢征税	（日本）圣德太子制定十七条宪法
605	大业元	3 月开始修建东都（翌年正月完成）；3 月开凿大运河的通济渠、邗沟 闰 7 月恢复国子学等学校；8 月利用运河行幸江都（扬州）	
606	二	10 月设置洛口仓，12 月设置回洛仓。统一音乐	
607	三	4 月颁布《大业律令》；4—9 月炀帝北巡，至启民可汗的大帐 7 月高颎被处死。裴矩完成《西域图记》三卷	7 月倭国遣隋使（小野妹子）来访

608	四	1月开凿永济渠。3—9月炀帝巡游长城一带	4月裴世清作为回礼使者赴倭
609	五	2—11月炀帝巡游西方，讨伐吐谷浑裴蕴实施貌阅	东突厥启民可汗死去，始毕可汗即位
610	六	1月洛阳发生弥勒下生之乱；洛阳招待诸蕃酋长；开凿江南河。3月炀帝行幸江都	
611	七	4月炀帝去涿郡，为远征高句丽做准备	12月西突厥的处罗可汗来朝
612	八	1—9月第一次远征高句丽	
613	九	1月实施骁果制，4—6月第二次远征高句丽；6月杨玄感起兵。之后各地陆续开始反隋	
614	十	2—8月第三次远征高句丽	
615	十一	8月炀帝巡狩北边，在雁门被突厥包围	
616	十二	7月炀帝赴江都	
617	十三	7月李渊在太原起兵，11月李渊攻入长安，拥立恭帝杨侑	
618	十四 武德元	3月炀帝死于宇文化及之乱 5月李渊即位（高祖），建立唐朝	
621	四	李世民降伏窦建德、王世充，确定了唐的地位	
622	五	圣迁，伊斯兰历元年	
623	六	唐基本平定群雄势力	
624	七	4月《武德律令》；制定均田制、租庸调制	
626	九	6月玄武门之变；高祖退位；8月李世民即位（太宗） 8月太宗在便桥与颉利可汗会盟	

627	贞观元	2 月全国分为十道	
628	二	4 月灭梁师都，统一全国	
629	三	玄奘偷渡出国去印度	
630	四	2 月颉利可汗投降唐（突厥第一汗国灭亡） 3 月四夷君长奉太宗为天可汗；杜如晦死去	倭国派遣第一次遣唐使（犬上御田锹） 穆罕默德控制麦加
634	八		吐蕃初次遣使入贡 唐讨伐吐谷浑；制服伏俟城
635	九	基督教聂斯脱里派（景教）传入唐朝	
636	十	府兵制确立。武氏（后来的武后）进入太宗后宫	
637	十一	1 月颁布《贞观律令》	
640	十四	8 月灭高昌国；9 月设置安西都护府（西州）	
641	十五	1 月文成公主下嫁吐蕃	
642	十六		泉盖苏文掌控高句丽 萨拉森帝国灭波斯萨珊王朝
643	十七	1 月魏徵死去 4 月太子承乾谋反，立李治为太子；王玄策等作为使者赴印度 高士廉等编纂《贞观氏族志》	
645	十九	2 月远征高句丽（唐第一次） 玄奘从印度回国，翌年著《大唐西域记》	苏我入鹿被打倒。大化改新
646	二十	唐降伏薛延陀，控制蒙古高原 翌年 4 月设置燕然都护府	

647	二一	3月远征高句丽（唐第二次）。遣使王玄策去印度	戒日王朝灭亡
648	二二	闰12月讨伐龟兹，并将安西都护府移至此地	
649	二三	2月太宗死去，高宗即位	
650	永徽元	9月设置单于、瀚海两都护府	
651	二	闰9月制定《永徽律令》	
652	三	在这一时期，武氏被迎进宫中	
653	四	孔颖达等撰《五经正义》；10月睦州女子陈硕真叛乱	
655	六	废王皇后，封武氏为皇后（武后）；李延寿完成《南史》、《北史》	
657	显庆二	苏定方灭西突厥	
659	四	6月编纂《姓氏录》。长孙无忌下台，死去	
660	五	高宗、武后“二圣”政治之始；8月唐、新罗联军灭掉百济	
661	龙朔元	远征高句丽（唐第四次）	倭马亚朝开始
663	三	6月吐蕃灭吐谷浑；9月唐、新罗联军于白村江之战破倭、百济联军	
664	麟德元	12月武后杀上官仪，开始垂帘听政	
666	乾封元	高宗泰山封禅	
668	总章元	9月灭高句丽；12月在平壤设置安东都护府	
670	咸亨元	讨伐吐蕃失败；4月废止龟兹、于阗、焉耆、疏勒等安西四镇	
672	三	义净从广州出发去印度。开凿龙门的奉先寺石窟	
673	四	画家阎立本死去	

674	上元元	皇帝改称天皇、皇后改称天后	
675	二	4月皇太子李弘被杀；6月立李贤为皇太子 从这时期起，北门学士开始活动	
676	三	唐从朝鲜撤退。安东都护府从平壤移至辽东城	新罗确立了对朝鲜的支配权
679	调露元	在交州（河内）设置安南都护府	
680	永隆元	废太子李贤	
682	永淳元		骨咄禄自立，突厥第二汗国开始（约686年前后，自立为颉跌利施可汗）
683	弘道元	12月高宗死去，皇太子李显即位（中宗） 武后以太后身份掌控朝廷	
684	嗣圣元 文明元 光宅元	2月武太后废中宗，其弟睿宗即位 9月改洛阳为神都，实际上迁都。李敬业在扬州举兵失败，骆宾王死去	
685	垂拱元	3月颁布《垂拱律令格式》。武太后宠爱薛怀义	
686	二	武太后亲政、依靠酷吏及告密等来排除异己	
688	四	12月明堂建成	
689	永昌元	11月采用周正（历法）	
690	天授元	1月采用则天文字 7月新编《大云经》并发放到全国各大云经寺 9月武太后废睿宗，即帝位，改国号为周（武周革命）	1月（日本）持统天皇即位

691	二	将佛教地位置于道教之上（佛先道后）。义净完成《南海寄归内法经》	突厥阿波干可汗（默啜）即位
694	长寿三 延载元	摩尼教传入	12月（日本）迁都至藤原京
695	证圣元 天册万岁元	1月明堂被烧 2月薛怀义以放火罪被诛	
696	万岁登封元 万岁通天元	5月契丹李尽忠、孙万荣之乱，入侵河北（至翌年6月） 山东一带部署武骑团	
697	神功元	6月处死酷吏来俊臣，酷吏政治结束 闰10月狄仁杰任宰相。武后宠爱张易之兄弟	
698	圣历元	8月突厥进攻河北 9月在狄仁杰的策划之下，恢复李显皇太子地位	大祚荣自立，震国建国
700	久视元	9月狄仁杰死去；10月将周正历改回原历法	
701	大足元 长安元		大和朝廷完成大宝律令，将国号“倭”正式改为“日本”
702	二	1月定武举（武人之科举）；12月于庭州设置北庭都护府	
705	神龙元	1月张柬之政变，诛张易之兄弟。武后退位，中宗复位 2月恢复国号唐，11月武后死去（八十三岁）	
707	景龙元	7月皇太子李重俊举兵，杀武三思，后失败而死	

708	二	韦后与安乐公主依势卖官，墨敕斜封官盛行	8月日本铸造和同开珎
710	四 唐隆元 景云元	1月金城公主下嫁吐蕃；6月韦后与安乐公主毒死中宗 政变后睿宗复位，李隆基为皇太子 10月于河西设置节度使（节度使的开端）。刘知几完成《史通》	3月日本迁都至平城京
712	太极元 延和元 先天元	8月睿宗成为太上皇，李隆基即位（玄宗）	
713	二 开元元	7月玄宗铲除太平公主，开始亲政（开元之治开始） 这时期，设置市舶司	2月封大祚荣为渤海郡王（渤海国）
717	五		日本遣唐使（多治比县守）入唐，阿倍仲麻吕、吉备真备等随行（或许井真成也在其中？）
718	六		日本编纂养老律令
719	七	颁布《开元七年令》	
721	九	2月宇文融任劝农使	
723	十一	宇文融推行括户政策达到高峰 11月开始长从宿营制。政事堂改称为中书门下	
724	十二	7月废王皇后 8月宇文融任御史中丞，科举系统与恩荫系统的派阀之争开始	
725	十三	2月将长从宿营改为彍骑；11月玄宗泰山封禅	
727	十五	2月科举系统的张说与恩荫系统的宇文融被贬	渤海使初次来日本

729	十七	8月将玄宗的诞辰定为千秋节	
730	十八	从这时期开始，宦官高力士受到玄宗宠幸	
732	二十	9月《开元礼》	10月图尔战役
733	二一	全国分为十五道，每道设置采访使	
734	二二	5月张九龄任中书令	
736	二四	4月安禄山死罪被赦免，并引起玄宗注意 11月李林甫任中书令，张九龄被贬	
737	二五	9月颁布《开元二十五年律令格式》 12月玄宗宠爱的武惠妃死去；《开元释教录》完成	
738	二六	9月封南诏王的皮罗阁（蒙归义）为云南王；《唐六典》完成	
742	天宝元	1月安禄山任平卢节度使	
744	三	3月安禄山兼任范阳节度使 这一时期，玄宗结识杨氏，并使其成为道士（杨太真）	8月回鹘灭突厥第二汗国，控制北亚地区
745	四	8月封杨太真为贵妃（杨贵妃）	
746	五	1月王忠嗣兼任河西、陇右二节度使（同时也兼任朔方、河东节度使）	
748	七	杨钊（后改名杨国忠）年间兼领使职十五个以上	
749	八	5月废除折冲府（军府）的上下鱼符（停止府兵制的机能）	
750	九	高仙芝制服西域的石国	阿拔斯王朝建立
751	十	2月安禄山又兼任河东节度使，共兼三个节度使 高仙芝与大食军队在怛罗斯战役中失败，造纸术传到西方	法兰克王国卡洛林王朝开始

752	十一	11月李林甫死去。杨国忠任宰相	4月日本 东大寺的大佛开眼
754	十三	1月安禄山最后一次入朝	1月鉴真将戒律传给日本
755	十四	11月安禄山在范阳（幽州）举兵（安史之乱） 12月占领洛阳	
756	至德元	1月安禄山自称大燕皇帝；6月玄宗等逃往成都，杨国忠、杨贵妃被杀。安禄山攻陷长安；7月皇太子于灵武即位（肃宗），以玄宗为太上皇	
757	二	1月安禄山被其子安庆绪杀死；9月唐军与回鹘军汇合，收复长安；10月收复洛阳	
758	乾元元	3月第五琦任盐铁使，实施盐专卖制度	
759	二	3月安阳之战，叛乱方胜利 4月史思明进入洛阳自称大燕皇帝	
760	上元元	11月刘展在江淮叛乱	
761	二	3月史思明被其子史朝义杀死	
762	宝应元	4月玄宗死去。肃宗死去，代宗即位。李白死去 4月唐再次收复洛阳；8月袁晁在浙东叛乱	
763	广德元	1月史朝义败死，安史之乱结束；5月河朔三镇（魏博、成德、卢龙）体制形成；10月吐蕃暂时占领长安 12月代宗、鱼朝恩率神策军返回长安	这时期摩尼教经唐传入回鹘
764	二	8月仆固怀恩之乱（至翌年9月）	
766	大历元	1月刘晏与第五琦分掌全国财政	日本 道镜作为法王而掌握实权
767	二	4月唐与吐蕃会盟	

770	五	3月鱼朝恩被杀	阿倍仲麻吕在唐死去
771	六		卡尔大帝统一法兰克
774	九	6月密教的不空死去 10月魏博节度使田承嗣叛乱。之后，河朔三镇背离唐朝	
776	十一	8月李灵曜在汴宋叛乱（至12月）	
779	十四	2月田承嗣死去；5月代宗死去，德宗即位；8月杨炎任宰相	
780	建中元	1月根据杨炎的建议施行两税法；7月与杨炎对立的刘晏被赐死	
781	二	1月成德节度使李宝臣死去，围绕后任问题，以河朔三镇为中心叛乱扩大；10月杨炎被处死 12月淮西节度使李希烈反叛。长安建《大秦景教流行中国碑》	
782	三	11月河北三镇、平卢节度使称王	
783	四	1月与吐蕃会盟（建中会盟）；6月为筹集军费，实施间架税、除陌钱 10月泾原兵朱泚兵变占领长安（至翌年5月），德宗逃离长安	
784	兴元元	1月德宗发布“罪己诏”；1月李希烈自立为帝（大楚）；5月收复长安；7月德宗回到长安；8月颜真卿被李希烈杀害	
786	贞元二	吐蕃占领敦煌，唐与西域的交通中断	
787	三	浑瑊与吐蕃会盟。唐与回鹘和亲	
790	六	安西、北庭两都护府被吐蕃占领	
793	九	1月根据盐铁使张滂的建议，开始征收茶税	
794	十	6月封云南的异牟寻为南诏王	日本迁都至平安京

796	十二	在神策军中设置护军中尉，任用宦官。从而确立了宦官的军权	
801	十七	杜佑完成《通典》	
804	二十		空海、最澄、橘逸势入唐
805	永贞元	1 月德宗死去，顺宗即位。实施永贞革新 8 月顺宗因病让位，宪宗即位	最澄回到日本，传入天台宗
806	元和元	宪宗正式采取对藩镇的强硬政策。白居易完成《长恨歌》	空海回到日本，传入真言宗
807	二	1 月李吉甫任宰相；12 月李吉甫完成《元和国计簿》	
808	三	4 月牛僧孺批判李宗闵的时政，成为日后牛李党争的远因	
812	七	11 月魏博节度使归顺唐（820 年田氏统治结束）	
816	十一	剥夺成德节度使王承宗的官爵，发兵征讨（820 年平定）	
817	十二	11 月灭淮西节度使吴元济	
819	十四	1 月韩愈批判法门寺供养佛骨，被贬；2 月灭平卢节度使李师道被灭	
820	十五	1 月宪宗被宦官杀害，闰 1 月穆宗即位	
821	长庆元	5 月太和公主下嫁回鹘 9 月唐与吐蕃在长安会盟（长庆会盟）。至此期河朔三镇基本归顺	
822	二	唐与吐蕃在拉萨会盟，并建立会盟碑	
823	三	3 月牛僧孺任宰相，李德裕被贬为浙西观察使。之后牛李党争激化	
824	四	1 月穆宗死去，敬宗即位。韩愈死去	
826	宝历二	12 月敬宗被宦官杀害，文宗即位	

831	大和五	9月在维州牛僧孺遣返降伏的吐蕃武将	
833	七	2月李德裕恢复宰相职位	
835	九	11月李训谋划杀死所有宦官，结果失败（甘露之变）。宦官的势力越发强大	
837	开成二	凿刻《开成石经》	
838	三		日本最后一批遣唐使，圆仁等同行
840	五	1月文宗死去，武宗即位。李德裕宰相复位，李党兴盛	回鹘受到黠戛斯的袭击后分化（回鹘瓦解）
841	会昌元	武宗将道士引入宫中	吐蕃朗达玛被杀（一说认为其死于842年。吐蕃分裂）；新罗张保皋之乱
842	二		日本承和之变
843	三	3月太和公主从回鹘回到长安	
845	五	7月会昌毁佛达到高潮，开始禁止、压制诸外来宗教	
846	六	武宗死去，宣宗即位。4月李德裕被免去宰相 8月李宗闵死去。牛李党争结束。白居易死去	
847	大中元	闰3月停止毁佛，复兴佛教；6月牛僧孺死去。	
849	三	李德裕死去	
851	五	1月沙州的张议潮从吐蕃手中夺回沙州，归顺唐朝 （11月被任命为归义军节度使）	
853	七		日本 圆珍入唐

858	十二	江南地地区的各藩镇兵变频发；7月康全泰之乱（至10月）
859	十三	8月宣宗死去，懿宗即位；12月浙东裘甫之乱（至翌年8月）
864	咸通五	3月唐与南诏在广西作战失利
868	九	7月庞勋在贵州叛乱；10月占领徐州。唐动员沙陀兵与庞勋对抗
869	十	9月庞勋之乱被镇压
870	十一	1月南诏包围成都
873	十四	4月懿宗从法门寺迎回佛骨，置长安供养（最后一次供养法门寺舍利） 7月懿宗死去，僖宗即位
874	乾符元	王仙芝在长垣反叛
875	二	6月黄巢与王仙芝合流（黄巢之乱）
878	五	2月王仙芝在湖北黄梅失败死亡
879	六	9月黄巢占领广州，杀害大量伊斯兰教居民
880	广明元	11月黄巢攻陷洛阳；12月占领长安，称大齐皇帝
881	中和元	1月僖宗逃往成都
882	二	9月黄巢部下朱温降唐，被赐全忠之名
883	三	4月沙陀的李克用收复长安，黄巢从长安撤退至河南
884	四	6月黄巢在泰山东南的狼虎谷自杀，黄巢之乱终结
885	光启元	3月僖宗返回长安；12月宦官田令孜与李克用对立，僖宗逃至凤翔
888	文德元	2月僖宗复归长安；3月僖宗死去，昭宗即位

889	龙纪元	4月授朱全忠为东平郡王；5月河东李克用反叛	
890	大顺元	5月朱全忠起兵征讨李克用失败，后李克用归顺唐	
891	二	10月王建在成都成为西川（四川）节度使	
894	乾宁元		菅原道真建议废止遣唐使
895	二	5月李茂贞等在长安杀死宦官以及高官。昭宗逃往华州	
900	光化三	11月宦官刘季述等幽禁昭宗，拥立德王	
901	天复元	1月昭宗复位。封朱全忠为东平王、李茂贞为岐王	
902	二	3月封杨行密为吴王，吴国成立	
903	三	1月朱全忠破李茂贞，杀宦官七百余人；8月王建成为蜀王	
904	天祐元	闰4月钱镠任吴王。昭宗被移往洛阳 8月朱全忠杀死昭宗，拥立哀帝	
905	二	6月朱全忠于白马驿杀朝臣高官	
907	四	4朱全忠建立梁朝（后梁），唐朝灭亡	

著作权合同登记图字：20-2012-047号

图书在版编目(CIP)数据

绚烂的世界帝国：隋唐时代 /（日）气贺泽保规著；石晓军译. —桂林：广西师范大学出版社，2014.1（2022.5 重印）
（中国的历史 06）
ISBN 978-7-5495-1345-1
Ⅰ. ①绚… Ⅱ. ①气… ②石… Ⅲ. ①中国历史 – 隋唐时代 Ⅳ. ①K24
中国版本图书馆CIP数据核字(2012)第034050号

广西师范大学出版社出版发行
广西桂林市五里店路9号　邮政编码：541004
网址：www.bbtpress.com

出 版 人：黄轩庄
全国新华书店经销
发行热线：010-64284815
山东韵杰文化科技有限公司

开本：787mm × 1092mm　1/32
印张：15.5　字数：223千字　图片：148幅
2014年1月第1版　2022年5月第14次印刷
定价：78.00元

如发现印装质量问题，影响阅读，请与出版社发行部门联系调换。

现代中国
俄
哈萨克斯坦
阿尔泰山脉
蒙
准噶尔盆地
乌兹别克斯坦
塔吉克斯坦
吉尔吉斯斯坦
天山山脉
乌鲁木齐
吐鲁番
哈密
阿克苏
库车
焉耆
喀什
塔吉克斯坦
阿富汗
新疆维吾尔自治区
莎车
塔里木盆地
塔克拉玛干沙漠
额济纳旗
敦煌
甘
嘉峪关
酒泉
祁连山
张掖
肃
和田
民丰
昆仑山脉
巴基斯坦
(巴基斯坦实际控制区)
克什米尔
印巴停火线
(印度实际控制区)
武威
西宁
青海省
兰州
青藏高原
西藏自治区
四川省
尼泊尔
拉萨
乐山
不丹
印度
印度
孟加拉国
大理
昆明
云南省
缅甸
老挝
泰国
泰国